Dennis Paschke

Grundlagen der Volkswirtschaftslehre

anschaulich dargestellt

6. überarbeitete und erweiterte Auflage
mit mehr als 100 Abbildungen,
aktuellen Beispielen und Zahlen

PD-Verlag

Bibliografische Information der Deutschen Nationalbibliothek

Die Deutsche Nationalbibliothek verzeichnet diese Publikation in der Deutschen Nationalbibliografie; detaillierte bibliografische Daten sind im Internet über http://dnb.d-nb.de abrufbar.

1. Auflage April 2000 (ISBN 3-930737-71-X)
2. überarbeitete und erweiterte Auflage März 2001 (ISBN 3-930737-72-8)
3. überarbeitete und erweiterte Auflage Juni 2002 (ISBN 3-930737-73-6)
4. überarbeitete Auflage Juli 2004, 11. - 18. Tausend (ISBN 3-930737-74-4)
5. überarbeitete und erweiterte Auflage September 2007, 19. - 27. Tausend (ISBN 978-3-86707-475-9)
6. überarbeitete und erweiterte Auflage Juli 2011, 28. - 35. Tausend

http://www.pd-verlag.de, E-Mail: info@pd-verlag.de
Druck: CPI books GmbH, Leck

ISBN 978-3-86707-476-6

Vorwort

Seit 2007 sind die wirtschaftlichen Zeiten bewegt. Wenn es früher für manchen vielleicht langweilig erschien - für mich nie - etwas über die Wirtschaft zu lernen, dann ist es seit der Finanzmarktkrise umso interessanter geworden. Leider sind die Gespräche, in die man als Ökonom neuerdings verwickelt wird, nicht immer aus purer Wißbegierde und Lernleidenschaft. Verständlicherweise gibt es auch kritische Diskussionen, ironische Anmerkungen oder sarkastische Bemerkungen. Umso wichtiger ist es aus meiner Sicht zunächst die Grundlagen der Volkswirtschaftslehre zu lernen, um dann die komplexen Zusammenhänge, die während und nach der Finanzmarktkrise gewirkt haben, zu verstehen. Ich hoffe mit dem vorliegenden Buch einen Beitrag hierzu abliefern zu können. Dieses Buch über die Grundlagen der Volkswirtschaftslehre geht nun in die 6. Auflage und ist komplett überarbeitet und gegenüber der 5. erweitert. Alle Zahlen sind auf dem möglichst aktuellen Stand und die Erläuterungen auf aktuelle Gegebenheiten angepasst.

Beim Schreiben der 1. Auflage war die Entwicklung für mich noch nicht abzusehen. Um so mehr freue ich mich, mit meiner Art der Darstellung das Interesse bei vielen Leserinnen und Lesern geweckt zu haben. Das Buch ist hauptsächlich für die wirtschaftswissenschaftlichen StudentInnen geschrieben, enthält die wesentlichen Inhalte einer einführenden volkswirtschaftlichen Vorlesung eines Bachelor- bzw. Diplom-Studiengangs und ist an den Anforderungen der Zwischenklausuren ausgerichtet. Durch den Aufbau und die ausführliche Darstellung der volkswirtschaftlichen Grundkenntnisse ist das Buch meiner Ansicht nach auch für jede(n) interessierte(n) LeserIn geeignet, die/der einen Einstieg in die Volkswirtschaftslehre sucht.

Zur Erklärung der grundlegenden Modelle der Wirtschaftswissenschaften werden möglichst übersichtlichen Grafiken angeboten und ausführlich erläutert. Natürlich ist die Anschaulichkeit in Grafiken und Text eine mehr oder weniger subjektive Einschätzung. Die Verbindung soll es der Leserin bzw. dem Leser allerdings je nach Einstellung ermöglichen, die erforderlichen Erkenntnisse aus den Modellen und Theorien zu gewinnen und die Ergebnisse zu verstehen. Soweit möglich werden zu den unterschiedlichen Themen Parallelen zu aktuellen wirtschaftspolitischen und gesellschaftlichen Fragestellungen aufgezeigt. Die Verbindung der Theorie mit der Praxis macht vieles in der Theorie plausibler und wirft gleichermaßen praktische Fragen auf.

Das Buch ist in zwei Abschnitte eingeteilt: Mikroökonomie und Makroökonomie. In den mikroökonomischen Kapiteln 1 bis 4 werden jeweils die grundlegenden Modelle der Preistheorie, der Wohlfahrtstheorie, der Unternehmenstheorie und der Theorie des Marktes behandelt. Das Spektrum der Fragestellungen beginnt bei der Bestimmung der Preise. Weitere Fragen sind: Wie können alle Bedürfnisse befriedigt werden? Wie misst man den Vorteil einer Marktwirtschaft? Wie kalkuliert ein Unternehmer seine Kosten und seinen Gewinn? Was bedeutet Wettbewerb in einer Marktwirtschaft und warum braucht man ihn? Letztlich wird das Für und Wider von Marktregulierungen diskutiert. Die makroökonomischen Kapitel 5 bis 12 bieten eine Übersicht über die Volkswirtschaft generell. Der Wirtschaftskreislauf wird dargestellt und erläutert. Dabei werden Investitionen getätigt und Gewinne gemacht. Wo kommen die Mittel der Volkswirtschaft her und wo fließen sie hin? Kapitel 7 beschreibt die Rolle des Staates. Wie kommen Arbeitnehmer und Arbeitgeber zusammen? Diese Frage wird in Kapitel 8 erläutert. Die Mitte des zweiten Teils ist dem Schmierstoff der Maschine "Volkswirtschaft" gewidmet, dem Geld. Ein gesamtwirtschaftliches Gleichgewicht wird in Kapitel 10 beschrieben. Kapitel 11 stellt das Auf und Ab, welches einer Achterbahnfahrt gleicht, des Wirtschaftsverlaufs dar. Abschließend wird Wachstum erklärt. Eine Marktwirtschaft braucht Wachstum und kann ohne nicht leben. Wie kann man es langfristig am Leben erhalten, um das eine Ziel zu erreichen, die Menschen mit Wohlstand zu beglücken?

Für den Zuspruch und die Hinweise auf Fehler von Lesern möchte ich mich herzlich bedanken. Ich bin weiterhin für jede Kritik und Anregung offen und dankbar. Ich wünsche jedem Leser viel Spaß bei der Lektüre.

Mein Dank für dieses Buch gilt Peter Dörsam dafür, dass er bereit war, sich mit mir über Inhalte auszutauschen und mir weitere wichtige Hinweise zu geben. Ich habe darüber hinaus Thomas Riedner und Stefan Hahn für ihre wichtigen Hinweise und Anregungen zum Entwurf dieses Buches zu danken. Mein besonderer Dank gilt meiner Schwester Yvonne Främke, die mehrfach das Korrekturlesen übernommen hat und ausführliche und wichtige inhaltliche Hinweise aus der Sicht einer ökonomisch unvoreingenommenen Leserin beigetragen hat.

Dennis Paschke

Inhaltsverzeichnis

Symbolverzeichnis

α	Rate des Jobverlustes
β	Gewichtungsfaktor
B	Boden
B_D	Budgetdefizit (budget-deficit) des Staates
B_M	Schuldverschreibungen (Bonds) als Teil der Geldmenge
B_S	Budgetüberschuss (budget-surplus) des Staates
BIP	Bruttoinlandsprodukt
BoE	Bank of England, Notenbank von Großbritannien
BSP	Bruttosozialprodukt
C	privater Konsum
C_M	Bargeldumlauf (cash) im Besitz der Nichtbanken als Teil der Geldmenge
C_{ST}	Staatskonsum
D	Nachfrage (auch Nachfragefunktion)
D_M	Sichteinlagen (deposits) der Nichtbanken bei den Banken
ϵ	Elastizität
ϵ_{AB}	Kreuzpreiselastizität
ϵ_m	Einkommenselastizität
ER	Wechselkurs (exchange rate)
$ESZB$	Europäisches System der Zentralbanken
EWI	Europäisches Währungsinstitut
EWS	Europäisches Währungssystem
Ex	Export
EZB	Europäische Zentralbank
$f_{i,j}$	Produktionsfaktor j eines Gutes oder Güterbündels i (mit $i = x, y$ und $j = 1, ..., n$)
F	Gesamtheit aller Produktionsfaktoren
F_i	Gesamtheit der Produktionsfaktoren, die zur Produktion der Menge eines Gutes bzw. eines Güterbündels verwendet werden (mit i = x,y)
Fed	Federal Reserve, Notenbank der USA
G	Staatsausgaben (governmental-expenditure)
G_I	Staatseinnahmen (governmental-income)
G_M	Geldmarktfondsanteile und Geldmarktpapiere als Teil der Geldmenge
GS	Grenzhang zum Sparen
i	Nominalzins
i_0	Nominalzins im Geldmarktgleichgewicht
I	Investitionen (auch Nettoinvestitionen)
I_{Brutto}	Bruttoinvestitionen

I_{Ersatz}	Ersatzinvestitionen
I_{ST}	Staatsinvestitionen
Im	Import
IWF	Internationaler Währungsfonds
K	Kapital
ΔK	Kapitalveränderung
K'	Grenzkosten
K_f	fixe Gesamtkosten
K_g	Gesamtkosten
K_v	variable Gesamtkosten
k_f	fixe Stückkosten
k_g	gesamte Stückkosten (auch Durchschnittskosten)
k_v	variable Stückkosten
K_M	Kündigungsgelder der Nichtbanken als Teil der Geldmenge
KA	Kapazitätsauslastung
KR	Konsumentenrente
l	Nominallohn
L	Arbeit (labour)
L_S	Erwerbspersonen
L_D	Erwerbstätige
L_U	Erwerbslose
L^0	Beschäftigte im Arbeitsmarktgleichgewicht
L_U	Beschäftigte im Arbeitsmarktgleichgewicht bei Unterbeschäftigung
LZB	Landeszentralbanken
λ	Liquidität
Λ	Geldnachfrage
Λ_S	Spekulationskasse
Λ_T	Transaktionskasse
m	Einkommen eines Haushaltes
μ	Investitionsmultiplikator
M	nominales Geldangebot
M^0	nominales Geldangebot im Gleichgewicht
NSP	Nettosozialprodukt
ν	Rate der Jobeinstellung
NZB	Nationale Zentralbanken
O	Organisation / Management
p	Preis
Δp	Preisänderung
p^*	Reservationspreis von einzelnen Haushalten (mit Anzahl der "$*$"= i. Haushalt)
p^+	Untergrenze des Angebotspreises eines Unternehmens (mit Anzahl der "$+$"= i. Unternehmen)
p^0	Gleichgewichtspreis im Konkurrenzmarkt
p^B	Bruttopreis vor Steuern
p_c	Cournot-Preis
p_F	Preise der Produktionsfaktoren
p_i	Preis eines Gutes i (mit i = A,B,...)

p_k	Preis eines Komplementärgutes
p_m	Monopolpreis im Monopolgleichgewicht
p^N	Nettopreis nach Steuern
p_s	Preis eines Substitutionsgutes
p^{SD}	Nachfragepreis auf einem Subventionsmarkt
p^{SS}	Angebotspreis auf einem Subventionsmarkt
p^W	Weltmarktpreis
p_y	Preis des Güterbündels y
P	Preisniveau
P^0	gleichgewichtiges Preisniveau
π	Stückgewinn
Π	Gewinn
Π^e	erwarteter Gewinn
Π^{ges}	gesamtwirtschaftlicher Gewinn
Pr	Präferenzen
PE	Produktionseinheit
PR	Produzentenrente
Q	Qualität
r	Stückerlöse
R	Erlöse (revenues)
R'	Grenzerlöse
R_M	Refinanzierungsposition (Repo) der Banken als Teil der Geldmenge
S	Angebot (auch Angebotsfunktion)
Sb	Subventionen
Sc	soziales System (society)
t	Steuersatz
T	Steuereinnahmen
T_M	Termingelder der Nichtbanken bei den Banken als Teil der Geldmenge
Tr	Transferzahlungen
tot	terms of trade
τ	Inflation
τ^c	Kerninflationsrate
τ^e	erwartete Inflationsrate
τ^p	Inflationsrate der Vergangenheit
τ^z	Zielinflationsrate der Notenbank
u	Störterm
v	Umlaufgeschwindigkeit des Geldes
V	Vorratsveränderungen
VGR	Volkswirtschaftliche Gesamtrechnung
VW	Volkswirtschaft
VWL	Volkswirtschaftslehre
w	Reallohn
w^0	Reallohn im Arbeitsmarktgleichgewicht
w_U	Reallohn bei Unterbeschäftigung
Ω	Sparen
W	technisches Wissen
WWU	Wirtschafts- und Währungsunion

x	Menge eines Gutes
Δx	absolute Mengenänderung
x^0	Gleichgewichtsmenge im Konkurrenzmarkt
x_c	Cournot-Menge
x^D	nachgefragte Menge
x^{DI}	nachgefragte Menge zum Inlandspreis
x^{DW}	nachgefragte Menge zum Weltmarktpreis
x_i	Menge eines Gutes i (mit i = A,B,...)
x_m	Monopolmenge im Monopolgleichgewicht
x^S	angebotene Menge
x^{SI}	angebotene Menge zum Inlandspreis
x^{SW}	angebotene Menge zum Weltmarktpreis
y	Menge eines Güterbündels
Y	gesamtwirtschaftliches Einkommen/gesamtwirtschaftlicher Output (Yield)
Y^0	gesamtwirtschaftlicher Output im Gleichgewicht
Y^D	gesamtwirtschaftliche Nachfrage
Y^S	gesamtwirtschaftliches Angebot
Z	Außenbeitrag (Ex-Im)

Anmerkungen:

- eine Größe versehen mit einem Oberstrich (z.B. $\overline{G}$) gilt als konstant;
- kleine Vorzeichen in Klammern unter einer Funktion (z.B. $C = f(\underset{(+)}{Y}, \underset{(-)}{i})$) geben die Richtung der Wirkung an; im Beispiel: Einfluss Y auf C gleichgerichtet, Einfluss i auf C gegensätzlich; d.h. steigt Y erhöht sich C (und umgekehrt), steigt i verringert sich C (und umgekehrt).

Einführung

Der Wunsch Einsteins soll es gewesen sein, Ökonomie zu studieren. Er hat es angeblich für zu schwer befunden und ist zur Physik gewechselt. Dies ist ein Gerücht, das unter Ökonomen kursiert. Die Frage nach dem Wahrheitsgehalt werden Ökonomen und Physiker wohl jeweils gegensätzlich beantworten, am besten jeder beantwortet sie für sich selbst. Gegenüber diesem Gerücht gibt es allerdings eine echte Anekdote, die John Maynard Keynes in einer seiner Arbeiten preisgibt: "Professor Planck in Berlin, der berühmte Entdecker der Quantentheorie, hat mir einmal erzählt, in jungen Jahren darüber nachgedacht zu haben, Ökonomie zu studieren, er hielt es aber für zu schwierig. Professor Planck kann die gesamte notwendige Mathematik in der Ökonomie leicht in wenigen Tagen verstehen. Das meinte er nicht. Die Fülle der Logik und Intuition und das breite Wissen von Fakten, die meistens nicht sehr präzise sind, welche zur Interpretation der ökonomischen Geschehnisse in ihrer höchsten Form erforderlich ist, ist tatsächlich über die Maßen schwer für diejenigen, deren Gabe die Vorstellungskraft ist und die Ausdauer zur Untersuchung der Auswirkungen und Bedingungen vergleichsweise simpler Fakten, die mit einem hohen Grad an Genauigkeit bekannt sind."[1] Die Volkswirtschaftslehre ist in der Tat aufgrund ihrer Komplexität nicht einfach, aber interessant und spannend. Ein wenig Mühe ist allerdings nötig, um die Theorien und Hintergründe zu verstehen. Zur Untersuchung von Themen und Themenkomplexen werden im Folgenden meistens vereinfachte Modelle benutzt, um die grundlegenden Erkenntnisse verständlich zu machen. Es sei hier gleich am Anfang ein später aufkommendes Vorurteil aus dem Weg geräumt: die vereinfachend dargestellten Modelle spiegeln zwar die Realität im Detail nicht wieder, sie sind aber für das Verständnis der Materie unentbehrlich und unersetzlich. Die Wirtschaft ist so komplex, dass der Versuch, sie in kleinen isoliert betrachteten Abschnitten zu verstehen, der sinnvollste Ansatz ist. Der Versuch, ein möglichst realitätsnahes Modell, was auch immer das im Einzelnen heißen

[1]John M. Keynes 1966, S. 25, Fußnote 1, eigene Übersetzung

mag, aufzustellen und grundlegende Erkenntnisse hieran zu erklären, muss letztlich an der Komplexität des Modells scheitern.

Eben diese vereinfachten Modelle sind aber auch ein wesentlicher Kritikpunkt an der ökonomischen Wissenschaft seit der Finanzmarktkrise. Die Finanzmarktkrise brach Ende 2006 Anfang 2007 aus und war zunächst lokal begrenzt auf die USA. Seitdem hat aber geradezu eine Krisenevolution stattgefunden: die Finanzmarktkrise breitete sich auf andere Länder aus, es erwuchs eine Wirtschaftskrise, die gefolgt wird von einer Staatsschuldenkrise. Es ist nicht ausgeschlossen aber auch nicht herrschende Meinung, dass der nächste Evolutionsschritt eine Systemkrise insgesamt sein könnte, d.h. eine Krise des Kapitalismus.[2] Die Verschlechterung der wirtschaftlichen Lage in Folge der Finanzmarktkrise in vielen Ländern wird auch als als globale Wirtschaftskrise und gelegentlich als Weltwirtschaftskrise bezeichnet. Es findet sich auch der Begriff "Great Recession"[3]. Allerdings hat sich der Begriff "Great Depression", der für die Weltwirtschaftskrise von 1929 genutzt wird, bis jetzt noch nicht durchgesetzt. Nicht ohne Grund, denn ein Vergleich der zwei Krisen zeigt, die Krise 1929 war deutlich stärker: stärkerer Rückgang der Wirtschaftskraft, mehr Länder involviert, längere Dauer.[4] Die Great Depression sollte sich auch nicht wiederholen, denn bei aller Kritik haben alle Beteiligten dazugelernt. Zwar reichte das Wissen offensichtlich nicht, um die jüngste Krise insgesamt zu verhindern. Aber die Fehler aus den 1930er Jahren im Rahmen der Behandlung der Krisenauswirkungen wurden vermieden. Dies bedeutet nicht, dass nicht möglicherweise neue Fehler begannen wurden aber mindestens ist es ein Schritt in die richtige Richtung. Was war eigentlich passiert?[5]

Ende 2006 Anfang 2007 befanden sich sogenannte Subprime Hypothekenfinanzierungen in den USA auf dem Höhepunkt. Subprime ist ein Kundensegment unter Prime, das heißt Kunden mit tendenziell relativ hohem Ausfallrisiko. Diesen Kunden wurden Hausfinanzierungen angeboten, die unter normalen Bedingungen für sie nicht erschwinglich waren. Die Kredite wurden mit einem niedrigen kurzfristigen Zins mit kurzer Zinsfestschreibungsperiode versehen. Außerdem wurde regelmäßig auf Tilgung in

[2] Der Begriff "Krise des Kapitalismus" wurde von Roubini und Mihm (vgl. Roubini, Mihm 2010) geprägt.

[3] vgl. Joseph Stiglitz 2010

[4] vgl. Reinhart, Rogoff 2009

[5] Zahlreiche Bücher befassen sich mit den Ursachen, dem Verlauf, den notwendigen Maßnahmen und den Erkenntnissen der Finanzmarktkrise. An dieser Stelle wird daher nur ein Überblick gegeben, um sich ausgiebig den Grundlagen der Volkswirtschaftslehre im Folgenden zu widmen aber die Chance zu haben Parallelen zum jüngsten Wirtschaftsgeschehen aufzeigen zu können.

der Startphase verzichtet. Somit waren die Ratenzahlungen sehr niedrig und die Finanzierungen erschienen bezahlbar. Nach Auslauf dieser Startphase, regelmäßig nach 12 bis 24 Monaten, wurden die Zinsen dem aktuellen Marktniveau angepasst. Als die kurzfristigen Zinsen ab Mitte 2004 von einem sehr niedrigen Niveau zwischen 1% und 2% bis Mitte 2006 auf rund 5% stiegen waren für viele Subprime Kunden die eigenen Kredite unbezahlbar und die Kreditеausfälle nahmen stark zu. Zu diesem Zeitpunkt war die Krise noch auf die USA beschränkt. Die Kredite wurden in großem Stil verbrieft, d.h. in handelbare Wertpapiere, zum Beispiel Asset Backed Securities (ABS), Collateralized Debt Obligations (CDO) oder Collateralized Loan Obligations (CLO), umgewandelt. Der private Verbriefungsmarkt hatte 2000 ein Emissionsvolumen von weniger als 1,5 Billionen US-Dollar. Im Jahre 2006 wurden dann knapp 5 Billionen US-Dollar am Kapitalmarkt verkauft.[6] Der Verbriefungsmarkt hatte sich innerhalb von rund 6 Jahren verdreifacht. Käufer dieser Wertpapiere waren Investoren, auch Banken und Versicherungsgesellschaften, auf der ganzen Welt. Dies bedeutete, dass die erhöhten Kreditausfälle nicht mehr die ursprünglichen Kreditgeber, d.h. im wesentlichen die amerikanischen Banken, traf, sondern eben auch Banken in Europa und im Rest der Welt. Erste deutliche Krisenzeichen in Deutschland wurden Mitte 2007 durch die Gewinnwarnung der IKB Deutsche Industriebank, ein Spezialkreditinstitut für Unternehmensfinanzierungen besonders im Mittelstand, gesendet.[7] Im September 2007 wurde die britische Bank Northern Rock durch einen sogenannten Bank-Run, einem massenhaften Abziehen von Kundengeldern, so stark beschädigt, dass im Februar 2008 die Verstaatlichung folgte. Im März 2008 wird Bear Stearns, damals die fünftgrößte Investmentbank der USA, von JPMorgan Chase übernommen und so vor dem Konkurs bewahrt. Das Schlüsselereignis der Finanzmarktkrise war der Konkurs von Lehman Brothers[8], der viertgrößten Investmentbank der USA, am 15. September 2008.[9] Hiermit griff die Finanzmarktkrise auf die Realwirtschaft über. Als Folge des Lehman Konkurses stürzten die Aktienmärkte weltweit ab und der internationale Geld- und Kapitalmarkt brach zusammen. Die Krise weitete sich aus auf zahlreiche Länder. Die Regierungen und Notenbank der

[6] vgl. IWF 2009

[7] Quelle: IKB, Pressemitteilung v. 30. Juli 2007

[8] Wie es zum Konkurs kam beschreibt Henry (Hank) Paulson, amerikanischer Finanzminister von 2006 bis 2009, aus seiner persönlichen Sicht in der Autobiographie "On the Brink".

[9] Insgesamt sind 2008 weltweit mehr als 100 Banken entweder durch Übernahmen oder durch Konkurs verschwunden, für eine Übersicht vgl. Hans-Werner Sinn 2010.

betroffenen Länder sprachen Garantien aus, legten Rettungsprogramme auf und schnürten Konjunkturpakete. Die Finanzmärkte und auch viele betroffene Volkswirtschaften sind Anfang 2011 stabilisiert. Einige Länder mussten sich in Folge der Krise allerdings so stark verschulden, dass sie selbst instabil sind. Die weitere Entwicklung bleibt abzuwarten.

Auslöser der Finanzmarktkrise war das Platzen der Blase am amerikanischen Immobilienmarkt. Die Ursachen reichen aber deutlich weiter zurück und sind vielschichtig. Durch Innovationen bei Finanzdienstleistungen erschien es möglich Risiken auf dem Kapitalmarkt zu streuen. Als Folge wurden Kreditvergabestandards immer weiter reduziert bis hin zur umfassenden Herauslage von Subprime Krediten. Die Regulierung der Finanzmärkte hat die bereits zuvor beschriebene Verbriefung und damit die Auslagerung von Risiken außerhalb des Kernbankensektors befördert und durch die Vorschrift einer marktnahen Bewertung von Bilanzpositionen prozyklisch gewirkt. Für Ratingagenturen wurden falsche Anreize gesetzt, im Wesentlichen wegen fehlender Regulierung dieser Branche. Die Ratingvergabe wurde vom Verkäufer der Wertpapiere bezahlt. Vor diesem Hintergrund bestand ein großer Anreiz für die Ratingagenturen für eine wohlwollende Bewertung. Ebenfalls falsche Anreize wurden bei den Vergütungssystemen in der Finanzbranche gesetzt. Die vieldiskutierte Gier der Banker kann sicherlich nicht den meisten einfachen Bankangestellten nachgesagt werden aber die Vergütung von Schlüsselpersonen insbesondere im Investmentbanking war exorbitant. Viele Vergütungssysteme waren auf kurzfristigen Erfolg und nicht auf nachhaltige Strategien ausgelegt. Letztlich spielte ebenfalls die Haftungsbeschränkung bei Unternehmenseignern eine wesentliche Rolle. Die meisten großen Banken sind heutzutage als Aktiengesellschaft organisiert. In dieser Rechtsform haften die Aktionäre, also die Eigentümer des Unternehmens, nur mit ihrer Einlage. Dies war nicht immer so. Viele gesetzliche Regelungen zur Haftungsbeschränkung sind weniger als 200 Jahre alt. Durch den fehlenden Durchgriff auf das Privatvermögen der Unternehmenseigner wird zwar einerseits Unternehmertum, da kalkulierbar, gefördert. Andererseits kommt es zu einer Ungleichverteilung, in dem faktisch Gewinne privatisiert und große Verluste sozialisiert werden. Die Lehren aus der Krise müssen daher genau an diesen Punkten ansetzen. Vergütungssysteme müssen einen längerfristigen Charakter haben, der dennoch Leistung belohnt. Haftungsregelungen sollten überarbeitet werden, in dem Eigentümer wieder stärker in Haftung genommen werden. Die Regulierung im weiteren Sinne muss überarbeitet werden. Dies betrifft sowohl das Bankensystem als auch das sogenannte Schattenbankensystem, d.h. die Unternehmen, die wie Banken agieren, aktuell aber nicht von der Bankenregulierung erfasst werden. Aber auch die erwähnte Dienstleistung der Ratingagenturen bedarf einer Überprüfung mit dem Ziel unabhängige Ratings sicherzustellen. Eine Schlüsselmaßnahme sollte die Schaffung eines regulatorischen Rahmens für die geordnete Abwicklung von Banken sein. Es ist eine Tatsache, dass der Zusammenbruch einer Bank heutzutage einen so großen Vertrauensverlust erzeugen kann, dass letztlich auch gesunde Banken pleite gehen können, weil Kundengelder vorsorglich abgezogen werden und die Bank zahlungsunfähig würde. Für diese Thematik werden häufig zwei Begriffe verwendet: too-big-to-fail bzw. too-connected-to-fail, also zu groß zum Scheitern bzw. zu verbunden zum Scheitern. Wenn es aber keine Möglichkeit gibt eine gescheiterte Bank ordnungsgemäß abzuwickeln ohne Gefahr zu laufen, dass auch andere Institute umkippen, dann muss de facto jede Bank gerettet werden. Dieser Zusammenhang muss aufgebrochen werden. Es werden auch noch fundamentalere Forderungen zum Beispiel nach einer allgemeinen Demokratisierung der Finanzwirtschaft[10] gestellt. Hier hinter steht ganz allgemein gesprochen die Forderung zur Bildung einer wissenden Bürgerschicht, die dann echte eigene Entscheidungen in Bezug auf die eigenen Finanzen treffen kann.

Im Großen und Ganzen wurden die Ökonomen von der tiefen wirtschaftlichen Krise überrascht. Nur wenige Ökonomen haben laut und deutlich vor einer Krise gewarnt und selbst als die Krise bereits ersichtlich war wurde das Ausmaß im Allgemeinen deutlich unterschätzt. Die entstandene Kritik an der ökonomischen Wissenschaft wird zwar häufig verallgemeinert, ist aber ähnlich vielschichtig wie die Ursachen der Krise. Eine wesentliche Kritik geht in Richtung der Konjunkturforscher. Das Ziel der Konjunkturforscher ist es regelmäßig eine möglichst exakte Wachstumszahl des BIP aus komplexen Modellen zu errechnen. Dabei ist die Untersuchung von möglichen Wendepunkten im Konjunkturverlauf aus dem Fokus geraten. Könnte aber wichtige Anhaltspunkte für die zielgenaue Vorbereitung von Stabilisierungsmaßnahmen aufzeigen. Im Allgemeinen ist die Wirtschaftstheorie darauf ausgerichtet zu zeigen, dass und wie Märkte funktionieren. Weniger Raum wird darauf verwendet Marktversagen zu untersuchen. Es gibt drei Hauptkritikpunkte: zu einfache Modelle, verzerrtes Menschenbild, falsche Erwartungsannahmen. Die Wirtschaftstheorie konzentriert sich darauf mit möglichst einfachen Modellen aussagekräftige Gesetzmäßigkeiten

[10] vgl. Robert J. Shiller 2008

aufzuzeigen. Die meisten grundlegenden Modelle kommen dabei ohne Finanzmarkt aus. Ohne einen Finanzmarkt im Modell zu integrieren kann aber eine Finanzmarktkrise nicht simuliert werden. Zur Berücksichtigung von Krisen werden diese als einmaliger exogener Schock angenommen. Als Marktakteur, d.h. Anbieter oder Nachfrager, ist der Homo Oeconomicus entwickelt worden. Dies ist ein ausschließlich vernunftgesteuerter Mensch mit nur einem Ziel: Verbesserung der eigenen Situation bzw. Erhöhung des eigenen Wohlstandes. Letztlich wird traditionell angenommen, dass der Homo Oeconomicus, also dieses komische, vernunftgesteuerte und eigenützige Wesen, vollkommen rationale Erwartungen hat. Dies bedeutet, dass er zu jeder Zeit jeden möglichen Ausgang für sich selbst und für alle anderen Marktteilnehmer bestimmen kann. In der Realität ist dies kaum zu erfüllen.

Die Kritikpunkte sind zum Teil richtig und auch wichtig und an dieser Stelle bewusst provozierend vereinfacht dargestellt. Eben weil die Volkswirtschaft mit all ihren Zusammenhängen und Interaktionen von Marktteilnehmern so komplex ist muss sie fürs eigene Verständnis vereinfacht werden. Insbesondere in einem Grundlagen Buch kann es gar nicht anders sein, sonst wären es nicht die Grundlagen. Nur wenn der Ökonom versteht welche Reaktion auf eine bestimmte Aktion in einer idealen Welt folgt, kann dies auch in komplexere Modelle einfließen. In der weiterführenden Wissenschaft ist der Homo Oeconomicus in der Mikroökonomie bereits nicht mehr die zentrale Figur. Hier wird bereits häufig auf die Verhaltensökonomie zurückgegriffen, in der basierend auf Experimenten das tatsächliche menschliche Verhalten in bestimmten Wirtschaftssituationen untersucht wird. Die Wissenschaftler wissen sehr genau, dass rationale Erwartungen eher selten sind. In der Makroökonomie werden die Erkenntnisse der Verhaltensforschung noch wenig genutzt. Hier ist die Entwicklung von Modellen, die typische menschliche Verhaltensweisen berücksichtigen wichtig. Viele Menschen handeln eben nicht rational, sondern lassen sich von Emotionen und dem umgangssprachlichen Bauchgefühl leiten.

Wichtig beim Lernen der Grundlagen der Volkswirtschaftslehre, die natürlich über die Zeit ebenfalls erweitert, verändert und ausgebaut werden, ist, die Vereinfachungen und gemachten Annahmen im Kopf zu behalten. Jede Aussage muss in die richtige Perspektive gerückt werden. Es muss deutlich werden unter welcher Annahme eine bestimmte Aussage zutrifft. Dies und die Kenntnis von ökonomischen Fakten, die im Folgenden oft angeführt und beschrieben werden, sowie eines gewissen historischen

Kontextes machen die Ökonomie verständlich und anwendbar.

Was ist eigentlich die Ökonomie? Die wenigsten Menschen hatten bisher die Möglichkeit das Weltall zu besuchen und damit die Unendlichkeit des Raumes zu erleben. Man kann von dort oben auch die schöne Erde erkennen. Man kann sich aber auch einen der schönen Globen vorstellen, den man als Kind von seinem Großvater geschenkt bekommt und mit dem man anfängt, gedanklich Reisen zu unternehmen. Dieser Globus hat eine endliche Fläche. Die Erde ist groß, aber endlich. Der Schluss liegt nahe, dass alles, was es auf dieser Erde gibt, ebenfalls endlich ist. Es existieren einige Güter, die in unendlichem Maße vorhanden zu sein scheinen und andere, die sehr knapp sind. Aber auch die Güter, von denen es viel, scheinbar unendlich viel gibt, sind in irgendeiner Weise begrenzt. Jeder kennt das stickige Gefühl in einem Raum, in dem sich zu viele Menschen aufhalten, Frischluft fehlt und es ist kaum noch Platz zum Atmen. Auch Luft, vor allem saubere Luft, ist ein endliches Gut. Nachdem die nicht neue Erkenntnis der Endlichkeit von Gütern gewonnen wurde, ist zu überlegen, wie jeder Bewohner der Erde so viel von all den Gütern bekommt wie er zu einem bestmöglichen Leben braucht. Dies ist die Aufgabe der Ökonomie oder auch Volkswirtschaftslehre. Sie ist die Lehre von der Knappheit und versucht den bestmöglichen Zustand von Wohlstand und Reichtum zu erreichen. Hiermit ist nicht nur der Reichtum in Form von Geld, sondern auch in Form von Nahrungsmitteln, Bequemlichkeit, Wärme und Geborgenheit gemeint.

Ein Ökonom oder eine Ökonomin kann viele alltägliche Fragen beantworten. Zum Beispiel hat jede Cola Dose einen bestimmten Preis, warum genau diesen? Vor allem gibt es unterschiedliche Preise für eine Cola Dose an unterschiedlichen Orten auf dieser Welt. Warum? Aber die möglicherweise interessanteste Frage, die es zu beantworten gilt ist: Wie ist es möglich dass eine Cola Dose genau zur richtigen Zeit am richtigen Ort zu erwerben ist? Wo auch immer man sich auf der Welt befindet, die Wahrscheinlichkeit ist sehr groß, dass man bei Bedarf in den nächsten Supermarkt, Kiosk oder das nächste Restaurant geht und eine Cola erhält, wenn man eine bestellt. In der Regel ist der Kunde, der die Cola kauft, dem Verkäufer, zum Beispiel dem Kioskbesitzer, vollkommen unbekannt. In der Regel hat der Kunde die Cola auch nicht vorbestellt oder irgendwie seinen Kauf direkt angekündigt. Kein Mensch ruft einen Kioskbesitzer an, um ihm mitzuteilen, dass er morgen mittag beabsichtigt eine Cola bei ihm zu kaufen. Dennoch ist die Cola da. Erstaunlicherweise scheint der Kioskbesitzer gewusst zu haben, dass der Kunde eben jetzt eine Cola kaufen will. Deshalb hat er diese Cola bereits gestern oder letzte Woche bei seinem Großhändler bestellt. Auch der Großhändler hatte bereits vorher die Cola beim Getränkehersteller geordert. Tatsächlich muss der Getränkehersteller sogar schon gewusst haben, dass der Kunde eben jetzt eine Cola kaufen will. Spielt man diesen Prozess einmal gedanklich für ein alltägliches Gut wie eine Cola Dose durch muss man doch fast verblüfft fragen: Woher wusste der Getränkehersteller bereits vor Tagen, dass der Kunde eben jetzt eine Cola kaufen will? Wer hat in diesem Herstellungs- und Kaufprozess welche Aufgabe? Wie viel erhält er für eben diese Aufgabe?

Wenn es nur einen einzigen Anbieter für ein Produkt gibt, kann dieser seine Kunden tatsächlich ausbeuten? Zum Beispiel hat 1997 nur die Deutsche Telekom AG einen privaten Telefonanschluss in Deutschland zur Verfügung gestellt. 2005 hingegen zahlte ein Verbraucher für ein inländisches Ferngespräch an Werktagen nur noch rund vier Prozent des Betrages zu Monopolzeiten.[11] Wie kommt dieser Preisverfall zustande? Hat der Staat etwas damit zu tun? Was sind eigentlich die Aufgaben des Staates, d.h. der einzelnen Regierungen von Bund, Ländern und Gemeinden? Könnte es zum Beispiel eine Staatsaufgabe sein, das Heer von Arbeitslosen - immerhin gut drei Millionen Menschen Anfang 2011 - zu verringern? Fragt man die eigenen Großeltern oder auch die Eltern, dann war "früher" immer alles billiger. In weiten Teilen ist diese Behauptung, sofern damit gemeint ist, dass die Preise geringer waren, richtig. Vieles wird also teurer. Geht es den Menschen deswegen schlechter? Diese und weitere Fragen können mit Hilfe der Volkswirtschaftslehre beantwortet werden.

Volkswirtschaftslehre oder genauer Volkswirtschaftstheorie wird generell in die Teilbereiche Mikro- und Makroökonomie unterteilt. Während sich die Mikroökonomie mit dem Verhalten einzelner Wirtschaftssubjekte wie einem Haushalt oder einem Unternehmen beschäftigt, befasst sich die Makroökonomie mit gesamtwirtschaftlichem Verhalten und gesamtwirtschaftlichen Vorgängen und bezieht sich dabei auf Aggregate wie den Haushalts- oder den Unternehmenssektor. Die Mikroökonomie untersucht beispielsweise das Zustandekommen des Preises eines einzelnen Produktes, zum Beispiel einer Cola Dose, und erforscht die Funktionsweise einzelner Märkte. Sie hinterfragt das Konsumverhalten eines einzelnen Haushaltes oder die Produktionsentscheidung eines Unternehmens. Trotz der auf den ersten Blick recht klaren Trennung zwischen Mikro- und Makroökonomie

[11] vgl. Bundesnetzagentur 22.06.2007

sind beide Disziplinen untrennbar miteinander verbunden. So sind gesamtwirtschaftliche Prozesse letztlich die Summe einer Vielzahl von individuellen Entscheidungen, die wiederum Gegenstand mikroökonomischer Theorien sind. Möchte ein Ökonom zum Beispiel verstehen, durch welche Faktoren die gesamtwirtschaftliche Nachfrage beeinflusst wird, so ist dies zunächst eine makroökonomische Fragestellung. Um sie jedoch beantworten zu können, muss sie oder er auf mikroökonomische Theorien zurückgreifen. Welche Faktoren bestimmen das Konsumverhalten eines einzelnen Haushaltes? Wovon hängt es ab, ob eine Familie lieber zweimal im Jahr einen günstigen Pauschalurlaub bucht oder einmal im Jahr eine teurere Individualreise anstatt das Geld zu sparen? Ein weiteres Beispiel: Möchte ein Ökonom verstehen wie die gesamtwirtschaftliche Investitionstätigkeit stimuliert werden kann, so muss er oder sie sich beispielsweise fragen, was eine Firma dazu veranlasst, eine zweite Produktionsstätte zu eröffnen. Die grundsätzlich makroökonomische Fragestellung enthält wiederum eine bedeutende mikroökonomische Komponente. Zusammenfassend lässt sich sagen, dass gesamtwirtschaftliche Vorgänge nicht isoliert von individuellen Entscheidungen betrachtet werden können. Aus diesem Grunde basiert moderne makroökonomische Theorie immer auch auf mikroökonomischen Grundlagen. Deshalb werden in Teil eins dieses Buches zunächst die mikroökonomischen Grundlagen beschrieben und erläutert. Im zweiten Teil des Buches wird die makroökonomische Theorie in Angriff genommen.

Die Aktivitäten des Staates werden ausführlich in einem gesonderten Bereich der Volkswirtschaftslehre, der nicht Gegenstand dieses Buches ist, der Finanzwissenschaft, genauer untersucht. Es wird auf der einen Seite die Rolle des Staates untersucht, die dieser einnimmt (sog. positive Analyse) und auf der anderen Seite die, die er einnehmen sollte (sog. normative Analyse). Um einen Überblick über die Rolle des Staates zu geben, wird diese in diesem Buch im zweiten Teil beschrieben.

Die Ökonomie hat ihre geistigen Grundlagen bereits durch Platon (427 - 347 v.Chr.) und später von seinem Schüler Aristoteles (384 - 322 v.Chr.) erfahren. Die moderne und noch heute existente Ökonomie baut allerdings erst auf den Philosophien und Staatslehren des 17. und 18 Jh. auf. So entwickelten Thomas Hobbes, John Locke, Charles de Montesquieu und Jean-Jacques Rosseau teilweise ähnliche, teils aufeinander aufbauende und teils konträre Staatsphilosophien. Die Klassiker unter den Ökonomen bauten auf den liberalen und das Individuum betonenden Philosophien auf. So tat es auch der geistige Vater der Marktwirtschaft Adam Smith (1723 - 1790) in seinem bekanntesten Werk "Der Wohlstand der Nationen" aus dem Jahre 1776. Die Klassiker wie Smith aber auch David Ricardo (1772 - 1823) und John Stuart Mill (1806 - 1873) beschäftigten sich hauptsächlich mit dem Produktionsbereich einer Wirtschaft und weniger mit den Wünschen der Konsumenten und den Auswirkungen auf die Konsumenten. Für sie lief alles darauf hinaus, dass ein Wirtschaftskreislauf ohne staatliche Eingriffe am besten funktioniert, da sie zeigen konnten, dass jeder Teilnehmer im Wirtschaftsleben, obwohl er nur seinen eigenen Vorteil im Kopf hat, zu Gunsten der Gemeinschaft arbeitet.

Im 19 Jh. entstand die sogenannte Grenznutzenschule. Die führenden Wissenschaftler dieser Lehre waren Carl Menger (1840 - 1921), Stanley Jevons (1835 - 1882) und Leon Walras (1834 - 1910). Die Grenznutzenschule versuchte die Frage zu beantworten, welchen Nutzen die einzelnen Güter den Konsumenten und Verbrauchern boten und wie dieser Nutzen die Kaufentscheidung beeinflusst. Sie erklärten damals den abnehmenden Grenznutzen. Nur ein paar Jahre später besannen sich einige Ökonomen auf die Sinnhaftigkeit der klassischen Lehre und belebten diese wieder. So entstand die Neo-Klassik um Heinrich Dietzel (1857 - 1935), Gustav Cassel (1866 - 1945) und Adolf Weber (1876 - 1963). Der Unterschied zur Klassik lag darin, dass sich die Neo-Klassiker mehr mit der Preistheorie und den Auswirkungen von Preisniveauschwankungen und ihrer Behebung beschäftigten als rein mit dem Angebot in einer Wirtschaft. Parallel hierzu entwickelte sich die Wohlfahrtstheorie, die im Wesentlichen durch Alfred Marshall (1842 - 1924) entstand. Sie wurde später von seinem Schüler Cecil Pigou (1877 - 1959) weiterentwickelt. Hintergrund ist die Beantwortung der Frage nach der maximalen Wohlfahrt einer Gesellschaft und ihrer Verteilung, die die Grundlage für den sozialen Frieden und eine stabile revolutionsfreie Entwicklung bietet. In der folgenden Zeit beschäftigten sich die Ökonomen vor allem mit einer gewünschten gleichbleibenden Entwicklung. So untersuchte John Maynard Keynes (1883 - 1946) den Einfluss der Nachfrage auf die Wirtschaftsentwicklung. Er entwickelte damals eine nachfrageorientierte Wirtschaftspolitik. Im Gegensatz hierzu entstand der sogenannte Fiskalismus und der Monetarismus. Sie wurden vor allem von Paul A. Samuelson (1915 - 2009) und Milton Friedman (1912 - 2006) entwickelt. Im Gegensatz zu Keynes machten sie die Angebotsseite zum führenden Glied der Wirtschaft und gaben dem Staat nur eine sehr kleine Rolle.

Diese wirklich sehr kurze geschichtliche Entwicklung der ökonomischen

Theorie mag am Anfang etwas verwirrend sein, daher empfiehlt es sich das Kapitel am Ende zum besseren Verständnis noch einmal zu lesen. Viele Unklarheiten werden dann behoben sein und die Einzelteile fügen sich zu einem Netz zusammen. Der entscheidende Ort des Geschehens, der im Folgenden im Fokus steht, ist der Markt. An einem Markt werden Güter angeboten und nachgefragt. Es herrscht Wettbewerb, der mehr oder weniger fair ist. Die beiden Teilnehmer an diesem Wettbewerb sind die Anbieter und die Nachfrager. Sie treten am Markt auf und versuchen, das möglichst beste Ergebnis für sich selbst zu erhalten. Die Wirtschaft gleicht einem Spiel mit festen Regeln und Gesetzmäßigkeiten. Jeder Spieler versucht, so gut wie möglich zu sein und sich einen Vorsprung zu erarbeiten. Es ist inzwischen ein großes Spiel und es ist spannend. Längst sind die Teilnehmer zu Global-Playern geworden. Ihr Handeln wirkt sich nicht mehr nur auf lokaler Ebene aus, sondern ist überregional und international von Relevanz.

Teil I
Mikroökonomie

"Am ersten Tag schuf Gott die Sonne.
Worauf der Teufel den Sonnenbrand schuf.
Am zweiten Tag schuf Gott das Geschlecht.
Der Teufel schlug zurück und schuf die Ehe.
Am dritten Tag schuf Gott einen Ökonomen.
Was für eine Herausforderung für den Teufel.
Er dachte lange nach, und schließlich schuf er...
einen zweiten Ökonomen."

Anonymus Oeconomicus[1]

[1] André Fourçans 1999, vor dem Prolog

1

Die Preisbildung

Lernziele:

- Angebot und Nachfrage hängen von unterschiedlichen Variablen ab.
- Angebot und Nachfrage bestimmen den Preis.
- Der Markt koordiniert Angebot und Nachfrage, es entsteht ein Marktgleichgewicht.
- Der Käufer eines Gutes zahlt den Marktpreis an den Verkäufer; beide können mit diesem Geschäft aber ihren Wohlstand möglicherweise steigern.

Wie in der Einführung gerade erwähnt, dreht es sich in einer Volkswirtschaft um Güter, die auf einem Markt gehandelt werden. Später werden noch einige Marktarten vorgestellt, doch zunächst reicht es aus, sich einen Wochenmarkt vorzustellen.

Die nun wiederum wichtigste Aufgabe eines Marktes ist die Preisbildung, d.h. ein jedes Gut bekommt einen in Geld ausgedrückten Wert. Beobachtet man zum Beispiel die Erdbeerpreise im Laufe eines Jahres, stellt man fest, dass sie am Anfang der Saison sehr hoch sind. Während der Haupterntezeit fallen die Preise, um nach dem Erreichen eines Preistiefs zum Ende der Saison hin wieder anzusteigen.[1] Ähnliches kann auch an einem einzigen Tag auf dem Fischmarkt in Hamburg beobachtet werden. Früh um 4:00 Uhr sind die Preise noch recht tief, aber nur ein oder zwei Stunden später ziehen die Preise an, weil die Nachfrage zunimmt. Zum Ende hin gehen die Händler dann mit ihren Preisen wieder nach unten, um die restliche Ware loszuschlagen.

Die Preisunterschiede begründen sich in den Schwankungen der **Nachfrage** und des **Angebotes**. Man kann also schon jetzt festhalten, dass die Nachfrage und das Angebot den Preis bestimmen.

[1] vgl. Günter Ashauer 1990, S. 98

1.1 Die Nachfragekurve

1.1.1 Die Entstehung der Nachfragekurve

Stellt man sich den Erdbeermarkt vor, kann bei genauer Beobachtung ein Höchstpreis festgestellt werden. Dies ist der höchste Preis, zu dem noch irgendeine Person Erdbeeren nachfragt. Irgendjemand muss schließlich bereit sein, den höchsten Preis zu zahlen. Die Gründe, die diese Person haben kann, sind vielfältig. Vielleicht liebt sie Erdbeeren über alles oder hat sehr viel Geld. Die Person ist bereit, für ein Kilo Erdbeeren EUR 5 zu bezahlen. Diesen Preis, zu dem eine Person bereit ist ein Gut zu kaufen, nennen wir **Reservationspreis** (auch: **Vorbehaltspreis**; **Prohibitivpreis**). Der Reservationspreis ist der Preis, bei dem die Person gerade noch nachfragen würde, wir sagen dazu, dass die Person zu diesem Preis **zwischen Kauf und Nichtkauf indifferent** ist.[2]

Der nächstniedrigere Preis, den eine Person bereit ist für die Erdbeeren auszugeben, liege bei EUR 4,50. Bei einem Preis von EUR 4,25 sind schließlich weitere zwei Personen bereit, Erdbeeren zu kaufen. Wenn auf dem Markt also ein Preis von EUR 4,25 für die Erdbeeren pro Kilogramm verlangt werden würde, könnten genau 4 kg Erdbeeren abgesetzt werden.

Es überrascht nicht, festzustellen, dass die Anzahl der Käufer mit sinkendem Preis steigt. Je niedriger der Preis für ein Produkt ist, desto mehr Käufer finden sich, d.h. desto größer ist die Nachfrage. Kostet ein Produkt schließlich gar nichts mehr, d.h. es hat einen Preis von EUR 0, wäre die Nachfrage theoretisch unbegrenzt. Natürlich würde es immer noch Personen geben, die trotzdem keine Erdbeeren nachfragen, weil sie einfach keine mögen. Stephen King hat im April 2000 eines der ersten vollständigen E-Books herausgegeben. Trotzdem es anfangs kostenlos zur Verfügung gestellt wurde, war die Nachfrage dennoch begrenzt, wenn auch sehr hoch. Am ersten Tag fanden ca. 700.000[3] Downloads statt.

Die Höhe des Preises signalisiert, wie hoch die Verbraucher das Gut ansehen. Man spricht hier von der **Bewertungsfunktion des Nachfragepreises**.[4] Abbildung 1.1 zeigt die zunehmende Nachfrage bei abnehmendem Preis anhand einer Treppenfunktion (gepunktete Linie; die Einheiten sollen hier unabhängig von den oben gewählten beispielhaften Zahlen sein).

---

[2] vgl. Hal R. Varian 1999, S. 4

[3] Die Zahl stammt von der Internetseite www.amazon.de unter der Rubrik ‚Rezensionen' der deutschen Taschenbuchausgabe des genannten E-Books "Riding the Bullet". Angaben vom 05.12.00.

[4] vgl. Horst Siebert 1996, S. 68

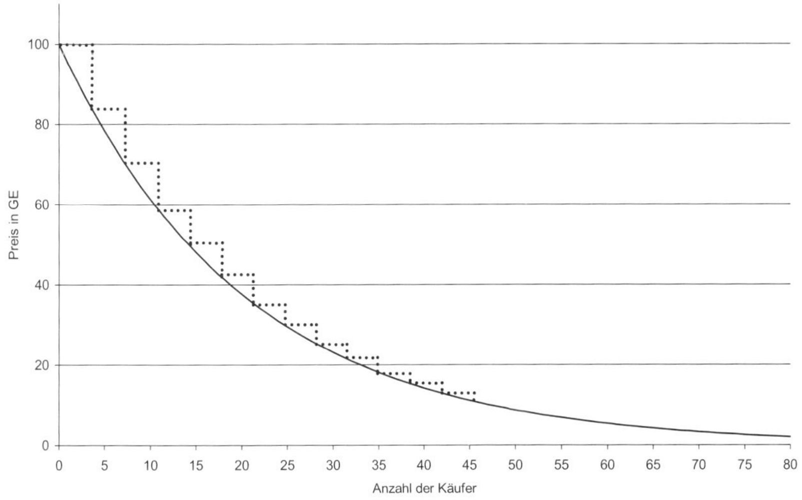

Abbildung 1.1: Die Nachfragekurve

Die Darstellung der Nachfragekurve als Treppenfunktion ist sehr genau. Es ist daher praktikabler sie in der ökonomischen Analyse vereinfacht darzustellen. Sind die Preisabstufungen nur sehr klein und ist die Anzahl der Käufer sehr groß wird die Treppenfunktion als eine durchgehende Linie, die der eigentlichen Treppenfunktion sehr nahe kommt, veranschaulicht. Die Stufen werden wie in der vorherigen Abbildung einfach ausgeglichen. Im Folgenden wird die Nachfragekurve, ebenso wie sehr häufig in der weiteren Literatur, aus rechentechnischen Gründen meist durch eine Gerade veranschaulicht.

Die Nachfragekurve stellt eine mathematische Funktion dar. Sie kann auf zweierlei Art und Weise ausgedrückt werden. Die Nachfrage folgt der **Nachfragefunktion** D (demand := engl. Nachfrage) in Abhängigkeit vom Preis p:

$$x = D(p).$$

Dieser Fall beschreibt die nachgefragte Menge x als gleich mit der Funktion D in Abhängigkeit vom Preis p. Eine Funktion ist eine mathematische Abbildungsvorschrift, die jedem beliebigen Wert einer Variablen einen ganz bestimmten Wert einer anderen Variablen zuordnet. Für jeden beliebigen Preis p, eingesetzt in die Funktion, ergibt einen bestimmten Wert für x.

Umgeformt ergibt sich eine Nachfragefunktion D in Abhängigkeit von der Menge x:

$$p = D(x).$$

Vergleichbar mit der obigen Abbildungsvorschrift ergibt sich hier ein bestimmter Preis für jedes beliebige x. Die zweite Funktion wird die **inverse Nachfragefunktion** genannt.

1.1.2 Einflussgrößen der Nachfrage

Im obigen Beispiel ist immer von Personen gesprochen worden, die ein Gut nachgefragt haben. Im Folgenden wird von Haushalten gesprochen, damit keine Differenzen zu der einschlägigen Fachliteratur bestehen.

Bisher wurde davon ausgegangen, dass die Nachfrage nur vom Preis eines Gutes beeinflusst wird. Fragt man sich selbst, so stellt man schnell fest, dass die Entscheidung zwischen kaufen und nicht kaufen von vielen weiteren Größen abhängt. Was sind also die Einflussgrößen der Nachfrage eines einzelnen Haushaltes? Sie werden zunächst aufgezählt und im Anschluss erläutert:

1. Preis des Gutes;
2. Einkommen eines Haushaltes;
3. Qualität eines Gutes;
4. Präferenzen eines Haushaltes;
5. Preis eines Substitutionsgutes;
6. Preis eines Komplementärgutes;
7. Netzeffekte.

Zu (1.) ist bereits alles Wichtige gesagt worden. Es leuchtet schnell ein, dass auch das Einkommen eines Haushaltes entscheidend für die Nachfrage dieses Haushaltes ist. Je mehr finanzielle Mittel einem Haushalt zur Verfügung stehen, desto eher ist er bereit, mehr für sein eigenes Wohl auszugeben. Ebenso von entscheidender Bedeutung ist die Qualität des Gutes. Jeder rational handelnde Mensch ist bereit, für ein Gut hoher Qualität einen höheren Preis zu zahlen, als für ein Gut minderer Qualität.

Präferenzen drücken aus, wie sehr man ein Gut schätzt. Sie sind rein persönlicher Natur. Zum einen gibt es zeitliche Präferenzen, d.h. benötigt man ein Gut sehr dringend, ist man bereit mehr dafür zu bezahlen, als für ein Gut, auf das man auch noch eine Weile warten kann. Es gibt auch örtliche Präferenzen. Ein Bürger ist bereit, beim "Kaufmann um die Ecke" mehr für ein Gut zu bezahlen, als beim nächsten Supermarkt, zu dem er erst eine halbe Stunde fahren muss. Schließlich gibt es auch persönliche Präferenzen. Man kauft eine Ware lieber bei einem bekannten Geschäft, wo man freundlich bedient wird, als nur wenige Euro oder gar nur Cent zu sparen, wenn man in einem großen Kaufhaus einkauft. Die persönlichen Präferenzen hängen vor allem von den Gewohnheiten eines Menschen ab. Sehr viele Jugendliche zeigen ihre persönlichen Präferenzen schon beim Kauf einer Jeans. Das Bevorzugen einer Markenjeans vor einer "no name"-Jeans ist auch eine Präferenz.

Ein **Substitutionsgut** ist ein Gut, das ein anderes substituieren, d.h. ersetzen kann. Beispiele hierfür sind Weißbrot und Schwarzbrot. Steigt der Preis für Weißbrot stark an, werden immer mehr Haushalte Schwarzbrot kaufen, da sie auch davon satt werden. Auf eine längere Zeit betrachtet sind auch Heizöl und Erdgas gegeneinander austauschbar. Eine nachhaltig starke Preiserhöhung von Heizöl, führt dazu, dass neugebaute Heizungsanlagen mit Erdgas betrieben werden. Auch kann sich unter diesen Umständen eine Investition in die Umrüstung einer alten Anlage, die noch mit Heizöl betrieben wird, lohnen. Daraus folgt: *je teurer ein Gut A wird, desto stärker wird die Nachfrage nach einem vorhandenen Substitutionsgut B sein. Genauso steigt natürlich die Nachfrage nach dem Gut A, je teurer das vorhandene Substitutionsgut B wird.*

Während ein Substitutionsgut ein Gut ist, das ein anderes ersetzen kann, ist ein **Komplementärgut** ein Gut, das in der Regel nur in Verbindung mit einem anderen wirklich sinnvoll ist. Um Gut A richtig nutzen zu können, muss man ebenfalls das Komplementärgut B besitzen. Steigt nun der Preis von Gut B, wird der Gesamtpreis der beiden Güter A und B ebenfalls steigen. Mit steigendem Preis geht allerdings die Nachfrage zurück. Komplementärgüter sind zum Beispiel Kaffee oder Tee und Dosenmilch, Autos und Straßen oder Benzin sowie ein Drucker und die dazugehörige Tintenpatrone. Dosenmilch ist sicher kein selbstständiges Gut, da ihr Gebrauch mit dem Verzehr von Kaffee bzw. Tee zusammenhängt, genauso wie ein Auto ohne Straßen oder Benzin keinen Sinn macht. Daher: *je teurer ein Komplementärgut B wird, desto geringer wird die Nachfrage nach dem Gut A.*

Netzeffekte kann man sinnvoll mit "Verbreitung" beschreiben. Die Nachfrage nach einem Gut A wird zunehmen, wenn die sinnvolle Nutzung des Gutes von einer großen Anzahl dieses Gutes abhängig ist. Ein Telefon ist nur dann etwas Wert, wenn man auch jemanden anrufen kann, somit steigt die Nachfrage nach Telefonen mit der Anzahl der Benutzer. Ein relativ neues Beispiel für Netzeffekte sind die schon vorher erwähnten E-Books. Noch Anfang des Jahres 2000 waren die technischen Geräte so teuer, dass die Nachfrage relativ gering war. Solange aber nicht eine genügende Anzahl von E-Books auf dem Markt nachgefragt wurde, gab es von den Verlagen auch keine ausreichende Auswahl an Download-Angeboten. Umgekehrt, warteten viele Verbraucher mit dem Kauf eines E-Books solange, bis die Auswahl an Romanen und anderen Büchern als Download im Internet groß genug war. Hier tritt die Frage auf, wer zuerst da ist, das Huhn oder das Ei.[5] Die prognostizierte schnelle Verbreitung der E-Books ist eher ausgeblieben. Vor allem die technische Basisausstattung trug hierbei wohl einen erheblichen Anteil. Erst seit 2008 sind technische Geräte auf dem Markt, die einen Lesegenuß vergleichbar zu konventionellen Büchern für viele Leser schaffen. Die zwei prominentesten Beispiele sind der Kindle von Amazon und der Reader von Sony. Die Veröffentlichung von entsprechenden Downloadangeboten hat ebenfalls zugenommen. Die Nutzung von E-Book Readern nimmt zu. Ebenso gibt es weitere technische Geräte, die das Lesen von E-Books ermöglichen, beispielsweise auf dem PC bzw. Laptop oder auf Smartphones und Tablets.

Bis hier wurde erklärt, wodurch die Nachfrage nach einem Gut bestimmt wird. Nun muß noch beantwortet werden, wie sich die Nachfrage verändert. Hier sind grundsätzlich zwei Möglichkeiten zu unterscheiden, die anhand einer Nachfragefunktion gezeigt werden sollen.

Zuvor haben wir bereits die vereinfachte Nachfragefunktion $D(p)$ kennengelernt. Wir haben jetzt auch gesehen, dass die Nachfrage D außer vom Preis p von weiteren Variablen abhängt. Dies sind: das Einkommen m, die Qualität Q, die Präferenzen Pr, der Preis des Substitutionsgutes p_s und der Preis des Komplementärgutes p_k. Folglich kann die Nachfragefunktion

---

[5]Am Rande sei bemerkt, dass diese Frage tatsächlich gelöst ist. Der Evolutionsgenetiker John Brookfield (Universität von Nottingham, Großbritannien) stellt fest: dass sich das Erbgut eines Tieres im Laufe des Lebens nicht ändere, daher muss das erste lebende Ding, das man unzweifelhaft zur Spezies der Hühner zählen konnte, das erste Ei gewesen sein. Das erste Ei sei ein Hühnerei gewesen, da es ein Huhn in sich trug. Daran ändere auch die Tatsache nichts, dass es von einem anderen Tier gelegt wurde. So die Schlussfolgerung des Wissenschaftsphilosophen David Papineau (Londoner King's College). Beide Wissenschaftler werden aus der Praxis bestätigt. Charles Bourns (Hühnerzüchter und Chef des Geflügel-Handelsverbands Great British Chicken) sagt: "Eier gab's schon lange, bevor die Hühner dahergekommen sind". (vgl. Spiegel Online 26.05.2006)

auch geschrieben werden als:

$$x = D(p, m, Q, \Pr, p_s, p_k).$$

Bei späteren Modellen werden in den allermeisten Fällen Beziehungen zwischen zwei variablen Größen hergestellt. Zum Beispiel zwischen der Menge und dem Preis. Die anderen Variablen werden als bereits gegeben vorausgesetzt. Die Größen, die durch die Funktion bestimmt werden, nennt man **endogene Variable**. Alle anderen Größen nennt man **exogene Variable**, da sie von äußeren Einflüssen vorherbestimmt sind. Im Falle der vereinfachten Nachfragefunktion $x = D(p)$ sind die beiden Variablen x und p endogen. Sie werden von der Funktion bestimmt. Die weiteren Einflussfaktoren der Nachfrage, wurden in diesem vereinfachten Fall als gegeben hingenommen. Diese Variablen sind konstant. Das Einkommen m hat zwar auch in diesem vereinfachten Modell immer noch eine Auswirkung auf die Nachfrage, aber die Beziehung kann nicht direkt quantifiziert werden. Ein Beispiel: das Einkommen m steigt; zu jedem Preis kann die Nachfrage daher ausgeweitet werden. Die Nachfragekurve verschiebt sich nach rechts oben (Abbildung 1.2(b)). Es kann allerdings keine Aussage über die Größe der Verschiebung getroffen werden. Verändert sich hingegen der Preis, kann der Einfluss auf die nachgefragte Menge genau berechnet werden. Erweitert man die Nachfragefunktion um die Variable m, es liegt also die Funktion $x = D(p, m)$ vor, wird das Einkommen zu einer endogenen Variablen. Man kann Veränderungen in der Nachfrage, die durch eine Einkommensveränderung hervorgerufen wurden, genau quantifizieren. Ob eine Variable endogen oder exogen ist, hängt daher vom zugrunde liegenden Modell ab. Kann ein Modell die Veränderung einer Variablen nicht erklären, ist diese Variablen exogen. Kann ein Modell hingegen eine Erklärung liefern, handelt es sich um eine endogene Variable.

Grundsätzlich gilt in einem zweidimensionalen Modell: *Verändern sich die endogenen Variablen, verändert sich die Nachfrage entlang ihrer Kurve. Verändern sich hingegen die exogenen Variablen, führt dies zu einer Verschiebung der Nachfragekurve nach links oder rechts.*

In Tabelle 1.1 soll das Verhalten der Nachfragekurve bei der Veränderung der Variablen verdeutlicht werden. In der Spalte "Veränderung" sind sowohl die positiven, als auch die negativen Veränderungen enthalten, also sowohl Preiserhöhungen als auch -senkungen. Wer die Grafiken aufmerksam betrachtet, stellt fest, dass die endogenen Variablen auf den Achsen angezeigt werden.

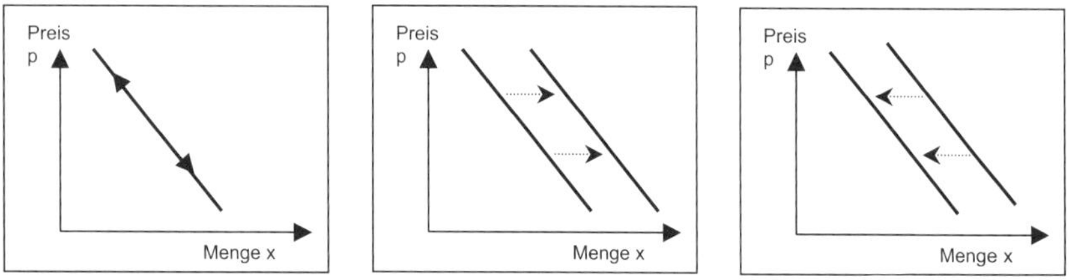

(a) positive und negative Veränderung der Nachfrage entlang der Nachfragekurve

(b) Ausweitung der Nachfrage durch Verschiebung der Nachfragekurve

(c) Reduzierung der Nachfrage durch Verschiebung der Nachfragekurve

Abbildung 1.2: Veränderung der Nachfrage in einem einfachen Modell

Merke: *Verändert man die Variablen auf den Achsen, d.h. die endogenen Variablen, verändert sich die Nachfrage entlang der Nachfragekurve. Alle anderen Veränderungen, sprich exogene, führen zu einer Verschiebung der Nachfragekurve.*

Eine Verschiebung der Nachfragekurve nach links oder rechts, kann natürlich auch mit einer Preisveränderung einhergehen. Allerdings muss das nicht der Fall sein. Die Konsumenten wären sicherlich bereit, eine bessere Qualität mit einem höheren Preis zu bezahlen. Aufgrund der Mengenerhöhung wird jedoch der Produzent, wie wir später noch sehen werden, vielleicht gar keine Preiserhöhung durchsetzen wollen oder können. Zu diesem Zeitpunkt soll es uns reichen, zu erkennen, dass die Nachfrage steigt oder sinkt, unabhängig davon, ob sich damit auch der Preis verändert.

Tabelle 1.1: Veränderungen der Nachfrage in einem einfachen Modell

Abbildung	**positive Veränderung der Nachfrage**	**negative Veränderung der Nachfrage**
1.2 (a)	Preis p sinkt	Preis p steigt
1.2 (b), (c)	Einkommen m, Qualität Q, Präferenzen Pr, Preis Substitutionsgut p_s steigt, Preis Komplementärgut p_k sinkt	Preis Komplementärgut p_k steigt, Einkommen m, Qualität Q, Präferenzen Pr, Preis Substitutionsgut p_s sinkt

1.1.3 Nachfrageelastizitäten

Es wurde erläutert, wie sich die Nachfrage bei bestimmten Veränderungen der Rahmenbedingungen verhält. Nun ist es zum Beispiel für ein Unternehmen nicht nur wichtig wie sich die Nachfrage verhält, sondern auch wie stark sich diese verändert. Ein generelles Ziel eines Unternehmens ist die

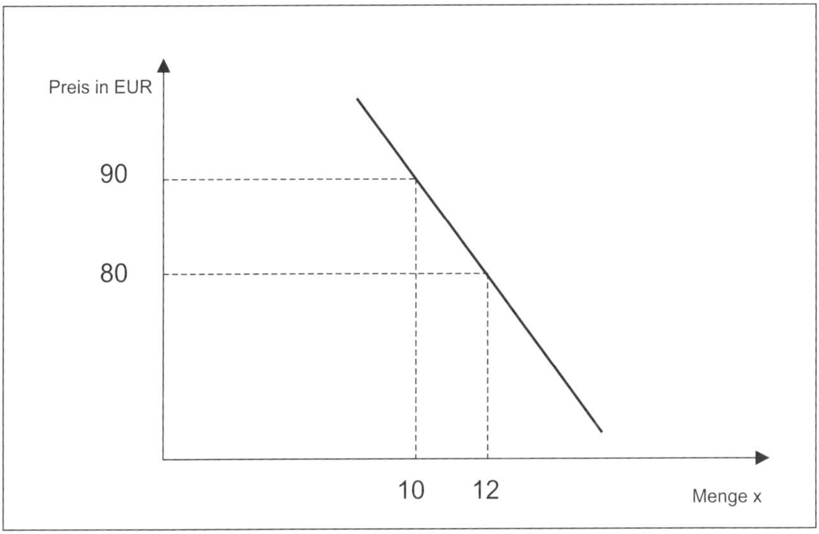

Abbildung 1.3: Die Nachfrageelastizität

Gewinnmaximierung. Der Gewinn ist unter anderem vom Preis eines Gutes und dessen abgesetzter Menge sowie von den Kosten abhängig. Daher ist es für ein Unternehmen sehr interessant zu erfahren, wie stark die Nachfrage bei einer Veränderung des Preises variiert. Wie kann man diese Frage beantworten?

Zunächst ganz einfach: man kann das Ergebnis anhand der vorherigen Grafik ermitteln und die Veränderung der nachgefragten Menge schlicht ablesen. Sie kann dann absolut oder prozentual angegeben werden (Abbildung 1.3). Bei einem Preis des Gutes A in Höhe von EUR 80 können 12 Stück des Gutes abgesetzt werden. Erhöht das Unternehmen nun den Preis von A auf EUR 90 können nur noch 10 Stück abgesetzt werden. In der Praxis ist die Nachfragekurve meistens nicht gegeben und auch nicht bekannt. Sie exakt zu ermitteln, ist nahezu ausgeschlossen oder mit einem enormen Aufwand verbunden, so dass es sich nicht lohnt. Darüber hinaus ist sie nicht von großer Relevanz. Die relative Änderung der Preise und Mengen ist viel wichtiger. Zur Analyse ist in der Ökonomie das Instrument der **Elastizität** entwickelt worden. *Mit Hilfe der Elastizität kann die prozentuale Nachfrageänderung eines Gutes A im Verhältnis zu der Variation einer Determinanten um einen bestimmten Prozentsatz berechnet werden.*

Die Elastizität ε kann wie folgt dargestellt werden:

$$\varepsilon = \frac{\text{prozentuale Veränderung der Menge x des Gutes A}}{\text{prozentuale Veränderung einer Determinanten}}.$$

Man unterscheidet je nach der gewählten Determinante drei verschiedene Formen der Elastizität, wobei jede dieser Elastizitäten wiederum bestimmte Charakteristika annehmen kann.

1.1.3.1 Die eigene (direkte) Preiselastizität der Nachfrage

Verändert sich der Preis des Gutes A, variiert auch die Nachfrage nach Gut A. Diese Art der Elastizität nennt man die **eigene oder direkte Preiselastizität der Nachfrage**, sie wird bisweilen auch einfach Preiselastizität genannt. "Sie gibt an, wie sich die Nachfrage nach dem Gut [A] ändert, wenn sich der Preis des Gutes [A] ändert".[6] Die eigene Preiselastizität ist auch schon in dem Beispiel auf der vorherigen Seite angesprochen worden. Man berechnet die eigene Preiselastizität wie folgt:

$$\begin{aligned}\varepsilon &= \frac{\text{prozentuale Veränderung der Menge } x \text{ des Gutes A}}{\text{prozentuale Veränderung des Preises des Gutes A}} \\ &= \frac{\frac{\partial x}{x}}{\frac{\partial p}{p}} = \frac{\partial x}{x} \cdot \frac{p}{\partial p} = \frac{\partial x}{\partial p} \cdot \frac{p}{x}.\end{aligned}$$

Beispiel aus Kapitel 1.1.3:
Preis (p) = EUR 80
Preisänderung (Δp) = EUR 10
Menge (x) = 12 Stk.
Mengenänderung (Δx) = -2 Stk.
Einsetzen in die Formel der eigenen Preiselastizität:

$$\varepsilon = -\frac{2}{10} \cdot \frac{80}{12} = -1\frac{1}{3}.$$

In diesem Beispiel beträgt die eigene Preiselastizität $-1\frac{1}{3}$, d.h. eine einprozentige Erhöhung des Preises zieht eine Veränderung der nachgefragten Menge um $-1\frac{1}{3}\%$ nach sich.

Zur Interpretation der Elastizität ist auf ein paar Punkte zu achten. Die eigene Preiselastizität ist entweder positiv oder negativ. Eine negative Elastizität, wie sie auch im Beispiel errechnet wurde, beschreibt das Nachfrageverhalten bei einem **gewöhnlichen Gut**. Die normale Erwartungshaltung geht davon aus, dass die Nachfrage nach einem Gut A bei einer

[6] vgl. Horst Siebert 1996, S. 80

Preiserhöhung zurückgeht. Es kann auch der umgekehrte Fall beobachtet werden. Die Nachfrage würde in diesem Fall bei einem steigenden Preis ebenfalls zunehmen, womit die Elastizität positiv wäre. In einem solchen Fall sprechen wir von einem **Giffen-Gut**, benannt nach einem Ökonomen des 19. Jahrhunderts, der dieses Phänomen als erster nachweislich beschrieben hat.[7] Da die Beschreibung dieses Falles im Konjunktiv ist, wird schon die Besonderheit eines Giffen-Gutes deutlich, welches in der Realität auch kaum zu finden ist. Es kann jedoch eine Situation, eine durchaus realistische, konstruiert werden, mit der man Giffen-Güter beschreiben kann. Man stelle sich die Situation eines armen Landes vor. Eine Familie dort bekommt ein Einkommen von 20 Geldeinheiten (GE). Hiervon kauft sie, um satt zu werden, Fleisch und Kartoffeln für je 10 GE. Steigt nun der Preis der Kartoffel aufgrund einer schlechten Ernte um 50%, muss die Familie für die gleiche Menge Kartoffeln 15 GE ausgeben. Es verbleiben dann nur noch 5 GE für das Fleisch, so dass die Familie insgesamt zu wenig zum Essen hat. Die Familie wird, um weiterhin satt zu werden, mehr Kartoffeln kaufen als vorher, denn diese sättigen mehr als Fleisch. Vielleicht gibt die Familie gar das ganze Einkommen für Kartoffeln aus. Man sieht hier sehr schön, dass die Nachfrage nach Kartoffeln aufgrund der Preissteigerung zunimmt. Die Kartoffel ist unter den beschriebenen Annahmen ein Giffen-Gut.

Ein weiteres Beispiel sind Diamanten in Form von Schmuck. Sie gelten als die besten Freunde der Frauen und als Statussymbol. Ein starker Preisverfall aufgrund der Entdeckung neuer riesiger Vorkommen, würde letztendlich zu einer Abnahme der Nachfrage nach Schmuckdiamanten führen, denn die Edelsteine verlieren auf diesem Wege ihre Eigenschaft als Statussymbol. Man sieht, auch Schmuckdiamanten sind Giffen-Güter. Die weitere Suche nach solchen Gütern lohnt sich jedoch nicht, da sie keine große praktische Relevanz haben.

Bei der eigenen Preiselastizität ist weiter zwischen **elastisch** und **unelastisch** zu unterscheiden. Man spricht von einer **vollkommen elastischen Nachfrage** (Abbildung 1.4(a)), wenn auf eine unendlich kleine Preisveränderung eine unendlich große Veränderung der Nachfrage folgt. Eine kleine Preiserhöhung führt in diesem Fall zu einem Rückgang der Nachfrage auf Null. Hingegen spricht man von einer **vollkommen unelastischen Nachfrage** (Abbildung 1.4(c)), wenn eine unendlich große Preisveränderung keine Mengenveränderung nach sich zieht. Hier bleibt die Nachfrage selbst bei einer erheblichen Preiserhöhung konstant.

[7] vgl. Hal R. Varian 1999, S. 98

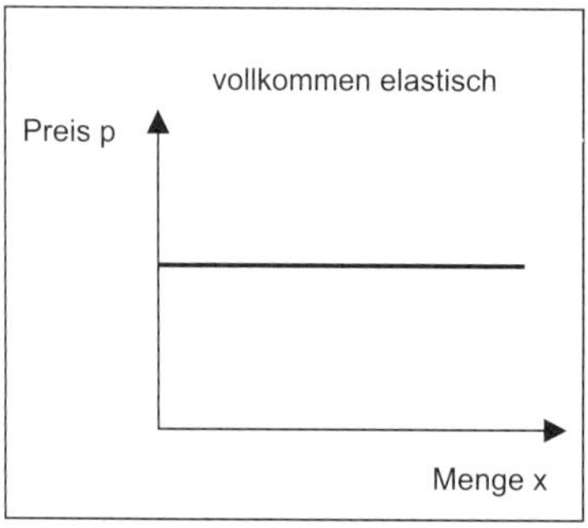

(a) Vollkommen elastische Nachfrage

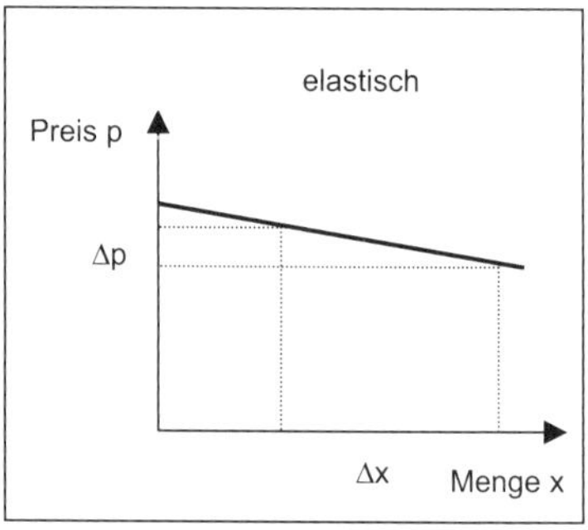

(b) Elastische Nachfrage

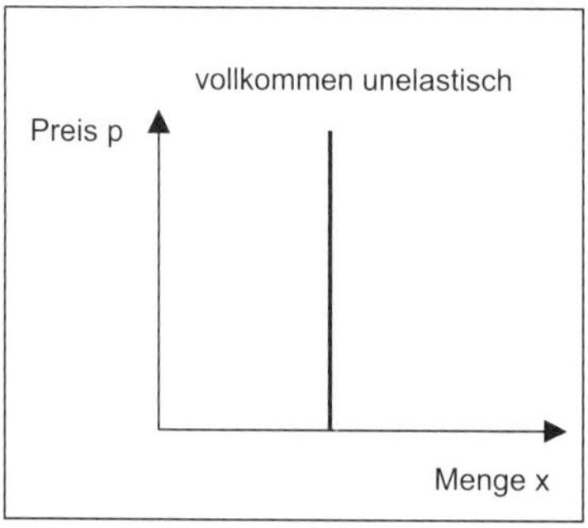

(c) Vollkommen unelastische Nachfrage

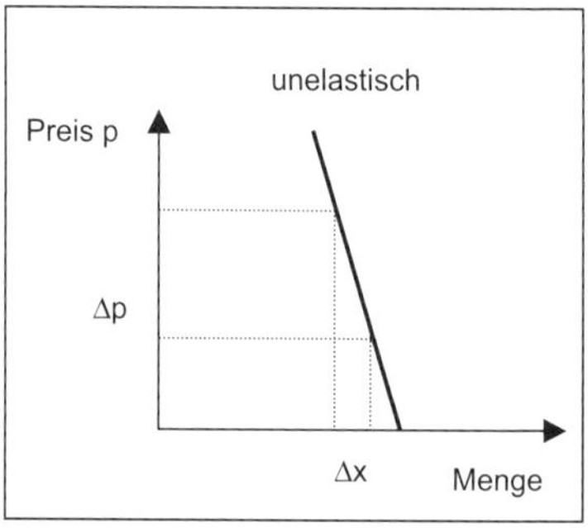

(d) Unelastische Nachfrage

Abbildung 1.4: Das Aussehen einer Nachfragekurve: von vollkommen elastisch bis vollkommen unelastisch

Die beiden beschriebenen Fälle sind theoretisch und in der Praxis kaum vorzufinden. Die Realität liegt zwischen einer vollkommen elastischen und einer vollkommen unelastischen Nachfrage. Im Bereich[8] $|\varepsilon| > 1$ sprechen Ökonomen von einer **elastischen Nachfrage** (Abbildung 1.4(b)). Da die Nachfrage sowohl im Bereich >1, als auch im Bereich <-1 elastisch ist, wird vereinfachend meistens der Betrag genutzt, um den positiven wie auch den negativen Bereich gleichzeitig zu beschreiben. Bei einer elastischen Nachfrage steht ein relativ kleines Δp einem relativ großen Δx gegenübersteht. *Je flacher die Nachfragekurve verläuft, desto stärker nähert sie sich dem Grenzfall einer vollkommen elastischen Nachfrage.*

[8]Sprich: Betrag ε ist größer 1; der Betrag ist eine mathematische Ausdrucksweise für den absoluten Betrag, man achtet dabei nicht auf das Vorzeichen, sondern nur auf die absolute Höhe der Zahl. Durch diese Schreibweise sind -1 und 1 gleich, denn diese beiden Zahlen sind vom Betrage her gleich 1.
Beispiel: $|-2| = |2| > 1$.

In dem Intervall ε =[-1; 1][9] liegt eine **unelastische Nachfrage** (Abbildung 1.4(d)) vor. Diese ist durch ein relativ großes Δp, welches einem relativ kleinen Δx gegenübersteht, gekennzeichnet. *Je steiler die Nachfragekurve wird, desto mehr nähern wir uns dem Fall der vollkommen unelastischen Nachfrage.*

1.1.3.2 Die indirekte (Kreuz-) Preiselastizität

Die **indirekte** oder auch **Kreuzpreiselastizität** beschreibt die prozentuale Veränderung der Menge eines Gutes A im Verhältnis zur Veränderung des Preises eines Gutes B. Dieses Gut B kann sowohl Substitutions- als auch Komplementärgut sein. Die Kreuzpreiselastizität berechnet sich wie folgt:

$$\begin{aligned}\varepsilon_{AB} &= \frac{\text{prozentuale Veränderung der Menge } x \text{ von Gut A}}{\text{prozentuale Veränderung des Preises von Gut B}} \\ &= \frac{\frac{\partial x_A}{x_A}}{\frac{\partial p_B}{p_B}} = \frac{\partial x_A}{x_A} \cdot \frac{p_B}{\partial p_B} = \frac{\partial x_A}{\partial p_B} \cdot \frac{p_B}{x_A}.\end{aligned}$$

Aufgrund des Wertes der Kreuzpreiselastizität kann folgende Einteilung vorgenommen werden:

ε_{AB} **= 0:** Ist die Kreuzpreiselastizität gleich Null, handelt es sich bei Gut B bezogen auf das Gut A um ein branchenfremdes Gut. Verändert sich zum Beispiel der Preis für Hopfen, wird dies keinen Einfluß auf die Nachfrage nach Butter haben.

ε_{AB} **> 0:** Ist die Kreuzpreiselastizität größer Null, d.h. positiv, muss Gut B ein Substitutionsgut von A sein. Erhöht sich der Preis von B (Nenner positiv) steigt die Nachfrage nach A (Zähler positiv), d.h. insgesamt ist die Elastizität positiv. Verringert sich der Preis von B (Nenner negativ) geht die Nachfrage nach A zurück (Zähler negativ), d.h. insgesamt ist die Elastizität positiv.
Weißbrot und Schwarzbrot wurden als Substitutionsgüter angenommen. Steigt also der Preis von Weißbrot, werden die Haushalte in der Tendenz mehr Schwarzbrot kaufen. Der Preis von Weißbrot hat in diesem Fall ein positives Vorzeichen, er steigt. Auch die Menge von

[9] Die geschlossenen eckigen Klammern bedeuten inklusive der beiden genannten Zahlen. Dieses Intervall verläuft daher tatsächlich von -1 bis 1. Offene Klammern bei einer Intervallschreibweise ( ]-1; 1[ ) bedeutet exklusive der angegebenen Zahlen. Ein solches Intervall verläuft daher tatsächlich von einer Zahl, die leicht größer ist als -1 bis hin zu einer Zahl, die leicht kleiner ist als 1.

Schwarzbrot hat ein positives Vorzeichen, sie steigt ebenfalls. Ein fallender Weißbrotpreis führt hingegen zu einem Rückgang der Schwarzbrotmenge und die Elastizität ist wieder positiv.

$\varepsilon_{AB} <$ **0:** Ist die Kreuzpreiselastizität negativ, muss Gut B ein Komplementärgut von A sein. Steigt der Preis von B (Nenner positiv), fällt die Nachfrage nach A (Zähler negativ). Fällt der Preis von B (Nenner negativ), dann steigt die Nachfrage nach A (Zähler positiv). In beiden Fällen ist die Kreuzpreiselastizität insgesamt negativ. Ein Drucker und die dazugehörige Tintenpatrone wurden schon als Komplementärgüter beschrieben. Steigt der Preis für Tintenpatronen (positives Vorzeichen) fällt die Nachfrage nach den Druckern, die diese Patronen verwenden (negatives Vorzeichen). Die Elastizität ist insgesamt also negativ. Gleiches gilt umgekehrt.

1.1.3.3 Die Einkommenselastizität

Die **Einkommenselastizität** beschreibt die prozentuale Veränderung der Nachfrage nach einem Gut A im Verhältnis zur Veränderung des Einkommens. Die Einkommenselastizität errechnet sich wie folgt:

$$\begin{aligned} \varepsilon_m &= \frac{\text{prozentuale Veränderung der Menge } x \text{ des Gutes A}}{\text{prozentuale Veränderung des Einkommens}} \\ &= \frac{\frac{\partial x}{x}}{\frac{\partial m}{m}} = \frac{\partial x}{x} \cdot \frac{m}{\partial m} = \frac{\partial x}{\partial m} \cdot \frac{m}{x}. \end{aligned}$$

Aufgrund des Wertes der Einkommenselastizität kann folgende Einteilung vorgenommen werden:

$\varepsilon_m >$ **0:** Bei **normalen Gütern (superiore Güter)** ist die Einkommenselastizität positiv. Eine Erhöhung des Einkommens (Nenner positiv) führt zu einer Erhöhung der Nachfrage (Zähler positiv), hingegen verursacht ein sinkendes Einkommen (Nenner negativ) eine sinkende Nachfrage (Zähler negativ). In beiden Fällen ist der Gesamtausdruck positiv.

$\varepsilon_m <$ **0:** Eine Ausnahme bilden die sogenannten **inferioren Güter**. Inferior bedeutet minderwertig oder im Vergleich zu anderem äußerst mittelmäßig. Dieser Definition folgend, handelt es sich um Güter, die jeder Haushalt kauft, wenn er muss, es aber möglichst vermeidet. Eine Zunahme des Einkommens (Nenner positiv) führt zu einer sinkenden

(Zähler negativ), eine Abnahme des Einkommens (Nenner negativ) zu einer steigenden Nachfrage (Zähler positiv) dieser Güter. Insgesamt ist der Ausdruck also immer negativ. Ein Beispiel für ein inferiores Gut war lange Zeit Margarine, sie galt im Vergleich zu Butter als minderwertig, wer konnte, kaufte sich eben Butter.[10] Auch Haferschleim und Kernseife sind inferiore Güter.

Interessant zu erwähnen ist, dass ein Giffen-Gut auch immer ein inferiores Gut sein muss. Das vorher gewählte Beispiel der Kartoffel verdeutlicht dies. Steigt das Einkommen der Familie nach der Kartoffelpreiserhöhung ebenfalls um 5 GE, so wird sie wieder die Menge Kartoffeln wie vor der Preiserhöhung kaufen und von den restlichen 10 GE Fleisch. Die Nachfrage nach Kartoffeln geht demnach unter den gemachten Annahmen bei steigendem Einkommen zurück. Die Richtung der Argumentation lässt sich jedoch nicht umdrehen. Es gilt nicht, dass ein inferiores Gut auch immer ein Giffen-Gut ist.

Unter den normalen Gütern wird zwischen Luxusgütern und (lebens)notwendigen Gütern wie folgt unterschieden:

$\varepsilon_m >$ **1:** Dies ist der Bereich einer **progressiven Einkommenselastizität**, d.h. die Zunahme des Einkommens um einen bestimmten Prozentsatz, führt zu einer prozentual stärkeren Zunahme der Nachfrage. Das gleiche Verhalten kann natürlich auch bei der Abnahme des Einkommens festgestellt werden.

$\mathbf{0} < \varepsilon <$ **1:** Dies ist der Bereich einer **degressiven Einkommenselastizität**, d.h. eine bestimmte prozentuale Veränderung des Einkommens führt zu einer relativ schwächeren Veränderung der Nachfrage. Die Einkommenselastizität lebensnotwendiger Güter liegt in diesem Bereich. Die Haushalte erreichen bei den jeweiligen Güter regelmäßig sehr früh einen **Sättigungspunkt**. Ein lebensnotwendiges Gut wie Brot wird auch von einem einkommensschwächeren Haushalt in genügendem Maße gekauft, hingegen kann bzw. wird ein einkommensstarker Haushalt nicht wesentlich mehr Brot konsumieren.

Ein Luxusgut ruft im Extremfall den sogenannten **Snobeffekt** hervor. Dieser Effekt beschreibt ab einem gewissen Preis die Zunahme der Nachfrage aufgrund einer Preissteigerung. In der Regel geht es dem Snob aber nicht

[10] Im Zuge des Schlankheitsbewußtseins und mit der Fitness-Welle der letzten Jahre wird Margarine jedoch schon lange als ein gesundes Nahrungsmittel vermarktet. Sie besteht aus Pflanzenölen und ist nicht so fett wie Butter. Die Einstufung als inferiores Gut ist daher heute eher fraglich.

tatsächlich um den Preis, sondern um den Status des Gutes. Zusammen mit der Bedingungen einer Preissteigerung auf hohem Niveau muss daher eine zweite Bedingung erfüllt sein: für die breite Schicht von Konsumenten muss das Gut unerschwinglich sein. Bei der Nachfrage nach einem Ferrari entsteht möglicherweise ein Snobeffekt. Dies aber nur, weil es ein extrem seltenes teures Gut ist. Ferrari könnte auch einen Kleinwagen für 20.000 Euro bauen. Damit würde die Nachfrage nach einem Testarossa oder wie sie gerade heißen aber vermutlich zurückgehen, weil ein Ferrari mit Mal ein "Volkswagen" wäre.

1.1.4 Weitere Einflussfaktoren der Nachfrage

Es sind bisher schon recht viele Einflussfaktoren für die Nachfrage beschrieben worden. Doch sind das längst nicht alle. Das Spektrum der Einflussfaktoren kann nahezu beliebig erweitert werden. Alle erdenklichen Umweltzustände sind fremdbestimmend für die Nachfrage. So ist die Menge an bestimmten Gütern, die ein Haushalt nachfragt auch abhängig von vielen sozialen Komponenten. Hier sind zum Beispiel die Erziehung, das Alter und die Weltanschauung zu nennen. Ein umweltbewusster Mensch wird sich gegenüber einem technisch begeisterten Menschen beim Konsum anders verhalten, meist zurückhaltender. Auch das Alter spielt eine Rolle, jeder kann wohl in seiner Familie beobachten, dass die ältere Generation weniger neue Güter kauft als die junge Generation.

Die Nachfrage ist selbst von so banalen Dingen wie dem Wetter abhängig. Ein verregneter Sommer bringt sicherlich nicht soviel Geld in die Kassen der Freibäder wie ein heißer und trockener Sommer. Doch die eben genannten Einflussfaktoren sind ganz spezieller Art und daher nicht bei allen Produkten zu bemerken. Das Wetter wird zum Beispiel die Nachfrage nach Weißbrot schwerlich beeinflussen. Vor diesem Hintergrund beschränken sich die Ökonomen meistens auf die allgemeinen Einflussfaktoren, die auch hier ausführlich behandelt wurden. Es ist nur wichtig zu wissen, worauf in einem speziellen Fall noch geachtet werden muss. Merke: *Die Nachfragefunktion ist nahezu beliebig erweiterbar; in ausführlicher Art und Weise kann sie auch lauten* $x = D(p, m, Q, Pr, ps, pk, Alter, Wetter, ...)$.

Zu den nun noch gefundenen Faktoren, die die Nachfrage der Konsumenten beeinflussen, können auch jeweils die Elastizitäten berechnet werden. Zur Erinnerung, in der allgemeinen Formel der Elastizität steht im Nenner die Größe "prozentuale Veränderung einer Determinanten". Diese Deter-

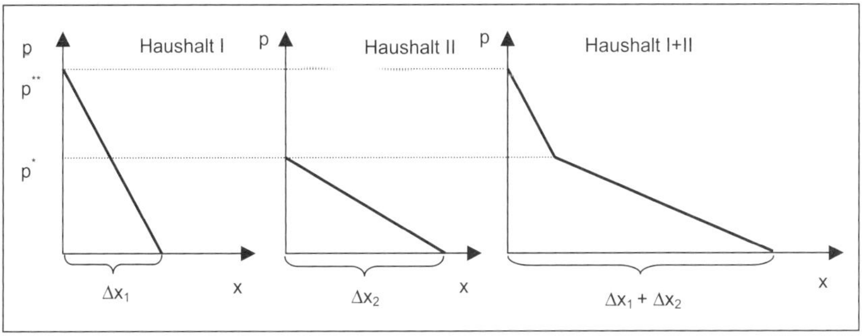

Abbildung 1.5: Die horizontale Aggregation der Nachfrage

minante ist analog zu den Einflussfaktoren der Nachfrage.[11]

1.1.5 Die Marktnachfrage (horizontale Aggregation)

Nachdem nun die Nachfrage eines einzelnen individuellen Haushaltes in einer Volkswirtschaft bekannt ist, soll die Gesamtnachfrage bestimmt werden. Zunächst haben wir immer von Märkten gesprochen, womit es nur wenige Güter als **Angebot** gab und nur ein Haushalt die **Nachfrage** verkörperte. Diese Betrachtungsweise ist bei einem Einstieg in die mikroökonomische Analyse sicherlich sinnvoll. Vor dem Hintergrund der weiteren Betrachtungen sollte aber nicht länger angenommen werden, dass die Nachfrage nur durch einen Haushalt bestritten wird. Vielmehr setzt sich die gesamte Nachfrage aus vielen einzelnen Haushalten zusammen. In diesem Zusammenhang spricht man von der **Marktnachfrage**, *diese ergibt sich aus der Summe der Nachfrage aller einzelnen Haushalte*. Das Summieren der einzelnen Haushalte zu einer Marktnachfrage ergibt sich als die **horizontale Aggregation**[12] **der Nachfrage**. Es handelt sich hierbei um eine **Aggregation der Mengen**. Diese kann leicht mit einer **Aggregation der Preise**, bei der es sich um eine **vertikale Aggregation** handelt, verwechselt werden. Abbildung 1.5 soll die horizontale Aggregation verdeutlichen.

Es existieren am Markt zwei Preisgrenzen, die eine bei p^*, die andere bei p^{**}. Im Bereich oberhalb von p^* wird das Gut nur von Haushalt I

[11] vgl. Kap. 1.1.2

[12] Mathematisch ist ein Aggregat ein mehrgliedriger Ausdruck. Man bildet daher eine gesamte Nachfragefunktion mit den individuellen Nachfragefunktionen als einzelne Glieder. In anderen Worten fasst man alle individuellen Nachfragefunktionen zusammen.

nachgefragt, im Bereich unter p^* wird das Gut sowohl von Haushalt I als auch von Haushalt II nachgefragt. Oberhalb von p^{**} wird das Gut gar nicht mehr nachgefragt.

Bei der Aggregation der Nachfragekurven von nur zwei Haushalten entsteht wie man erkennen kann, ein Knick im Verlauf der Kurve. Aggregiert man aber unendlich viele Nachfragekurven zu einer Marktnachfrage, so glättet sich der Verlauf und es entsteht eine Kurve wie in Abbildung 1.1 bereits schematisch dargestellt.

1.2 Die Angebotskurve

1.2.1 Die Entstehung der Angebotskurve

Wie schon kurz erwähnt, ist die Preisbildung sowohl von der Nachfrage als auch vom **Angebot** abhängig. Wie die Nachfragekurve entsteht, wie sie aussieht und wie und warum sie sich verändert, haben wir jetzt ausführlich gesehen. Doch wie entsteht die Angebotskurve? Die Antwort auf diese Frage ist zunächst ganz leicht. Die Entstehung der Angebotskurve kann analog zur Nachfragekurve entwickelt werden.

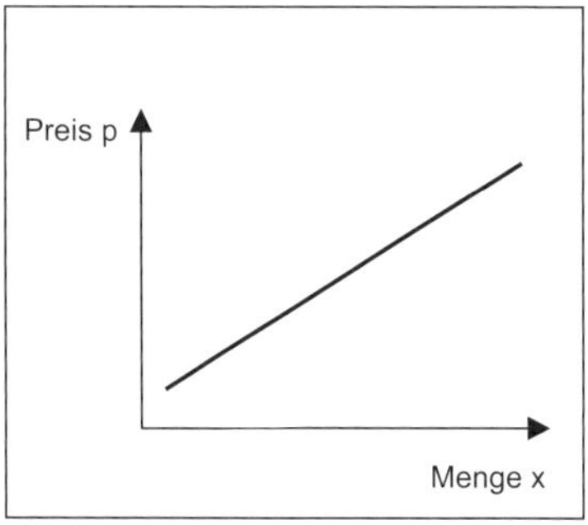

Abbildung 1.6: Die Angebotskurve

Stellen wir uns noch einmal unseren Wochenmarkt vor, auf dem speziell Erdbeeren verkauft werden. Auf der Nachfrageseite haben wir uns gefragt, wer bereit ist, den höchsten Preis zu zahlen? Auf der Angebotsseite ist diese Fragestellung jedoch nachrangig. Natürlich ist jeder Anbieter bereit, seine Waren zu einem sehr hohen Preis anzubieten. Es muß hier also gefragt werden, wer bereit ist, den günstigsten Preis für seine Erdbeeren zu verlangen. Angenommen ein Anbieter ist bereit, seine Erdbeeren für EUR 2 pro Kilo zu verkaufen. Bei einem Preis von EUR 2,25 pro Kilo, ist dann ein zweiter bereit, seine Erdbeeren zu verkaufen und bei einem Kilopreis von EUR 2,50 finden sich zwei weitere Anbieter. Man erkennt sehr schnell, dass sich auch hier eine Treppenfunktion entwickelt, die eine **positive Steigung** hat, man kann die Treppe nach oben gehen. Der Hintergrund ist schnell erklärt, denn zu einem niedrigen Preis werden sich nur wenige Anbieter finden. Je höher der Preis aber steigt, desto höher steigt auch das Angebot. Je höher der Preis, desto mehr Anbieter erachten es als reizvoll ihre Waren am Markt anzubieten. Dieser Zusammenhang wird mit der **Anreizfunktion des Angebotspreises** erklärt.

Vereinfacht kann die Angebotskurve, vergleichbar mit der Nachfragekurve, auch schlicht als eine aufsteigende Gerade dargestellt werden (Abbildung 1.6). Die Angebotskurve lässt sich ebenfalls als eine mathematische Funktion darstellen, bei der die angebotene Menge x gleich dem Angebot S (supply:= engl. Angebot) in Abhängigkeit des Preises p ist. Die **Angebotsfunktion** lautet:

$$x = S(p) \text{ oder } p = S(x).$$

Im Folgenden werden die weiteren Einflussfaktoren des Angebots betrachtet. Es ist zunächst natürlich, wie durch die Funktion beschrieben, abhängig vom Preis des Gutes A, doch sind auch andere Faktoren ausschlaggebend.

1.2.2 Einflussgrößen des Angebots

Auch das Angebot wird sowohl von **exogenen** als auch von **endogenen Variablen** beeinflusst. Die endogenen Variablen, die zu einer Veränderung des Angebotes **entlang** der Angebotskurve führen, sind auch hier der Preis p und die Menge x. Auch die Angebotsfunktion kann in einer anderen Art und Weise dargestellt werden:

$$x = S(p, p_F, p_y, W, O).$$

Das Angebot ist im Wesentlichen von fünf endogenen bzw. exogenen Variablen abhängig:

1. Das Angebot ist vom Preis abhängig. Dieser Zusammenhang wurde jedoch schon ausführlich erläutert.
2. Das Angebot ist von den Preisen der Produktionsfaktoren p_F abhängig. Die Produktionsfaktoren werden später noch ausführlich erläutert, hier sei nur so viel dazu gesagt, dass es sich dabei um Mittel handelt, mit deren Hilfe Produkte erzeugt werden können, zum Beispiel Rohstoffe und Arbeitskraft.[13] Je höher die Kosten dieser Produktionsfaktoren sind, d.h. ihr Preis, desto teurer wird die Herstellung

[13] vgl. Kap. 2.1

eines Produktes und desto weniger Unternehmen werden bereit sein, ihr Produkt zu einem bestimmten Preis anzubieten.

3. Zu dem ist das Angebot auch von den Preisen sämtlicher anderer Güter abhängig. Häufig werden in ökonomischen Modellen nur zwei Gütermengen verwendet: x und y. Hier steht x für die Menge eines einzelnen Gutes, während y die Menge aller anderen Güter (Güterbündel) darstellt. Der Preis dieses Güterbündels wird mit p_y ausgedrückt.
   Der Zusammenhang zwischen dem Preis von y und der Menge von x mag nicht sofort einleuchten, bei näherem Hinsehen wird jedoch eine gewisse Beziehung deutlich. Stellt man sich ein Unternehmen vor, dass nicht nur ein Produkt, sondern zwei Produkte oder wie es in der Praxis häufig der Fall ist, eine Vielzahl von Produkten herstellt, ist es sinnvoll anzunehmen, dass dieses Unternehmen seine Produktionsmöglichkeiten weitestgehend auf das Produkt konzentrieren wird, welches den höchsten Gewinn abwirft. Angenommen Gut A und Gut B werden am Markt in einer gleichen Stückzahl zu einem gleichen Preis angeboten. Beide Produkte erzeugen die gleichen Herstellungskosten im Unternehmen. Steigt nun der Preis für Gut B, dann steigt auch der Gewinn, d.h der Anteil des Preises, der nach Abzug der Kosten noch verbleibt. Natürlich wird das Unternehmen jetzt entscheiden, von Gut B mehr herzustellen als von Gut A.

4. Das Angebot eines Gutes A ist auch vom technischen Wissen W abhängig. Technisches Know-How und damit technischer Fortschritt führt in den allermeisten Fällen zur Reduzierung der Herstellungskosten eines Gutes. Ein Unternehmen kann eine größere Anzahl des Gutes A bei gleichbleibenden Kosten herstellen.

5. Letztlich ist das Angebot eines Gutes auch abhängig vom Management bzw. der Organisation O eines Unternehmens und hier vor allem vom Marketing. Das Marketing dient dazu, den Absatz eines Produktes zu steigern. Je mehr ein Gut beworben wird, desto mehr sollte auch abgesetzt und somit angeboten werden.

Die Angebotskurve verschiebt sich nach links oder rechts, soweit die Einflussgrößen exogen sind. Demzufolge ist dies in einem p-x-Diagramm bei der Veränderung der Einflussgrößen p_F, p_y, W und O der Fall.[14]

[14] vgl. Kap. 1.1.2; Tabelle

1.2.3 Angebotselastizitäten

Ein früheres Kapitel hat bereits Nachfrageelastizitäten erklärt und ihre Berechnung beschrieben.[15] Analog hierzu gibt es auch Angebotselastizitäten. Da die Berechnung einem immer gleichen Schema folgt, wird an dieser Stelle nur beispielhaft die Ermittlung der **direkten Preiselastizität des Angebots** dargestellt. Auch bei den Angebotselastizitäten lassen sich beliebig viele Elastizitäten konstruieren. Man kann sich auch hier, wie bei der Nachfrage, noch viele weitere Einflussfaktoren als die im letzten Kapitel genannten vorstellen.

Die direkte Preiselastizität des Angebots beschreibt die prozentuale Änderung der angebotenen Menge in Relation zu einer prozentualen Änderung des Preises.

$$\begin{aligned}\varepsilon &= \frac{\text{prozentuale Veränderung der Menge } x \text{ des Gutes A}}{\text{prozentuale Veränderung des Preises des Gutes A}} \\ &= \frac{\frac{\partial x}{x}}{\frac{\partial p}{p}} = \frac{\partial x}{x} \cdot \frac{p}{\partial p} = \frac{\partial x}{\partial p} \cdot \frac{p}{x}.\end{aligned}$$

Wie man sich vorstellen kann, ist auch die Interpretation des Ergebnisses dieser Elastizität vergleichbar mit dem Ergebnis der Nachfrageelastizität. Bei einer Elastizität $|\varepsilon| > 1$ liegt ein elastisches Angebot vor. Dagegen liegt ein unelastisches Angebot bei $|\varepsilon| < 1$ vor.

1.2.4 Das Marktangebot (horizontale Aggregation)

Jedes Unternehmen hat seine eigene Angebotsfunktion. Woraus sie sich ergibt, werden wir in einem der folgenden Kapitel erfahren. Zunächst nehmen wir sie als gegeben hin. Im Rahmen der Volkswirtschaft ist auch das Angebot des gesamten Marktes von ausschlaggebender Bedeutung. Um von der individuellen Angebotsfunktion eines Unternehmens zum **Marktangebot** zu gelangen, fasst man die einzelnen Funktionen, vergleichbar mit der Entwicklung der Marktnachfrage, einfach horizontal zusammen (Abbildung 1.7). Unterhalb des Preises p^+ findet kein Angebot statt. Bis zu einem Preis von p^{++} bietet nur Unternehmen I an. Oberhalb von p^{++} bieten hingegen beide Unternehmen an.

[15] vgl. Kap. 1.1.3

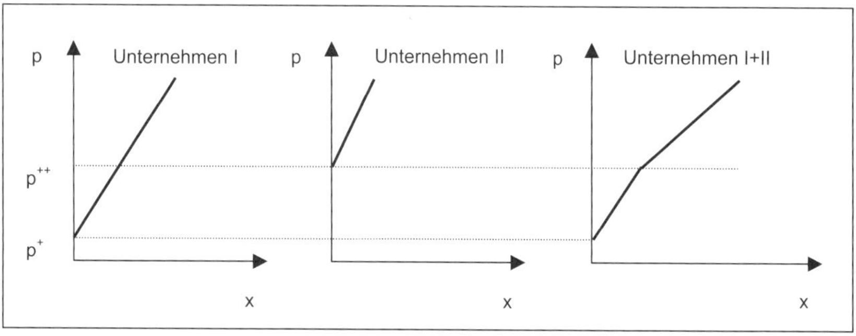

Abbildung 1.7: Die horizontale Aggregation des Angebots

1.3 Das Marktgleichgewicht

Der Preis bildet sich aus Angebot und Nachfrage. Diese Annahme wurde vorweggestellt. Die beiden Elemente haben wir nun ausführlich kennengelernt. Abbildung 1.8 soll das entgegengesetzte Verhalten von Angebot und Nachfrage noch einmal anschaulich darstellen. Der Punkt, der für die folgenden Betrachtungen von Wichtigkeit ist, ist der Schnittpunkt der beiden Geraden. Nur in diesem Punkt sind Angebot und Nachfrage gleich.

1.3.1 Der Gleichgewichtspreis und die Gleichgewichtsmenge

Im Schnittpunkt von Angebot und Nachfrage herrscht ein Gleichgewicht; der Markt wird leergekauft. Dieses Gleichgewicht wird **Marktgleichgewicht** genannt. Der Preis p^0 bezeichnet den **Gleichgewichtspreis**. Wählen die Anbieter einen höheren Preis p^{II}, so ist die Menge x^{II}, die zu diesem Preis angeboten wird, größer als die nachgefragte Menge x^I. Dieses am Markt überschüssige Angebot heißt **Angebotsüberhang** oder **Nachfragedefizit**. Jeder Anbieter, der einen Preis oberhalb von p^0 wählt, wird also auf keine Nachfrage mehr stoßen. Er wird daher mit seinem Preis auf den Gleichgewichtspreis zurückgehen müssen, um seine Ware absetzen zu können. Eine solche Marktsituation bezeichnet man auch als **Käufermarkt**, da der Käufer seine Preisvorstellungen durchsetzen kann.

Wählen die Anbieter hingegen einen Preis p^I, so ist die nachgefragte Menge größer als die angebotene Menge. In diesem Fall sprechen die Ökonomen von einem **Nachfrageüberhang** oder einem **Angebotsdefizit**. Jedes zu diesem Preis p^I anbietende Unternehmen wird seinen Preis auf

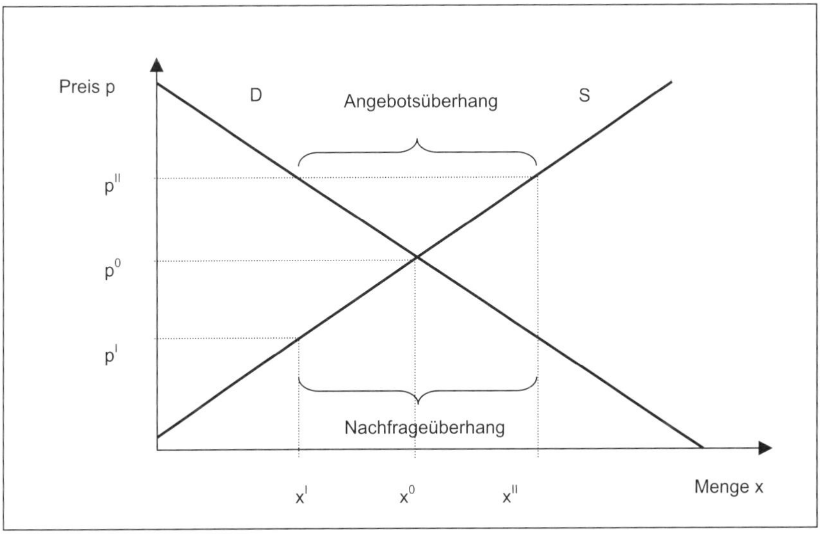

Abbildung 1.8: Das Marktgleichgewicht

den Gleichgewichtspreis erhöhen, um mehr Geld zu verdienen. Hier entsteht ein **Verkäufermarkt**.

Die zum Gleichgewichtspreis abgesetzte Menge x^0 stellt die **Gleichgewichtsmenge** dar. Gleichgewichtspreis und -menge können auch mathematisch berechnet werden, sofern Angebots- und Nachfragefunktion bekannt sind.

Beispiel zur Berechnung von p^0 und x^0:

- die Nachfrage an einem Markt folge der Funktion: $D(x) = -5x + 125$;
- die Angebotsfunktion sei: $S(x) = 3x + 5$;
- gleichsetzen:

$$\begin{aligned} & -5x + 125 = 3x + 5 \\ \Leftrightarrow\ & -8x = -120 \\ \Leftrightarrow\ & x = 15; \end{aligned}$$

- die Gleichgewichtsmenge ist: $x = 15$;
- einsetzen in eine der Funktionen: $S(15) = 3 * 15 + 5 = 50$;

- da es sich um ein Gleichgewicht handelt, muss gelten:

$$D(15) = -5 * 15 + 125 = 50;$$

- der Gleichgewichtspreis lautet: $p = 50\ GE$.

1.3.2 Die Soziale Wohlfahrt

1.3.2.1 Die Konsumentenrente

Wie wir gerade festgestellt haben, ergibt sich am Markt nur ein Preis, der Gleichgewichtspreis. Alle Konsumenten, die einen **Reservationspreis** haben, der kleiner als der Gleichgewichtspreis ist, können demnach nicht als Käufer auf dem Markt auftreten. Sie sind nicht bereit, den höheren Gleichgewichtspreis zu bezahlen. Die Konsumenten, die bereit sind mehr als den Gleichgewichtspreis zu bezahlen, müssen allerdings auch nur diesen zahlen, d.h sie sparen gegenüber ihrer Wertschätzung des Gutes. Beträgt der Preis im Marktgleichgewicht zum Beispiel EUR 15 und ein Konsument ist bereit, für dieses Gut EUR 18 zu zahlen, so spart er beim Kauf EUR 3.

Ökonomen nennen die Summe dieser positiven Differenz zwischen Reservations- und Gleichgewichtspreis **Konsumentenrente**. Die Konsumentenrente kann sehr leicht graphisch (Abbildung 1.9) ermittelt werden. *Graphisch ist die Konsumentenrente in Abbildung 1.9 die Fläche ABC. Allgemein ausgedrückt ist es die Fläche zwischen der Nachfragekurve und dem Gleichgewichtspreis.*

Man kann die Konsumentenrente auch rechnerisch ermitteln. Sofern für das Angebot und die Nachfrage lineare Funktionen vorliegen, ist die mathematische Ermittlung nicht einmal schwierig. Liegen dagegen mathematisch kompliziertere Funktionen vor, erschwert sich die rechnerische Ermittlung. Bewahrt man auch dann noch die Ruhe, kommt man allerdings in einem solchen Fall zu einem Ergebnis. Die Konsumentenrente KR ermittelt man in einem einfachen Modell wie folgt:

$$KR = \frac{1}{2} * ((p_h - p^0) * x^0); \qquad \text{mit: } p_h := \text{höchster Preis.}$$

Diese Gleichung kann allerdings nur bei sehr einfachen Formen der Nachfragekurve angewandt werden, d.h. nur bei linearen Funktionen. Ist die Nachfragefunktion eine Funktion zweiten oder höheren Grades, kann die

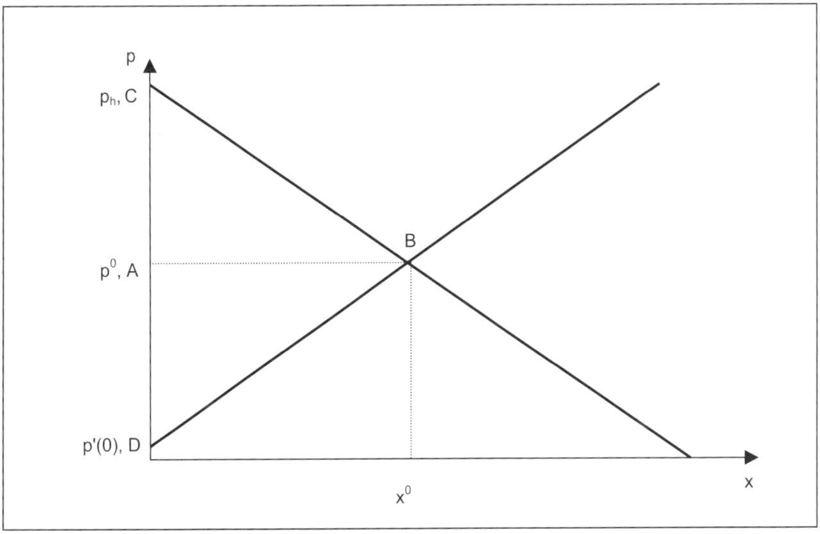

Abbildung 1.9: Die Soziale Wohlfahrt

Konsumentenrente nur über ein Integral gelöst werden:

$$KR = \int_0^{x^0} (D(x) - p^0) dx.$$

Für die meisten, wenn nicht gar für alle Modelle, die im Grundstudium untersucht werden, reicht jedoch die erste Gleichung für die linearen Funktionen. An dieser Stelle wird deshalb auf die Lösung des Integrals verzichtet.[16]

1.3.2.2 Die Produzentenrente

Ähnlich wie auf der Seite der Nachfrage verhält es sich auch auf der Seite der Anbieter bzw. der Produzenten. Es gibt Produzenten, die bereit wären, ein Gut zu einem Preis der kleiner ist als p^0 anzubieten. Da aber auf dem Markt der Gleichgewichtspreis gezahlt wird, erhalten sie eine Rente. Der Anbieter, der nur einen Preis von EUR 10 verlangt, erhält bei einem Gleichgewichtspreis von EUR 15 genau EUR 5 mehr als es seinen Vorstellungen entsprach. Die Summe dieser Renten ist die **Produzentenrente**.

[16]Siehe zur Lösung eines Integrals Peter Dörsam 2006.

Sie entspricht dem Dreieck ADB in Abbildung 1.9. Im Allgemeinen entspricht die Produzentenrente der Fläche zwischen der Angebotskurve und dem Gleichgewichtspreis.

Auch die Produzentenrente lässt sich mathematisch ermitteln:

1. bei linearer Angebotsfunktion:

$$PR = \frac{1}{2} * (p^0 - p'(0)) * x^0.$$

2. bei Angebotsfunktionen zweiten oder höheren Grades:

$$PR = \int_0^{x^0} (p^0 - S(x))\, dx.$$

1.3.2.3 Die Soziale Wohlfahrt

Jeder Marktteilnehmer hat **Bedürfnisse**, wobei hier unterschieden werden muss zwischen **Grundbedürfnissen** (Verpflegung, Wohnung), **gewöhnlichen Bedürfnissen** (Körperpflege, Lesen, Möbel), die hauptsächlich von dem Kulturbereich abhängen, in dem der Betreffende lebt und den **Luxusbedürfnissen** des Menschen. Der Bereich der Luxusbedürfnisse ist nicht abzugrenzen, da ein Mensch niemals wunschlos glücklich sein wird, wie es ein Sprichwort betitelt. Vielmehr hat der Mensch unendliche Bedürfnisse[17], doch kann er sich nicht alle leisten. Diejenigen Bedürfnisse, die der Betroffene durch seinen finanziellen Rahmen stillen könnte, werden mit dem Begriff **Bedarf** beschrieben. Der Anteil des Bedarfes, den der Mensch sich tatsächlich leistet, das ist die Nachfrage. Durch die Preisbildung auf dem Markt entstehen nun jeweils die Konsumentenrente und die Produzentenrente wie gerade erläutert. Beide stellen weitere Mittel zur **Bedarfsdeckung** zur Verfügung, da sie für die Nachfrage nicht eingesetzt wurden oder den gewünschten Erlös aus dem Angebot erhöht haben.

Die Summe aus Konsumenten- und Produzentenrente ergibt die **Soziale Wohlfahrt**, sie ist ein Maß der Bedarfsdeckung. Die Soziale Wohlfahrt ist

[17]Die Annahme, dass die Bedürfnisse eines Menschen unendlich sind, soll hier und im Folgenden gelten. Es ist eine klassische Annahme. Es gibt allerdings durchaus Stimmen, die Zweifel an dieser Annahme hegen. Verwiesen sei hier auf T.R. Malthus, der in seinen Briefen an J.B. Say die Frage stellt, ob jeder Mensch für die Erhöhung seiner Lebensgenüsse bereit sei, Untätigkeit aufzugeben. Ein Einwand, den man gelten lassen muss, wenn man annimmt, dass die Menschen zu einem gewissen Grade "faul" sind. In dem Fall würden sie nicht alles daransetzen, ihre Lebensgenüsse zu erhöhen. Thomas Robert Malthus war britischer Nationalökonom (1766 - 1834). (vgl. Thomas R. Malthus in: Diehl, Mombert 1913, S. 36, 43).

in der Abbildung 1.9 die Fläche DBC. Mathematisch lässt sie sich einfach aus der Summe von Konsumenten- und Produzentenrente bilden.

Je mehr Soziale Wohlfahrt zur Verfügung steht, desto größer ist die Möglichkeit der weiteren Bedarfsdeckung. In späteren Kapiteln wird die Soziale Wohlfahrt als Vergleichsmaßstab zwischen unterschiedlichen Marktformen noch sehr wichtig. Merke: *je größer die Soziale Wohlfahrt, desto besser ist ein Marktmodell. Ein Verlust an Sozialer Wohlfahrt ist ein Nachteil für die Marktteilnehmer insgesamt.* Bei der Sozialen Wohlfahrt ist allerdings auch zu beachten, dass es sich nur um einen Maßstab der absoluten Wohlfahrt handelt. Es handelt sich nicht um ein Maß der gerechten Verteilung der Wohlfahrt.

2

Produktionsmöglichkeiten und Kosten

Lernziele:

- Arbeit und Kapital sind die wesentlichen Produktionsfaktoren.
- Die relativen Kosten der Produktionsfaktoren bestimmen die Intensität ihrer Nutzung.
- Die Kosten für die Produktion einer Änderung des Outputs - die Grenzkosten - bestimmen den Angebotspreis.
- Der Erlös eines Unternehmens muss langfristig alle Kosten decken, d.h. die variablen Kosten und die fixen Kosten, welche die Opportunitätskosten enthalten.

2.1 Produktionsfaktoren

Produktionsfaktoren sind die Mittel, die eine Gesellschaft benötigt, um Güter, die zur Bedarfsdeckung eingesetzt werden können, zu erzeugen. Dies ist eine allgemeine Definition, wie sie etwas anders formuliert in nahezu jedem grundlegenden Buch über die VWL vorkommt. Definitionen sollen immer kurz und knapp sein und sind deshalb häufig auch auf Anhieb nicht zu verstehen. Worum geht es hier? Eine Gesellschaft benötigt **Produktionsfaktoren**, mit deren Hilfe sie **Güter** herstellen kann. Güter sind alle Gegenstände, die hergestellt, zur Herstellung anderer Produkte verwendet oder direkt verbraucht werden können. Hiermit sind nicht nur körperliche Gegenstände, sondern auch Dienstleistungen gemeint. Da unsere Bedürfnisse unendlich groß sind, kann im Grunde genommen jedes Gut zur Bedarfsdeckung eingesetzt werden. Produktionsfaktoren sind demzufolge die Grundlagen oder die Hilfsmittel zur Herstellung von Gütern. In der VWL unterscheidet man grundsätzlich drei verschiedene Produktionsfaktoren. Die Betriebswirtschaftslehre kennt ebenfalls Produktionsfaktoren, doch unterscheiden sich die Arten per Definition von denen der VWL.

Zunächst sind hier die Produktionsfaktoren **Arbeit** L (labour := engl. Arbeit) und **Boden** B zu nennen. Unter Boden ist sowohl landwirtschaftlich nutzbarer Boden, als auch der Boden als Grundstück für eine Fabrik zu verstehen. Landwirtschaftlicher Boden umfasst noch dazu **Abbauboden**, d.h. Rohstoffe. Arbeit und Boden bezeichnet man als die **originären Produktionsfaktoren**, man kann sie auch als natürlich gegeben bezeichnen.

Durch den Einsatz originärer Produktionsfaktoren entsteht der sogenannte **abgeleitete Produktionsfaktor Kapital** K. Unter Kapital versteht die VWL dauerhaft existierende Produkte, d.h. Maschinen, Werkzeuge und Gebäude. Die Rohstoffe werden deshalb nicht mit unter das Kapital gefasst, da sie bei der Produktion durch Veredelung verbraucht werden. Weitere abgeleitete Produktionsfaktoren sind **technisches Wissen** W und das **soziale System** Sc. "Das technische Wissen gibt die Menge der möglichen technischen Verfahren an"[1], die in einer Volkswirtschaft existieren. Eine Erhöhung dieser Menge bezeichnen wir als technischen Fortschritt. Das soziale System repräsentiert die Summe aller öffentlichen und privaten Institutionen, die gesetzliche, politische und gesellschaftliche Struktur. Das soziale System ist folglich das, was man umgangssprachlich die Gesellschaft nennt. Nun noch einige genauere Erklärungen zu den drei hauptsächlichen Produktionsfaktoren.

2.1.1 Die originären Produktionsfaktoren

2.1.1.1 Arbeit

Was ist Arbeit? Jede Tätigkeit, die darauf ausgerichtet ist, die Bedürfnisse eines Fremden zu befriedigen, nennen wir Arbeit. Ein Gärtner, den man bestellt damit der Rasen gemäht und das Rosenbeet gejätet wird, verrichtet Arbeit, denn er befriedigt das Bedürfnis des Auftraggebers. Geht ein Hausbesitzer aus Spaß an der Freud selbst am Samstag in den Garten, so verrichtet er keine Arbeit, da er nur sein eigenes Bedürfnis befriedigt.

Grundsätzlich macht man bei der Arbeit zwei Unterscheidungen. Man spricht von **ausführender** und von **dispositiver** Arbeit. Ausführende Arbeit ist die Arbeit direkt in der Produktion eines Gutes. Dispositive Arbeit ist übergeordnete, verwaltende Arbeit. Beispiele sind hier der Vorstand einer Aktiengesellschaft oder auch die Führungskraft auf einer niedrigeren Ebene. Im zweiten Fall ist allerdings bei den Arbeiten genau zwischen

[1]Horst Siebert 1996, S. 51

ausführenden und dispositiven zu unterscheiden. Nur der Anteil der Arbeitszeit, der für die Organisation und die Führung des Teams oder des Arbeitsbereiches eingesetzt wird, ist dispositive Arbeit, der andere Teil ist der ausführenden Arbeit zuzuordnen.

Im Weiteren wird oft von **Arbeitsarten** gesprochen werden. Alle Tätigkeiten, die gleichartig sind und sich somit gegenseitig ersetzen können, sind eine Arbeitsart. Hierbei ist zu berücksichtigen, dass aus Vereinfachungsgründen Wettbewerb nur innerhalb einer Arbeitsart, nicht jedoch zwischen den Arbeitsarten angenommen wird. Infolgedessen herrscht unter den Bankangestellten Wettbewerb, nicht jedoch zwischen Bankangestellten und Versicherungsangestellten. Diese Annahme ist für die zu untersuchenden Modelle sinnvoll, bei näherer Betrachtung aber nur kurzfristig haltbar, denn auf längere Sicht könnte natürlich ein Bankangestellter durch eine Fortbildung oder Umschulung auch Angestellter einer Versicherung werden, zumal die beiden Berufe dicht beieinanderliegen. In einem solchen Fall besteht selbstverständlich auch Konkurrenz unter den Arbeitsarten.

2.1.1.2 Boden

Der Produktionsfaktor Boden hat einige Eigenschaften, die kurz erwähnt werden sollten. Er kann sowohl passiv an der Produktion teilnehmen, d.h. er dient einfach als Untergrund für Fabriken und Werkhallen oder er ist aktiv an der Produktion beteiligt. Dies ist zum Beispiel dann der Fall, wenn es sich um landwirtschaftliche Produktion oder um den Abbau von Rohstoffen handelt.

Der Boden weist gegenüber den anderen beiden Produktionsfaktoren drei Nachteile auf. Er ist der einzige Produktionsfaktor, der aufgrund seiner räumlichen Ausdehnung Transportkosten verursacht. Außerdem stellt der Boden eine Immobilie dar, d.h. er ist nicht mobil, sondern immobil. Dies ist ein extremer Nachteil bei der Wahl des Standortes. Ein großes Rohstoffvorkommen ist sehr an die Bedingungen des Standortes gebunden. Nehmen wir als Beispiel die deutsche Steinkohle. Jeder weiß, dass dieser Rohstoff in Deutschland nur mit massiven Subventionen überhaupt abgebaut werden kann. Eine Kohlegrube ist in Deutschland für sich allein gesehen kein sehr ertragreicher Boden. Das gleiche Vorkommen in Russland ist aber sehr ertragreich, da dort unter anderem die Kosten für den Abbau wesentlich geringer sind.

Ein letzter Nachteil ist die fixe Größe des Bodens. So kann ein einzelner

Betrieb wohl seinen Boden vergrößern, indem er neuen hinzukauft, aber insgesamt steht der Volkswirtschaft nur ein begrenzter Umfang an Boden zur Verfügung. Es sind sowohl die räumliche Ausdehnung als auch die Rohstoffvorkommen begrenzt.

2.1.2 Der abgeleitete Produktionsfaktor Kapital

Unter Kapital werden Güter zusammengefasst, die produziert worden sind. Hierbei ist jedoch stärker zu differenzieren. Produzierte Güter, die für den Konsum eingesetzt werden, die **Konsumgüter**, gehören nicht zum Kapital. Lediglich Güter, die in der weiteren Produktion eingesetzt werden, die **Investitionsgüter**, werden mit dem Begriff Kapital belegt. Kauft sich eine Familie ein Auto, so dient es nur für ein bequemeres Leben, es wird nicht dazu eingesetzt, den Wohlstand der Familie zu erhöhen. Kauft jedoch ein Taxiunternehmen ein Auto und setzt dieses als Taxi ein, so dient der Wagen der Erzielung von Gewinnen und wird deshalb als ein Investitionsobjekt betrachtet.

Kapital an sich und der Kapitalzuwachs sind also direkt an die **Investitionen** gekoppelt. Man kann hieraus zwei Gesetzmäßigkeiten ableiten. Der Kapitalbestand am Ende einer Periode K_1 ist gleich dem Kapitalbestand am Anfang der Periode K_0 plus der Kapitalveränderung während der Periode ΔK:

$$K_1 = K_0 + \Delta K.$$

Das Kapital entsteht durch Investitionen. Hier müssen **Bruttoinvestitionen** und **Nettoinvestitionen** unterschieden werden. Bruttoinvestitionen I_{Brutto} umfassen sowohl die Nettoinvestitionen I als auch die **Ersatzinvestitionen** I_{Ersatz} an vorhandenem Kapital. Wird in einem Unternehmen eine neue Maschine angeschafft, die eine alte Maschine ersetzt, so handelt es sich um eine Ersatzinvestition. Wird die neue Maschine jedoch zusätzlich zu den bereits vorhandenen Maschinen genutzt, so handelt es sich um eine Nettoinvestition. Hieraus wird folgender Zusammenhang abgeleitet:

$$I = \Delta K \text{ und } I_{Brutto} = I_{Ersatz} + I.$$

2.2 Produktionsfaktoren im Einsatz

2.2.1 Die Produktionsfunktion

Wir haben nun die Produktionsfaktoren kennengelernt. Im Folgenden wollen wir deren Einsatz optimieren. Unter Optimierung verstehen Ökonomen in diesem Zusammenhang den Versuch, den optimalen Einsatz der Produktionsfaktoren zu finden. Doch gibt es überhaupt einen optimalen Einsatz der Produktionsfaktoren, ist es nicht vielmehr egal, wie sie eingesetzt werden, da sie ausreichend vorhanden sind? Die Antwort auf diese Frage lautet nein. *Die Ökonomie ist die Lehre von der Knappheit.*

Die Produktionsfaktoren sind alle nicht unbegrenzt vorhanden. Dies liegt daran, dass die originären Produktionsfaktoren nur in begrenztem Umfang zur Verfügung stehen. Der Produktionsfaktor Boden ist im weitesten Sinne auf die Erdoberfläche begrenzt. Diese Entdeckung überrascht heute niemanden mehr und mag in bestimmten Regionen Australiens oder Kanadas kein Grund zur Sorge sein, aber in städtischen Regionen entstehen hierdurch vielerlei Probleme. Es ist auch unumgänglich, dass die Situation in einigen afrikanischen und auch asiatischen Regionen aufgrund des enormen Bevölkerungswachstums noch weitaus schlimmere Ausmaße annehmen wird. Weiter ist wohl jedem heute bekannt, dass die Rohstoffe, die ebenfalls zum Boden zählen, nicht unbegrenzt vorhanden sind. Die fossilen Energieträger Kohle, Erdöl und Erdgas neigen sich sogar dem Ende entgegen. Zahlreiche Studien rechnen mit dem Verbrauch des Erdöls bis zum Jahre 2050. Andere geben diesem noch längere Zeiten, wieder andere rechnen schon viel früher mit dem Versiegen. Nun ist Erdöl ein Naturprodukt und kann wieder hergestellt werden, doch die Herstellung dauert zehntausende von Jahren. Ähnlich verhält es sich mit allen anderen Rohstoffen. Daher spricht man hier von einem begrenzten Aufkommen.

Der Produktionsfaktor Arbeit ist ebenfalls begrenzt. Im weitesten Sinne auf die Arbeitskraft aller Menschen. Diese Arbeitskraft ist nur schlecht zu quantifizieren, aber es kann in der äußersten Annahme nur 24 Stunden am Tag gearbeitet werden. Um mehr herstellen zu können, kann dann nur noch schneller gearbeitet werden, aber auch hier sind physikalische Grenzen gesetzt.

Der wichtigste Produktionsfaktor Arbeit - Adam Smith hielt die Arbeit für "das wahre oder tatsächliche Maß für den Tauschwert aller Güter"[2] - ist

[2]vgl. Adam Smith 1996, S. 28

demnach nur begrenzt vorhanden und auch der Boden ist, wie wir bereits feststellten, begrenzt. Daraus ziehen wir den Schluss, dass auch Kapital nur in begrenztem Umfang hergestellt werden kann. Unsere Investitionsgüter sind also begrenzt, daraus folgt schließlich auch, dass alle anderen Güter begrenzt sein müssen. Produktionsfaktoren sind knapp, aus diesem Grunde sind auch alle Güter knapp.

Die Knappheit eines Produktionsfaktors oder eines Gutes wird durch den Preis ausgedrückt. Je knapper ein Gut ist, desto höher ist sein Preis. Um mit diesen knappen Produktionsfaktoren möglichst viel herzustellen, verfolgt eine Volkswirtschaft und jeder Teilnehmer in ihr das **Prinzip der effizienten Produktion**. Man kann dieses Prinzip von zwei Seiten betrachten.

Das **Minimierungsprinzip** fordert, eine bestimmte Menge mit möglichst wenig Kosten zu produzieren. Bei der Entscheidung eines Unternehmens zur Herstellung der geplanten Absatzmenge spielt dieses Prinzip eine große Rolle. Die Absatzmenge ist aufgrund der Planung, die auf der Einschätzung der Nachfrage am Markt beruht, bereits bestimmt. Das Unternehmen wird versuchen, diese geplante Menge mit möglichst geringen Kosten zu erzeugen. Ein Haushalt kann dieses Prinzip ebenfalls anwenden. Er wird dies zum Beispiel bei seinen Grundnahrungsmitteln tun. Ein Haushalt braucht nur eine bestimmte Menge Zucker und Mehl im Monat. Diese gegebene Menge wird häufig mit den geringsten Kosten eingekauft. Der Haushalt minimiert daher den Mitteleinsatz, um diese absolut notwendige Nachfrage zu stillen. Das **Maximierungsprinzip** versucht hingegen, aus einer bestimmten Menge möglichst viel zu produzieren. Bei der Suche eines Arbeitsplatzes wird fast jede Person dieses Prinzip zu Grunde legen. Wir hatten bereits festgestellt, dass die Arbeitskraft des Menschen nur begrenzt vorhanden ist. Vor dem Hintergrund unendlicher Bedürfnisse wird jeder Mensch aber versuchen, soviel wie möglich zu erwirtschaften. Seine begrenzte Arbeitskraft wird er demnach zur Maximierung seines Bedarfs einsetzen. Dieses Prinzip kann wiederum auf ein Unternehmen übertragen werden. Angenommen ein Unternehmen hat einen bestimmten Ausstoß im Monat. Die Kapazität kann langfristig zwar verändert werden, da der Aufbau einer zusätzlichen Produktionsanlage aber längere Zeit in Anspruch nimmt, steht sie kurzfristig fest. Während eines Monats wird das Unternehmen seine gegebene Produktionsmenge zum höchsten Preis verkaufen. Das Unternehmen wendet das Maximierungsprinzip an.

Vor dem Hintergrund dieser beiden Prinzipien ist eine Volkswirtschaft immer auf der Suche nach dem optimalen Einsatz der Produktionsfaktoren. Hieraus lässt sich nun auch gut die Definition von **Wirtschaft** ableiten: *Die Wirtschaft ist die Summe aller Maßnahmen zur planvollen Deckung des menschlichen Bedarfs durch Erzeugung, Herstellung und Verteilung knapper Güter.*

Das bis hierhin Dargestellte kann ebenfalls mit einer Funktion erklärt werden. Die **Produktionsfunktion** besagt, dass die produzierte Menge y von den Produktionsfaktoren abhängig ist:

$$y = f(L, B, K, W, Sc).$$

Setzt man in der Produktionsfunktion alle bis auf einen Faktor als gegeben voraus, kann die Funktion in einem zweidimensionalen Koordinatenkreuz dargestellt werden. Die Funktion vereinfacht sich für die Arbeit L dann auf:

$$y = f(L).$$

Annahmen:
- positives Grenzprodukt
- abnehmendes Grenzprodukt

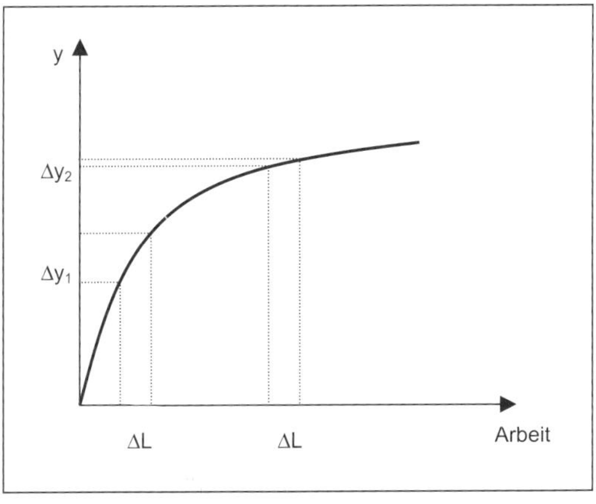

Abbildung 2.1: Die Produktionsfunktion

Wird die Arbeit auf der horizontalen Achse zum Beispiel als Anzahl der Arbeitskräfte in einer Produktion dargestellt und die ausgebrachte Menge auf der senkrechten Achse abgetragen, dann ergibt sich eine Produktionsfunktion wie in Abbildung 2.1. Die Krümmung ergibt sich aufgrund von zwei klassischen Annahmen. Zum einen nimmt man ein **positives Grenzprodukt** an, zum anderen ein **abnehmendes**. Was ist das Grenzprodukt? *Das Grenzprodukt beschreibt die Menge des Güterbündels y, die* *durch den Einsatz einer zusätzlichen Einheit der Produktionsfaktoren hergestellt wird.* In diesem Beispiel beschreibt das Grenzprodukt somit die zusätzlich produzierte Menge beim Einsatz eines weiteren Arbeiters. Ein positives Grenzprodukt bedeutet nichts anderes, als dass ein weiterer Arbeiter für eine höhere Produktion sorgt. Die Annahme des abnehmenden Grenzproduktes beschreibt hingegen die Größe des Produktionsanstieges. Aus der Abbildung ist ersichtlich, dass der Arbeiter 1 mit Δy_1 ein größeres Grenzprodukt erzeugt als der Arbeiter 2 mit Δy_2 . Das ein Grenzprodukt in der Regel positiv ist, leuchtet unmittelbar ein, doch warum wird es immer kleiner? Leicht zu verdeutlichen ist dies anhand eines Beispiels aus der Landwirtschaft.

Ein Landwirt bewirtschaftet seine 50 Hektar allein und erhält damit einen Output von 100 PE. In einer einführenden VWL-Vorlesung hört er von einem positiven Grenzprodukt und will dies sofort auf seinem eigenen Gut umsetzen. Der Landwirt stellt zunächst nur einen weiteren Arbeiter ein, einen bis dahin arbeitslosen Landwirt. Dadurch, dass jeder der beiden nur noch 25 Hektar bearbeiten muss, können sie sich viel intensiver mit dem Anbau beschäftigen. Sie haben die Zeit noch zusätzlich zu düngen und sie müssen nicht mehr so schnell über das Feld fahren, weshalb die gesamte Bearbeitung wesentlich effizienter ist. Die beiden Landwirte zusammen erwirtschaften 150 PE. Der erste Landwirt, der Gutsbesitzer, ist so begeistert von dem Erfolg, dass er im nächsten Jahr noch einen zweiten Landwirt einstellt. Sie erwirtschaften zu dritt jedoch nicht die erwarteten 200 PE, sondern nur 175 PE. Wird dieses Beispiel fortgesetzt, kann angenommen werden, der Gutsbesitzer würde so viele weitere Arbeiter einstellen, dass letztlich zum Beispiel 500.000 Arbeiter auf dem Gut beschäftigt wären. Jeder Arbeiter würde am Ende nur noch einen Quadratmeter bestellen. Beim morgendlichen Weg zur Arbeit und beim abendlichen zurück, würde diese Menschenmasse die jungen Anpflanzungen zum Saisonbeginn zertrampeln und die Ernte würde kaum etwas hervorbringen. Im Extremfall nicht einmal die 100 PE, die der Gutsbesitzer alleine erwirtschaftet hat.

Die Annahme eines abnehmenden Grenzproduktes ist, wie das obige Beispiel zeigt, durchaus sinnvoll. Ein solches wurde bereits früh in der klassischen Ökonomie zum Ende des 18 Jh. erkannt. Ein **negatives Grenzprodukt**, d.h. die Masse der Arbeiter erwirtschaftet nicht einmal die anfänglichen 100 PE, wird zum Teil in der Literatur beschrieben, ist aber von untergeordneter Bedeutung, da es ein rein theoretisches Problem ist. Man sollte den handelnden Personen soviel Rationalität, d.h. Vernunft, zugestehen, dass sie dieses Problem umgehen können. Dem im Beispiel beschriebenen Landwirt würde der Rückgang der Produktion spätestens am Ende des Jahres bei einer periodischen Erfolgsbestimmung auffallen. Er würde auf den Produktions- und Gewinnrückgang mit sofortigen Entlassungen reagieren. Daher wird im Folgenden das Problem eines negativen Grenzproduktes nicht weiter vertieft, die Erwähnung dient lediglich der Vollständigkeit.

Die beiden Annahmen sollen kurz mathematisch betrachtet werden. Hierzu muss vorab eine generelle Annahme getroffen werden, die so selbstverständlich ist, dass sie meist nur am Rande vermerkt wird. Sowohl die Produktionsmenge y, als auch die eingesetzten Faktoren müssen größer Null sein:

$$y = f(L, B, K, W, Sc) \quad (\text{mit: } y \geq 0\,;\ f_{yj} \geq 0).$$

Das Grenzprodukt wird durch die Steigung der Produktionsfunktion dargestellt. Die Steigung lässt sich durch die partiellen Ableitungen nach den Produktionsfaktoren gewinnen. Der Einfachheit halber soll auch hier nur der Faktor Arbeit betrachtet werden. Ein positives Grenzprodukt der Arbeit ist unter folgender Bedingung gegeben:

$$\frac{\partial f(L, B, K, W, Sc)}{\partial L} = f' > 0.$$

Ein fallendes Grenzprodukt wird durch die negative Steigung des Grenzproduktes verdeutlicht. Das Grenzprodukt wird durch die Steigung der Produktionsfunktion dargestellt. Nun ist die Steigung des Grenzproduktes gesucht, d.h. die Steigung der Steigung. Es muss die zweite Ableitung der Produktionsfunktion gebildet werden, um die Steigung des Grenzproduktes zu untersuchen. Damit es sich um ein abnehmendes Grenzprodukt handelt, die Steigung desselben also negativ ist, muss die zweite Ableitung kleiner als Null sein:

$$\frac{\partial^2 f(L, B, K, W, Sc)}{\partial L^2} = f'' < 0.$$

2.2.2 Die Transformationskurve

Wir wissen bereits, dass die Bedürfnisse eines Menschen unbegrenzt sind, d.h. auch die Bedürfnisse einer gesamten Volkswirtschaft sind unbegrenzt. Aus diesem Grunde wird die Wirtschaft versuchen, die Produktionsfaktoren zu jeder Zeit optimal einzusetzen. Wir nehmen mithin an, dass die Produktionsfaktoren zur Zeit optimal eingesetzt sind und können daraus

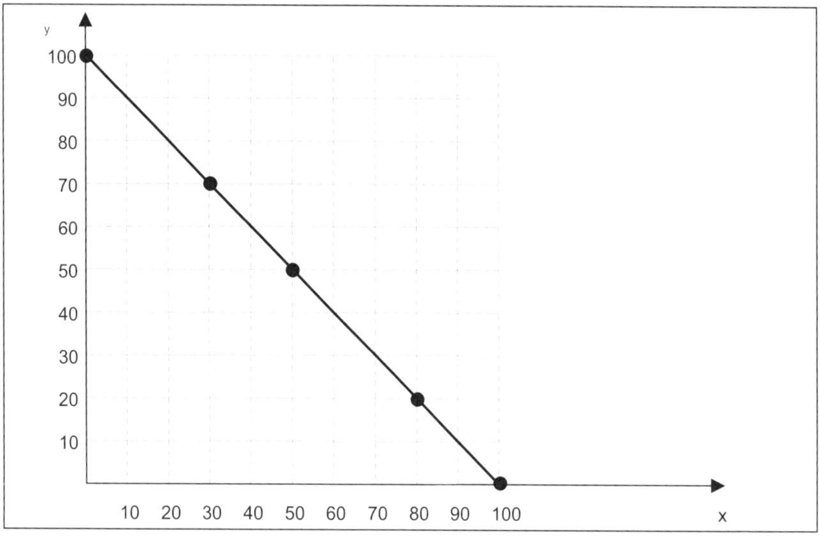

Abbildung 2.2: Die Transformationskurve als Gerade

schließen, dass der Bedarf der gesamten Volkswirtschaft zu 100% gedeckt werden kann. Der Bedarf setzt sich jedoch aus mehreren Gütern zusammen. So kann eine gefundene optimale Verteilung der Produktionsfaktoren immer nur eine von vielen Möglichkeiten sein. Das folgende einfache Beispiel soll dies erläutern.

Tabelle 2.1: Güterverteilung, einfaches Beispiel

	A	B	C	D	E
x	0	30	50	80	100
y	100	70	50	20	0

Der Bedarf einer Volkswirtschaft besteht aus vielen Gütern. Diese Güter werden hier repräsentiert durch x und y, wobei x ein ganz bestimmtes Gut ist und y den Rest aller Güter darstellt.Insgesamt können 100 Einheiten produziert werden. Unterstellt man den vereinfachten Fall, dass die Volkswirtschaft fähig ist, die Güter 1:1 zu tauschen, entstehen unterschiedliche Kombinationen. Die obige Tabelle zeigt mehrere, aber nicht alle Kombinationen der Güterverteilung. Vielleicht ist auf x insgesamt zu verzichten (Fall A). Die Volkswirtschaft kann aber auch auf 30 Anteile von y verzichten, wenn sie stattdessen 30 Anteile von x bekommt (Fall B). Außerdem sind neben weiteren auch die Fälle C, D und E denkbar. Jede dieser Möglichkeiten ist eine optimale Verteilung der Produktionsfaktoren. Man kann diese unterschiedlichen Optima auch in einer Grafik darstellen (Abbildung 2.2). Verbindet man die beschriebenen optimalen Punkte miteinander, erhält man eine Gerade. Jeder Punkt dieser Geraden stellt eine optimale Lösung der Verteilung der Produktionsfaktoren dar. Man kann anhand der Geraden erkennen, wie viele Einheiten von einem Gut eine Volkswirtschaft hergeben muss, wenn sie eine Einheit eines anderen Gutes bekommen will. Die Gerade heißt **Transformationskurve**, da sie die Transformation, d.h. das Tauschverhältnis, der Güter untereinander beschreibt.

Die Transformationskurve ist nur für den oben betrachteten vereinfachten Fall eine Gerade. Dies liegt an dem gleichbleibenden Tauschverhältnis der Güter x und y von eins zu eins. Durch die Annahme von y als ein Güterbündel, dass die Menge aller Güter außer dem Gut x enthält, ist die Darstellung einer Transformationsgeraden eine sehr starke Vereinfachung. Es ist realistischer anzunehmen, das Güterbündel y sei zunächst gegenüber dem Gut x mehr wert. Erst mit steigendem Anteil von x wird auch der Wert von x größer. Ein solches Transformationsverhalten ist in Abbildung 2.3 veranschaulicht und in Tabelle 2.2 dargestellt. Dies ist die typische Form einer Transformationskurve.

Tabelle 2.2: Güterverteilung, typisches Beispiel

	A	B	C	D	E
x	0	3	6	8	10
y	100	97	80	49	0

Die Transformationskurve beschreibt das **Transformationsverhalten** einer Volkswirtschaft. Es werden hier die Güter in einem bestimmten Verhältnis gegeneinander getauscht. Im ersten Beispiel handelt es sich um eine lineare Transformation, da man für den Verzicht von einer Einheit des Gutes x eine Einheit des Gutes y erhält. In diesem Fall sind beide Güter für die Volkswirtschaft gleich viel wert. Im zweiten Beispiel, in dem die Transformationskurve durch eine nach außen gewölbte Kurve repräsentiert wird, ist der Wert der beiden Güter unterschiedlich. Die Volkswirtschaft ist am Anfang lediglich bereit, drei Einheiten von y aufzugeben, um drei Einheiten von x zu erhalten. Relativ gesehen ist x im Punkt B weniger Wert als y, denn die Gesellschaft erhält 30% der maximal von x herzustellenden Menge. Sie erhält drei von zehn Einheiten und gibt dafür nur 3%, d.h. drei von 100 Einheiten, von y auf. Im Punkt E hat sich das Verhältnis umgekehrt. Hier ist x mehr wert als y. Die Gesellschaft gibt 49% oder 49 von

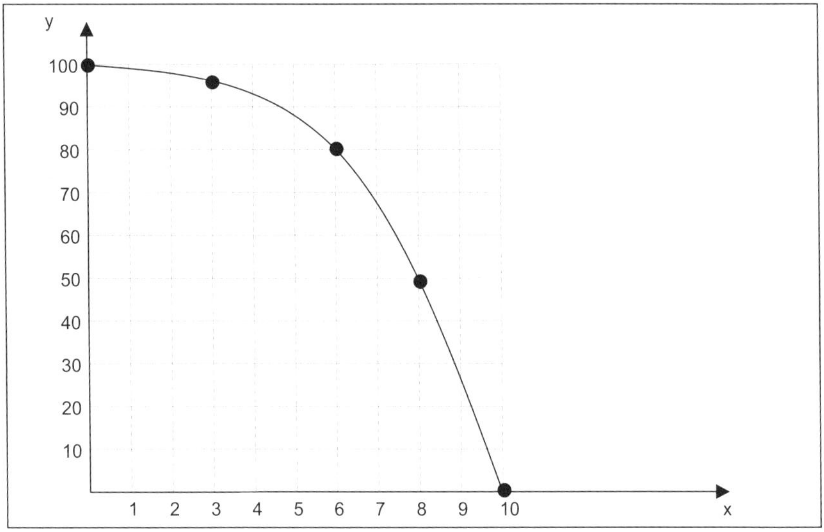

Abbildung 2.3: Die Transformationskurve als Kurve

100 Einheiten des Güterbündels y auf, gewinnt jedoch nur 20% oder zwei von zehn Einheiten des Gutes x hinzu.

Das Transformationsverhalten kann auch mit einem Kostenbegriff belegt werden. Man spricht hier von **Opportunitätskosten** und versteht darunter die Kosten, die entstehen, weil auf etwas anderes verzichtet wurde, eben auf das andere Gut. Hiermit kann man auch die Kosten eines Studiums beschreiben. Entgegen der Annahme vieler Studenten und Studentinnen ist das Studium weit teurer als man denken könnte. Die Kosten bestehen nicht nur aus den Materialkosten für Bücher, Blöcke, Stifte und einen Computer, sondern vor allem aus Opportunitätskosten, d.h. das Geld, welches dem Studenten bzw. der Studentin im Berufsleben verloren geht. Würde sie nicht studieren, sondern in einem Unternehmen arbeiten, bekäme sie Lohn oder Gehalt. Dieser stellt die Opportunitätskosten des Studiums dar. Häufig werden diese Kosten auch als **Alternativkosten** bezeichnet.

Aber zurück zur Transformationskurve, diese kann man auch in der Form einer mathematischen Funktion darstellen. Für den zuerst betrachteten linearen Fall gilt:

$$F_x x + F_y y = F.$$

F bezeichnet die Gesamtheit aller Produktionsfaktoren, womit F_x die Pro-

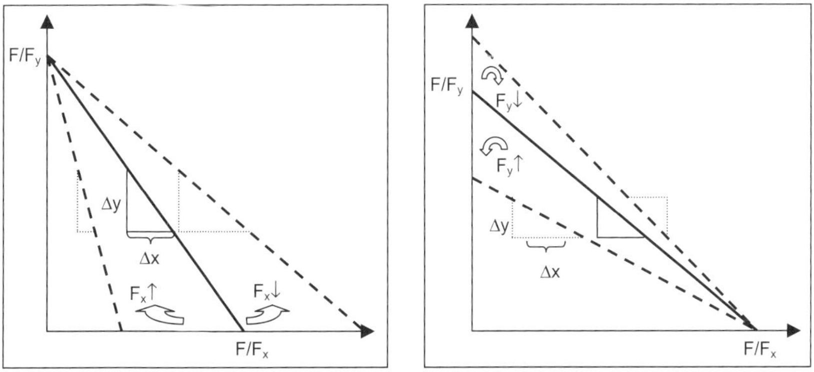

Abbildung 2.4: Variation der Transformationskurve

duktionsfaktoren beschreibt, die für die Herstellung von x, F_y hingegen die, welche für die Herstellung von y benötigt werden. Multipliziert man nun die jeweils benötigten Anteile mit der hergestellten Menge der Güter und summiert diese anschließend, so muss der Gesamteinsatz an Produktionsfaktoren F herauskommen. Schauen wir uns diese Funktion einmal grafisch an, dann kann man sehr viele Gesetzmäßigkeiten leicht erläutern. Zunächst aber ein paar leichte Umformungen:

1. auflösen der Gleichung nach x: $x = \frac{F}{F_x} - \frac{F_y y}{F_x}$
2. ermitteln der Nullstelle, setze $y = 0$: $x = \frac{F}{F_x}$
3. Berechnen des Achsenabschnitts:

$$
\begin{aligned}
& x = 0 \\
\Leftrightarrow \quad & \frac{F}{F_x} - \frac{F_y y}{F_x} = 0 \quad | \times -\frac{F_x}{F_y} \\
\Leftrightarrow \quad & -\frac{F}{F_y} + y = 0 \\
\Leftrightarrow \quad & y = \frac{F}{F_y}.
\end{aligned}
$$

Überträgt man nun diese Platzhalter für x und y auf die Abbildung 2.2, so erhält man Abbildung 2.4. Wenn für x mehr Produktionsfaktoren (F_x) benötigt werden (Abbildung 2.4, links), wird der Nenner des Bruches F/F_x größer und damit der Bruch insgesamt kleiner. Die Steigung der Transformationskurve nimmt daher zu. An den Steigungsdreiecken kann man erkennen, dass die Volkswirtschaft jetzt für eine zusätzliche Menge y nur eine geringere Menge x abgeben muss. In diesem Moment ist x wertvoller für die Volkswirtschaft als y. Schließlich bekommt die Volkswirtschaft nur wenig x für viel y. Man bekommt zum Beispiel auch viel Brot für wenig Gold. Offensichtlich ist Gold also wertvoller als Brot. Was in der Regel auch zu trifft. Je steiler die Kurve wird, desto kleiner wird Δx bei der Veränderung von y um eine Einheit. Verringert man hingegen F_x , so wird die Kurve flacher und je flacher die Kurve wird, desto eher ist die Volkswirtschaft bereit, auf ein Gut x zu verzichten (Δx wird bei der Veränderung von y immer größer). Gut y wird dann immer wertvoller relativ zu x. Die Volkswirtschaft gibt immer weniger für x auf. Die Verhältnisse drehen sich also um.

Bei der Veränderung von F_y passiert das Gleiche bezogen auf das Gut y. Die Veränderung entlang der Transformationskurve verändert demnach nie die gesamte Situation einer Volkswirtschaft, sondern spiegelt nur unterschiedliche Güterausstattungen für eine Volkswirtschaft wider. Mit dem "Mehr" des einen Gutes ist ein "Weniger" des anderen Gutes verbunden und somit bleibt der Wert aller Güter zusammen auf demselben Niveau. Doch was passiert nun, wenn die Produktionsfaktoren F insgesamt erhöht werden? Dies kann zum Beispiel durch eine liberale Einwanderungspolitik geschehen oder aber auch durch hohe Nettoinvestitionen. Eine liberale Einwanderungspolitik kann das Arbeitsangebot langfristig steigern und damit unter sonst gleichen Bedingungen die gesamten Produktionsfaktoren erhöhen. Nettoinvestitionen erhöhen den Kapitalbestand einer Volkswirtschaft und somit ebenfalls die Gesamtheit der Produktionsfaktoren.

Zur Beantwortung der Frage braucht man nur überlegen, was mit den Brüchen F/F_x und F/F_y geschieht. In beiden Fällen vergrößert sich jeweils der Zähler der Brüche und damit auch der Bruch selber. Eine Erhöhung der gesamten Produktionsfaktoren F führt zu einer Verschiebung der Transformationskurve nach rechts (eine Reduzierung von F verursacht das Gegenteil). Dies bedeutet, dass sowohl mehr von x als auch mehr von y hergestellt werden kann. Die Güterproduktion wächst insgesamt. Hier haben wir schon eine Definition von Wachstum und werden im letzten Kapitel darauf noch einmal ausführlich eingehen.

2.3 Erträge und Kosten

Für die folgenden Erläuterungen ist es notwendig, den Unterschied zwischen einer **langfristigen Analyse** und einer **kurzfristigen Analyse** deutlich zu machen. Bei einer kurzfristigen Betrachtung ist mindestens ein Produktionsfaktor fix, d.h. es wird beispielsweise angenommen, das Kapital (Gebäude, Maschinen, etc.) könne kurzfristig nicht verändert werden. Langfristig betrachtet, ist eine solche Annahme natürlich unrealistisch, denn auf lange Sicht kann die Menge jedes Produktionsfaktors variieren. Die Ökonomen nehmen daher langfristig an, dass alle Produktionsfaktoren variabel sind. Für die folgenden Betrachtungen gehen wir von einer kurzfristigen Perspektive aus.

2.3.1 Kostenarten und Kostenfunktionen

Die Produktionsfaktoren sind nicht umsonst zu haben. Ein Arbeiter, der zum Beispiel in einer Fabrik angestellt ist, stellt seine Arbeitskraft zur Verfügung und erwartet dafür eine Gegenleistung. Das Unternehmen muss für den Einsatz des Produktionsfaktors bezahlen. Doch nicht nur Arbeit kostet Geld in Form von Lohn, sondern auch für Kapital und Boden müssen Zahlungen geleistet werden. Die Summe der Zahlungen für den gesamten Faktoreinsatz eines Unternehmens nennen wir **Kosten**. Alle Produktionsfaktoren erzeugen Kosten, die von Faktor zu Faktor jedoch variieren. Für den Boden muss eine Pacht oder Grundrente, für Arbeit muss Lohn bezahlt werden und für das Kapital fallen Zinsen bzw. Abschreibungen an. Die Summe der beim Einsatz der einzelnen Faktoren erzeugten Kosten ergibt die Gesamtkosten der Produktion. Daraus ergibt sich die allgemeine Kostenfunktion. Die **Gesamtkosten** K_g sind eine Funktion in Abhängigkeit der produzierten Menge x:

$$K_g = f(x).$$

Die produzierte Menge x hängt wiederum vom Einsatz der Produktionsfaktoren ab. Daraus ergibt sich für die Gesamtkosten:

$$K_g = f(x(L, B, K, W, Sc)).$$

Die Kosten besitzen verschiedene Einflussgrößen. Gutenberg unterscheidet fünf verschiedene: die Beschäftigung, die Faktorqualität, die Faktorpreise, die Betriebsgröße und das Fertigungsprogramm.[3] Die zuletzt genannten werden noch ausführlich in der Kostenrechnung der Betriebswirtschaftslehre besprochen. Für die VWL ist neben der Faktorqualität und den Faktorpreisen weitestgehend nur die Beschäftigung als Kosteneinflussgröße in-

[3]vgl. Carl-Christian Freidank 1997, S. 34

teressant. Die Beschäftigung gibt schlicht an, inwieweit die Kapazitäten einer Unternehmung ausgelastet sind oder nicht.

2.3.1.1 Fixe Kosten

Fixkosten sind Kosten, die **von der Beschäftigung unabhängig** sind. Daraus folgern wir: *es ist für diese Art von Kosten egal, ob das Unternehmen etwas produziert oder nicht.* Hierfür ist es wichtig, noch einmal darauf hinzuweisen, dass es sich nur um eine kurzfristige Betrachtung handelt, denn langfristig ist es natürlich von enormer Wichtigkeit, ob etwas produziert wird oder nicht. Ein Unternehmen kann durchaus einige Tage, ein solides Unternehmen sicherlich auch ein paar Wochen ohne Produktion überdauern, doch langfristig muss das Unternehmen zwangsläufig ein Insolvenzverfahren beantragen[4] und liquidiert werden.

Beispiele für Fixkosten sind die Miete, Zinsen für Fremdkapital, Gehälter der Verwaltung, d.h. für die dispositive Arbeit und auch die Löhne in der Fertigung, solange es keine Akkordlöhne sind. Nehmen wir das Beispiel der Miete. Ein Unternehmen zahlt für die Produktionshalle eine Miete von y GE. Im Normalfall wird nun in der Halle produziert, im Sommer macht das Unternehmen aber 14 Tage Betriebsferien. Es wird nichts produziert. Die Miete muß aber trotzdem weiterbezahlt werden. Ähnlich ist es mit den anderen genannten Beispielen. Löhne und Gehälter müssen weitergezahlt werden und die Bank wird auch weiterhin die Zinsen berechnen. Wir merken uns: *fixe Kosten fallen unabhängig von der Beschäftigung einer Unternehmung in immer gleicher Höhe an.*

2.3.1.2 Variable Kosten

Im Gegensatz zu den fixen Kosten sind die **variablen Kosten beschäftigungsabhängig**. Das bedeutet, diese Kosten sind um so größer, je mehr das Unternehmen produziert. Als Beispiele lassen sich hier die Energiekosten, die Materialkosten und Akkordlöhne anführen. Je mehr ein Unternehmen produziert, desto größer ist der Materialeinsatz, daher steigen auch die Kosten für die Beschaffung des Materials.

[4] Die Insolvenzordnung (InsO) legt einige Voraussetzungen für die Eröffnung eines Insolvenzverfahrens fest. Die Diskussion über den Zeitpunkt und die Gründe für eine Insolvenzeröffnung wird an dieser Stelle der einschlägigen rechtswissenschaftlichen Literatur überlassen. Es leuchtet jedoch aus ökonomischer Sicht unmittelbar ein, dass ein Unternehmen, das auf Dauer nur Kosten aber keine Erlöse hat, nicht bestehen kann.

2.3.1.3 Gesamtkosten und Stückkosten

Wir bezeichnen die fixen Kosten mit K_f und die variablen Kosten mit K_v. Summiert man nun die fixen und die variablen Kosten erhält man die Gesamtkosten K_g. Rechnerisch stellt sich dieser Zusammenhang wie folgt dar (siehe auch Abbildung 2.5):

$$K_g = K_v + K_f.$$

Darüber hinaus existieren weitere Kostenkurven. Die Fixkosten können auch als **Fixkosten pro Stück** k_f dargestellt werden. Die Fixkosten pro Stück sind immer degressiv, da eine feste Größe durch eine immer größere Anzahl hergestellter Güter geteilt wird. Diesen Zusammenhang nennt man **Fixkostendegression**. Ebenso wird häufig die Einheit **variable Kosten pro Stück** k_v verwendet. Man erhält diesen Ausdruck, indem man die gesamten variablen Kosten durch die Anzahl der produzierten Stücke teilt. Äquivalent dazu ergeben sich die **gesamten Stückkosten** k_g (auch: **Durchschnittskosten**) aus der Summe $k_f + k_v$. Man erhält:

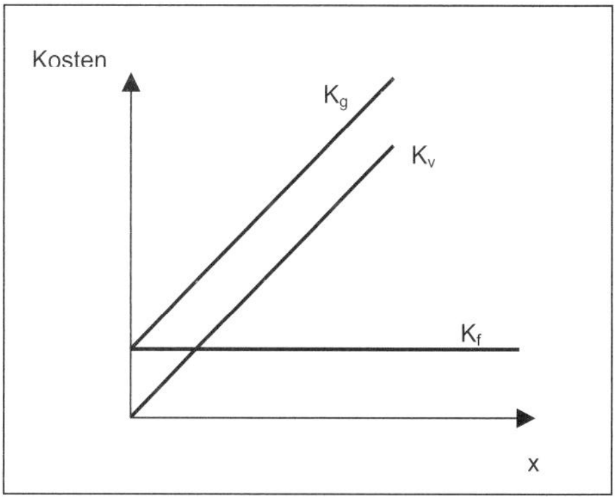

Abbildung 2.5: Gesamtkosten

$$\begin{aligned} & K_g = K_v + K_f \\ \Leftrightarrow\ & \frac{K_g}{x} = \frac{K_v}{x} + \frac{K_f}{x} \\ \Leftrightarrow\ & k_g = k_v + k_f \\ \Leftrightarrow\ & k_g x = k_v x + k_f x = K_g. \end{aligned}$$

2.3.1.4 Die Grenzkosten

Die **Grenzkosten** sind von herausragender Bedeutung, wie im nächsten Kapitel gezeigt wird. Doch was sind Grenzkosten? *Die Grenzkosten sind die Änderung der Kosten, die bei einer gegebenen Änderung des Outputs entstehen.* Was bedeutet das? Wird eine zusätzliche Einheit produziert, so verändern sich die Fixkosten nicht, während die variablen Kosten steigen. Die Grenzkosten geben mithin die Veränderung der Gesamtkosten an, welche unabhängig von den Fixkosten ist. Sie sind gleichzusetzen mit:

$$\frac{\Delta K_v}{\Delta x} = \frac{\Delta K_g}{\Delta x} \approx K'.$$

K' ist aber nichts anderes als die Steigung der Gesamtkostenkurve. Die Steigung einer Funktion wird aber wiederum durch ihre erste Ableitung dargestellt, d.h. die **Grenzkosten** K' sind die erste Ableitung der Gesamtkostenfunktion.

2.3.2 Zusammenführung der Kosten

Im Folgenden wollen wir an zwei Beispielen das Zusammenwirken der Kostenfunktionen betrachten und einige wichtige Punkte daraus ableiten.

1. Beispiel: Lineare Gesamtkosten
   Bei einem linearen Gesamtkostenverlauf sind sowohl die Durchschnittskosten, als auch die fixen Stückkosten negativ geneigt. Auffallend ist bei diesem Modell, dass die variablen Stückkosten mit den Grenzkosten identisch sind. Aufgrund der Degression der Fixkosten sinken die Durchschnittskosten immer weiter und konvergieren gegen die Grenzkosten. Für ein Unternehmen ist es bei einem solchen Kostenverlauf vorteilhaft, die Produktion möglichst weit auszudehnen. Hier kommt der Vorteil der Massenproduktion zur Geltung. Je größer die produzierte Menge, desto geringer die Kosten pro Stück. Diese Art von Durchschnittskosten sind sowohl auf einem Monopolmarkt als auch auf einem Wettbewerbsmarkt anzutreffen. Gekoppelt mit sehr hohen Fixkosten entsteht ein sogenanntes natürliches Monopol[5] bzw. ein Wettbewerbsmarkt mit sehr niedrigen Fixkosten. Im zweiten Fall sind die Unternehmen sogenannte Mengenanpasser.[6]
   Die Fixkostendegression steht hier im engen Zusammenhang mit dem sogenannten **Gesetz der Massenproduktion**, welches besagt, dass die Kostensituation in der Produktion bei immer größerer Stückzahl immer günstiger wird. Somit steigt der Gewinn bei konstantem Marktpreis. Das leichte Zahlenbeispiel ist in Tabelle 2.3 und noch einmal dem Prinzip nach in den Abbildungen 2.6 und 2.7 zu erkennen.

[5] vgl. Kap. 3.3
[6] vgl. Kap. 2.3.3.2

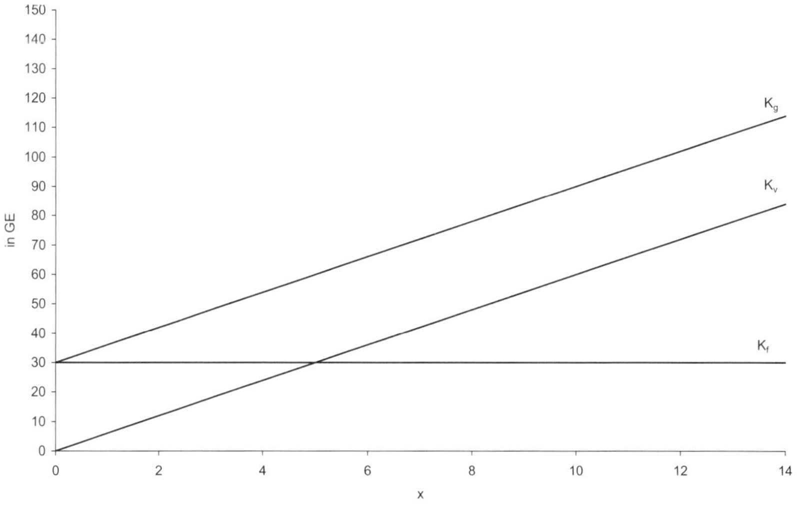

Abbildung 2.6: Lineare Gesamtkosten

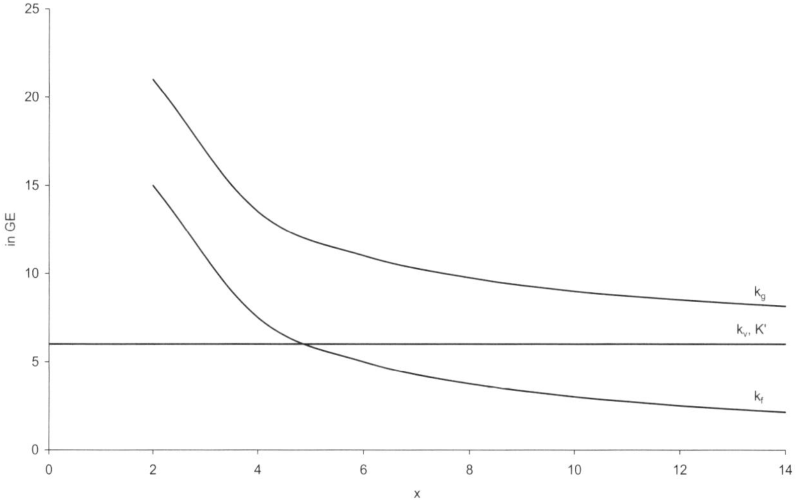

Abbildung 2.7: Grenz- und Stückkosten bei linearen Gesamtkosten

Tabelle 2.3: Beispiel lineare Gesamtkosten

Menge **Kosten**		**0**	**2**	**4**	**6**	**8**	**10**	**12**
K_v	$6x$	0	12	24	36	48	60	72
K_f	30	30	30	30	30	30	30	30
K_g	$6x + 30$	30	42	54	66	78	90	102
k_v	$6x/x$	6	6	6	6	6	6	6
k_f	$30/x$	–	15	$7,5$	5	$3,75$	3	$2,5$
k_g	$6x/x + 30/x$	–	21	$13,5$	11	$9,75$	9	$8,5$
K'	6	6	6	6	6	6	6	6

2. Beispiel: u-förmige Gesamtkostenkurve
   U-förmige Gesamtkosten, d.h. Gesamtkosten die einer Funktion zweiten Grades folgen, führen zu linearen variablen Stückkosten und linearen Grenzkosten. Die Durchschnittskosten sind wie die Gesamtkosten u-förmig. Dies ergibt sich aus dem Zusammenwirken der linearen variablen Kosten und der Fixkosten-Degression. Das folgende Zahlenbeispiel (Tabelle 2.4) soll auch diesen Zusammenhang kurz veranschaulichen. Auch in diesem Beispiel ist die Fixkosten-Degression deutlich zu erkennen. Die Grenzkosten und die variablen Stückkosten beginnen im gleichen Punkt. Dies ist immer der Fall. In diesem einfachen Beispiel beginnen sie im Ursprung, was nicht immer der Fall ist. Die Grenzkosten sind unabhängig von den Fixkosten, denn sie beschreiben lediglich die Kosten, die durch die Produktion einer zusätzlichen Einheit entstehen. Die Fixkosten entstehen allerdings unabhängig von der Produktion. In den Grenzkosten sind daher nur die variablen Kosten enthalten. Zu Beginn der Produktion müssen die Grenzkosten, die Kosten der nächsten Einheit, gleich sein mit den variablen Stückkosten. Ab der ersten produzierten Einheit sind die Grenzkosten jedoch oberhalb der variablen Stückkosten. Die variablen Stückkosten sind ein Durchschnittsmaß. Sie ergeben sich aus den gesamten variablen Kosten geteilt durch die Produktionsmenge. Während die Grenzkosten ein Kostenmaß für eine zusätzliche Einheit sind. Durchschnitte sind aber immer kleiner als Extrema. Ein Beispiel anhand der vorherigen Zahlen kann dies veranschaulichen.

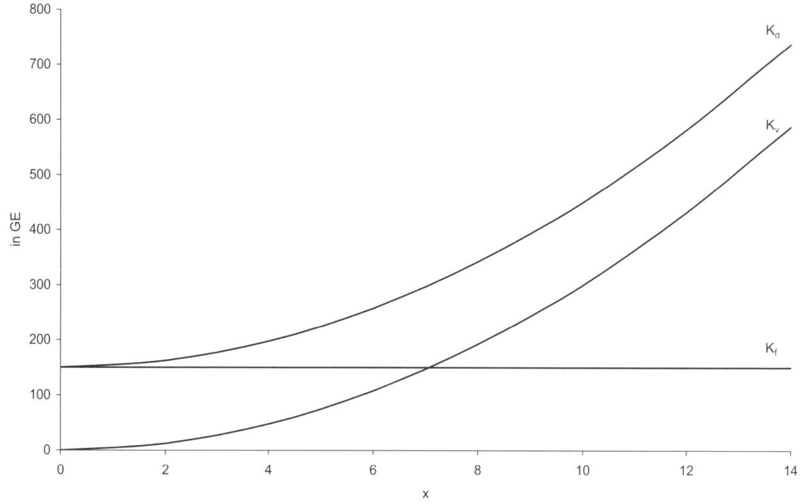

Abbildung 2.8: u-förmige Gesamtkostenkurve

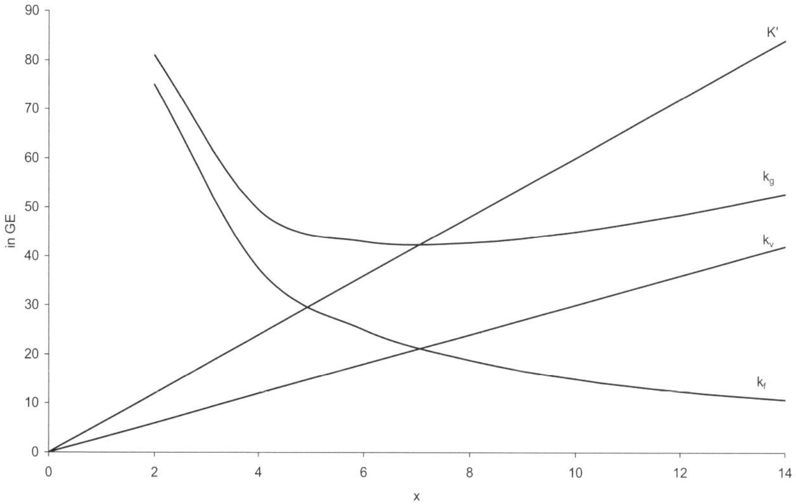

Abbildung 2.9: Grenz- und Stückkosten bei u-förmiger Gesamtkostenkurve

Werden 4 Einheiten produziert verursacht die vierte Einheit Grenzkosten von 24 GE. Alle vorherigen Einheiten haben aber ebenfalls Grenzkosten verursacht. Noch einmal die Definition der Grenzkosten: es sind die Kosten, die bei der Produktion einer zusätzlichen Einheit entstehen. Nach der Produktion von 4 Einheiten wurden viermal zusätzliche Kosten erzeugt. Die Summe dieser Kosten ergibt die gesamten variablen Kosten. Die Fläche unterhalb der Grenzkostengeraden repräsentiert diese Kosten. Im Beispiel sind dies 48 GE.[7] Die variablen Stückkosten berechnen nun die durchschnittlichen variablen Kosten. Dies sind 48 geteilt durch 4. Bei einer Gesamtproduktion von 4 Einheiten verursacht jede einzelne Einheit durchschnittliche variable Kosten von 12 GE. Abbildung 2.9 lässt vermuten, dass die Grenzkosten die gesamten Stückkosten in ihrem Minimum schneiden. Diese Vermutung ist richtig. Beispiel 3 wird diesen Zusammenhang näher erläutern.

Tabelle 2.4: Beispiel u-förmige Gesamtkosten

Menge **Kosten**		**0**	**2**	**4**	**6**	**8**	**10**	**12**
K_v	$3x^2$	0	12	48	108	192	300	432
K_f	150	150	150	150	150	150	150	150
K_g	$3x^2 + 150$	150	162	198	258	342	450	582
k_v	$3x$	0	6	12	18	24	30	36
k_f	$150/x$	–	75	37,5	25	18,75	15	12,5
k_g	$3x + 150/x$	–	81	49,5	43	42,75	45	48,5
K'	$6x$	0	12	24	36	48	60	72

3. Beispiel: s-förmige Gesamtkostenkurve
Eine s-förmige Gesamtkostenkurve führt, wie in Tabelle 2.5 und Abbildung 2.10 zu sehen ist, zu u-förmigen Durchschnitts-, variablen Stück- und Grenzkosten. Auch hier ist wieder die Fixkostendegression aufgrund des Gesetzes der Massenproduktion deutlich zu erkennen. Was haben aber die jeweiligen Schnittpunkte und Extrema der einzelnen Kostenfunktionen für eine Aussagekraft? Zunächst ist hier Punkt a zu nennen. In diesem Punkt ist sowohl der Wendepunkt in der Gesamtkostenkurve als auch das Minimum der Grenzkosten. Durch die von dort an progressiv steigenden Grenzkosten steigen nun auch die Gesamtkosten progressiv. Die Grenzkosten sind, da sie die erste Ab-

[7] Da die Grenzkosten durch eine Gerade dargestellt werden ist die Berechnung sehr einfach. Berechne: $1/2 \times 4 \times 24 = 48$.

leitung der Gesamtkostenfunktion repräsentieren, von den Fixkosten unabhängig. D.h. die nun beginnende Gesamtkostenprogression ist auf die Steigerung der variablen Kosten pro zusätzlicher Einheit, eben die Grenzkosten, zurückzuführen. Die variablen Kosten pro Stück steigen jedoch erst ab Punkt b. Das Verhalten der Gesamtkosten wird hier durch das Durchschnittskostenprinzip, d.h. der Fixkostendegression, abgeschwächt. Das Minimum der Grenzkosten lässt sich mathematisch leicht ermitteln. Für das Beispiel gilt:

$$\rightarrow \min \frac{\partial K}{\partial x} = \min K' = \min[0,3x^2 - 14x + 200].$$

Ableitung der Grenzkosten nach x:

$$\begin{aligned} \frac{\partial K'}{\partial x} &= 0,6x - 14 \stackrel{!}{=} 0 \\ \Leftrightarrow \quad x &= 23\frac{1}{3} \\ \Rightarrow \quad \min K'\left(23\frac{1}{3}\right) &= 36\frac{2}{3}. \end{aligned}$$

Die Grenzkosten sind bei der Produktion von $23\frac{1}{3}$ Einheiten mit $36\frac{2}{3}$ GE am niedrigsten.

Im Punkt b schlägt sich nun die progressive Steigung der Gesamtkosten auch auf die variablen Stückkosten nieder. Im Minimum der variablen Stückkosten schneiden sich diese mit den Grenzkosten. Vor diesem Hintergrund bleiben zwei Möglichkeiten, das Minimum der variablen Stückkosten auszurechnen:

1. $\rightarrow \min \frac{K_v}{x} = \min k_v = \min[0,1x^2 - 7x + 200]$
2. $\frac{K_v}{x} = \frac{\partial K_g}{\partial x}$
   $\Leftrightarrow k_v = K'$
   $\Leftrightarrow 0,1x^2 - 7x + 200 = 0,3x^2 - 14x + 200.$

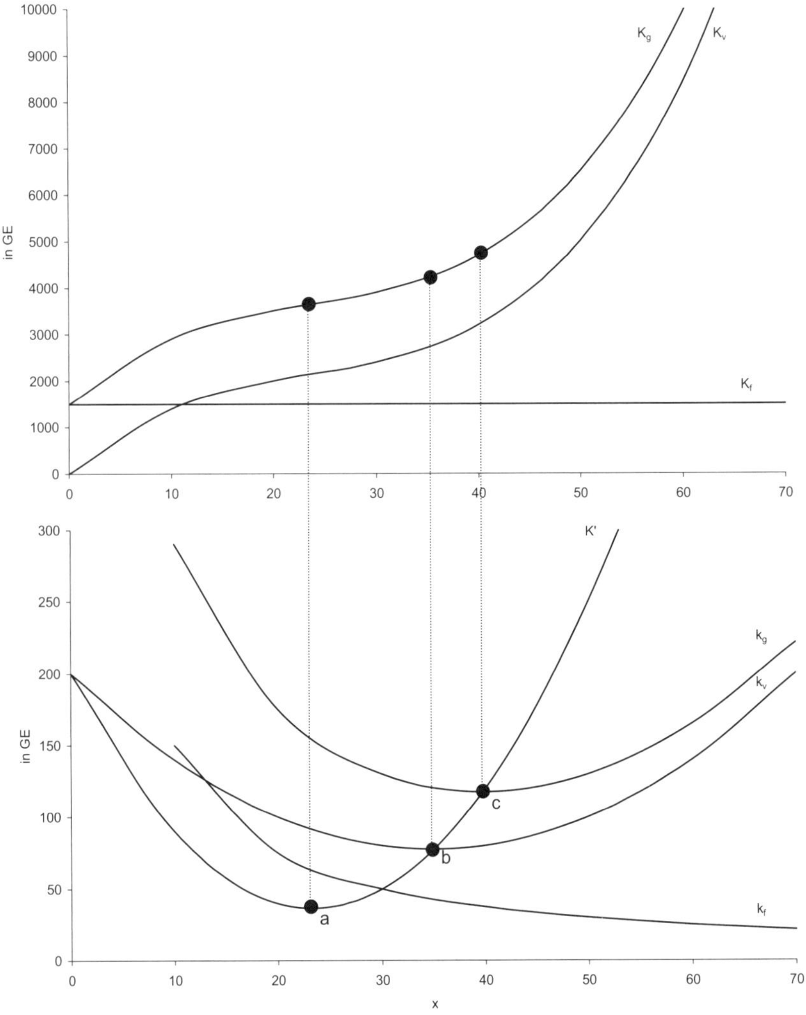

Abbildung 2.10: s-förmige Gesamtkostenkurve und Grenz- und Stückkosten

Tabelle 2.5: Beispiel s-förmige Gesamtkosten

Menge **Kosten**		**0**	**10**	**20**	**30**	**40**	**50**	**60**
K_v	$0,1x^3 - 7x^2 + 200x$	0	1400	2000	2400	3200	5000	8400
K_f	1500	1500	1500	1500	1500	1500	1500	1500
K_g	$0,1x^3 - 7x^2 + 200x + 1500$	1500	2900	3500	3900	4700	6500	9900
k_v	$0,1x^2 - 7x + 200$	200	140	100	80	80	100	140
k_f	$1500/x$	–	150	75	50	37,5	30	25
k_g	$0,1x^2 - 7x + 200 + 1500/x$	–	290	175	130	117,5	130	165
K'	$0,3x^2 - 14x + 200$	200	90	40	50	120	250	440

Punkt c ist schließlich der wichtigste Punkt. Er stellt das Minimum der gesamten Stückkosten k_g dar. An diesem Punkt hat das Unternehmen die Produktionsfaktoren, bezogen auf die Menge der produzierten Güter, optimal eingesetzt. Jede weitere Produktion eines zusätzlichen Stücks würde die Durchschnittskosten anheben und damit auch den Gewinn pro Stück schmälern, doch dazu kommen wir im nächsten Kapitel noch genauer. Es lässt sich mathematisch zeigen, dass sich die Durchschnittskosten in ihrem Minimum mit den Grenzkosten schneiden.
Schnittpunkt der Durchschnittskosten k_g mit den Grenzkosten K':
Durchschnittskosten: $k_g = \frac{K_g}{x}$
Für das Minimum gilt:

$$\begin{aligned}
& k_g' = 0 \\
\Leftrightarrow\quad & \frac{\partial k_g}{\partial x} = 0 \\
\Leftrightarrow\quad & \frac{\partial\left(\frac{K_g}{x}\right)}{\partial x} = 0 \quad |(\text{Anwendung der Quotientenregel auf } \tfrac{K_g}{x}) \\
\Leftrightarrow\quad & \frac{\frac{\partial K_g}{\partial x} \times x - 1 \times K_g}{x^2} = 0 \\
\Leftrightarrow\quad & \frac{K'x - K_g}{x^2} = 0 \quad |(\text{ausklammern von } x \text{ im Zähler}) \\
\Leftrightarrow\quad & \frac{K' - \frac{K_g}{x}}{x} = 0 \quad |(\tfrac{K_g}{x} \text{ ist aber wiederum } k_g) \\
\Leftrightarrow\quad & \frac{K' - k_g}{x} = 0 \quad |(\text{Gleichgewichtsbedingung wird im Zähler erfüllt}) \\
\Leftrightarrow\quad & K' - k_g = 0 \\
\Leftrightarrow\quad & K' = k_g \quad q.e.d.
\end{aligned}$$

Damit liegt ein mathematischer Grund für die Schnittpunkte im Minimum vor. Wie kann man sich das ökonomisch plausibel machen? Hierzu wird noch einmal auf das kleine Zahlenbeispiel bei einer u-förmigen Gesamtkostenkurve verwiesen. Noch einmal zur Erinnerung, die Grenzkosten sind die Kosten einer zusätzlichen Einheit. Während die variablen Stückkosten durchschnittliche Kosten sind. Bis Punkt a in Abbildung 2.10 fallen die Grenzkosten, d.h. die variablen Stückkosten müssen ebenfalls fallen, das ist die Charakteristik eines Durchschnitts. Wird zu einem bestehenden Durchschnitt etwas kleineres hinzugezählt, sinkt der Durchschnitt. Rechts von Punkt a steigen die Grenzkosten zwar, aber sie sind noch immer kleiner als die variablen Stückkosten. Der Durchschnitt kann daher nicht steigen. Erst wenn die Grenzkosten größer sind als die variablen Stückkosten, wird der Durchschnitt steigen. Rechts von Punkt b werden zu den bestehenden variablen Stückkosten Kosten hinzugezählt, die größer sind als die variablen Stückkosten selbst. Zu einem vorhandenen Durchschnitt wird nun etwas Größeres addiert. Der Durchschnitt muss steigen. Gleiches gilt für das Minimum der gesamten Stückkosten. Aufgrund des abschwächenden Effekts der Fixkosten-Degression liegt das Minimum der gesamten Stückkosten rechts vom Minimum der variablen Stückkosten.

2.3.3 Erlöse und die abgeleitete Angebotsfunktion

Die abgesetzte Menge multipliziert mit dem Gleichgewichtspreis, nennt man den **Erlös** eines Unternehmens. Der Erlös R (revenue:= engl. Erlöse) ergibt sich aus:

$$R = p \times x.$$

Die Erlöse, die ein Unternehmen durch den Absatz seiner Produkte erhält, sind aber nicht zu verwechseln mit dem Gewinn Π eines Unternehmens. Die Erlöse sind noch mit den Kosten der Produktion und des Absatzes belastet. Bereinigt man sie um die genannten Kosten, so ergibt sich aus dieser Differenz der Gewinn. Die Formel für den Gewinn lautet:

$$\Pi = R - K_g.$$

Hier gibt es zwei weitere Grenzgrößen. Der **Grenzerlös** beschreibt die Veränderung der Erlöse beim Absatz einer zusätzlichen Einheit. Der **Grenzgewinn** beschreibt das Gleiche bezogen auf den Gewinn.

Jedes Unternehmen hat das Ziel der **Gewinnmaximierung**. Dieses Verhalten ist bereits in Verbindung mit dem Maximierungs- bzw. Minimierungsprinzip angesprochen worden. Hinter dieser Maxime steht nun wiederum grundlegend der Wunsch nach der Bedürfnisbefriedigung. Wir erinnern uns daran, dass die Bedürfnisse der Menschen unendlich groß sind. Ein Unternehmen ist ebenfalls darauf ausgerichtet, möglichst viel zu erwirtschaften, da nur so die Bedürfnisse maximal befriedigt werden können. Ein zweiter Aspekt, der hinter dem Ziel der Gewinnmaximierung steht, ist der volkswirtschaftliche Aspekt des optimalen Einsatzes der Produktionsfaktoren. Diese sind die einflussnehmenden Größen der Kostenfunktion. In diesem Zusammenhang fallen sämtliche Kosten nur in Verbindung mit dem Verbrauch von Produktionsfaktoren an. Nehmen wir an, dass die Produktionsfaktoren auf der Transformationskurve, d.h. in einem Optimum eingesetzt werden, so verursachen sie in diesem Fall die geringstmöglichen Kosten. Nun haben wir eben gesehen, dass sich der Gewinn aus der Differenz zwischen Erlösen und Kosten ergibt. Die Erlöse sind optimiert, wenn sie sich aus dem Gleichgewichtspreis mit der größten Sozialen Wohlfahrt ergeben. Ist nun der zweite Teil, die Kosten, ebenfalls optimal eingesetzt, so muss sich ein Gewinnmaximum ergeben.

Hierbei darf der maximale volkswirtschaftliche Gewinn nicht mit einer gerechten Verteilung verwechselt werden. Das Kriterium der Sozialen Wohlfahrt kann nicht alleine auch eine Soziale Gerechtigkeit garantieren. Wir werden später sehen, dass hierzu auch andere Kriterien notwendig sind.

2.3.3.1 Die Gewinnschwelle

Wo liegt nun aber das Gewinnmaximum? Die Antwort ist in Abbildung 2.11 veranschaulicht. Das Schema an sich ist uns aus der Kostenanalyse bekannt. Hier ist zusätzlich die lineare Erlöskurve eingezeichnet worden. Punkt a ist das Minimum der Grenzkosten. Dieser Punkt ist von untergeordneter Bedeutung. Viel wichtiger hingegen ist Punkt b. Dieser repräsentiert das Minimum der variablen Stückkosten. Den Preis, der an diesem Punkt verlangt werden kann, nennen wir auch den **kurzfristigen Angebotspreis**. Bei diesem Preis wird ein Unternehmen kurzfristig weiter anbieten und den Markt nicht verlassen. Diese Feststellung verlangt nach einer Erklärung.

Nehmen wir an, ein Unternehmen hat in den vergangenen Perioden gute Gewinne erzielt und Rücklagen gebildet, d.h. das Unternehmen hat gespart. Aufgrund erhöhter Konkurrenz ist der Preis für die produzierten Güter stark gefallen. Er ist jetzt so niedrig, dass gerade die variablen Stückkosten gedeckt werden. Diese liegen bei EUR 2 und das Unternehmen hat insgesamt Fixkosten in Höhe von EUR 10.000. Ist der Erlös pro verkauftem Stück nun nur bei zwei Euro, so bleibt dem Unternehmen keine Möglichkeit, die Fixkosten zu decken. Am Ende der Periode wird ein Verlust in Höhe der Fixkosten entstehen. Über eine längere Zeit ist ein solcher Zustand natürlich nicht tragbar, wobei ein gesundes Unternehmen kurzfristig einen solchen Preis akzeptieren kann.

Dieser kurzfristige Angebotspreis markiert gleichzeitig die Schwelle zum sogenannten **Deckungsbeitrag**. Kann das Unternehmen anstatt der oben genannten EUR 2 einen Preis von EUR 2,10 erzielen, dann sind 10 Cent pro Stück der Beitrag zur Deckung der Fixkosten oder auch der Deckungsbeitrag pro Stück. Dieser ergibt sich aus dem Überschuss des erzielten Preises für ein Produkt über die von diesem Produkt verursachten variablen Stückkosten. Multipliziert man den **Deckungsbeitrag pro Stück** mit der Anzahl der produzierten Stücke, so erhält man den Deckungsbeitrag. Bei einer genügend großen Stückzahl können die Fixkosten durch den Deckungsbeitrag gedeckt und vielleicht sogar Gewinn erzielt werden.

Ist der Preis schließlich so hoch, dass sich Punkt c ergibt, so ist das Unternehmen an der Gewinnschwelle angelangt. Es gilt: Deckungsbeitrag gleich Fixkosten. Der Preis ist in Verbindung mit der abgesetzten Stückzahl so hoch, dass sowohl die variablen als auch die fixen Kosten pro Stück gedeckt sind. Diesen Punkt nennt man den **langfristigen Angebotspreis**. Sollte der Preis langfristig auf diesem Niveau verharren, wird das Unternehmen dennoch den Markt nicht verlassen. Es macht zwar keinen ökonomischen Gewinn, denn die Kosten werden gerade gedeckt, aber es erwirtschaftet die durchschnittliche Marktrendite. Die Kosten enthalten alle Kosten, auch einen Lohn für den Unternehmer.[8]

Der Verkauf eines zusätzlichen Gutes führt zur Erwirtschaftung eines Gewinns. Anschließend gilt: Deckungsbeitrag größer Fixkosten. Nehmen wir nun an, der Preis betrage R' wie in Abbildung 2.11 eingezeichnet. Es wird ein Gewinn erwirtschaftet, das Gewinnmaximum ist jedoch noch nicht erreicht. Man erlangt es erst im Punkt d. Hier ist der Abstand zwischen Kosten- und Erlöskurve maximal; zusätzlich ist er der Schnittpunkt zwischen Grenzkosten und Preis. Der Preis entspricht im dargestellten Modell gerade den Grenzerlösen. Diese Gleichung trifft nur in einem Konkurrenz-

[8]vgl. Kap. 2.3.5.2

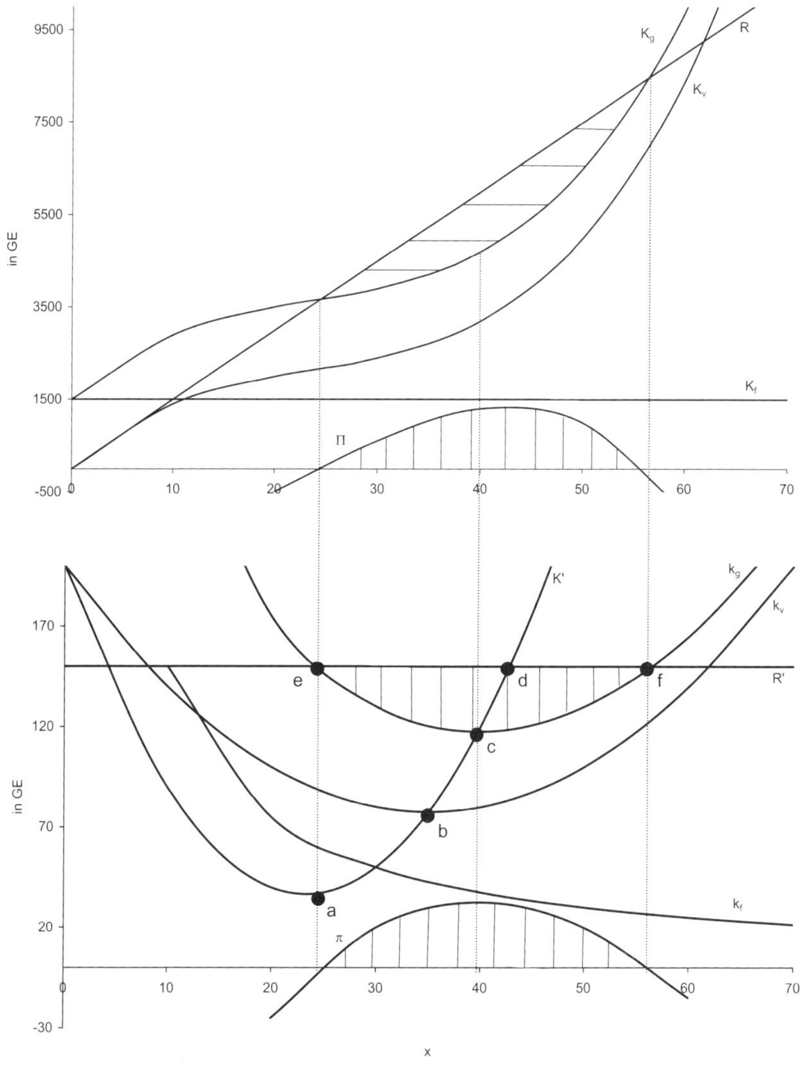

Abbildung 2.11: Kosten, Erlöse und Gewinne

markt zu. Im Allgemeinen merken wir uns: *ein Unternehmen kann seinen Gewinn dann maximieren, wenn die Grenzerlöse gleich den Grenzkosten sind.*

Der Vollständigkeit halber sind noch die Punkte e und f zu erwähnen. Sie markieren bei einem Preis R' auf der einen Seite den Eintritt des Unternehmens in die Gewinnzone und auf der anderen Seite den Austritt aus dieser. Diese Punkte ergeben sich sowohl in den Schnittpunkten der Erlös- und Kostenkurve als auch in den Schnittpunkten der Stückerlöse mit den gesamten Stückkosten. Im Punkt f werden die Gesamtkosten größer als die Erlöse. Das Unternehmen steht an der Grenze zum Verlust.

Betrachtet man die Abbildung 2.11 einmal eingehender, so kann man zwei Schnittpunkte der Grenzkostenkurve mit der Grenzerlöskurve feststellen. Daraus folgt eine erweiterte Definition des Gewinnmaximums. *Der Gewinn ist dort maximal, wo die Grenzerlöse gleich den Grenzkosten sind* ***und*** *die Grenzkosten K' anschließend steigen.* Veranschaulichen wir uns diesen Zusammenhang noch einmal an einem willkürlichen Beispiel. Liegen die gesamten Stückkosten eine Einheit vor dem Gewinnmaximum bei EUR 3,99 und sei der Gleichgewichtspreis bei EUR 4, dann bedeutet dies einen Grenzerlös in Höhe von EUR 4 bei der Produktion einer zusätzlichen Einheit. Erlös minus Kosten bedeutet in diesem Fall 1 Cent Grenzgewinn für die zusätzliche Einheit. Beim Erreichen des Gewinnmaximums sind unsere Grenzkosten bei EUR 4, d.h. der Grenzgewinn ist gleich Null. Eine weitere Einheit zu produzieren, würde Grenzkosten in Höhe von EUR 4,01 erzeugen. Der Grenzerlös wäre aber immer noch bei vier Euro, was einen Verlust von 1 Cent bedeutet. Der bereits erwirtschaftete Gesamtgewinn würde also nicht vermehrt werden, sondern um 1 Cent zurückgehen. Wir haben demnach unser Gewinnmaximum überschritten.

Verbal ausgedrückt bedeutet es, dass ein Unternehmen solange eine zusätzliche Einheit produziert, wie es dem Unternehmen mehr einbringt als es kostet. Liegen die Grenzkosten über den Grenzerlösen ist dies nicht mehr der Fall.

2.3.3.2 Die abgeleitete Angebotsfunktion

Das Unternehmen weiß nun, wie das Gewinnmaximum erreicht werden kann. Es stellt sich weiterhin die Frage, wie man diesen Punkt für jede mögliche Marktsituation ermitteln kann. Die Voraussetzung hierfür ist die Kostenkurve. Ein jedes Unternehmen wird seine individuelle Kostenkurve hinreichend genau bestimmt haben, schon um die Produktionsfaktoren in einem nahezu optimalen Zustand zu nutzen. Kennt ein Unternehmen seine Kostenkurve, dann kennt es auch seine Grenzkostenkurve. Die Grenzkostenkurve stellt jedoch nichts anderes dar als jeden einzelnen Punkt der durch die Produktion einer zusätzlichen Einheit entstehenden Kosten.

Zunächst werden wir uns mit dem allgemeinen Modell des Konkurrenzmarktes befassen. Die Kriterien für die Existenz dieses Marktes werden im nächsten Kapitel noch ausführlicher besprochen. Die einfachen Fälle der Angebots- und Nachfragekurve, wie sie bisher dargestellt worden sind, stellen einen solchen Konkurrenzmarkt dar. In diesem Markt sind die Grenzerlöse, d.h. die zusätzlichen Einnahmen bei einer zusätzlich verkauften Einheit, identisch mit dem Preis. Für jeden Preis gleich Grenzerlös, der auf der senkrechten Achse eines Koordinatensystems abgetragen wird, existiert genau ein Punkt, an dem die Grenzkosten ebenso groß sind wie die Grenzerlöse. Diesen Punkt wird der Unternehmer auswählen und die entsprechend dazugehörige Stückzahl auf den Markt bringen. Die Kurve der Grenzkosten ist folglich eine Ansammlung von Angebotspunkten, d.h die Grenzkostenkurve repräsentiert die Angebotskurve. Diese Aussage ist vereinfachend und kann so nicht stehen bleiben. Für das Unternehmen haben wir einen kurzfristigen minimalen Angebotspreis in Höhe der variablen Kosten festgestellt. Unter Beachtung dieser Einschränkung kann man festhalten: *Die Angebotskurve eines Unternehmens wird durch den Teil der Grenzkostenkurve repräsentiert, der oberhalb des kurzfristigen Angebotspreises, d.h. oberhalb der variablen Stückkosten, liegt.*

Man kann in der Theorie und bei den anzuwendenden Modellen vier verschiedene Angebotskurven unterscheiden. Eine senkrechte Kurve stehend auf der vertikalen Achse eines Koordinatenkreuzes, beschreibt den Fall eines **konstanten Angebotes**. In diesem Fall ist der Grenzgewinn gleich Null, da eine zusätzliche Einheit gar nicht erst produziert werden kann. Dies ist der unwahrscheinlichste Fall und praktisch, wenn überhaupt, nur bei einer kurzfristigen Betrachtung relevant. Man kann einen solchen Zustand kurzfristig auf dem Wohnungsmarkt beobachten. Steigen dort aufgrund der zunehmenden Nachfrage die Preise, so bleibt das Angebot zunächst konstant, da so schnell keine Wohnungen produziert werden können. Langfristig wird sich aber auch hier das Angebot den Preisen anpassen.

Zweitens kann eine waagerechte Angebotskurve entstehen. Man spricht bei einem Unternehmen, dessen Güterangebot durch eine parallel zur x-Achse verlaufende Angebotskurve repräsentiert wird, von einem **Men-**

genanpasser. In diesem Fall liegt eine lineare Gesamtkostenkurve vor, so dass die Grenzkosten konstant sind. Ein solches Unternehmen hat keinen noch so kleinen Einfluss auf den Markt, da die von ihm produzierte Menge im Verhältnis zur gesamten Menge auf dem Markt so klein ist, dass eine Veränderung für den Markt unerheblich ist.

Die dritte Möglichkeit stellt die Angebotsfunktion ersten Grades dar. Ihr liegt eine Gesamtkostenkurve zweiten Grades zugrunde. Da sich die Angebotskurve als Ableitung der Gesamtkostenkurve ergibt, ist das eine Tautologie. Eine Angebotsfunktion ersten Grades wird durch eine aufsteigende Gerade repräsentiert. Eine solche Kurve sagt aus, dass zu einem höheren Preis mehr angeboten wird.

Die vierte und letzte Möglichkeit einer Angebotskurve, der man im Grundstudium begegnen wird, ist die Angebotskurve zweiten Grades. Dieser Kurve liegt eine Gesamtkostenfunktion dritten Grades zugrunde. Der typische Verlauf einer solchen Gesamtkostenkurve ist s-förmig. Für die einfachen Kostenmodelle in der Ökonomie wird außerdem angenommen, dass der s-förmige Verlauf der Kurve jeweils im Bereich positiver Mengen und positiver Preise stattfindet.[9] Der einzige Unterschied einer Angebotskurve zweiten Grades zu einer ersten Grades ist der überproportionale Anstieg des Preises im Verhältnis zur angebotenen Menge. Steigt die Menge um eine Einheit, nimmt der Angebotspreis um mehr als eine Einheit zu.

Abbildung 2.12 stellt die drei letztgenannten Fälle dar. Die Angebotskurve ist jeweils ein Teil der Grenzkostenkurve. In der Abbildung ist die Angebotskurve jeweils durch eine dickere Linie hervorgehoben. Die Modelle, die im Grundstudium als Untersuchungsobjekte genutzt werden, basieren oft auf der Grenzkostenkurve ersten Grades. Dies ist sinnvoll vor dem Hintergrund der einfacheren Rechentechnik bei einer Geraden.

2.3.4 Die Break-Even-Analyse

Den Punkt, an dem ein Unternehmen genau an der Grenze zwischen Gewinn und Verlust ist, nennen wir **Break-Even-Point** . Bei der Produktion einer zusätzlichen Einheit sind die Gesamterlöse zum ersten Mal größer als die gesamten Kosten. Der Preis liegt oberhalb der variablen Kosten. Darüber hinaus wurden genügend Stücke produziert, um die Fixkosten zu decken und einen bescheidenen Gewinn zu erzielen.

Einem Unternehmen stellt sich vor der Aufnahme der Produktion die

[9] Abbildung 2.10 und Abbildung 2.11 zeigen einen solchen Verlauf.

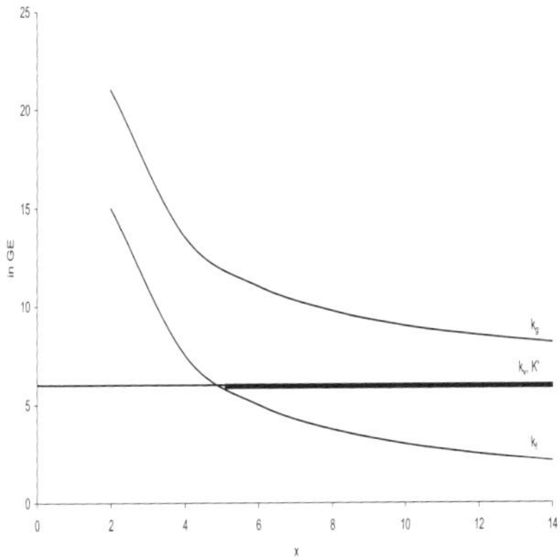

(a) waagerechte Angebotskurve, Mengenanpasser

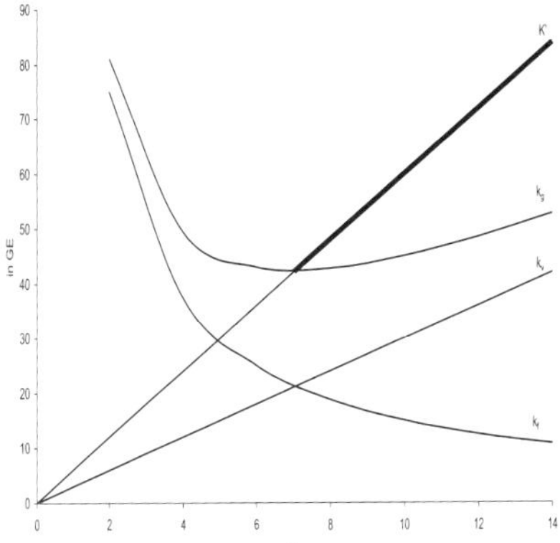

(b) lineare Angebotskurve

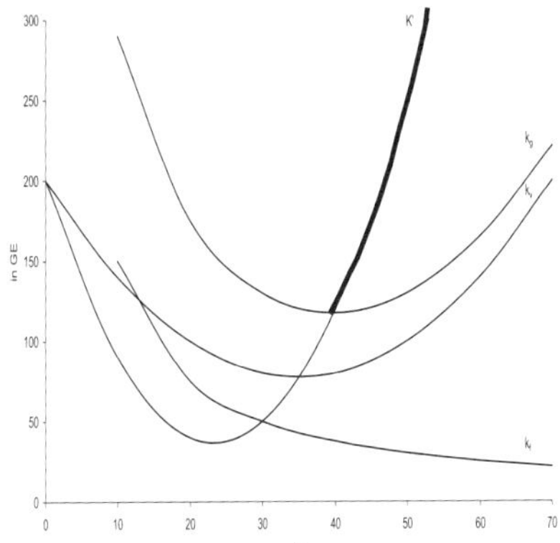

(c) u-förmige Angebotskurve

Abbildung 2.12: Beispiele für Angebotskurven

Frage, wo dieser Break-Even-Point erreicht wird. Er wird anhand der **Break-Even-Analyse** ermittelt. Das Ergebnis dieser Analyse hilft zur Entscheidung, ob die Produktion aufgenommen wird oder nicht. Scheint der Break-Even-Point unerreichbar, so wird man die Produktion noch einmal überdenken oder ganz verwerfen und sich einem anderen Geschäft zuwenden. Ist er realistisch, nimmt man das Unternehmen in Angriff.

Es gibt zwei Möglichkeiten, den Break-Even-Point zu ermitteln. Ist dem Unternehmen aus empirischen Untersuchungen und durch Absatzzahlen aus den vergangenen Perioden, eventuell sogar von Absatzzahlen der Konkurrenz, mit genügender Sicherheit eine voraussichtliche Absatzmenge bekannt, so kann anhand dieser Zahlen der **Break-Even-Preis** ermittelt werden. Je nachdem wie groß nun die abgesetzte Menge tatsächlich wird, variiert der Gewinn. Der Break-Even-Preis liefert eine Preisuntergrenze und stellt damit ein sogenanntes **worst-case-Szenario** dar. In Abhängigkeit von der Menge hat das Unternehmen den Preis ermittelt, den es verlangen muss, um keine Verluste zu machen (Tabelle 2.6).

Die zweite Möglichkeit ist die Ermittlung der **Break-Even-Menge** auf der Basis eines bekannten Preises. Diese Methode ist zum Beispiel in einem bereits vorhandenen Markt gut durchzuführen, da hier der Gleichgewichtspreis bekannt ist (Tabelle 2.6).

Tabelle 2.6: Ermittlung Break-Even-Preis und Break-Even-Menge

erwartete Absatzmenge	**40 Stück**	**50 Stück**	**60 Stück**
Fixkosten	12	12	12
variable Kosten	$0,5x$	$0,5x$	$0,5x$
Gesamtkosten	$0,5x+12$	$0,5x+12$	$0,5x+12$
Erlöse	$40p$	$50p$	$60p$
Gewinne ($E-K_g$)	$40p-32$	$50p-37$	$60p-42$
Gewinne gleich 0 **setzen und nach** p **auflösen**	$40p-32=0$ $\Leftrightarrow 40p=32$ $\Leftrightarrow p=0,8$	$50p-37=0$ $\Leftrightarrow p=0,74$	$60p-42=0$ $\Leftrightarrow p=0,7$
erwarteter Preis	**0,9 GE**	**1,0 GE**	**1,1 GE**
Erlöse	$0,9x$	$1x$	$1,1x$
Gewinne ($E-K_g$)	$0,9x-(0,5x+12)$	$x-(0,5x12)$	$1,1x-(0,5x+12)$
Gewinne gleich 0 **setzen und nach** x **auflösen**	$0,9x-0,5x-12=0$ $\Leftrightarrow 0,4x=12$ $\Leftrightarrow x=30$	$x-0,5x-12=0$ $\Leftrightarrow x=24$	$1,1x-0,5x-12$ $\Leftrightarrow x=20$

Die Break-Even-Analyse ist ein gutes, vor allem leicht durchführbares Instrument, um die Verlustrisiken bei einem neuen Erwerbszweig näher bestimmen zu können. Doch kann den Ergebnissen einer solchen Analyse auch nicht blind vertraut werden. Schon aufgrund der Datenlage ist das Ergebnis unsicher. Die Kostenstruktur der Produktion muss bekannt sein, doch kann hier nur auf der Basis von Schätzungen gearbeitet werden, da viele Daten in der Phase der Analyse nicht bekannt sind. Desweiteren sind die Informationen über die zu erwartenden Absatzmengen oder -preise letztlich ungewiss. Dies sind zwei bedeutende Gründe, weshalb die Ergebnisse einer Break-Even-Analyse kritisch betrachtet werden sollten. Damit soll nicht gesagt sein, dass eine vorherige Kalkulation unnütz ist, vielmehr ist sie sehr aufschlussreich, aber die Ermittlung der Basisdaten muss sehr gewissenhaft erfolgen. Zudem muss mit Hilfe mathematischer Werkzeuge versucht werden, die Größe der Fehler abzuschätzen. Eine solche Ermittlung ist Gegenstand der Statistik und wird daher an dieser Stelle nicht weiter behandelt.

2.3.5 Gewinne und Verluste - einige Zusammenhänge

2.3.5.1 Verbindung zwischen Gewinn und Produzentenrente

Welcher Zusammenhang besteht zwischen der Produzentenrente bzw. dem Deckungsbeitrag, den Erlösen und den Gewinnen? Abbildung 2.13, die dem 2. Beispiel aus Kapitel 2.3.2 folgt, veranschaulicht den Zusammenhang grafisch. Es ist sowohl die Angebotskurve, in diesem Fall die gesamte Grenzkostenkurve K' sowie der Gleichgewichtspreis p^0 eingezeichnet. Zusätzlich sind die variable Stückkostenkurve k_v und die Gesamtkostenkurve pro Stück k_g zu erkennen. Die Fixkostendegression ist anhand der Fixkostenkurve pro Stück k_f gut zu beobachten. Im Marktgleichgewicht im Punkt D setzt ein Unternehmen die Menge x^0 zum Preis p^0 ab. Multipliziert man diese beiden Größen miteinander, so erhält man den Umsatz (Erlös R) des Anbieters. Man kann den Umsatz in variable Kosten, Fixkosten und Gewinn aufspalten. Im Schnittpunkt der Grenzkosten mit den gesamten Stückkosten liegt die Gewinnschwelle, wie wir im vorherigen Kapitel gesehen haben. Die Gleichgewichtsmenge multipliziert mit dem Gleichgewichtspreis minus den Kosten $(p^0 - k_g^0)$ ist der Gewinn. Die Durchschnittskosten pro Stück enthalten sowohl die variablen als auch die fixen Stückkosten. Der Kostenblock $(x^0 * k_g^0)$ kann wiederum in fixe und variable Kosten getrennt werden. Dies geschieht im Punkt B. Wir erinnern uns daran, dass dieser Punkt die Grenze zur Erwirtschaftung eines Deckungsbeitrages bedeutet. Der Deckungsbeitrag ergibt sich aus der Gleichgewichtsmenge multipliziert mit $p^0 - k_v^0$. Der Deckungsbeitrag ist die Summe der Gewinne und

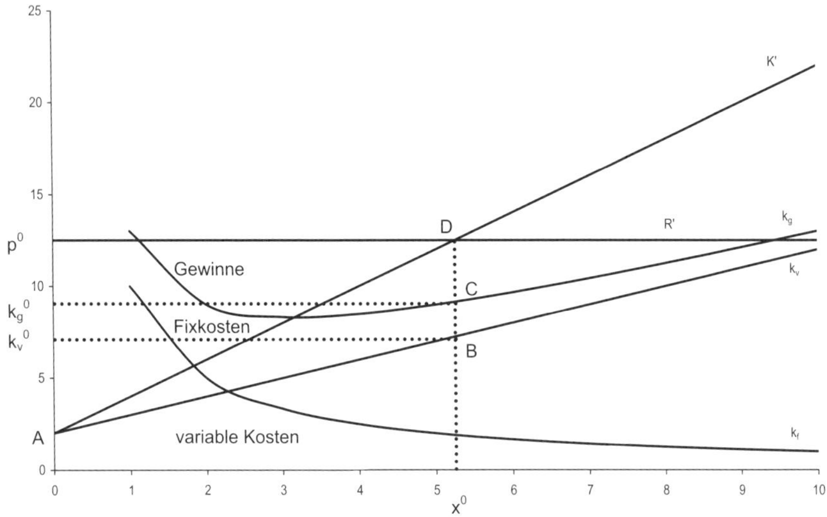

Anmerkungen zur Grafik:

$K_g = x^2+2x+10$
$K' = 2x+2$
$k_g = x+2+10/x$
$k_v = x+2$
$k_f = 10/x$

Es gilt:

$\Pi = R - K_g$
$\Leftrightarrow \Pi + K_g = R$
$\Leftrightarrow \Pi + K_v + K_f = R$

Abbildung 2.13: Gewinne eines Unternehmens

der Fixkosten. Dieser Zusammenhang ist auch sehr einfach zu verstehen. Es wurde festgestellt, dass ein Deckungsbeitrag entsteht, wenn der Preis eines Gutes oberhalb seiner variablen Stückkosten liegt. Der Preis beträgt im Beispiel p^0. Die Break-Even-Analyse liefert dann die Menge zum Preis p^0, die benötigt wird, um mit dem Deckungsbeitrag pro Stück die gesamten Fixkosten zu decken (im Beispiel im 1. Schnittpunkt von R' und k_g). Kann das Unternehmen mehr als die benötigte Menge absetzen bzw. einen höheren Preis verlangen, so macht es einen Gewinn. Der Deckungsbeitrag enthält bei einem Unternehmen, das Gewinne erzeugt, sowohl die gesamten Fixkosten als auch die gesamten Gewinne.

Es gibt auch eine andere Möglichkeit, den Deckungsbeitrag und die variablen Kosten zu beschreiben. Die Fläche ADp^0 ist der Deckungsbeitrag. Der Umsatz $(p^0 * x^0)$ reduziert um den Deckungsbeitrag ergibt die gesamten variablen Kosten. Sie werden demnach von der Fläche unterhalb der Grenzkostenkurve K' dargestellt. Auch dieser Schluss ist leicht zu verstehen. Die Grenzkostenkurve stellt für jede produzierte Einheit die zusätzlichen Kosten dar. Die Fixkosten sind jedoch konstant und entstehen auch bei einer Produktion von null Einheiten. Die zusätzlichen Kosten bei der Produktion einer zusätzlichen Einheit, eben die Grenzkosten, können demnach nur aus variablen Kosten bestehen. Die Fläche unterhalb der Grenzkostenkurve stellt die Summe der variablen Stückkosten der produzierten Stücke dar. Diese Summe ist identisch mit den gesamten variablen Kosten.

2.3.5.2 Die Kräfte des Marktes

Der Markt ist sozusagen das Forum einer Wirtschaft, sofern diese Wirtschaft auf dem Markt beruht. Bei Planwirtschaften ist das Verhältnis zum "Markt", den man hier eigentlich auch nicht so nennen kann, ein grundlegend anderes. Ökonomen betrachten den Markt in der Theorie als selbstregulierend. Doch bevor der Markt seine Kräfte entfalten kann, müssen sich die Teilnehmer dazu entschieden haben, auf dem Markt aufzutreten. Es soll hier hauptsächlich die Entscheidung der Anbieter verstanden werden, die Frage warum Nachfrage auftritt, kann man mit Hinweis auf die unendlichen Bedürfnisse beantworten.

Der Unternehmer entscheidet nach dem Gewinn, den er für ein Produkt erhalten kann. Sind die Gewinne in einem Markt sehr groß bzw. der noch außenstehende Unternehmer schätzt diese groß ein, so wird er in diesen Markt streben und ein Konkurrenzprodukt anbieten. Zu Beginn des 21. Jahrhunderts war zum Beispiel der Telekommunikationsmarkt ein solcher Markt. Die Unternehmen, die früher bereits dort investierten, erzielten sehr große Gewinnsteigerungen und die zukünftigen Aussichten ließen ähnliche Gewinne vermuten. Große Gewinnsteigerungen zeugen von einem aufstrebenden Markt. Adam Smith hat bereits 1776 geschrieben: "Es ist nicht die absolute Höhe des nationalen Wohlstandes, sondern seine kontinuierliche Zunahme, von welcher ein Anstieg der Arbeitslöhne abhängt. Und es sind folglich nicht die wohlhabenden Länder, in denen der Arbeitslohn am höchsten ist, sondern jene, die sich am schnellsten entwickeln oder am raschesten reich werden."[10] Nun bezieht Adam Smith sich in der zitierten Stelle auf die Arbeitslöhne, doch kann man diese Entwicklung natürlich auch bei den anderen Produktionsfaktoren beobachten. Was ist der Grund dafür?

Reduzieren wir das Ganze auf die Ebene des Marktes. Ein sich rasant entwickelnder Markt erzeugt von sich aus relativ schnell Knappheit. Wir

[10] Adam Smith 1996, S. 61

wissen, je knapper ein Gut ist, desto höher steigt sein Preis. Entwickelt sich nun die Nachfrage nach Mobiltelefonen stärker als das Angebot steigt, erhöhen sich auch die Preise. Nun ist es gerade in diesem Markt nicht der Fall, dass die Preise gestiegen sind, sondern sie sind tendenziell gefallen. Fallende Preise lassen sich wiederum auf die Konkurrenz zurückführen. Aber im Telekommunikationsmarkt muss, ohne das hier näher beweisen zu können, die **Produktivität**, d.h. die Relation zwischen Input und Output, stärker gestiegen sein als der Preis gefallen ist bzw. die Produktivität hat sich zumindest im Gleichschritt mit den fallenden Preisen nach oben bewegt. So konnten die Gewinne gehalten oder gesteigert werden.[11]

Ein neuer Markt mit aktuell guten Gewinnmargen veranlasst einen Unternehmer, in diesen Markt einzutreten. Aufgrund der zusätzlichen Konkurrenz und des kurzfristig größeren Angebots, entsteht ein **Käufermarkt** und der Preis wird fallen. Die Nachfrageseite hat den größeren Einfluss auf den Preis. Durch das Sinken des Preises geraten die Margen unter Druck. Jetzt bekommt der wichtige Punkt, an dem die Grenzkosten die variablen Stückkosten schneiden, eine herausragende Bedeutung. Zunächst wird wahrscheinlich das ältere Unternehmen, solange es noch keine marktbeherrschende Stellung hat, bei seinen Margen unter Druck geraten, da es sich erst an die Konkurrenzsituation anpassen muss. Fällt der Preis kurzfristig auf die variablen Kosten pro Stück, wird das Unternehmen trotzdem im Markt verbleiben. Es wird alle Anstrengungen zum Senken der Produktionskosten auf sich nehmen. Gelingt dies jedoch nicht und der Preis verharrt langfristig auf dem niedrigen Niveau oder sinkt gar noch weiter, so muss das Unternehmen den Markt verlassen.

Bei den beiden beschriebenen Fällen sprechen wir von **Markteintritten** und **Marktaustritten**. Hohe Gewinne veranlassen folglich neue Unternehmen dazu, in einen Markt einzutreten, wobei langfristig Preise, die nur so groß wie die variablen Kosten oder niedriger sind, Unternehmen dazu veranlassen aus dem Markt auszutreten, sofern sie ihre Kosten nicht reduzieren können.

[11]Für genauere Angaben vgl. Regulierungsbehörde für Telekommunikation und Post 2000. Die Zukunft der Gewinne im Telekommunikationsbereich ist mindestens für die nächsten Jahre immer noch ungewiss. Im Sommer 2000 haben 6 Konsortien UMTS Lizenzen für knapp EUR 50 Mrd. in Deutschland ersteigert. Weitere Kosten sind bei der Ersteigerung dieser Lizenzen in anderen EU Ländern entstanden. UMTS Lizenzen ermöglichten den Aufbau neuer Telefonnetze in diesem Standard, der die Mobiltelefonie und das Internet vereint. Diese hohen Fixkosten müssen durch eine starke Nutzung oder durch hohe Preise gedeckt werden (vgl. Regulierungsbehörde für Telekommunikation und Post 2000, S. 25ff). Der Ausbau der sogenannten 3G-Netze ist bereits weit vorangeschritten. Allerdings ist das vorhandene Potenzial noch nicht ausgeschöpft, wird aber von immer mehr Teilnehmern genutzt (vgl. Bundesnetzagentur 2009, S. 55).

Hier muss ein deutlicher Unterschied zwischen dem meist umgangssprachlich verwendeten Gewinnbegriff und dem wie er in der Ökonomie verwendet wird gemacht werden. Die Gesamtkosten enthalten nach der ökonomischen Definition wirklich alle Kosten, d.h. sie umfassen auch die Opportunitätskosten. Macht ein Unternehmen aus ökonomischer Sicht keinen Gewinn, so erwirtschaftet es immerhin die Kosten des Geldes, zum Beispiel den üblichen Marktzins. Spricht man von hohen Gewinnen, liegen diese oberhalb des Marktzinses und veranlassen Unternehmen, in einen Markt einzutreten. Die Beschreibung des ökonomischen Gewinns wird auch dadurch deutlich, dass ein Unternehmen nicht schon dann den Markt verlässt, wenn die Erlöse gleich den Kosten sind. In dem Fall erwirtschaftet es den Marktzins und verbleibt im Markt. Ein Unternehmen wird einen Markt erst dann verlassen, wenn die Erlöse langfristig unter den Gesamtkosten liegen. Das Eigenkapital kann in dieser Situation am Kapitalmarkt besser angelegt werden.

Wenn die Gewinne der bereits im Markt existierenden Unternehmen sehr groß sind, aber neue Unternehmen dort keine Existenz bilden können, gibt es **Markteintrittsbarrieren**. Die Geschäftsaufnahme in diesem Markt wird erschwert. Dies ist zum Beispiel bei Monopolen der Fall. Auch Märkte mit hohen Anfangsinvestitionen erschweren den Marktzugang. Wir werden später noch Zugangsbeschränkungen genauer kennenlernen.[12]

Ein Unternehmen kann sich auch trotz hoher Gewinne gegen einen Eintritt in einen neuen Markt, in dem **Marktaustrittsbarrieren** bestehen, entscheiden. Stellen wir uns einen personalintensiven Markt vor. Dort wird das Einstiegsniveau größer sein als in personalärmeren Branchen, da sich das Unternehmen im Zweifelsfall nicht so schnell von den Angestellten trennen kann und so sehr hohe Kosten entstehen.

Langfristig kann nur das Unternehmen mit der effizientesten Faktorkombination in einem Konkurrenzmarkt bestehen. Es können natürlich auch mehrere Unternehmen mit gleicher Effizienz sein, die sich den Markt in einem bestimmten Verhältnis teilen. Wir sehen hieran, dass die Strategie der Umsatzmaximierung, die mitunter von internationalen Konzernen verfolgt wird, nicht unter allen Umständen die richtige Strategie ist. Spitzenreiter nach Umsatz zu sein, ist in einem gewissen Bereich ein leichtes: senke die Preise. Ziel sollte es deshalb eher sein, an der Spitze der Unternehmen mit dem größten prozentualen Gewinn zu stehen. Die Strategie kann nicht unbedingt Umsatzwachstum lauten, sondern Gewinnwachstum.

[12] vgl. Kap. 3, speziell Kap. 3.1.2

3

Marktformen und Preisbildung

Lernziele:

- Reale Märkte sind im Sinne der Theorie nie vollkommene Märkte.
- Ein Polypol - ein Markt mit vielen Anbietern und Nachfragern - ist einem vollkommenen Markt am nächsten.
- Ein einzelnes Unternehmen profitiert als Monopolist auf Kosten der Gesellschaft.
- Ein Monopol kann unter bestimmten Bedingungen für eine Gesellschaft auch vorteilhaft sein.

Was ist eigentlich der "**Markt**" und wie versteht ihn die Ökonomie? Es sei schon vorweg gesagt, dass eine schlussendlich befriedigende Antwort nicht existiert. Dies liegt nicht daran, dass man "Markt" nicht definieren kann, sondern daran, dass er viele unterschiedliche Formen der Definition besitzt. Das erste was einem einfallen könnte, wenn man an "Markt" denkt, ist der Wochenmarkt, den wir auch tatsächlich schon für unsere Untersuchungen genutzt haben, der Weihnachtsmarkt oder der Trödelmarkt.

Das ist alles richtig, doch halten wir uns jetzt nochmal vor Augen, was eigentlich auf diesen Märkten passiert. Letztlich kann man den gesamten Markt darauf reduzieren, dass eine Ware oder ein Gut gegen Geld getauscht wird. Die ursprüngliche Form des Marktes, der schon vor hunderten von Jahren im sogenannten Morgenland existiert hat, sah sogar wirklich nur Tauschgeschäfte vor. Es wurde ein Gut gegen ein anderes getauscht. An die Stelle des zweiten Gutes ist schließlich aus Gründen der Praktikabilität das Geld getreten. Mit der Funktion des Geldes werden wir uns aber in einem späteren Kapitel noch eingehender beschäftigen.[1]

Der Markt ist gar nicht zwingend ein Ort, sondern vielmehr eine Tat; der Markt, das heißt: tauschen. Getauscht bzw. gekauft werden kann eigentlich

[1] vgl. Kap. 9.1.2

alles, was man sich vorstellen kann. Der allseits bekannte Ausspruch "alles ist käuflich, sofern der Preis stimmt" ist nicht sinnentleert, stößt jedoch, man kann auch sagen glücklicherweise, an moralische Grenzen.

Nun bestehen aber die unterschiedlichsten Arten von Märkten. Nur einige Beispiele wie der Arbeitsmarkt, der Schwarzmarkt, der graue Markt, der Aktienmarkt oder der Goldmarkt seien hier genannt. Dies ist eine Einteilung der Märkte nach Waren oder danach, ob sie legal oder nur halboffiziell sind. Wir wollen zunächst einer anderen Einteilung nachgehen, bevor wir uns speziellen Märkten zuwenden.

3.1 Marktmodelle

3.1.1 Vollkommene und unvollkommene Märkte

Vorweg sei gesagt, dass der **vollkommene Markt** nicht existiert, sondern ein theoretisches Modell ist. Für das Verständnis der allgemeinen Wirkungsweisen von volkswirtschaftlichen Werkzeugen, auf diese wird noch ausführlich eingegangen werden,[2]ist die Betrachtung dieses Marktes, der die Wunschvorstellung der Ökonomen darstellt, sehr sinnvoll.

Wie bei jedem Modell müssen auch hier Grundannahmen getroffen werden, die für den vollkommenen Markt gelten sollen. Die Ökonomie trifft hier sechs Annahmen.

1. **Unendlich viele Marktteilnehmer auf beiden Seiten**
   Was nützt uns diese Annahme? Stehen sich auf beiden Seiten des Marktes unendlich viele Marktteilnehmer gegenüber, so ist ein Umsatz, d.h. ein Tausch aller Wahrscheinlichkeit nach möglich. Es sollte nur in den seltensten Fällen die Situation auftreten, dass jemand etwas nachfragt, aber kein Angebot vorhanden ist oder umgekehrt ein Angebot besteht, aber keine Nachfrage das Angebot wegkauft.
2. **Homogenität der Güter**
   Die Güter müssen auf einem vollkommenen Markt homogen, d.h. gleichartig sein und zwar in jeder Hinsicht. Die Güter dürfen sich in keinster Weise objektiv voneinander unterscheiden lassen. Man sagt auch, es dürfen keine **sachlichen Präferenzen** bestehen.
3. **Keine örtlichen Präferenzen**
   Es darf für keinen Marktteilnehmer ein Vor- oder Nachteil entstehen,

[2]vgl. Kap. 4

ob er dicht am Markt wohnt oder nicht, d.h. alle Güter sind überall in der gleichen Stückzahl verfügbar.

4. **Keine zeitlichen Präferenzen**
Zeitliche Präferenzen bestehen dann, wenn ein Marktteilnehmer einen Vorteil davon hat, dass er die Ware schneller besorgen kann als ein anderer Marktteilnehmer, d.h. die Güter sind zu jeder Zeit in einer ausreichenden Menge vorhanden. Damit wird zum Beispiel ausgeschlossen, dass es saisonale Preisschwankungen gibt.

5. **Keine persönlichen Präferenzen** Ein Marktteilnehmer darf keinen persönlichen Vorteil gegenüber einem anderen Marktteilnehmer haben, der das gleiche anbietet oder nachfragt. Hiermit schließen wir Preisnachlässe aufgrund von langjährigen Kundenbeziehungen aus.

6. **Vollkommene Transparenz** Die Transparenz des Marktes beziehen wir auf die Informationen der Marktteilnehmer. Die Information muss sachlich, räumlich und auch zeitlich unbegrenzt sein, d.h. jeder Marktteilnehmer erhält die gleichen Informationen wie alle anderen. Mit dieser Annahme schließen wir aus, dass ein Marktteilnehmer einen zu hohen Preis für ein Gut bezahlt, weil er nicht wusste, dass an einem anderen Ort ein günstigerer Preis besteht.

Erfüllt ein Markt all diese Annahmen sprechen wir von einem vollkommenen Markt. Eingangs ist bereits gesagt worden, dass ein vollkommener Markt nicht existiert, diese Aussage soll jetzt auch nicht revidiert werden, aber stellvertretend und sicherlich als der Markt, der am dichtesten an die Vollkommenheit herankommt, sei hier kurz der **Aktienmarkt** beschrieben.

Betrachten wir die Schar der Anleger und den Aktienmarkt. Jegliche Art von Präferenzen können hier ausgeschlossen werden. Es ist egal von wo man Aktien kauft und nahezu egal an welcher Börse man kauft. Außerdem kann man bei der Abnahme einer größeren Anzahl von Stücken nicht mit einem niedrigeren Preis rechnen. Desweiteren spielt es keine Rolle, wann die Aktien gekauft wurden, denn steigt der Wert der Aktien, dann steigt er bei allen Aktien, egal wie lange der Kauf schon zurückliegt. Alle Aktien eines Unternehmens sind gleich. Dank des Informationskanals des Internets sind die Anleger auch hinsichtlich der Informationen nahezu gleichgestellt. Letztlich gibt es nahezu unendlich viele Marktteilnehmer auf beiden Seiten.

Sehr oft ist in dem vorherigen Abschnitt das Wort nahezu benutzt worden, was daraufhindeutet, dass auch am Aktienmarkt viele Annahmen nicht erfüllt sind, zumindest nicht so perfekt wie die Theorie dies annimmt. Trotzdem bleibt der Aktienmarkt ein gutes Beispiel für einen vollkommenen Markt.

Erfüllt ein Markt eine der oben genannten sechs Grundannahmen nicht, so sprechen wir von einem **unvollkommenen Markt**.

3.1.2 Märkte mit und ohne Barrieren

Einen Markt, der keine Beschränkungen bezüglich des Markteintritts oder des Marktaustrittes hat, nennen wir einen **offenen Markt**. Weist ein Markt hingegen Barrieren auf, so sprechen wir von einem **geschlossenen Markt**.

Marktbeschränkungen können wirtschaftliche oder politische Gründe haben. Zu den wirtschaftlichen Gründen zählen zum Beispiel hohe Anlaufkosten, d.h. es müssen zunächst hohe Investitionen getätigt werden, die sich erst nach Ablauf einer relativ langen Produktionsphase bezahlt machen. In diesem Fall amortisieren sich die Investitionen erst nach längerer Zeit. Jegliche andere hohe Kosten sind ebenfalls zunächst abschreckend. Weitere wirtschaftliche Gründe können ein bereits entwickelter Markt mit etablierten Marken sein. So hat es ein neuer Autohersteller heute sehr schwer, sich gegen die bereits gestandenen Produzenten durchzusetzen.

Politische Gründe für Marktbeschränkungen sind vor allem **Regulierungen**, d.h. Auflagen, Verordnungen und Gesetze, die beachtet werden müssen und so die Produktion erschweren oder gar unmöglich machen. Neben den Regulierungen, auf die wir im nächsten Kapitel noch eingehen werden, zählen aber auch gesellschaftliche Unruhen, Revolten oder gar Kriege zu Marktbeschränkungen. Ein Unternehmer, der einen neuen Standort für seine Fabrik sucht, wird zur Zeit eine Produktion in Polen, Tschechien oder vielleicht Ungarn gegenüber Afghanistan vorziehen.

Gerade in Deutschland, aber auch in anderen Ländern, sind die Zugangsbeschränkungen auch auf die Tarifparteien und hier vor allem auch die Gewerkschaften zurückzuführen. Dadurch, dass ein Tarifvertrag auch für nicht gewerkschaftlich organisierte Arbeitnehmer gilt, kann kein Arbeitnehmer seine Arbeitskraft unter Tarif anbieten. Somit ist also der Tariflohn eine Zugangsbeschränkung des Arbeitsmarktes. Diese Beschränkung kann Arbeitslosigkeit verursachen. Doch man kann nicht verallgemeinert sagen, dass Zugangsbeschränkungen, vor allem politische, immer unsinnig sind. Vor dem Hintergrund des Patientenschutzes ist es sicherlich sinnvoll, jemandem die Bezeichnung "Arzt" nur aufgrund einer abgelegten Prüfung zu verleihen. Diese Voraussetzung führt zu einem weitgehenden Vertrauen in die Fähigkeit der Ärzte, doch stellt sie eine Zugangsbeschränkung zum Markt für Mediziner dar.[3]

Die Märkte können neben den hier genannten Kriterien vollkommen oder unvollkommen, offen oder geschlossen, auch nach anderen Kriterien eingeteilt werden. Hier sind zu nennen:

- regulierte oder freie Märkte;
- Punkt- oder Gebietsmärkte;
- inländische oder ausländische Märkte;
- Homogenität oder Heterogenität auf dem Markt;
- Anzahl der Marktteilnehmer.

3.2 Eine Übersicht über verschiedene Marktformen

Wir haben eine Unterteilung der Märkte nach vollkommenen und unvollkommenensowie nach offenen und zumindest teilweise geschlossenen Märkten vorgenommen. In diesem Kapitel wollen wir eine weitere wichtige Einteilung nach dem Kriterium der "Anzahl der Marktteilnehmer auf beiden Seiten" vornehmen. Die anderen Kriterien werden im Folgenden vernachlässigt.

Nach diesem Kriterium gibt es drei verschiedene Marktformen, die man unterscheiden kann. Zum einen den **Konkurrenzmarkt** oder auch **das Polypol** (vollkommener Markt). Dieser Markt zeichnet sich dadurch aus, dass sowohl auf der Angebotsseite, als auch auf der Nachfrageseite sehr viele Teilnehmer am Markt sind. Bei einem **Oligopol** stehen sich hingegen nur wenige Nachfrager bzw. Anbieter gegenüber. Reduzieren sich die Marktteilnehmer noch weiter und ist es schließlich nur noch einer auf jeder Marktseite, so sprechen wir von einem **Monopol** . Zugegebenermaßen ist die Einteilung nicht sehr scharf, denn es wird lediglich von einem, was man noch klar identifizieren kann, danach aber von wenigen oder vielen Teilnehmern gesprochen. Wo ist aber die Grenze zwischen "wenig" und "viel"? Diese Frage ist letztlich nicht zu beantworten und spielt im Folgenden auch keine Rolle, da es nicht darum geht einzelne Märkte zu kategorisieren. Der Vollständigkeit halber sei darauf verwiesen, dass die Einteilung der Märkte

[3] vgl. Horst Siebert 1996, S.110f

bezüglich der Anzahl der Marktteilnehmer wesentlich auf die relativen Anteile zurückzuführen ist. In der Vertiefung der Volkswirtschaftslehre wird man die Möglichkeiten haben zu untersuchen, ob ein Anbieter keinen Einfluss auf den Markt hat (Polypol), einen Einfluss hat (Oligopol) oder gar den Markt bestimmt (Monopol).

Tabelle 3.1: Marktformen mit Beispielen

Nachfrager / Anbieter	einer	wenige	viele
einer	**zweiseitiges (bilaterales) Monopol** (Space-Shuttle)	**beschränktes Angebotsmonopol** (Stationierung von Satelliten)	**Angebotsmonopol** (Post bei Briefsendungen bis 50g, bis 31.12.2007)
wenige	**beschränktes Nachfragemonopol** (Straßenbau)	**zweiseitiges Oligopol** (Hochgeschwindigkeitszüge)	**Angebotsoligopol** (Fluglinien)
viele	**Nachfragemonopol** (Markt für Staatsaufträge)	**Nachfrageoligopol**	**Polypol** (Einzelhandel)

Neben diesen reinen Formen des Monopols, des Oligopols und des Polypols gibt es aber auch noch Mischformen. Es ist durchaus denkbar, dass einem Anbieter wenige oder gar viele Nachfrager gegenüberstehen, genauso können auch wenige Anbieter einem Nachfrager gegenüberstehen. Der erste Fall lag zum Beispiel lange Jahre bei der Deutschen Telekom vor und bis Ende 2007 beim Briefmonopol der Deutschen Post.[4] Der zweite Fall mag vielleicht überraschen, aber betrachtet man den Straßenbau, so liegt genau ein solcher vor. Wenige Baufirmen stehen hier als Anbieter dem einzigen Nachfrager, dem Staat gegenüber. Ähnlich verhält es sich in der Rüstungsindustrie. Tabelle 3.1 gibt einen Überblick mit Beispielen für die

[4]§51 Postgesetz vom 22. Dezember 1997, zuletzt geändert durch Artikel 272 der Verordnung vom 31. Oktober 2006.

verschiedenen möglichen Marktformen.

Bezogen auf die Vollkommenheit des Marktes ist ein Polypol dem vollkommenen Markt und dem offenen Markt am nächsten. Viele Anbieter gibt es auf beiden Seiten und durch die Konkurrenzsituation muss der Markt relativ transparent sein, da die Konsumenten nur so zum Kauf der Produkte gebracht werden können. Die Güter sind in ihrem eigentlichen Zustand homogen. Man kann zum Beispiel sagen, dass Waschmittel gleich Waschmittel ist. Fragt man jedoch die Waschmittelproduzenten, so gilt diese Aussage nicht. Vor allem durch Marketing, aber auch durch kleine Variationen werden aus homogenen Gütern heterogene, die den Käufer von der individuellen Leistung des Produktes überzeugen sollen. So ist "Megaperls" wohl auch nicht anders als "Ultraweich" oder "Farbschonend". Die Präferenzen sind wenigstens weitestgehend eingeschränkt. Zwar sind sie weiterhin vorhanden, da es sich um subjektive Einschätzungen handelt, aber sie sind nur von geringer Bedeutung. In der Stadt ist für gewöhnlich eine Ladenpassage neben der anderen. So können örtliche oder zeitliche Präferenzen kaum ausschlaggebend für einen Kauf sein. Persönliche Präferenzen bezogen auf Marken oder auf die nette Verkäuferin oder den netten Verkäufer, sind aber auch hier nicht zu verhindern. Wie schon oben erwähnt, der vollkommene Markt existiert nur im Modell.

3.3 Das Monopol

Das Monopol ist ein Markt, bei dem zumindest auf einer Seite des Marktes nur ein Teilnehmer existiert. Für die folgenden Betrachtungen sind das bilaterale Monopol, das beschränkte Angebotsmonopol sowie die aufgeführten Nachfragemonopole von nachrangiger Bedeutung. Dies liegt ausschließlich daran, dass diese Formen des Monopols nur eine marginale Rolle spielen. Es handelt sich hier vornehmlich um hoheitliche Aufgaben oder um Güter, die von ihrer absoluten Anzahl her nur in geringem Maße vorkommen.

Ein wichtiger Untersuchungsgegenstand in der Volkswirtschaftslehre ist hingegen das Angebotsmonopol, im Volksmund oft einfach Monopol genannt, welches hier im Folgenden aus Vereinfachungsgründen auch geschehen soll. Grundsätzlich kann man zwei Arten von Monopolen unterscheiden, auf der einen Seite das natürliche Monopol und auf der anderen Seite staatlich eingeräumte Monopole.

Ein **natürliches Monopol** besteht überall dort, wo die Marktzugangsbeschränkungen nicht extern festgelegt werden, sondern sich aus dem eigentlichen Marktgeschehen heraus entwickeln. So kann sich zum Beispiel regional eine Tageszeitung als Monopolist herausstellen, da die Investitionssummen zur Gründung einer Tageszeitung enorm sind und nur getragen werden können, wenn bereits eine gewisse Marktstellung und ein gewisser Kundenkreis erreicht worden ist. Gerade in diesem Geschäft hat sich im Bereich der Tageszeitung nicht mehr viel getan in den letzten Jahren.[5] Ein weiteres Beispiel ist der Strommarkt. Die Errichtung eines eigenen Stromleitungsnetzes für neue Konkurrenten ist so teuer, dass sich eine Errichtung bei auch noch zur Zeit fallenden Strompreisen aller Wahrscheinlichkeit nach nicht rentieren würde. Es ist deshalb unerlässlich, um das praktisch noch staatliche Monopol bei der Stromgewinnung und beim Vertrieb zu brechen, den neuen Anbietern die Durchleitung durch bestehende Leitungen zu gestatten. Die Stromeinspeisung der kleinen Kraftwerke[6] wird seit 1999 durch die sogenannte Verbändevereinbarung der Stromwirtschaft geregelt.

Monopole, die durch einen künstlich erschwerten Markteintritt entstehen, werden im Folgenden **geschaffene Monopole** genannt. Ein Beispiel hierfür waren in Deutschland die vom Staat als hoheitliche Aufgaben bezeichneten Dienstleistungen wie Post- und Fernmeldewesen, Verkehrsinfrastruktur sowie Stromversorgung. Ursprünglich ist der Staat in diesen Fällen der Meinung gewesen, dass die benötigten Produkte oder Dienstleistungen jedem Bürger zur Verfügung gestellt werden müssen und eine solche flächendeckende Versorgung nur durch den Staat gewährleistet werden kann. Inzwischen ist man in der Politik endlich zu der Erkenntnis gekommen, viele Aufgaben könnten von der Wirtschaft und damit vom Markt effizienter erfüllt werden. Hintergrund der Diskussion ist das sogenannte **Subsidiaritätsprinzip**, die Hilfe zur Selbsthilfe. Die Marktwirtschaft fordert in unserer Gesellschaft nur dann ein Eingreifen des Staates, wenn der Staat die vorgesehene Aufgabe besser erfüllen kann als die Privatwirtschaft. Leider sind auch hier keine strikten Grenzen zu ziehen, sondern vielmehr breite Grauzonen zu entdecken. Die Auflösung von Monopolen geht nur schleppend voran, da sie einen indirekten Machtverlust für die Politik bedeutet und kein Politiker gerne seine eigenen Kompetenzen beschneidet.

Dieses Buch soll im Weiteren keine Abhandlung über Monopole und ihre vermeintliche Auflösung werden, da diese Diskussion den Rahmen sprengen

[5] Im Jahr 2000 ist die FTD (Financial Times Deutschland) erstmals erschienen. Mit dieser Zeitung wurde ein seit langem bestehendes faktisches Monopol im Bereich der ausschließlichen Wirtschaftstageszeitung gebrochen. Zuvor deckte nur das Handelsblatt diesen Bereich in vergleichbarer Weise ab.

[6] Insbesondere sind an dieser Stelle private Windparks, ökologische Stromerzeugungsunternehmen, Stadtwerke etc. gemeint.

würde, doch sei noch an die essentiellen Verbesserungen der Lage der privaten Verbraucher und der industriellen Kunden im Markt für Telekommunikation erinnert. Die Preise sind enorm gesunken, die Entwicklung neuer Technologien ist weit schneller vorangekommen als zu Monopolzeiten und Netto über die gesamte Branche sind dabei keine Arbeitsplätze verloren gegangen, sondern welche geschaffen worden. Die Anzahl der Beschäftigten im Telekommunikationsdienstemarkt ist 2006 gegenüber 1998, dem Jahr der Öffnung des Marktes für den Wettbewerb, um 1.600 Personen gestiegen. Die Wettbewerber der Telekom haben sogar 13.200 neue Stellen in dieser Zeit geschaffen. Allerdings hat die Deutsche Telekom 11.600 Stellen abgebaut.[7]

Weitere Fragen warten auf eine Antwort. Gibt es ein Gleichgewicht für einen Monopolisten? Welchen Einfluss hat ein Monopol auf die Soziale Wohlfahrt einer Volkswirtschaft?

3.3.1 Das Monopolgleichgewicht

Der Konkurrenzmarkt und das Monopol sind die beiden Extrema auf der Marktübersicht in Tabelle 3.1. Auf ersterem sind die Firmen Mengenanpasser, d.h. die Veränderung der Menge eines Produzenten hat keine Auswirkungen auf den Gleichgewichtspreis. Der einzelne Unternehmer sieht sich am Markt einem konstanten Preis gegenüber. Auf letzterem steht der Angebotsmonopolist, der sehr wohl einen Einfluss auf den Marktpreis hat.

Nehmen wir zunächst eine vollkommen unelastische Nachfragefunktion an, d.h. die Nachfragekurve ist eine vertikale Gerade auf der x-Achse eines Koordinatenkreuzes. In einem solchen Fall kann der Monopolist seinen Preis beliebig hoch ansetzen, denn die Nachfrage ist konstant. Eine solche Annahme ist natürlich unrealistisch, vielmehr steht der Monopolist in den meisten Fällen ebenfalls einer negativ geneigten Nachfragekurve gegenüber. Das vorher genannte extreme Beispiel versucht nur deutlich zu machen, dass der Einfluss des Monopolisten auf den Marktpreis ungleich höher ist, als bei einem Anbieter im Konkurrenzmarkt. Dieser könnte, wenn er einen Preis oberhalb des Marktpreises wählt, nichts mehr verkaufen. Alle Konsumenten würden bei den Konkurrenten kaufen, die den günstigeren Gleichgewichtspreis verlangen. Die Möglichkeit des Monopolisten, den Marktpreis teilweise bestimmen zu können, nennen die Ökonomen die **Marktmacht des Monopolisten**. Den Preis, der sich schließlich in einem

[7] vgl. Bundesnetzagentur 2007

Monopol ergibt, nennen wir **Monopolpreis**. Doch wie legt der Monopolist seinen Angebotspreis fest? Hierzu hat der Monopolist grundsätzlich zwei Möglichkeiten. Entweder bestimmt er die Menge, die er verkaufen will, und akzeptiert den Preis, den die Nachfrager bereit sind zu zahlen. Oder der Monopolist fixiert den Preis und läßt die zu produzierende Menge vom Markt bestimmen. Im ersten Fall spricht man von einer **Mengenfixierung**, im zweiten von einer **Preisfixierung**.

Es ist egal für welche der beiden Möglichkeiten sich der Monopolist entscheidet, letzten Endes liegt jedes Ergebnis auf der Nachfragekurve, denn der Monopolist wird zu einem Preis nicht mehr absetzen können als nachgefragt wird, genauso wird er nicht weniger für eine bestimmte Menge verlangen, als die Nachfrager bereit sind zu zahlen. Man bezeichnet deshalb in einem Monopolmarkt die Nachfragefunktion auch als die **Preis-Absatz-Funktion des Monopolisten**.[8] Interessant ist jetzt die Frage, welchen Punkt der Monopolist wählen wird? Hierfür haben wir bereits Analysewerkzeuge kennengelernt. Wir haben gesagt, im Konkurrenzmarkt ist die Angebotskurve gleich einem Teil des Verlaufs der Grenzkostenkurve. Der maximale Gewinn liegt im Schnittpunkt der Grenzerlöse, in diesem Fall dem Preis, mit den Grenzkosten. Die gleiche Untersuchung können wir im Falle des Monopolisten auch machen. Schauen wir uns zunächst eine grafische Lösung in Abbildung 3.1 an.

Man kann hier sehen, dass auch der Monopolist für sein Gewinnmaximum den Punkt wählt, an dem die Grenzerlöse R' den Grenzkosten K' entsprechen. Betrachten wir die Lösung Schritt für Schritt. Dem Monopolisten sei seine Grenzerlöskurve und seine Grenzkostenkurve bekannt. In deren Schnittpunkt ($R' = K'$) liegt seine Monopolmenge x_m(auch Cournot-Menge x_c). Welchen Preis verlangt er nun? Er verlangt nicht die Grenzerlöse. Das unterscheidet den Monopolisten von einem Unternehmen im Konkurrenzmarkt, sondern er übt seine Marktmacht aus und erhöht den Preis so lange, bis er auf die Nachfragefunktion trifft. Der Monopolist verlangt den Preis p_m(auch Cournot-Preis p_c), den die Nachfrage gerade noch bereit ist, für die produzierte Menge zu bezahlen.

Ein **Monopolgleichgewicht** ergibt sich im Punkt (x_m,p_m). Die Differenz zwischen den Grenzkosten K' (Grenzerlösen R') bei der Monopolmenge und dem Monopolpreis p_m ist ein Maß für die Monopolmacht des Anbieters. Die Ermittlung eines Monopolgleichgewichts nennt man auch **Cournot-Analyse**, den sich ergebenden Gleichgewichtspunkt

[8] vgl. Engelkamp, Sell 1998, S. 89ff

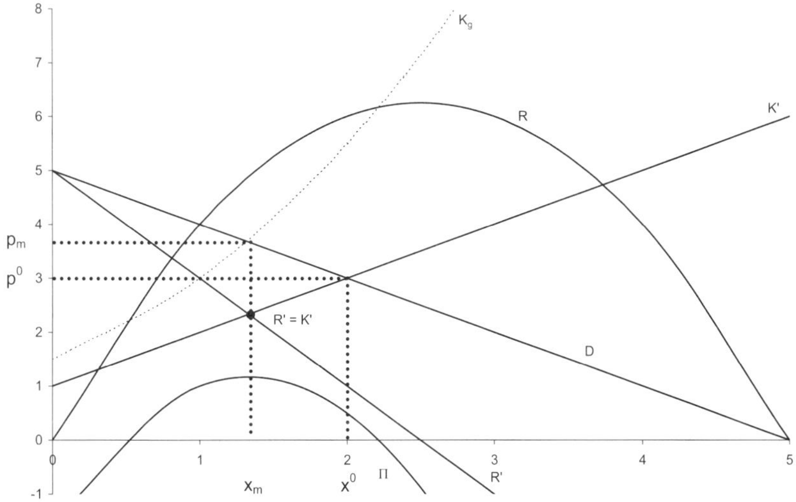

Abbildung 3.1: Gewinnmaximierung im Monopol

Cournotscher-Punkt oder **Cournot-Gleichgewicht**.

Bisher ist das Monopol immer nur auf einen einzigen Anbieter, der einigen oder vielen Nachfragern gegenübersteht, bezogen worden. Der Vollständigkeit halber sollte aber nicht unerwähnt bleiben, dass auch auf einem Konkurrenzmarkt eine dem Monopol ähnliche Situation entstehen kann. In einem solchen Fall sprechen wir von **monopolistischer Konkurrenz** . Bieten viele Anbieter geringfügig veränderte Produkte an, man spricht hier von **Produktdifferenzierung** (siehe auch Kasten Monopole durch Patente), und haben sie dabei eine beherrschende oder alleinige Marktposition, so liegt ein solcher Fall von monopolistischer Konkurrenz vor. Die unter diesen Prämissen angebotenen Produkte sind grundsätzlich homogen, unterscheiden sich allerdings im Detail geringfügig. Ein Beispiel ist bereits oben am Waschmittelmarkt erklärt worden, ein anderes sind Autos. Auf einem Markt mit homogenen Gütern versuchen die Unternehmen die Produkte durch Werbung zu unterscheiden. Es wird versucht, eine künstliche Heterogenität herzustellen, um zumindest einen kleinen Einfluss auf den Marktpreis zu erhalten.

Monopole durch Patente

Unternehmen betreiben Forschung und Entwicklung (F+E), um neue Produkte zu entwickeln oder bereits bestehende Produkte zu verbessern. Die Kosten für F+E sind als Fixkosten anzusehen. Selbst wenn kein Produkt am Ende der Entwicklungszeit reif ist für die Produktion, sind die Kosten bereits entstanden. Sie sind also unabhängig von der produzierten Menge. Wird aber ein neues Produkt auf den Markt gebracht, können alle Unternehmen dieses Produkt kopieren und selbst auf den Markt bringen, ohne jemals F+E betrieben zu haben. Die Gesamtkostenfunktion des F+E Unternehmens sieht daher anders aus, als die der anderen Unternehmen:

$$K_{F+E} = K_v + K_f + (F + E) \tag{3.1}$$

$$K_{ohne\,F+E} = K_v + K_f. \tag{3.2}$$

Das F+E Unternehmen hat höhere Fixkosten und daher letztlich auch einen höheren Deckungsbeitrag. Die Unternehmen ohne F+E haben nur die Fixkosten des Produktionsaufbaus. Ein Konkurrenzmarkt garantiert dem F+E Unternehmen keine Kostendeckung. Aus diesem Grunde werden Patente vergeben. Patente ermöglichen es einem Unternehmen, für die Laufzeit des Patentes als Monopolist zu operieren. Über die Laufzeit des Patentes wird der Monopolist seine Marktmacht ausüben und einen höheren Preis verlangen. Die Patentlaufzeit ist dann optimal, wenn der erwirtschaftete Deckungsbeitrag gleich den F+E Kosten ist. Nach Ablauf des Patentes wird die Entwicklung freigegeben. Andere Unternehmen können das Produkt kopieren und der Preis wird aufgrund der Konkurrenz fallen. Während der restlichen Produktlebenszeit muss nun nur noch ein Deckungsbeitrag in Höhe der Fixkosten K_f erwirtschaftet werden. Dies ist in einem Konkurrenzmarkt möglich. Patente sind daher zwingend erforderlich, um Anreize für F+E zu geben.
Während der Patentlaufzeit werden andere Unternehmen versuchen, ein ähnliches Produkt auf den Markt zu bringen. Dieses Verhalten nennt man Produktdifferenzierung. In diesem Fall werden die Unternehmen versuchen ein Produkt herzustellen, das dem Patentprodukt fast gleich ist, aber wiederum so verschieden, dass sie nicht gegen die Bestimmungen des Patentes verstoßen.

3.3.2 Wohlfahrtsverlust im Monopol

Wir haben bereits die Soziale Wohlfahrt als ein Maß des Wohlstandes einer Volkswirtschaft kennengelernt. Im Folgenden soll nun gezeigt werden, dass die Volkswirtschaft einen Verlust an Sozialer Wohlfahrt im Falle eines Monopolmarktes erleidet. Jede auf den Markt ausgerichtete Wirtschaftspolitik sollte sich genau dieses Argument vor Augen halten, wenn es darum geht, Monopole zu schützen oder den Markt dem Wettbewerb preiszugeben. Ein Monopol ist für das individuelle Unternehmen sicherlich vorteilhaft, doch leidet die Volkswirtschaft in den meisten Fällen darunter. Eine Ausnahme sind die bereits angesprochenen Patente.[9]

In Abbildung 3.2 kann man den Wohlfahrtsverlust deutlich erkennen. Auf dem Konkurrenzmarkt würde x^0 zu einem Preis p^0 abgesetzt werden. Hieraus entstünde eine Soziale Wohlfahrt, die durch die Fläche ABC dargestellt wird. Aufgrund der Monopolmacht des Monopolisten wird allerdings

[9] siehe Kasten *Monopole durch Patente*

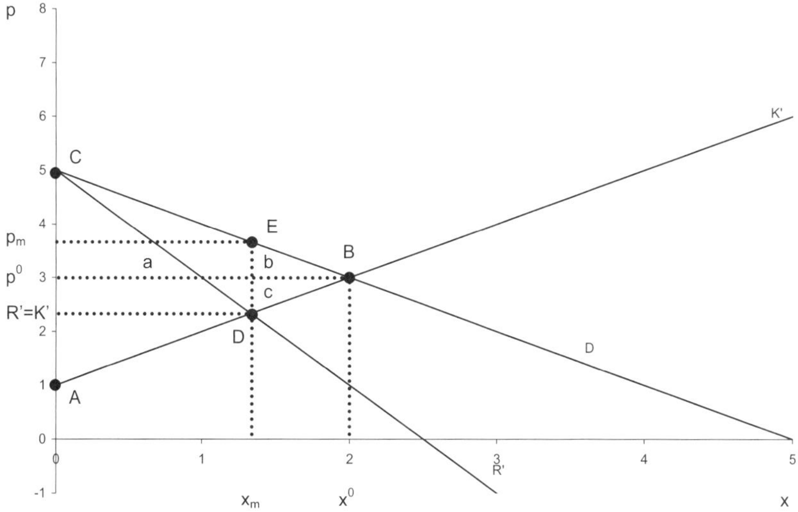

Abbildung 3.2: Wohlfahrtsverlust im Monopol

nur die Menge x_m zum Preis p_m am Markt angeboten und gekauft. Alle Käufer, die nur bereit sind, weniger als den Monopolpreis zu zahlen, gehen folglich leer aus. Liegt ihr Reservationspreis allerdings oberhalb von p^0, so hätten sie auf einem Konkurrenzmarkt ein Gut kaufen können.

Wir erinnern uns, dass die Konsumentenrente die Fläche zwischen der Nachfragekurve und dem Preis, die Produzentenrente die Fläche zwischen der Angebotskurve und dem Preis ist. Die Soziale Wohlfahrt im Monopol wird durch die Fläche ADEC repräsentiert. Offensichtlich gehen die Flächen b und c an Sozialer Wohlfahrt für die Volkswirtschaft verloren. Die Fläche a zeigt, dass der Monopolist im Verhältnis zum Konkurrenzmarkt besser gestellt ist. Die Konsumenten geben Rente in Höhe der Fläche a auf, die der Monopolist als zusätzliche Produzentenrente erhält. Die Fläche a stellt also lediglich eine Umverteilung dar.

Man kann hier nochmal deutlich erkennen, dass ein Angebotsmonopolist gegenüber dem Konkurrenzmarkt weniger zu einem höheren Preis anbieten wird. Doch wie Paul Engelkamp und Friedrich L. Sell ausführen, ist diese Annahme durchaus angreifbar. Zum einen könnte man annehmen, der Monopolist habe gegenüber dem Konkurrenzmarkt einen erheblichen Vorteil in seiner Kostenstruktur. Durch die Herstellung einer wesentlich größeren

Menge greift die Fixkostendegression sehr stark, d.h. aufgrund des Gesetzes der Massenproduktion kann das Gut günstiger produziert werden. Unter dieser Voraussetzung müsste dann der Abstand zwischen x_m und x^0 geringer sein. Geht man von einem hohen Kostenvorteil aus, so könnte die Marktversorgung bei einem Angebotsmonopolisten sogar besser sein als auf dem Konkurrenzmarkt. Auf der anderen Seite wenden Engelkamp und Sell jedoch ein, dass der technische Fortschritt und die Innovationskraft aufgrund der fehlenden Konkurrenz in einem Monopol wesentlich schlechter ist, so dass Produktivitäts- und Kostenvorteile geringer ausfallen (Bsp. Telekom).[10]

Eine eindeutige Aussage bezüglich eines Monopols kann mithin kaum getroffen werden. Man findet jedoch durch ein solches Modell Anhaltspunkte für genauere Untersuchungen. Desweiteren scheinen die tatsächlichen Erfahrungen der jüngsten Vergangenheit das Auflösen von Monopolen zu befürworten, wie am Beispiel des Telekommunikationsmarktes bereits kurz erläutert wurde. Dieser Markt ist bis 2005 im Vergleich zum Beginn der Liberalisierung um ca. EUR 23 Mrd. gewachsen. Bis 2009 ist das Wachstum auf rund EUR 16 Mrd. zurückgegangen.[11] Den Konsumenten sind bereits kurz nach der Marktöffnung Vorteile nicht unbedeutender Art zugewachsen. Die Bundesnetzagentur stellte im Jahresbericht 2006[12] fest, dass sich in vielen Bereichen ein dynamischer Wettbewerb entwickelt hat. Die Wettbewerber der Deutschen Telekom konnten zum Beispiel ihren Anteil an schnellen DSL-Anschlüssen auf über 50% steigern. Aber auch in den Jahren 2007 und 2008 wurden weitere deutliche Fortschritte mit Blick auf die Wahrung der Verbraucherinteressen, die Sicherstellung chancengleichen Wettbewerbs und die Förderung effizienter Infrastrukturinvestitionen gemacht [13].

Monopole sollten aber auch nicht schlichtweg verteufelt werden, doch muss ihre Leistungsfähigkeit sehr kritisch beobachtet werden. Ein weiteres Beispiel für die positive Wirkung von Monopolen können Patente sein. Patente räumen den jeweiligen Unternehmen für eine befristete Zeit ein Monopol bei dem geschützten Gut ein. Die hiermit staatlich geschützte Monopolmacht stellt sicher, dass die gegenüber dem Markt hohen Gewinne des Unternehmens die Entwicklungs- und Forschungskosten der Produkte zumindest teilweise decken. Besteht kein Patentschutz läuft das Unterneh-

[10]vgl. Engelkamp, Sell 1998, S.95f
[11]vgl. Bundesnetzagentur 2009
[12]vgl. Bundesnetzagentur 2007
[13]vgl. Bundesnetzagentur 2009

men Gefahr, dass Konkurrenten das Produkt kopieren und günstiger verkaufen. Dem Unternehmen, das die Kosten der Entwicklung tragen muss, entstehen mit großer Wahrscheinlichkeit Verluste. Der Patentschutz dient demnach dem Anreiz für Forschung und Entwicklung.[14]

Zum Abschluss dieses Themas sei noch einmal auf Engelkamp und Sell verwiesen, die zu bedenken geben, dass ein Monopol, solange es ohne Marktzugangsbarrieren existieren könne, seine Monopolstellung auf nichts anderem als auf seiner Leistungsfähigkeit beruhen könne.[15]

[14]siehe auch Kasten *Monopole durch Patente* auf Seite 108

[15]vgl. Engelkamp, Sell 1998, S. 95

4

Marktregulierungen - Eingriffe in die Preisbildung

Lernziele:

- Zum Zweck des sozialen Ausgleichs innerhalb einer Gesellschaft ist staatlich organisierte Umverteilung notwendig.
- Die notwendige Umverteilung sollte vom Umfang her so gering wie möglich gehalten werden, denn sie reduziert den gesellschaftlichen Wohlstand.
- Marktregulierungen durch den Staat sollten möglichst marktkonform sein, d.h. den Preismechanismus nicht außer Kraft setzen.
- Marktregulierungen sollten vier grundsätzliche Kriterien erfüllen, sie sollten marktkonform, temporär, degressiv und bedingt sein.

Artikel 14 des deutschen Grundgesetzes garantiert in Absatz 1 das Eigentum und das Erbrecht, damit sind zwei der wichtigsten Voraussetzungen für eine marktwirtschaftliche Ordnung gewährleistet. Im zweiten Satz dieses Absatzes heißt es dann jedoch "Inhalt und Schranken werden durch die Gesetze bestimmt." Der Staat hat rechtliche Möglichkeiten, um in den Markt einzugreifen, wir sagen dazu **regulieren**. Aus welchem Grund sind aber Regulierungen erforderlich? Das ist zunächst eine Frage, auf die viele Ökonomen mit einem Schulterzucken reagieren, weil Regulierungen vom wirtschaftlichen Standpunkt aus, soviel sei vorweggenommen, kritisch zu beurteilen sind. Neben ökonomischen Effekten werden Regulierungen politisch oft zum "Kaufen der Wählerstimmen" eingesetzt. Wir wollen uns nicht länger mit den Gründen beschäftigen, sondern in diesem Zusammenhang schlicht akzeptieren, so schwer es in vielen Fällen auch fällt, dass es staatliche Eingriffe in den Markt gibt. Doch was passiert dabei und was haben diese Eingriffe für Auswirkungen auf die Volkswirtschaft?

Grundsätzlich gibt es zwei Möglichkeiten für den Staat, in den Markt einzugreifen. Der Eingriff kann **marktkonträr** oder **marktkonform** geschehen. Ein marktkonträrer Eingriff setzt den Preismechanismus und damit das Zusammenspiel zwischen Angebot und Nachfrage außer Kraft. Ein marktkonformer Eingriff lässt die Marktmechanismen jedoch unberührt. Ökonomen bevorzugen, wenn überhaupt, aus naheliegenden Gründen einen marktkonformen Eingriff, da so schon die von Adam Smith erkannten sogenannten "Selbstheilungskräfte des Marktes" weiterhin ihren Dienst tun können und für den größtmöglichen Wohlstand der Volkswirtschaft sorgen. Ein marktkonträrer Eingriff verhindert eine freie Preisbildung und sorgt so für Wettbewerbsverzerrungen. Diese Art des Eingriffs werden wir später noch genauer am Beispiel der Baubranche und Philipp Holzmann betrachten. Doch schauen wir uns zunächst die Instrumente an, die dem Staat zur Verfügung stehen.

4.1 Preisregulierungen

4.1.1 Der Höchstpreis

Eine Möglichkeit für den Staat in den Wettbewerb einzugreifen, ist das Festlegen eines **Höchstpreises**. Dieser Höchstpreis muss natürlich **unter dem Gleichgewichtspreis** liegen, da ein Preis oberhalb des Gleichgewichtspreises vom Markt gar nicht mehr bezahlt wird. Läge der Höchstpreis oberhalb des Gleichgewichtspreises, würde als Marktpreis weiterhin der günstigere Gleichgewichtspreis gelten, weshalb der dort festgesetzte Höchstpreis keinerlei Bedeutung hätte.

Was passiert nun bei der Einführung eines Höchstpreises auf dem Markt? Das Gleichgewicht liegt bei einem Preis p^0 und einer Menge x^0. Nach Einfürung des Höchstpreises p', wird die Nachfrage auf x^D steigen, die angebotene Menge aber auf x^S fallen. Es entsteht durch die Einführung des Höchstpreises ein Nachfrageüberhang. Dieser kann nicht ausgeglichen werden, da kein weiterer Anbieter bereit ist, zu diesem Höchstpreis anzubieten. All das können wir aus Abbildung 4.1 erfahren.

Was passiert mit der Sozialen Wohlfahrt? Die Produzenten verlieren die Flächen a und b an Sozialer Wohlfahrt, die Konsumenten gewinnen die Fläche a hinzu, verlieren jedoch die Fläche c. Die vormals dagewesene gesamte Soziale Wohlfahrt (ABC) reduziert sich um die Flächen b und c auf die Fläche ADEC.

Der meist unter dem Stichwort "**soziale Gerechtigkeit**" vom Staat eingeführte Höchstpreis führt zu einer Verringerung des Angebots. Die sogenannte soziale Gerechtigkeit wird in Abbildung 4.1 durch die Fläche a repräsentiert. Hier findet ein Transfer zwischen den verschiedenen sozialen Gruppen statt. Diese Umverteilung führt zu einer Reduzierung des gesamten Wohlstandes der Volkswirtschaft. Dieser Sachverhalt sollte in den folgenden Kapiteln immer wieder ins Gedächtnis zurückgerufen werden.

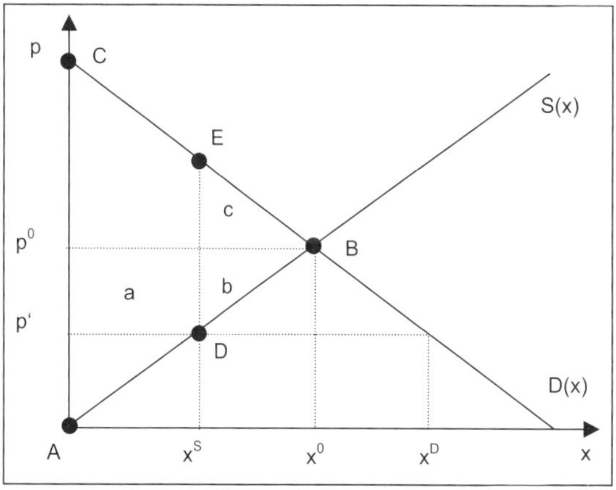

Abbildung 4.1: Der Höchstpreis

Höchstpreise setzen die Anreizfunktion des Preises außer Kraft. Werden zum Beispiel Höchstmieten festgelegt, um sozial schwachen Gruppen das Mieten einer Wohnung zu ermöglichen, so besteht für den Vermieter kein Anreiz, mehr als das Nötigste in die Wohnungen zu investieren. Investiert aber ein Mieter in die Wohnung, zum Beispiel mit dem Kauf einer besseren Küche, so wird er sich beim Auszug aus dieser Wohnung die Investition durch einen Abstand ersetzen lassen. Der Höchstpreis wird in diesem Fall auf einem Graumarkt umgangen und seine Wirkung somit ausgehebelt. Sieht man von dem zu vermutenden Verfall der Wohnungen ab, profitieren nur diejenigen von dem Höchstpreis, die eine Wohnung haben. Sie müssen nach der Einführung des Höchstpreises weniger Miete zahlen. Es besteht kein Anreiz mehr, neue Wohnungen zu bauen. Daher werden viele, die auf Wohnungssuche sind, gar keine Wohnung finden.

4.1.2 Der Mindestpreis mit und ohne Abnahmegarantie

Es kann auch ein **Mindestpreis** festgesetzt werden, um die Anbieter besserzustellen. Der Mindestpreis muß **oberhalb des Gleichgewichtspreises** liegen, damit der gewünschte Effekt der Einkommensumverteilung überhaupt greift. Die Auswirkungen eines Mindestpreises sind analog zu denen des Höchstpreises. Nur sind in diesem Fall die Anbieter gegenüber den Nachfragern im Vorteil. Betrachtet man jedoch die gesamte Volkswirtschaft, so reduziert sich ebenfalls die Soziale Wohlfahrt, da die Produzenten weniger gewinnen als die Konsumenten verlieren (Abbildung 4.2).

Der Mindestpreis wird demnach erhoben, um das Einkommen einer bestimmten Branche zu sichern. Ein gutes Beispiel hierfür ist die Landwirtschaft, die von der Bundesrepublik und auch der EU sehr stark mit solch schützenden Elementen der Preisbildung bedacht wird. Der Verlust an Sozialer Wohlfahrt ist bereits durch einen einfachen **Mindestpreis ohne Abnahmegarantie** groß genug, trotzdem existiert auf dem Markt für landwirtschaftliche Erzeugnisse sogar ein Extremum, ein **Mindestpreis mit Abnahmegarantie**. Verständlicherweise wird jeder Landwirt beispielsweise soviel Milch produzieren wie es nur irgend möglich ist, wenn er schon vor der Produktion die Abnahme garantiert bekommt und der Preis über seinen Grenzkosten liegt. Eine solche Wirtschaftspolitik führt zur Verschwendung von Produktionsfaktoren und führt gesellschaftlich nicht in den Reichtum, sondern bevorteilt eine einzelne Branche auf Kosten der gesamten Gesellschaft.

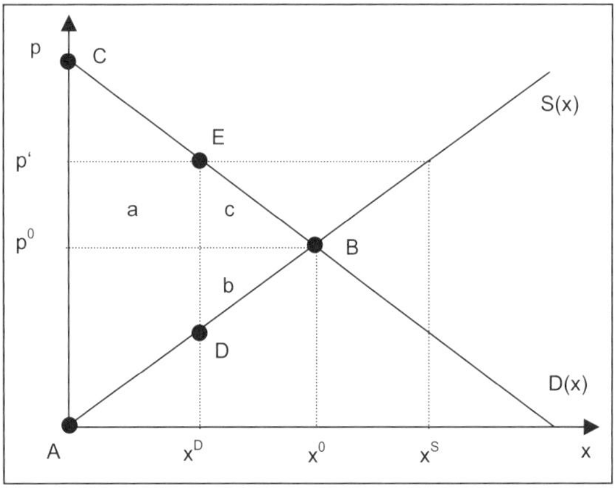

Abbildung 4.2: Mindestpreis ohne Abnahmegarantie

Schauen wir uns auch hier wieder die Veränderungen in der Sozialen Wohlfahrt an. Zunächst sei die Abbildung 4.2 ohne Abnahmegarantie betrachtet. Durch die Erhöhung des Preises von p^0 auf p' geht die Nachfrage von x^0 auf x^D zurück. Das Angebot steigt allerdings auf x^S. Wir haben in diesem Fall einen Angebotsüberhang und damit einen Käufermarkt. Es findet zum einen ein Transfer zwischen Anbietern und Nachfragern statt, d.h. die Nachfrageseite verliert die Fläche a, die die Anbieter allerdings hinzugewinnen. Auf der anderen Seite verlieren aber beide noch die Flächen b und c. Letztlich verlieren die Nachfrager mehr als die Produzenten gewinnen. Netto betrachtet, entsteht auch hier ein Verlust an Sozialer Wohlfahrt.

Schauen wir uns nun den Fall der Abnahmegarantie an. Was passiert hier? Der Staat garantiert die Abnahme der produzierten Güter zum Mindestpreis. Die Anbieter sind, wie schon gesehen, bereit, die Menge x^S anzubieten. Bei einer Abnahmegarantie tun sie dies auch. Der Staat konsumiert die Differenz zwischen $x^S - x^D$. Die Produzenten finden dies verständlicherweise gut und begrüßen grundsätzlich eine solche Entscheidung. Der kritische Ökonom muss die Sache jedoch vom volkswirtschaftlichen Standpunkt aus untersuchen.

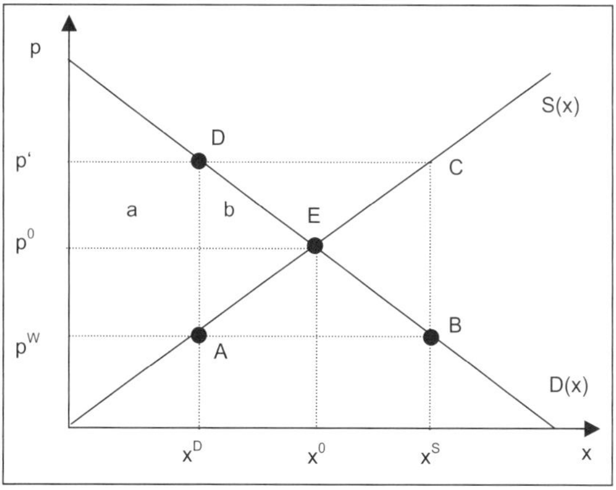

Abbildung 4.3: Mindestpreis mit Abnahmegarantie

Für die Konsumenten ändert sich direkt gegenüber dem Fall Mindestpreis ohne Abnahmegarantie nichts, sie verlieren weiterhin die Flächen a und b an Konsumentenrente. Für die Produzenten ändert sich aber gravierendes. Sie gewinnen nicht nur die Flächen a und b, sondern durch den Güteraufkauf des Staates auch noch die Fläche ECD. Die Produzentenrente ist um ein Vielfaches gestiegen. Scheinbar geht die Rechnung der Politiker auf. Aber nur scheinbar. Der Staat hat jetzt riesige Gütermengen in seinem Besitz, die er entweder lagern und sie später zum Preis p^w verkaufen kann, dann entstehen ihm neben dem Verlust aufgrund des Preisverfalls erhebliche Lagerkosten. Er kann die Waren auch sofort vernichten, dann entstehen ihm auch Kosten oder er kann die erstandene Menge zum am Markt gültigen natürlich niedrigeren Preis verkaufen. Dies sei der Weltmarktpreis. Verkauft der Staat die Waren zum Preis p^W, so verliert er gegenüber dem Einkauf die Fläche ABCD. Diese Fläche entspricht den Subventionen durch den Staat. Zusätzlich zu dem, was schon vor der Festlegung des Mindestpreises bestand, wendet der Staat die Fläche ABCDE auf. Hiervon erhalten die Produzenten in Form von Transfer die

Fläche ECD. Die Fläche ABC geht an Sozialer Wohlfahrt verloren.

Fazit: *ein Mindestpreis mit Abnahmegarantie ist schädlicher für die Volkswirtschaft als ein Mindestpreis ohne Abnahmegarantie. Ein gutes Beispiel für die Existenz eines solchen Regulierungswerkes ist die EU-Agrarpolitik.*

4.2 Mengenregulierungen im Inland und gegenüber dem Ausland

Der Staat kann durch verordnete Preise regulierend in den Markt eingreifen. Ein weiteres Mittel sind **Mengenregulierungen**. In diesem Fall bestimmt der Staat nicht einen vorgegebenen Preis, sondern legt die Menge der am Markt vorhandenen Güter fest. Im Folgenden werden, differenziert nach Inland und Ausland, die Mengenregulierungen genauer untersucht.

4.2.1 Rationierung mit und ohne konstanten Preis

Rationierungen ohne konstanten Preis ergeben sich aufgrund staatlich festgelegter **Produktionsquoten**. Der Staat bestimmt vor der Produktion die Menge des Outputs. Die Unternehmen müssen dann, wenn sie produzieren wollen, Lizenzen erwerben, durch die ihnen eine bestimmte Quote zugeteilt wird. Ein Beispiel hierfür sind vor allem Bananen, die durchaus nicht jeder herstellen kann. Die Rationierung muss eine Menge unterhalb der Gleichgewichtsmenge festlegen, da sie sonst keinen Sinn machen würde.

Durch die Rationierung sinkt die angebotene Menge von x^0 auf x^D. Der Preis erhöht sich folglich auf p‘ (Abbildung 4.2). Eine Rationierungspolitik ist ein Äquivalent zu einer Politik des Mindestpreises. Wie wir schon gesehen haben, gewinnen die Produzenten an Produzentenrente etwas hinzu, allerdings weniger als die Konsumenten verlieren. Wir haben demzufolge auch hier einen Verlust an Sozialer Wohlfahrt.

Etwas anderes wird vom Staat verfolgt, wenn die **Rationierung mit einem konstanten Preis** verbunden ist. Diese Annahme impliziert, dass trotz des Rückgangs der angebotenen Menge der Preis auf einem konstanten Niveau bleibt. Was kann ein solches Verhalten verursachen, wo wir doch gelernt haben, und das soll auch nicht revidiert werden, dass der Preis bei abnehmender Menge steigt? Gehen wir nochmal auf unser Beispiel der Landwirtschaft zurück. Geht die angebotene Menge aufgrund einer Missernte zurück, dann steigen die Preise. Nun kann der Staat es aber als sozial ungerecht empfinden, dass diese Preissteigerung an die Verbraucher weitergegeben wird. In diesem Fall würde er per Gesetz anordnen, die nun geringere Menge zum gleichen Preis wie vor der Missernte anzubieten. Vergleichbar ist diese Situation mit einem eingeführten Höchstpreis, doch wollen wir uns die Veränderungen auch noch einmal in einer Grafik anschauen (Abbildung 4.4).

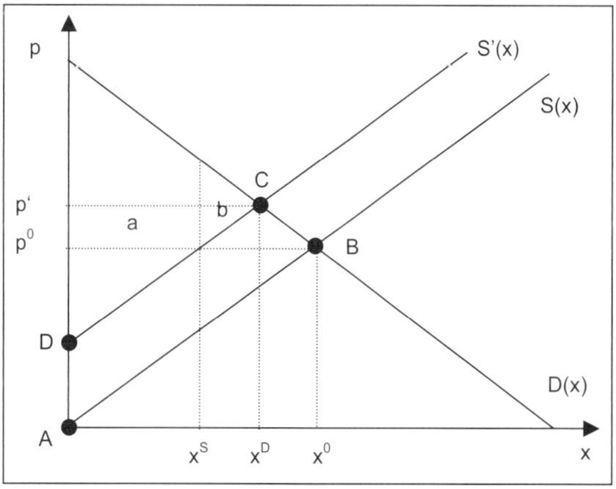

Abbildung 4.4: Rationierungen mit konstantem Preis

Aufgrund eines normalen Markteffektes geht das Angebot zum Beispiel wegen einer Missernte zurück ($S'(x)$). Dieser nicht zu beeinflussende Angebotsrückgang verkleinert bereits den Markt. Die Menge geht auf x^D zurück und der Preis steigt auf p'. Damit geht am Markt bereits die Fläche a an Sozialer Wohlfahrt verloren. Dieser Effekt wird jetzt jedoch durch den Staatseingriff verschlimmert. Der Staat verordnet trotz des geringeren Angebots weiterhin einen Preis von p^0. Damit sinkt die angebotene Menge auf x^S. Wie schon beim Festsetzen eines Höchstpreises gewinnen die Nachfrager weniger hinzu, als die Anbieter verlieren. Gegenüber dem sich nach der Missernte einstellenden Gleichgewicht, verliert die Volkswirtschaft zusätzlich die Fläche b an Sozialer Wohlfahrt.

4.2.2 Zölle versus Importquoten

Ein beliebtes Mittel unter den PolitikerInnen, um die WählerInnen etwas aufzumuntern und den Standort scheinbar zu schützen, sind Einfuhrbeschränkungen für ausländische Anbieter. Unter dem Stichwort "Festung Europa" sind auch in diesem Bereich zahlreiche Vorschriften und Verordnungen in der EU entstanden. Die PolitikerInnen legen hier ihr Augenmerk darauf, die inländischen Anbieter vor tieferen oder gar Tiefstpreisen aus

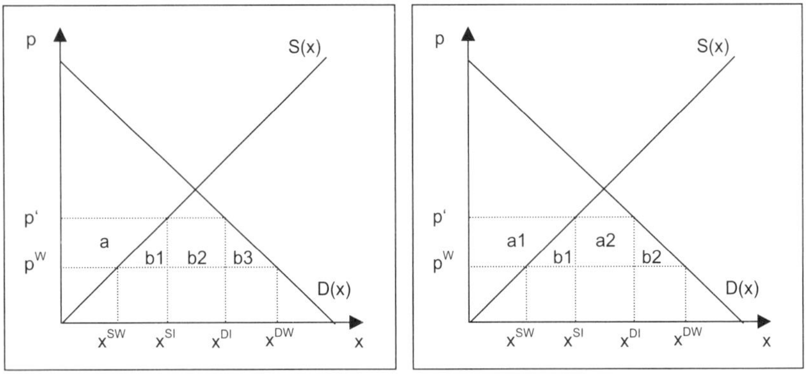

(a) Importquoten (b) Zölle

Abbildung 4.5: Auswirkungen von Importquoten und Zöllen

dem Ausland und die Nachfrager vor angeblich qualitativ minderwertigen Erzeugnissen zu schützen. Obwohl nicht immer nachzuweisen ist, dass ein günstigeres ausländisches Produkt qualitativ schlechter ist als ein teureres inländisches Produkt. Es stehen zwei unterschiedliche Strategien zur Verfügung.

Zum einen können **Importzölle** auf die ausländischen zur Einfuhr vorgesehenen Güter erhoben werden, zum anderen können **Importquoten** festgelegt werden. Die Politik hat in der Vergangenheit das Mittel der Importquoten den Zöllen vorgezogen. Unter Ökonomen kursiert das Gerücht, sie haben dies nur getan, da die Wirkungsweise von solchen Quoten in der Bevölkerung weitgehend unbekannt ist. Um dem entgegenzuwirken wollen wir zeigen, dass Importquoten die Lage der Volkswirtschaft gegenüber Importzöllen sogar erheblich verschlechtern. Führen wir uns das Problem zunächst jedoch wieder grafisch vor Augen.

Zum Weltmarktpreis p^W wollen die inländischen Anbieter nur x^{SW} anbieten, es besteht aber eine Nachfrage in Höhe von x^{DW}. Um die inländischen Anbieter besserzustellen, legt der Staat Importquoten fest. Die ausländischen Anbieter dürfen insgesamt nicht mehr die Differenz $x^{DW} - x^{SW}$, sondern nur noch die weitaus geringere Differenz $x^{DI} - x^{SI}$ importieren. Damit wird der Preis auf p‘ steigen und die inländische Nachfrage geht auf x^{DI} zurück. Zu diesem Preis sind die inländischen Anbieter bereit, die Menge x^{SI} anzubieten, so dass die ausländischen Anbieter wie gewollt nur $x^{DI} - x^{SI}$ importieren.

Was passiert im Falle von Importquoten mit der Sozialen Wohlfahrt? Die Flächen a, b1, b2 und b3 gehen den Konsumenten verloren, wobei die Produzenten nur die Fläche a hinzugewinnen. Hier kann man deutlich erkennen, wie groß der Nachteil der gesamten Volkswirtschaft ist, nur weil die Produzenten in einer viel geringeren Zahl besser gestellt werden sollen.

Wie sieht das Ganze bei der Erhebung von Zöllen aus? Eigentlich ganz ähnlich, mit dem einzigen Unterschied, dass der Staat Zolleinnahmen erhält. Diese Einnahmen bezieht er aus den importierten Waren, d.h. in Höhe von $(p‘ - p^W) * (x^{DI} - x^{SI})$. Dies entspricht genau der Fläche a2 in Abbildung 4.5 (b). Durch die Erhebung von Zöllen geht zwar immer noch Soziale Wohlfahrt verloren, doch ist der Verlust wesentlich geringer als im Fall von Importquoten, da die Zolleinnahmen des Staates zur Sozialen Wohlfahrt zählen. Es ergibt sich hieraus die konsequente Forderung an die Politik, sollten Einfuhrbeschränkungen aus gesellschaftlich-sozialen Gründen nicht zu ersetzen sein, die Erhebung von Zöllen dem Festlegen von Importquoten vorzuziehen.

4.3 Steuern und Subventionen

4.3.1 Verbrauchsteuern - wer muss die Zeche zahlen?

Steuern sind **Transferzahlungen**, d.h. sie fließen zwischen den Bürgern und dem Staat. Der Staat erhebt eine Reihe von verschiedenen Steuern, zum Beispiel die Einkommen- oder Lohnsteuer. Außerdem erscheint auf jeder Rechnung heutzutage "incl. 19% Mehrwertsteuer"[1]. Daneben gibt es noch die Erbschaft-, Zinsabschlag- oder Kapitalertragsteuer. Gegenstand der Analyse an dieser Stelle soll die große Gruppe von indirekten Steuern sein. Hierzu zählen die Verkehrssteuern wie die Mehrwertsteuer und die **Verbrauchsteuern**. Zu den Verbrauchsteuern zählen die Tabak-, Mineralöl-, Branntwein-, Schaumweinsteuer, etc.

Der Staat hat zwei Möglichkeiten zur Erhebung von Steuern. Zum einen eine sogenannte **Mengensteuer** und zum anderen eine sogenannte **Wertsteuer** (auch **Ad-Valorem-Steuer**)[2]. Wie beeinflussen diese beiden Steuerarten die Preise von Gütern?

Beide Steuerarten werden auf den bereits vorhandenen Preis erhoben und

[1]Die Mehrwertsteuer (MwSt.) bzw. Umsatzsteuer (USt.) ist in ihrer Höhe durch den §12 Abs. 1 des Umsatzsteuergesetzes (UstG.) auf 19 Prozent festgelegt. Abs. 2 lässt jedoch für einige Waren und Dienstleistungen einen ermäßigten Satz von 7 Prozent zu.

[2]vgl. Hal R. Varian 1999, S. 25 und 280

führen daher generell zu einer Preissteigerung. Eine Mengensteuer wird unabhängig vom Preis des Gutes auf jedes verkaufte Gut in Höhe von t EUR erhoben. Daraus ergibt sich für das Gut nach der Steuererhebung ein Preis von p+t. Eine Wertsteuer in Höhe von t% wird prozentual auf den Preis der Produkte erhoben. Ein Beispiel hierfür ist die Mehrwertsteuer. Durch die Erhebung der Mehrwertsteuer steigt der Preis für die Verbraucher auf $(1 + t) * p$. In Abbildung 4.6 können wir das Verhalten von Angebot und Nachfrage bereits grafisch nachvollziehen.

Durch die Steuererhebung, es ist hierbei nicht entscheidend, ob es sich um eine Mengen- oder eine Wertsteuer handelt, erhöht sich einerseits der Preis auf den von den Nachfragern zu zahlenden Bruttopreis p^B. Aufgrund dieses Preises wird lediglich die Menge x^D nachgefragt. Die Anbieter erhalten auf der anderen Seite nur den gezahlten Preis abzüglich der abzuführenden Steuer, also den Nettopreis p^N.

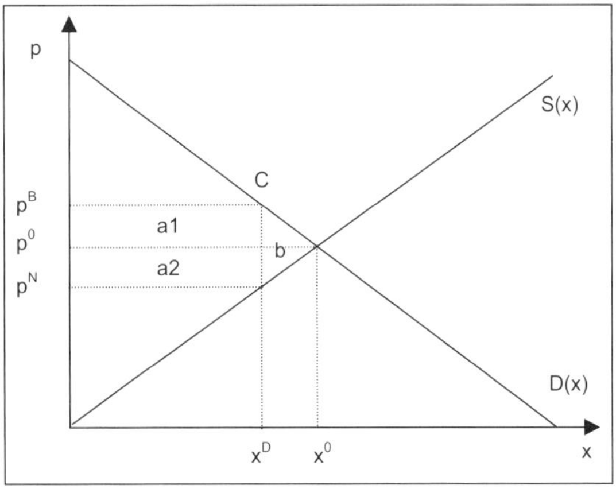

Abbildung 4.6: Verteilung von Steuern im Konkurrenzmarkt

Das nun schon geübte Auge erkennt schnell, dass die Nachfrager das obere kleine Dreieck und die Fläche $a1$ an Konsumentenrente verlieren. Die Produzentenrente reduziert sich um das untere Dreieck und die Fläche $a2$. Wobei die Summe der Flächen $a1 + a2$ die **Steuereinnahmen** T des Staates bei einem **Steuersatz** t repräsentieren. Diese Einnahmen sind leicht durch:

$$T = (p^B - p^N) * x^D = t * x^D$$

zu ermitteln. Die Steuereinnahmen des Staates gehen zwar dem einzelnen Konsumenten oder Produzenten verloren, stehen der Volkswirtschaft als Soziale Wohlfahrt jedoch noch zur Verfügung. Die Fläche b geht durch die Erhebung der Steuer aber verloren.

Die Erhebung einer Steuer verursacht gesellschaftliche Kosten. Es hält sich in der Gesellschaft, vor allem aufgrund der Fehlinformationen der Me-

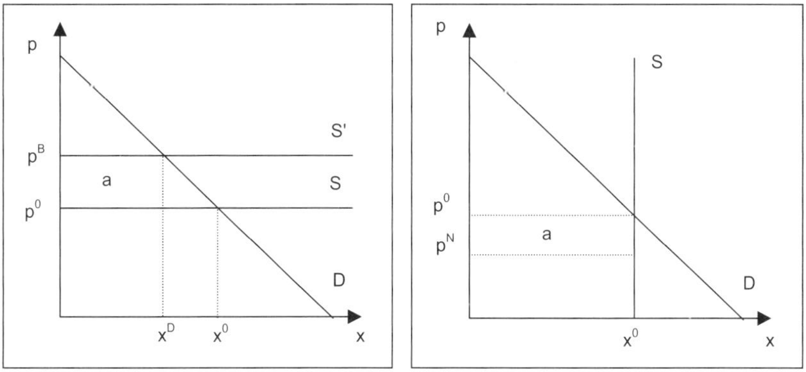

(a) elastischem Angebot

(b) unelastischem Angebot

Abbildung 4.7: Auswirkungen von Steuern auf den Preis bei

dien und der populistischen Reden der Gewerkschaftsoberen, das Gerücht, dass Verbrauchsteuern von den Unternehmen vollständig auf die privaten Verbraucher überwälzt werden. Doch zahlen die Verbraucher denn tatsächlich die gesamte Steuerlast? Dies ist nicht der Fall. Nach Richard Musgrave enthält die Vermutung einen doppelten Trugschluss.[3] Erstens muss der Preis eines Gutes nach Erhebung einer Steuer nicht notwendigerweise absolut steigen. Zweitens ist selbst wenn er es tut, nicht unmittelbar eindeutig, dass die Verbraucher die Steuerlast tragen. Generell kann gar keine gesellschaftliche Gruppe benannt werden, die die Last der Steuern stärker zu tragen hat als die andere. Vielmehr ist die Verteilung des Steueraufkommens von den Angebots- und Nachfragereaktionen der Marktteilnehmer abhängig.

Liegt am Markt ein vollkommen elastisches Angebot vor (zur Erinnerung: die Angebotskurve ist dann horizontal), wird der Preis nur von den Anbietern, die Menge jedoch nur von den Nachfragern bestimmt. Steuererhebungen führen dazu, dass Anbieter ihren Preis um die Steuer erhöhen (Abbildung 4.7a). In diesem Fall wird in der Tat das gesamte Steueraufkommen von den Verbrauchern erbracht. Liegt das andere Extrem eines vollkommen unelastischen Angebots vor, dann wird das gesamte Steueraufkommen von der Angebotsseite aufgebracht (Abbildung 4.7b).

Im Normalfall sind beide Kurven weder vollkommen elastisch noch vollkommen unelastisch. Die Steuerlast muss infolgedessen sowohl von den

[3]vgl. Richard A. Musgrave 1969, S. 343

Verbrauchern in Form von höheren Preisen und weniger Konsum, als auch von den Produzenten in Form eines geringeren Absatzes und niedrigeren Preisen getragen werden. Die Elastizitäten sind dennoch entscheidend. Die Marktseite, die unelastischer ist, muss den größeren Anteil am Steueraufkommen tragen. Das Steueraufkommen wird von den Nachfragern und Anbietern je hälftig getragen, wenn die Steigung von Angebots- und Nachfragefunktion (absolut) identisch ist.[4] *Ist das Angebot unelastischer als die Nachfrage, trägt das Angebot den größeren Teil am Steueraufkommen. Ist hingegen die Nachfrage unelastischer als das Angebot, trägt die Nachfrage den größeren Teil des Steueraufkommens.*

Nicht einmal ein Monopolist wälzt die gesamte Steuer auf die Verbraucher über, obwohl er Marktmacht besitzt. Auch im Monopol hängt das Ausmaß der Überwälzung von der relativen Lage, d.h. der Elastizität von Grenzkosten und Grenzerlös- bzw. Nachfragefunktion ab. Überraschenderweise überwälzt der Monopolist sogar weniger auf den Verbraucher als die Anbieter in einem Konkurrenzmarkt. Unter bestimmten Voraussetzungen überwälzt der Monopolist gerade die Hälfte von dem, was die Anbieter in einem Konkurrenzmarkt überwälzen.[5]

Die Erhöhung von indirekten Steuern werden folglich in der Regel nicht vollständig von den Nachfragern getragen. Denn hätten Anbieter den Preis nach Einführung einer Steuer bei konstanter Angebotsmenge erhöhen können, so hätten sie ihre Preise bereits vor der Einführung der Steuer erhöht und mehr Geld verdient.[6] Auch vergangene Entwicklungen zeigen ein differenziertes Bild. So rechnet das Zentrum für Europäische Wirtschaftsforschung aufgrund des hohen Wettbewerbsdrucks nur mit einem Anstieg der Inflationsrate von circa einem Prozentpunkt durch die Mehrwertsteuererhöhung vom 01.01.2007 von 16% auf 19%. Das Statistische Bundesamt geht von $1,4\%$ Prozentpunkten aus.[7] Die Last der Mehrwertsteuererhöhung wird also voraussichtlich aufgeteilt werden auf Firmen und Verbraucher. Trotzdem muss man den Sozialpolitikern unter sozialen Gesichtspunkten Recht geben, wenn sie indirekte Steuern kritisieren. Zum einen werden sie nicht nach Leistung erhoben, was man als sozial ungerecht bezeichnen könnte. Zum anderen kann ein sozial schwacher Haushalt auf eine Steuererhöhung kaum mit einer Nachfragereduzierung reagieren, da die Güter zum Leben benötigt werden.

[4]vgl. Reding, Müller 1999, S. 158
[5]vgl. ebenda, S. 161ff; für weitere Ausführungen zur Steuerüberwälzung siehe dort Kapitel 4.2.
[6]vgl. Hal R. Varian 1999, S. 285
[7]vgl. Albrecht F. Schirmacher (Hg.) 10.04.2006

4.3.2 Subventionen

Zahlt der Staat einen Zuschuss zur Produktion von Gütern, fällt dies auch unter den Begriff der Transferzahlungen. **Subventionen** sind Transferzahlungen an Unternehmen. Zu unterscheiden sind Subventionen an einzelne Unternehmen[8] von der Unterstützung einer gesamten Branche. Letzteres wird an dieser Stelle am Beispiel Philipp Holzmann, einem seit 2002 insolventen aber vorher weltweit tätigen deutschen Baukonzern, erläutert.

Berechnungen am Institut für Weltwirtschaft in Kiel verdeutlichen die Wesentlichkeit von Subventionen in Deutschland 2001. Danach hätten die Einkommensteuersätze in Deutschland um fast zwei Drittel verringert werden können, würden Subventionen von 144 Milliarden Euro im Jahr 2001 ganz gestrichen. 2001 hätte der Eingangssteuersatz inklusive des Solidaritätszuschlags 7,7% statt 21,0% und der Spitzensteuersatz 18,8% statt 51,2% betragen können.[9] Im Jahr 2009 erreichte das Subventionsvolumen 165 Milliarden Euro. In Relation zum BIP waren dies 6,8% und damit fast identisch zu 2001 mit 6,9%. Dabei sind 2009 die Zahlungen des SoFFin an Finanzunternehmen nicht berücksichtigt. Das Kürzungspotential wird 2009 auf rund 130 Milliarden Euro geschätzt.[10]

4.3.2.1 Subvention einer Branche

Wenn eine gesamte Branche einen bestimmten Subventionsbeitrag erhält, wäre jeder Produzent bereit, seine angebotene Menge zu einem günstigeren Preis anzubieten. Da jeder Unternehmer hierzu bereit wäre, verschiebt sich die Angebotskurve um die gesamte Höhe der Subvention nach unten (Abbildung 4.8). Der neue Gleichgewichtspreis ist p^{SD}. Dieser Preis ist höher als p^0 minus die Subvention. Durch die Mengenausweitung hätte sich ohne die Subvention ein Preis von p^{SS} ergeben. Diesen Preis verlangen die Anbieter auch, nur wird die Differenz zwischen p^{SS} und p^{SD} durch die Subvention gedeckt. Die Nachfrager erhalten eine Preisreduzierung, wobei die Produzenten gleichzeitig einen höheren Preis erhalten. Abbildung 4.8 verdeutlicht den Zusammenhang noch einmal. Der Staat zahlt insgesamt eine Subvention, die der Fläche $p^{SD}ABp^{SS}$ entspricht. Je nach der Neigung der Angebots- und Nachfragekurve profitieren die Konsumenten und die Produzenten in gleichem oder unterschiedlichem Maße von der Subvention.

[8] vgl. Kap. 4.3.2.2

[9] vgl. Boss, Rosenschon 2002.

[10] vgl. Boss, Rosenschon 2010.

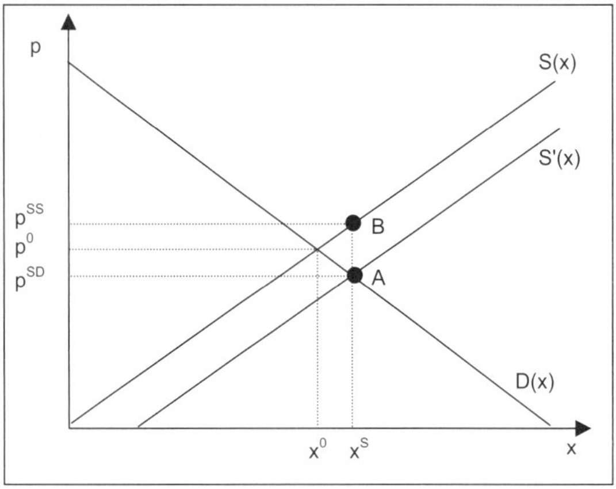

Abbildung 4.8: Subventionierung einer Branche

Man kann sich merken, dass eine Subvention ähnliche Auswirkungen wie eine Steuererhöhung hat.

4.3.2.2 Subvention einzelner Firmen - am Beispiel Holzmann

Am 23.11.1999 hat der Baukonzern Philipp Holzmann einen Antrag auf die Eröffnung eines Insolvenzverfahrens beim Amtsgericht Frankfurt gestellt. Schon zwei Tage später am 25.11.1999 hat der Konzern diesen Antrag zurückgezogen. Ein Wunder der Marktwirtschaft? Nein - ein Staatseingriff in den Markt der Baubranche. Kurz zu dem, was geschehen ist. Die Bauwirtschaft war zu diesem Zeitpunkt durch Überkapazitäten gekennzeichnet, d.h. das Angebot war größer als die Nachfrage und der Preis der Bauleistungen am Markt sank.[11] Alle Unternehmen, die oberhalb des Gleichgewichtspreises anbieten müssen dann, weil ihre Kostenstruktur einen niedrigeren Preis nicht zulässt, auf lange Sicht aus dem Markt austreten, sofern sie ihre Kostenstrukturen nicht mehr grundlegend verändern können. Dies ist unter anderem auch bei Philipp Holzmann der Fall gewesen oder er hätte es zumindest sein sollen. Zum einen ist der Konzern in neue Geschäftsbereiche vorgestoßen, die aus unterschiedlichen Gründen nicht rentabel waren, zum anderen sind aber auch Bauaufträge nicht mit einer genügenden Effizienz ausgeführt worden. Der Konzern war durch Misswirtschaft gekennzeichnet.

[11] 2011 ist die Kapazitätsauslastung, obwohl seit den Tiefstständen 2008 wieder deutlich gestiegen, in Teilen immer noch sehr gering (Quelle: Zentralverband des Deutschen Baugewerbes (ZDB).

Zunächst sollen hier einige Missverständnisse aus dem Weg geräumt werden. Erstens ist im Zusammenhang mit der Insolvenz von Holzmann wiederholt vom Verlust von Arbeitsplätzen gesprochen worden. Alles in allem sollten 70.000 ArbeiterInnen und Angestellte ihren Arbeitsplatz verlieren. Holzmann selbst beschäftigte zur Zeit des Antrags direkt und in Tochtergesellschaften ca. 28.000 Menschen. Die anderen gehörten zu Zulieferbetrieben, die ohne Holzmann nicht existieren könnten. Natürlich hätten 28.000 Menschen ihren Arbeitsplatz bei Holzmann verloren, da es Holzmann nicht mehr gegeben hätte. Doch wurden bis zum Schluss noch Bauaufträge ausgeführt. Es bestanden zahlreiche Baustellen, die im Falle einer Insolvenz Holzmanns von anderen Konzernen gekauft und weitergebaut worden wären. Damit hätten auch die Arbeitsplätze weiterbestanden, allerdings bei anderen Unternehmen. Es ist aber richtig, dass es Entlassungen gegeben hätte, nur in einer anderen Größenordnung. Auch bei den Zulieferbetrieben wären keine 42.000 Arbeitsplätze unter den Tisch gefallen, sondern wesentlich weniger. Es leuchtet doch ein, dass die übernehmenden Konzerne auch Zulieferbetriebe bräuchten. Angesichts der Größe der Baustellen hätten bereits bestehende Zulieferbetriebe der neuen Baugesellschaft nicht alle Aufträge übernehmen können. Es standen demnach zu keiner Zeit 70.000 Arbeitsplätze auf dem Spiel. Wie viele es aber wirklich gewesen wären, ist jetzt nicht mehr feststellbar.

Zweitens hätten die Banken und damit privatwirtschaftlich organisierte Unternehmen eine soziale Verantwortung, die so definiert wurde, dass die Banken neben der Übernahme betriebswirtschaftlicher Risiken auch soziale Risiken tragen müssten. Die grundlegende ökonomische Theorie verneint dies allerdings. Somit spielt soziale Verantwortung erstmal keine Rolle. Vom gesamten "Rettungspaket" in Höhe von ca. DM 4,3 Mrd. tragen die Banken zusammen ca. 90%. Den Rest übernimmt der Bund und die Arbeitnehmer. Für ihren Anteil von knapp 5% sind die Arbeitnehmer in den höchsten Tönen gelobt worden. Die Übernahme von Kreditrisiken und Beteiligungen in Höhe von DM 3,8 Mrd. kommt jedoch der sozialen Verantwortung der Banken nicht nach? Vom betriebswirtschaftlichen Standpunkt aus betrachtet, ist diese Situation sicherlich nicht zu begreifen. Es muss auch gesagt sein, dass die Banken, hätten sie sich nicht zu der Übernahme der Risiken bereit gefunden, einen erheblichen Verlust erlitten hätten. Bereinigt man demnach die oben genannte Zahl um die Risiken, die bereits vor den Sanierungsberatungen bestanden haben, so relativiert sich die Größenordnung erheblich.

Wir wollen versuchen nachzuvollziehen, was das Ganze wirklich für Auswirkungen hat. Durch den Austritt Holzmanns hätte sich am Baumarkt ein neues Gleichgewicht ergeben. Durch den Verbleib Holzmanns im Markt ist die angebotene Menge allerdings wieder größer und der Preis muss fallen. Da die Subventionierung aber nur Holzmann betrifft, kann auch nur Holzmann die niedrigeren Preise betriebswirtschaftlich tragen. Alle die Unternehmen, die nach dem Austritt Holzmanns im Markt hätten bleiben können, müssen Anstrengungen unternehmen, um sich den niedrigeren Preisen anzupassen. Es müssen demnach Kosten reduziert werden. Kosten können auf der einen Seite durch den Abbau von Produktionsfaktoren und auf der anderen Seite durch die Reduzierung der Preise der Produktionsfaktoren erreicht werden. Obwohl bei Philipp Holzmann Arbeitsplätze gerettet worden sind, wird eine ähnliche Anzahl von Arbeitsplätzen nun bei anderen Anbietern gefährdet sein, nämlich bei denen, die ihre Kosten reduzieren müssen. Der Baumarkt kann die jetzige Zahl der Arbeitnehmer in einem Beschäftigungsverhältnis zu den aktuellen Kosten nicht tragen. Da von der Seite der Tarifpartner keine Senkung der Nominallöhne zu erwarten ist, bleibt nur ein Abbau der Arbeitsplätze.

Auch ist es zu weiteren Unternehmensinsolvenzen der Anbieter gekommen, deren Anstrengungen nicht ausreichen, um langfristig im Markt zu verbleiben.[12] Diese Anbieter haben nur das Problem, dass nicht auf einen Schlag 70.000 Arbeitsplätze gefährdet sind, sondern vielleicht bei jedem Insolvenz-Fall nur einige Hundert. Die "Rettung" einer solchen Anzahl von Arbeitsplätzen hilft jedoch keinem Politiker zum "Stimmenfang".

Philipp Holzmann konnte die gegebenen Hilfen leider nicht dazu nutzen, die eigene Struktur und das operative Geschäft nachhaltig umzubauen. Am 21.03.2002 wurde erneut Insolvenz beantragt, endgültig. Mehrere Seiten werfen Philipp Holzmann vor, Preisdumping, d.h. Angebote unter den eigenen Kosten, betrieben zu haben.[13] Nach Angaben aus der Baubranche sind zwischen 1999 und 2002 saldiert, d.h. Neugründungen abzüglich Insolvenzen, etwa 2000 Baubetriebe vom Markt verschwunden. Über diese Zeitspanne sind mehr als 230.000 Arbeitsplätze abgebaut worden.[14] Trotz dieses erheblichen Abbaus an Arbeitsplätzen ist die Baubranche weiterhin durch Überkapazitäten gekennzeichnet. Ein weiterer Abbau wird zukünftig

[12] Ein aus der Presse bekanntes Beispiel ist die Involvenz des ehemals drittgrößten Baukonzerns, der Walter Bau-AG in 2005.

[13] Hier ist unter anderem auch die Bundesvereinigung Mittelständischer Bauunternehmer zu nennen. Eine Sprecherin der Bundesvereinigung hat diese Vorwürfe erhoben.

[14] vgl. Zentralverband des Deutschen Baugewerbes (ZDB) 2003

zu erwarten sein, solange sich die Auftragslage nicht verbessert. Der Vorstandsvorsitzende von Bilfinger und Berger, Herbert Bodner, ein weiterer großer Baukonzern, fordert in einem Interview im September 2002 explizit steigende Insolvenzzahlen, damit marode Baufirmen vom Markt verschwinden. Ironischerweise fordert Bodner ein rigoroses Vorgehen der Banken, um den Anpassungsprozess in der Baubranche nicht zu behindern.[15]

Man sieht, das Auswerfen der Rettungsringe für Philipp Holzmann konnte die Wogen auf dem Arbeitsmarkt der Baubranche nicht glätten und die Lage auf dem Baumarkt langfristig auch nicht verbessern. Lothar Späth und Herbert A. Henzler bezeichnen den Fall Holzmann sogar "als abschreckendes Beispiel für kontraproduktiven Staatsinterventionismus".[16] Ähnlich kritisch wurde auch ein anderes Beispiel diskutiert: Opel. Im Sommer 2009 war der Autobauer der wohl meistbeschriebene Fall in den Medien. Anfänglich gab es durchaus politische Unterstützung für die Vergabe von Mitteln, in niedriger einstelliger Milliarden Höhe, aus dem **Wirtschaftsfonds Deutschland** an Opel. Gleichzeitig wurde ein Antrag von Aksys, ein mittelständischer Automobilzulieferer, in Höhe von rund 13 Millionen Euro abgelehnt. Im Sommer 2010 hat Opel schließlich alle Bürgschaftsanträge zurückgezogen und die notwendige Finanzierung wurde innerhalb der General Motors Gruppe, zu der Opel gehört, dargestellt. Ähnlich wie bereits für die Baubranche beschrieben sind zwischenzeitlich in der Zulieferindustrie der Autobranche insgesamt etwa so viele Arbeitsplätze verloren gegangen wie bei Opel gerettet werden sollten. Aber auch diese Firmen waren zu klein für politische Aufmerksamkeit. Möglicherweise wäre eine Rettung aber ökonomisch sinnvoller.[17] Der Wirtschaftsfonds Deutschland ist als Folge der Finanzmarktkrise entstanden. Insgesamt standen 115 Milliarden Euro für Bürgschaften bzw. Kredithilfen für Unternehmen zur Verfügung, die ohne Eigenverschulden in eine Krise gerutscht sind. Der Wirtschaftsfonds Deutschland ist Ende 2010 ausgelaufen. Bis November 2010 wurden rund 20.000 Anträge mit einem Volumen von rund 14 Milliarden Euro bewilligt.[18]

Volkswirtschaftlich sind sowohl negative als auch positive Effekte aus der Subventionierung einzelner, meistens Großunternehmens in der Lage Holzmanns, zu entdecken. Einerseits stellt es einen Markteingriff dar und ein Unternehmen, welches sich am Markt nicht mehr behaupten kann trägt

---

[15] vgl. Frankfurter Allgemeine Zeitung 2002, S. 15
[16] Späth, Henzler 2001, S. 34.
[17] vgl. Hans-Werner Sinn 2010
[18] Quelle: Bundesministerium für Wirtschaft und Technologie

auch immer eine eigene Schuld an der Insolvenz durch geringere Effizienz verglichen mit Wettbewerbern. Zwar löst eine Insolvenz Ängste aus, vor allem Existenzängste auf Seiten der Arbeitnehmer. Diese sind für den Einzelnen natürlich berechtigt. Allerdings heißt Insolvenz nicht, dass der Geschäftsbetrieb sofort und für immer eingestellt wird. Ganz im Gegenteil besteht häufig die Chance mindestens Teile des Unternehmens fortzuführen. Die deutsche Insolvenzordnung sieht sogar explizit die Möglichkeit der Erstellung eines Insolvenzplans vor. Das Ziel dieses Plans ist die Fortführung des Unternehmens als Ganzes. So konnte die Warenhauskette Karstadt als ein Unterfall der Arcandor Insolvenz durch unterschiedliche Maßnahmen fortgeführt werden. Hingegen musste das Versandhaus Quelle, ebenfalls Teil der Arcandor-Gruppe, den Geschäftsbetrieb einstellen. Einige Unternehmen können eine Insolvenz am Ende überstehen, einige nicht. Die es nicht können, sind in der Regel auch nicht überlebensfähig am Markt.[19] Andererseits gibt es auch positive Effekte aus der Subventionierung einzelner Unternehmen. So entsteht die Möglichkeit, dass sich zum Beispiel im Falle von Holzmann der Baumarkt mittelfristig umstrukturieren kann. Der Abbau der Arbeitsplätze seit 1999 macht diese Anstrengungen deutlich. Viele Einzelschicksale, die zu sozialem Unfrieden führen können, wurden zunächst abgewendet. Die erheblichen Kosten, die dem Staat kurzfristig aus den Folgen der Arbeitslosigkeit entstanden wären, konnten aufgeschoben und mittelfristig eventuell auch reduziert werden, indem einige Arbeitskräfte durch Weiterbildungsmaßnahmen andere Arbeitsplätze ausfüllen. Der kontinuierliche Arbeitsplatzabbau über mehrere Jahre ist unter Umständen sozial verträglicher als ein abrupter Umbruch. Man spricht in diesem Zusammenhang auch von Anpassungskosten, die bei der Umstrukturierung eines Marktes entstehen. Diese Kosten können durch stetige Umwandlungsprozesse gegenüber radikalen Einschnitten reduziert werden.

Die Strategie einer stetigen Umwandlung wendet man auch seit Jahren in der Steinkohleindustrie in Deutschland an. Kritiker sagen auch hier, dass die Umwandlung zu lange dauert. Eine befriedigende Antwort kann man auf diese Kritik kaum geben, sie ist allerdings auch nicht unangebracht. Die Diskussion um den richtigen Weg einer gesellschaftlichen Umstrukturierung, die den ökonomischen und sozialen Gegebenheiten gleichermaßen

[19]Eine Übersicht der größten Insolvenzen bieten zum Beispiel die Analysen der Creditreform "Insolvenzen, Neugründungen, Löschungen", die zweimal im Jahr erscheinen. Informationen zur Arcandor-Pleite sind in der Analyse aus dem Jahr 2009 enthalten.

Rechnung trägt, ist ein weites Feld. Sie kann und wird an dieser Stelle nicht weitergeführt werden. Als Resümee bleibt lediglich die Anmerkung, dass jeder staatliche Eingriff zunächst kritisch zu betrachten ist, jedoch von Fall zu Fall abzuwägen ist.

4.4 Schlussfolgerungen aus staatlichen Eingriffen

In Bezug auf den Welthandel zeigen sich Tendenzen für den Rückgang von Zöllen. Hierbei scheint es einen Zusammenhang zwischen der Verbreitung von Demokratie und Freihandel zu geben. 1981 gab es nur etwa 40 Demokratien auf der Welt. Im Jahre 2003 waren es mehr als doppelt so viele. In diesem Zeitraum sind die Zölle in den neuen Demokratien von circa 30% auf unter 15% gefallen. Die vorherigen Ausführungen zeigen, dass dies eine positive Entwicklung ist.[20]

Wir haben gesehen, dass staatliche Eingriffe zu einem Verlust an Sozialer Wohlfahrt führen können und deshalb die Gesellschaft nach dem Eingriff des Staates schlechter dasteht als vorher. Trotzdem können wir der Politik nicht abstreiten, dass staatliche Eingriffe zum Schutz der Gesellschaft und zur Überbrückung wirtschaftlicher Engpässe aus politischen Krisen, nicht völlig ausbleiben können. Entscheidet sich der Staat aus oben genannten Gründen für einen Markteingriff, sollte er sich jedoch an folgendes Schema[21] halten:

1. Der Eingriff sollte zur Erhaltung des Preismechanismus am Markt marktkonform erfolgen, d.h. die geeigneten Mittel wären Subventionen, Steuerentlastungen oder Handelsprotektionen.

2. Die staatlichen Maßnahmen sollten von vornherein zeitlich beschränkt sein. Einerseits erhält der Staat Finanzierungsgewissheit und verfällt nicht in einen Subventionsdschungel. Andererseits bleibt gewährleistet, dass die betroffenen Marktteilnehmer um größtmögliche Effizienz bemüht bleiben und sich nicht auf den Hilfen des Staates ausruhen. Innovation und technischer Fortschritt wären gesichert.

3. Zur Aufrechterhaltung der preislichen Anreizfunktion sollten die staatlichen Hilfen degressiv sein, damit keine dauerhaften Überkapazitäten entstehen, die dann nach Auslauf des staatlichen Programms zu einer erneuten Krise führen.

[20] vgl. Daniel Y. Kono 2006
[21] vgl. Wilhelm Pfähler 1999, S. 132

4. Letztlich muss die Vergabe der Beihilfen an bestimmte Kriterien gebunden sein, die darauf hinwirken sollen, den Grund der Beihilfen zu eliminieren und dem Markt einen nachhaltigen Bestand aus sich selbst heraus zu garantieren.

Teil II
Makroökonomie

*"Wenige von uns können Wohlstand ertragen.
Den eines anderen, meine ich."*
Mark Twain

5

Der Wirtschaftskreislauf

Lernziele:

- Der Wirtschaftskreislauf beschreibt rückblickend die Zusammenhänge zwischen einzelnen Marktteilnehmern.
- Die Ersparnisse sind die Grundlage für Investitionen.
- Der Staat kann Schwankungen bei privaten Ersparnissen oder Investitionen ausgleichen.
- Ein freier Außenhandel führt nicht zur Ausbeutung der Armen Länder, sondern bietet ganz im Gegenteil beiden beteiligten Handelspartnern einen Vorteil.
- Ein positiver Außenbeitrag entzieht der inländischen Wirtschaft wichtige Investitionsmittel.

5.1 Der einfache Wirtschaftskreislauf ohne Sparen

Auf der einen Seite beschreibt der **einfache Wirtschaftskreislauf ohne Spartätigkeit** den Austausch von Waren und auf der anderen Seite den Austausch von Geld zwischen den Unternehmen und den Haushalten. Wir unterstellen hier, dass die Wirtschaft nach außen geschlossen ist. Es findet kein Warenaustausch mit dem Ausland statt. Es gibt keinen Staat, und keine Spartätigkeit, d.h. die Haushalte konsumieren ihr gesamtes Einkommen in der Periode, in der sie es erhalten. Letztlich werden die Unternehmen hier nicht investieren, wobei nur Nettoinvestitionen gemeint sind, es kann kein neues Kapital geschaffen werden. Der Ausschluss von Investitionen heißt jedoch nicht, dass auch keine Ersatzinvestitionen stattfinden, diese werden nicht ausgeschlossen, da der Wirtschaftskreislauf nur mit dem laufenden Ersatz des Kapitals langfristig überleben kann. Die Grundannahmen eines einfachen Wirtschaftskreislaufs ohne Spartätigkeit sind folglich:

- kein Warenaustausch mit dem Ausland;

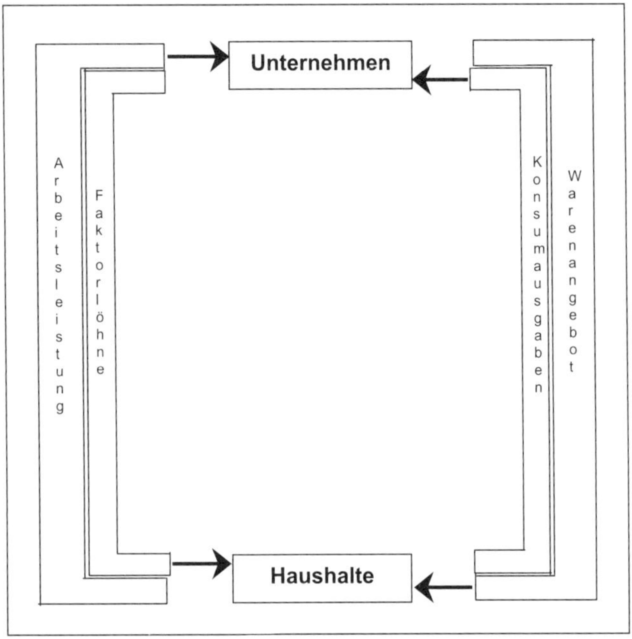

Abbildung 5.1: Einfacher Wirtschaftskreislauf ohne Sparen

- kein Staat;
- keine Spartätigkeit;
- keine Investitionen.

Die Haushalte besitzen weder Boden noch Kapital, das zu Produktionszwecken eingesetzt werden kann. Die Unternehmen besitzen keine Arbeit als Produktionsfaktor. Um produzieren zu können, benötigen die Unternehmen Arbeitskraft. Die Haushalte bieten diese Arbeitsleistung (Faktorleistung) den Unternehmern zur Produktion an, doch verlangen sie auch eine Gegenleistung in Form von Lohn oder Gehalt[1]. Das Geld, welches die Haushalte auf diese Art bekommen, nutzen sie nur für den Erwerb der produzierten Waren. Da keine Spartätigkeit stattfindet, ist der Wert der Waren, die nachgefragt werden, genauso groß wie die Summe der Löhne. Dementsprechend werden die Anbieter auch nicht mehr produzieren, da

[1]Im Folgenden wird nur der Begriff Löhne verwendet, da hier auf betriebswirtschaftliche Unterscheidungen verzichtet werden soll.

die Mehrproduktion zum einen vom Markt nicht mehr verlangt wird und zum anderen auch keine Produktionsfaktoren zur Verfügung stehen.

Wir können hieraus die erste und einfachste Gleichung des gesamtwirtschaftlichen Gleichgewichts ableiten. In diesem Fall ist das gesamtwirtschaftliche Angebot Y^S gleich der gesamtwirtschaftlichen Nachfrage Y^D. Diese besteht wiederum nur aus dem privaten Konsum C. Der private Konsum fließt vollständig an die Unternehmen zurück und steht damit in voller Höhe für die notwendigen Ersatzinvestitionen I_{Ersatz} zur Verfügung. Diese müssen getätigt werden, da das Kapital durch die Produktion teilweise abgenutzt worden ist. Es gilt:

$$Y^S = Y^D = C = I_{Ersatz}.$$

5.2 Der einfache Wirtschaftskreislauf mit Sparen

Die einzige Änderung, die hier gegenüber dem oberen Modell vorgenommen wird, ist das Zulassen von Spartätigkeit und von Investitionen. Die Grundannahmen für diesen Kreislauf reduzieren sich demnach auf:

- kein Warenaustausch mit dem Ausland;
- kein Staat.

Sparen bedeutet einfach Konsumverzicht. Man kann das Einkommen in zwei Teile aufsplitten, zum einen in den Konsum und zum anderen in das Sparen Ω. Es gilt:

$$m = C + \Omega.$$

Inwiefern nimmt nun aber die Spartätigkeit Einfluss auf unseren Wirtschaftskreislauf? Für die Anbieter ist einerseits der Absatz nicht mehr so gewiss wie in einem Kreislauf ohne Sparen. Angenommen die Haushalte inklusive der Unternehmerhaushalte erhalten ein Einkommen für 100 hergestellte Produkte in Höhe von 100 GE, der Verkaufspreis der Produkte beträgt 1 GE pro Stück. Entscheiden sich die Haushalte aber 5% ihres Einkommens zu sparen, dann können die Unternehmen nur noch 95 der hergestellten Produkte verkaufen. Die Haushalte sparen 5 GE. Die Unternehmen werden gezwungen in der gleichen Höhe ihre Produkte auf Lager zu nehmen, d.h. sie investieren. Entweder tätigen sie **Lagerinvestitionen** oder setzen die Güter in der nächsten Periode zur Produktion ein. Aus den Konsumgütern werden so in der nächsten Periode Investitionsgüter.

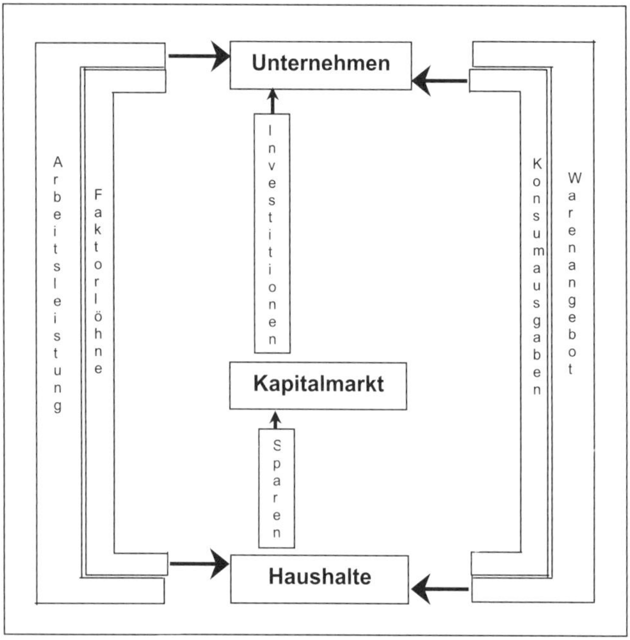

Abbildung 5.2: Einfacher Wirtschaftskreislauf mit Sparen

In Erweiterung zu der vorherigen Gleichung gilt:

$$
\begin{aligned}
& Y^D = C + \Omega \\
\Leftrightarrow \quad & \Omega = Y^D - C
\end{aligned}
$$

$$
\begin{aligned}
\text{sowie:} \quad & Y^S = C + I \\
\Leftrightarrow \quad & I = Y^S - C.
\end{aligned}
$$

Aus dem vorherigen Kapitel ist bekannt: $Y^D = Y^S$. Folglich:

$$
\begin{aligned}
& C + \Omega = C + I \\
\Leftrightarrow \quad & \Omega = I \\
\Rightarrow \quad & Y^S = Y^D = C + I = C + \Omega.
\end{aligned}
$$

Diese Gleichung sieht sehr leicht aus und geht auch schön auf, wie wir es in einem Modell erwarten. Aber man sollte sich vor Augen halten, dass dieses Gleichgewicht nicht unbedingt erfüllt sein muss. Angenommen die Unternehmen wollten ihre gesamte Produktion an die Konsumenten verkaufen, dann werden sie zu unfreiwilligen Investitionen aufgrund der Spartätigkeit gezwungen. So entsteht ein Ungleichgewicht, das erst zum Ende der Periode durch Zwang ausgeglichen werden kann. Auf der anderen Seite könnten die Haushalte durch Investitionen auch zum Sparen gezwungen werden, wodurch, wie durch erzwungene Investitionen, Unzufriedenheit entsteht. Wie kann man dem vorbeugen?

5.3 Der geschlossene Wirtschaftskreislauf

Neben der Annahme der Spartätigkeit wird hier zusätzlich noch die Annahme eines fehlenden Staates fallen gelassen. Die Grundannahmen reduzieren sich hier auf nur noch eine:

- kein Warenaustausch mit dem Ausland.

Neben den Haushalten und den Unternehmen existiert ein Staat. Dieser Staat wird Dienstleistungen anbieten. Hierzu gehören die Infrastruktur, die öffentliche Sicherheit, Bildung und Fürsorge. Dafür fordert der Staat eine Gegenleistung. Er verlangt Steuern. Es besteht sowohl eine gegenseitige Verbindung zwischen dem Staat und den Unternehmen, als auch zwischen dem Staat und den Haushalten.

Der Staat erhält Steuern von den Unternehmen und er erhält Waren, wenn er nachfragt. Auf der anderen Seite zahlt der Staat Subventionen und den Kaufpreis für die erhaltenen nachgefragten Waren. Von den Haushalten fragt der Staat Arbeitskräfte nach und zahlt dafür Löhne, außerdem gibt es auch hier eine Beziehung über Steuern und Transferzahlungen, d.h. staatlichen Unterstützungen. Der gesamte, nun schon komplexere Kreislauf ist in Abbildung 5.3 dargestellt.

Aus dieser Abbildung kann man nun schon einiges mehr erkennen. Die gesamten Staatsausgaben G setzen sich aus den staatlichen Investitionen I_{ST} für Güter und dem staatlichen Konsum C_{ST} zusammen. Auf der anderen Seite finanziert sich der Staat über Steuern, wobei nur die Netto-Zuflüsse beachtet werden dürfen, da die Subventionen Sb und die Transferzahlungen Tr berücksichtigt werden müssen. Letztlich müssen die gesamten Einnahmen des Staates G_I gleich den Ausgaben sein. Im geschlossenen Wirtschaftskreislauf gilt:

$$
\begin{aligned}
& G = G_I \\
\Leftrightarrow\quad & C_{ST} + I_{ST} = T - Sb - Tr.
\end{aligned}
$$

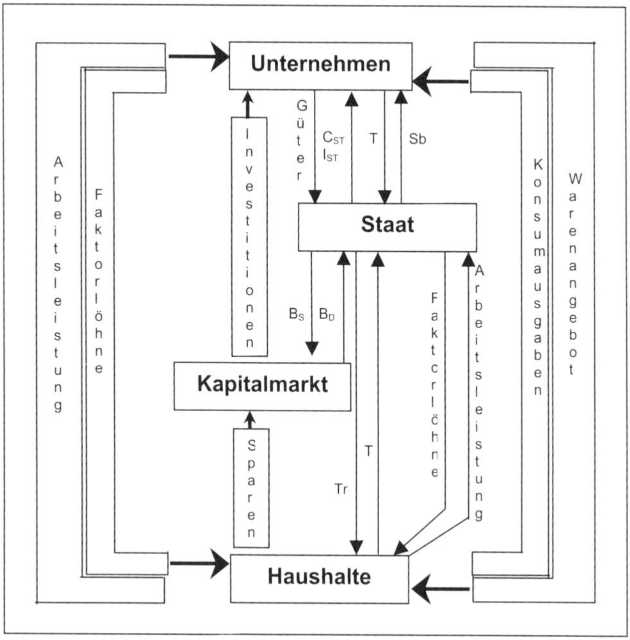

Abbildung 5.3: Geschlossener Wirtschaftskreislauf

Sind nun, wie es in der Vergangenheit in Deutschland beobachtet werden konnte, die Ausgaben größer als die Einnahmen, ergibt sich:

$$G - G_I = B_D$$
$$\Leftrightarrow \quad C_{ST} + I_{ST} - T + Sb + Tr = B_D.$$

Es entsteht ein Budgetdefizit B_D. Der Staat tritt an den Kapitalmarkt, um sich Geld zu leihen. Der umgekehrte Fall ließ sich in Deutschland schon lange nicht mehr beobachten, ist jedoch in den Vereinigten Staaten von Amerika und auch in Großbritannien um den Jahrtausendwechsel vorgekommen. Die Einnahmen sind dann größer als die Ausgaben und es entsteht ein Budgetüberschuss B_S, d.h.:

$$G - G_I = B_S$$
$$\Leftrightarrow \quad C_{ST} + I_{ST} - T + Sb + Tr = B_S.$$

Im geschlossenen Wirtschaftskreislauf muss ein Ungleichgewicht zwischen den privaten Investitionen und Ersparnissen nicht unbedingt zu

Zwängen führen. Die nicht abgesetzten Produkte können vom Staat nachgefragt werden. In einem solchen Kreislauf können private Ersparnisse ohne private Investitionen entstehen. Ebenso können Investitionen im privaten Sektor entstehen, ohne dass die Haushalte sparen. Wie geht das? Angenommen der Staat hat ein ausgeglichenes Budget und die privaten Haushalte planen 5 GE zu sparen, dann entstünden private Investitionen in Höhe von 5 GE. Erhöht der Staat nun die direkten Steuern der Haushalte um 5 GE, ohne dass er seine Ausgaben erhöht, dann bestehen in den Haushalten keine Ersparnisse mehr, obwohl die Unternehmen investieren. Dafür spart der Staat nun 5 GE. In diesem Fall erwirtschaftet der Staat einen Überschuss. In einer geschlossenen Wirtschaft ergibt sich folgendes Gleichgewicht:

$$Y^S = Y^D = C + I + G.$$

5.4 Der offene Wirtschaftskreislauf

Der offene Wirtschaftskreislauf unterscheidet sich jetzt nur noch dahingehend von den anderen Kreisläufen, dass er eine Wirtschafts- und Handelsverbindung mit dem Ausland ermöglicht. Wir erinnern uns, dass es Importbeschränkungen geben kann. Sind diese so restriktiv, dass überhaupt keine Einfuhren stattfinden, dann sprechen wir wie oben von einem geschlossenen Wirtschaftskreislauf, sofern diese totale Barriere auch für den Export gilt. In dem nun vorliegenden Fall kann allerdings ein Warenaustausch mit dem Ausland stattfinden.

Austausch besagt schon, dass die Bewegung von Waren und Dienstleistungen sowie deren Bezahlung in beide Richtungen laufen kann. Hierbei erzeugen Importe Zahlungen ins Ausland und damit einen Geldabfluss aus dem Inland. Hingegen verursachen Exporte einen Warenabgang und so einen Geldzufluss in das Inland.

Doch warum finden diese Handelsbeziehungen statt, noch dazu in einem Ausmaß, welches die Bezeichnung Globalisierung rechtfertigt? Das ist relativ einfach erklärt. Bereits in einem früheren Kapitel[2] wurde gezeigt, wie sich der Preis in Abhängigkeit von Angebot und Nachfrage entwickelt. Wir haben dabei auch gesehen, dass es Anbieter gibt, die zwar bereit sind, ein Gut x herzustellen, jedoch nicht bereit sind, dieses Produkt zum Gleichgewichtspreis auf dem Inlandsmarkt zu verkaufen. Daraufhin wurde immer festgestellt, dass dementsprechend nur die Gleichgewichtsmenge abgesetzt

[2] vgl. Kap. 1

werden kann. Die Aussage müssen wir nun bei der Betrachtung des Auslands als Nachfrager erweitern. Alle Anbieter können ihre Waren jetzt auch am Weltmarkt anbieten. Sie werden es tun, wenn der dort herrschende Preis oberhalb ihres Durchschnittskostenminimums liegt.

Wann kommt es zu Exporten? Wenn das exportierende Land gegenüber dem importierenden Land bei der Produktion eines Gutes im Vorteil ist. Man spricht von einem **komparativen Vorteil**. Ein Land wird hingegen Waren importieren, wenn das Inland gegenüber dem Ausland bei der Produktion eines Gutes einen komparativen Nachteil hat. Die Theorie des komparativen Vorteils geht auf David Ricardo zurück.[3] Komparativ bedeutet vergleichend, dies ist nicht zu verwechseln mit absolut. Ein sogenanntes Schwellenland wird im Vergleich zu einem sogenannten Industrieland in vielen Produktionsprozessen absolute Kostenvorteile haben. Dies ergibt sich unter anderem aus den wesentlich niedrigeren Löhnen im Schwellenland. Dennoch gibt es weit weniger Produktionsprozesse, in denen ein komparativer, d.h. vergleichender Kostenvorteil besteht. Das Maß der Dinge sind nicht die absoluten Kosten, sondern die Opportunitätskosten. Ein Land wird folglich exportieren, wenn die internationalen Preise oberhalb der Opportunitätskosten für die eigene Produktion liegen. Ein Land wird importieren, wenn die Weltmarktpreise unterhalb der Opportunitätskosten der eigenen Produktion liegen. Ein komparativer Vorteil oder auch Nachteil kann aus den verschiedensten Situationen heraus entstehen. Es kann eine Differenz im Lohnniveau, bei Rohstoffvorkommen, im Klima oder bei Energiequellen sein.

Dieser Ausgleich zwischen Mangel und Überschuss als eine Folge der komparativen Nachteile und Vorteile, lässt sich auf die sogenannte **internationale Arbeitsteilung** zurückführen. Dadurch, dass Deutschland die Textilproduktion nahezu komplett eingestellt hat, weil sie im Ausland, wie Indien oder Bangladesch, preisgünstiger gestaltet werden kann und daher billiger ist, entsteht bei uns ein Mangel an Textilien. Wir könnten uns mit den bei uns produzierten Gütern nicht kleiden, daher importieren wir etwas. Auf der anderen Seite exportieren wir moderne Maschinen und vor allem auch Know-How nach Indien und Bangladesch, zwei Güter, die dort dringend gebraucht werden. Wobei wir hier außer Acht lassen müssen, ob alle Güter, die insbesondere an Entwicklungs- oder Schwellenländer in der Vergangenheit verkauft wurden, unter entwicklungspolitischen Gesichtspunkten sinnvoll waren.

[3]vgl. David Ricardo 1951

Der Vorteil des Außenhandels

Tagesproduktion Land A:	Tagesproduktion Land B:
40 Anzüge oder 8 DVD-Player	120 Anzüge oder 40 DVD-Player

Land A benötigt 80 DVD-Player, es möchte diese aber nicht selbst produzieren, sondern sie von Land B kaufen. Als Preis bietet Land A 320 Anzüge. Sollte Land B diesen Handel eingehen?

Land B kostet die Produktion von 80 DVD-Playern genau zwei Tagesproduktionen an Anzügen, d.h. 240 Stück. Verkauft Land B die 80 DVD-Player jedoch an Land A erhält es 320 Anzüge. Land B würde bei diesem Geschäft einen Gewinn von 80 Anzügen machen.
Auf der anderen Seite kostet Land A die Eigenproduktion von 80 DVD-Playern zehn Tagesproduktionen an Anzügen, d.h. 400 Stück. Kauft Land A hingegen die 80 DVD-Player von Land B, fallen nur Kosten von 320 Anzügen an. Auch Land A macht einen Gewinn von 80 Anzügen.
Dieses Beispiel verdeutlicht den beiderseitigen Nutzen des Außenhandels, es handelt sich hierbei nicht um eine Ausbeutung armer Länder durch die reichen Länder. Dieser Schluss trifft jedenfalls dann zu, wenn der Handel, was angenommen wird, fair ist. Im Beispiel besitzt Land A einen **komparativen Vorteil** bei der Produktion von Anzügen und Land B einen bei der Produktion von DVD-Playern. Bei dem jeweils anderen Gut besitzen die Länder einen **komparativen Nachteil**. Durch den Handel können beide Länder von ihrem Vorteil profitieren.

Land B sollte auf den Handel eingehen!

Ausschlaggebend für den Außenhandel sind Mangel- bzw. Überschusszustände, die auf Preisunterschieden beruhen. Hierbei sind weniger die absoluten Preisunterschiede interessant, sondern vielmehr die relativen Preisunterschiede. Die Ökonomen nennen das Verhältnis zwischen dem Exportpreis eines Gutes und dem Importpreis des Gutes die **Terms of Trade** (tot). Wir werden dieses Verhältnis später noch genauer erklären können.

Kommen wir zurück zu dem offenen Wirtschaftskreislauf. In Abbildung 5.4 können wir sehen, wie das Ausland in den Warenverkehr eingebunden wird. Hierbei nennen wir die Differenz zwischen Export und Import den **Außenbeitrag**, der ebenfalls in einem späteren Kapitel noch eine Rolle spielen wird. Auch wenn es 'Beitrag' heißt, kann die Differenz auch negativ sein, was bedeuten würde, dass ein Land mehr importiert als es exportiert, man spricht in diesem Fall auch von einem **Exportdefizit**. Andererseits sagt man **Exportüberschuss**, wenn die Exporte größer sind als die Importe.

Ein Exportdefizit muss zu einer Kreditaufnahme im Ausland führen. Die Importe müssen mit ausländischer Währung bezahlt werden, wenn ein Land jedoch mehr importiert als es exportiert, dann muss auch mehr Geld abfließen, als in die Volkswirtschaft hineinströmt. Umgekehrt ist ein Exportüberschuss einem Kredit ins Ausland vergleichbar. Die Ersparnisse in einer Volkswirtschaft können so nicht ausschließlich für die Investitionen

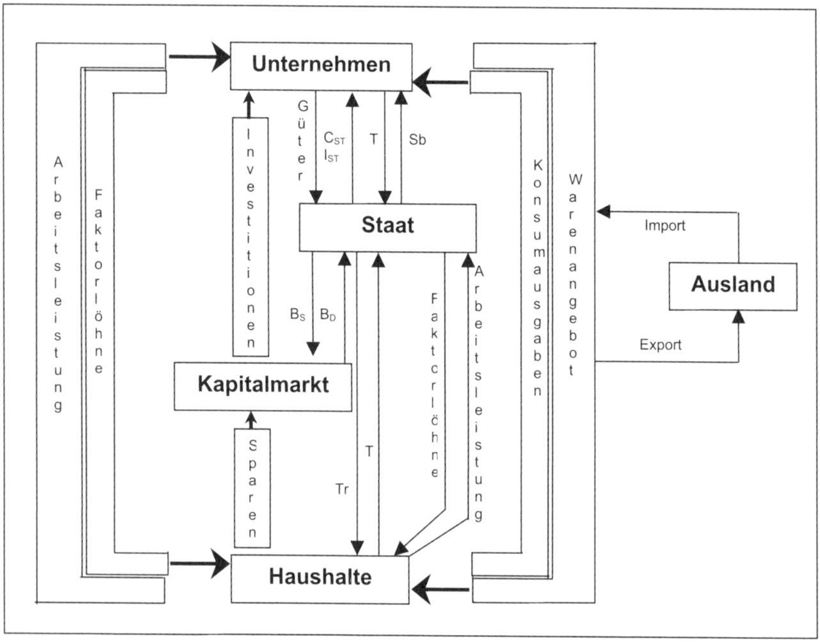

Abbildung 5.4: Der offene Wirtschaftskreislauf

im privaten Sektor eingesetzt werden, da das Ausland zur Bezahlung der überschüssigen Exporte inländisches Geld nachfragt. Durch einen positiven Außenbeitrag werden einer Volkswirtschaft mithin wichtige finanzielle Mittel für die Investitionstätigkeiten entzogen. Genau dieser Effekt führt in einem folgenden Kapitel zu der Forderung einer ausgeglichenen Handelsbilanz, um ein gesamtwirtschaftliches Gleichgewicht zu erreichen.

In Abbildung 5.4 ist das Ausland aus Gründen der Übersichtlichkeit lediglich in den Warenaustausch integriert worden. Diese Annahme ist zu einfach. Das Ausland kann ebenfalls an den Arbeitsmarkt, an den Staat oder an den inländischen Kapitalmarkt herantreten. Es ist vorstellbar, dass der Staat Güter aus dem Ausland bezieht oder der Staat Güter exportiert. Genau wie es ein Warenaustausch gibt, existiert auch ein Kapitalaustausch oder ein Austausch an Arbeitsleistung. Die Beziehungen zwischen dem Inland und dem Ausland sind folglich wesentlich stärker als in der vorherigen Abbildung dargestellt werden kann.

Die letzte Frage, die hier noch beantwortet werden muss, ist die Frage nach der Gleichgewichtsbedingung. Der offene Wirtschaftskreislauf ist das Modell, das nahezu jede demokratische Nation nach westlichem Muster anstrebt. Ein Gleichgewicht besteht wie wir schon wissen nur, wenn sich die gesamtwirtschaftliche Nachfrage mit dem gesamtwirtschaftlichen Angebot ausgleicht. Daher ist die Frage zu beantworten, aus welchen Größen sich die gesamtwirtschaftliche Nachfrage in diesem Modell zusammensetzt. Zum einen aus den bereits bekannten Größen des privaten Konsums und den privaten Investitionen. Zum anderen natürlich auch aus den staatlichen Ausgaben. Hinzu kommt jetzt noch der Außenbeitrag. Für gewöhnlich wird er nicht direkt angegeben, sondern stattdessen die jeweiligen Größen des Ex- und des Imports. Nachfragewirksam ist natürlich nur die Differenz der beiden Größen. Das Gleichgewicht ergibt sich folglich aus:

$$Y^S = Y^D = C + I + G + (Ex - Im).$$

Damit wären die Wirtschaftskreisläufe abgeschlossen. Zu beachten ist hierbei, dass im Gegensatz zur Preisbildung und zu den Produktionsmöglichkeiten keine Theorie dargestellt wird. Die Preisbildung, wie wir sie im ersten Kapitel kennengelernt haben, beruht auf der **Preistheorie**, die wiederum auf der Theorie von Angebot und Nachfrage beruht. Das zweite Kapitel basiert auf der **Unternehmenstheorie**. Bei den Modellen der Wirtschaftskreisläufe handelt es sich hingegen um eine Ansammlung von Definitionen. Vielleicht ist der Unterschied noch nicht ganz deutlich geworden.

Eine Theorie beruht immer auf Grundannahmen, sogenannten **Hypothesen**, die dazu dienen, bestimmte Gesetzmäßigkeiten zu erklären. Eine Theorie ermöglicht es, unter Beachtung der Hypothesen ein Ergebnis a priori zu ermitteln oder zumindest eine Tendenz zu erfahren. Die Modelle des Wirtschaftskreislauf beruhen jedoch nicht auf Hypothesen, sondern auf Zusammenhängen. Ein Ergebnis kann hier nur a posteriori, d.h. im nachhinein ermittelt werden.

6

Die Volkswirtschaftliche Gesamtrechnung (VGR)

Lernziele:

- Die bedeutendste Größe der gesamtwirtschaftlichen Nachfrage ist der private Konsum.
- Das Bruttoinlandsprodukt ist ein weitverbreitetes Wohlstandmaß. Dabei hat es seine Schwächen. Es ist nicht das einzige Maß und nicht das allein richtige.
- Neben dem Konsum sind die Investitionen die zweite wichtige Größe in einer Volkswirtschaft. Sie haben großen Einfluss auf das Wachstum.
- Ein Staatsdefizit in Verbindung mit einem positiven Außenbeitrag entzieht der inländischen Wirtschaft wichtige Gelder, die nicht zum Konsum eingesetzt werden können.

Die Volkswirtschaftliche Gesamtrechnung (VGR) füllt das Konzept der Wirtschaftskreisläufe mit Daten. Träger in Deutschland ist das Statistische Bundesamt. Im Mittelpunkt der VGR (auch: **VGR im engeren Sinne**) steht die Analyse der volkswirtschaftlichen Gesamtproduktion und des Gesamteinkommens. Die für die VGR gesammelten Daten werden in Konten- oder Tabellenform dargestellt und in Diagrammen oder Gleichungssystemen zusammengefaßt. Die VGR'en der Länder in der Europäischen Union wichen ursprünglich mehr oder weniger stark voneinander ab. Im April 1999 wurde die VGR in Deutschland und in anderen Ländern der Europäischen Union auf das neue **Europäische System der Volkswirtschaftlichen Gesamtrechnungen (ESVG 95)** umgestellt. Hierauf basiert die folgende Darstellung. Die Umstellung hatte einige erhebliche konzeptionelle Veränderungen zur Folge, die im Weiteren aber nicht näher diskutiert werden.[1]

[1] Für einen tieferen Einstieg in das Thema bieten sich unterschiedliche Monatsberichte der Deutschen Bundesbank an; Februar 1999, S. 58; Mai 1999, S. 36; Dezember 1999, S. 51; April 2003, S. 17.

6.1 Gesamtwirtschaftliche Nachfrage und Angebot

6.1.1 Zusammensetzung der gesamtwirtschaftlichen Nachfrage

Aus der im letzten Kapitel definierten Gleichung können wir jetzt leicht die **gesamtwirtschaftliche Nachfrage** ableiten. Sie setzt sich aus der privaten Konsumnachfrage, der privaten Investitionsnachfrage, den staatlichen Ausgaben, d.h. der Nachfrage des Staates und aus der Differenz von Export und Import, dem Außenbeitrag, zusammen.

Jede dieser Größen setzt sich aus den verschiedensten Variablen zusammen. Der private Konsum besteht aus der gesamten privaten Bedürfnisbefriedigung, d.h. hiermit werden alle Güter erfasst, die wir kaufen, gebrauchen und schließlich wegschmeißen. Investitionen unterscheiden sich vom Konsum dadurch, dass sie dazu dienen, den Wohlstand zu vermehren. Kauft sich ein Privatmann eine Säge, um einen kleinen Baum im Garten zu fällen, so handelt es sich um ein Konsumgut. Wird die gleiche Säge von einem Tischler gekauft, der sie dazu einsetzt Gewinne zu machen, handelt es sich um ein Investitionsgut.

Die staatlichen Ausgaben sind ebenfalls zu differenzieren wobei eine Unterscheidung in diesem Fall wesentlich schwerer fällt. Im Bereich des Definitionsschemas der VGR werden alle Staatsausgaben, wie später noch genauer erläutert wird,[2] als Konsumausgaben erfasst. Trotz dieser definitionsgemäßen Zusammenfassung können die Ausgaben politisch, d.h. vor allem wirtschaftspolitisch, in **investive** und **konsumtive Staatsausgaben** aufgeteilt werden. Um eine solche Aufteilung der Ausgaben des Staates vornehmen zu können, muss man den Produktivitätsbeitrag der jeweiligen Ausgabe bestimmen. Trägt die vom Staat vorgenommene Ausgabe zur Steigerung der Produktivität der Volkswirtschaft bei, handelt es sich um eine Investitionsausgabe. Führt die Ausgabe lediglich zu einem Verbrauch von Ressourcen, ohne dass die Produktivität der Volkswirtschaft berührt wird, spricht man von einem reinen **Staatsverbrauch** bzw. einer Konsumausgabe. Um zwischen Staatsinvestitionen und Staatskonsum unterscheiden zu können, wird häufig auch der Begriff der Wertigkeit von Staatsausgaben gewählt.[3] Investitionsausgaben haben einen allgemein höheren Wert für die Volkswirtschaft als die Konsumausgaben des Staates.

Trotz oder gerade wegen der unterschiedlichen Kriterien für die Zuordnung der Staatsausgaben in Investitionen und Konsum ist eine ein-

[2] vgl. Kap. 6.2.1

[3] vgl. Baßeler, Heinrich et al. 1991, S. 375ff.

deutige Charakterisierung umstritten. Die Ausgaben für die militärische Ausrüstung, das öffentliche Gesundheitswesen, die öffentliche Verwaltung und öffentliche Güter werden als Konsumausgaben definiert. Investitionsausgaben ergeben sich nur für öffentlich genutzte Maschinen und Ausrüstungen, öffentliche Bauten und die allgemeine Infrastruktur. Von Investitionsausgaben wird somit in der Regel gesprochen, wenn die Ausgabe zur Erhaltung des materiellen Sachkapitals dient. In diesem Zusammenhang spricht man von **öffentlichen Ausrüstungs-** oder **Bauinvestitionen**.

Dient die Ausgabe des Staates hingegen zur Erhaltung von immateriellen Kapital, ist die Einordnung umstritten. Das Beispiel Bildungsausgaben verdeutlicht den Zwiespalt zwischen Konsum und Investition. Vom reinen wirtschaftswissenschaftlichen Standpunkt aus gesehen, müssen die Bildungsausgaben insgesamt als Investitionsausgaben betrachtet werden. Aus politischen Gründen wird der Begriff der Investitionen allerdings sehr eng gefasst. Die Höhe der Investitionen schränkt die Kreditaufnahme des Staates ein.[4] Daher ist die Politik bemüht, die Investitionen des Staates nicht zu stark auszuweiten, um so die Staatsverschuldung in einer angemessenen Höhe zu begrenzen. Vor dem Hintergrund dieser politischen Restriktion werden daher nur die Ausgaben für den Bau von Schul- oder Universitätsgebäuden bzw. vergleichbare Ausgaben als investive Ausgaben angesehen. Die Ausgaben für den Betrieb des Bildungswesens, auch die Gehälter von Lehrern und Professoren, werden hingegen als konsumtive Ausgaben betrachtet. Aus den oben genannten Gründen ist eine solch politisch motivierte Einordnung der Staatsausgaben durchaus fraglich. Im Allgemeinen dürfte die Tätigkeit von Lehrern und Professoren allerdings eine hohe Wertigkeit für die Volkswirtschaft haben. In der Regel kann angenommen werden, dass das Bildungsniveau der Gesellschaft auch die eigene Produktivität positiv beeinflusst. Je höher demnach das Bildungsniveau einer Gesellschaft ist, desto höher wird ihre Produktivität sein. Etwas einfacher ausgedrückt, eine Gesellschaft die nichts weiß, kann auch nichts erfinden, denn sie wüsste nicht, dass sie etwas erfunden hat und was sie mit dem Entwickelten anfangen sollte. Politisch sollte daher ein grundsätzlicher Umdenkungsprozess stattfinden, Bildungsausgaben, aber auch andere Ausgaben, die bisher teilweise den Konsumausgaben zugeordnet werden,[5]

[4] vgl. Kap. 6.1.2.3

[5] Hier sind vor allem die Ausgaben für das Rechtssystem zu erwähnen. Ausgaben für Gerichtsgebäude sind Investitionen, die Gehälter der Richter und Staatsanwälte sind jedoch Staatskonsum. Man muss hierbei beachten, dass eine marktwirtschaftliche Ordnung nur in einem zwar freiheitlichen aber geordneten

sollten als Investitionen betrachtet werden.[6]

Weiterer Bestandteil der gesamtwirtschaftlichen Nachfrage ist der Außenbeitrag. Wie wir bereits wissen, ergibt er sich aus der Differenz zwischen Export und Import. Betrachten wir nun die Determinanten der gesamtwirtschaftlichen Nachfrage.

6.1.2 Determinanten der gesamtwirtschaftlichen Nachfrage

6.1.2.1 Determinanten des privaten Konsums

Der Konsum wird im wesentlichen vom Einkommen beeinflusst, wobei es wichtig ist, zwischen dem **nominalen Einkommen** und dem **verfügbaren Einkommen** zu unterscheiden. Hierunter versteht man den Teil des Einkommens, der nach Abzug von Steuern und Abgaben verbleibt. Desweiteren ist zu beachten, dass es sich um das **durchschnittliche Einkommen** handelt. Ein Haushalt wird seinen Konsum aufgrund kurzfristiger geringer Einkommenseinbußen nicht grundlegend verändern, sondern das fehlende Einkommen durch Ersparnisse ersetzen. Ebenso wird ein Single-Haushalt, der von den Schulferien nicht gebunden ist, die Einkommensverbesserung durch Urlaubsgeld im Sommer nicht unbedingt sofort in Konsum umsetzen, sondern das Erhaltene sparen und den später geplanten Urlaub davon bezahlen.

Wir haben eben bereits Ersparnisse erwähnt, aus denen sich **Vermögen** aufbauen lässt. Die Höhe des Vermögens wird ebenfalls den Konsum eines Haushaltes verändern. Aus dem Vermögen sind im Normalfall nämlich Erträge zu erwarten, die wiederum das Einkommen erhöhen. Diese Erträge sind in einer Vielzahl von Fällen von Zinsen abhängig. Auch Zinsen beeinflussen den Konsum der Gesellschaft. Nicht aber nur dadurch, dass aufgrund hoher Zinsen auch die Zinserträge steigen, sondern auch auf dem Wege der Kreditaufnahme. Je günstiger ein **Kredit** zu haben ist, desto eher sind Konsumenten dazu bereit, einen Kredit für den Konsum aufzunehmen.

Betrachtet man die enormen Fortschritte in der Medizin und den damit verbunden Effekt der längeren Lebenszeit, so kann man auch hier eine

Rechtssystem dauerhaft Bestand haben kann, daher tragen auch diese Ausgaben, wenn auch nur indirekt zur Produktivitätssteigerung bei.

[6] Mit der Einordnung der Bildungsausgaben als Investitionen sollte darüber nachgedacht werden, Wettbewerb unter den verschiedenen Bildungseinrichtungen zu schaffen. Erste Schritte in diese Richtung werden bereits getan, indem Schulen ihr Budget in Eigenverantwortung verwalten können, aber viele Veränderungen müssen noch folgen.

Determinante erkennen, das **Alter**. Es ist zu beobachten, dass junge Menschen und junge Familien mehr konsumieren. Hingegen hält sich der Konsum der meisten älteren Menschen aufgrund des gestillten Bedarfs auf einem geringeren Niveau. Eine letzte Determinante, die aus psychologischen Gesichtspunkten heraus nicht unerwähnt bleiben sollte, sind die **sozialen Gruppen** . Ein Haushalt wird sich unter Prestigegesichtspunkten und zur Pflege des Images immer eher einer höheren sozialen Gruppe anpassen, mit der Hoffnung, aufgrund von Gehaltssteigerungen, auch in diese aufsteigen zu können.

Der Konsum kann auch durch eine Funktion beschrieben werden. Aus Vereinfachungsgründen werden nur zwei Determinanten betrachtet. Der gesamtwirtschaftliche Konsum C ist eine Funktion, die abhängig ist vom gesamtwirtschaftlichen Einkommen Y und vom Zins i:

$$C = f(\underset{(+)}{Y}, \underset{(-)}{i}).$$

Die gesamtwirtschaftlichen Ersparnisse ergeben sich aus der Differenz von Einkommen und Konsum:

$$\Omega = Y - C.$$

Wobei die Ersparnisse wiederum vom Einkommen abhängen. Die Sparfunktion stellt sich wie folgt dar:

$$\Omega = f(Y).$$

Interessant ist der Zusammenhang zwischen Einkommens- und Konsumveränderungen. Die Betrachtung dieses Zusammenhangs über einen Zeitraum seit 1992 für Deutschland zeigt ein relativ konstantes Verhältnis. Die Sparquote, d.h. der Anteil des verfügbaren Einkommens, der gespart wird, ist relativ konstant um 11%. Im Umkehrschluss beträgt die Konsumquote etwa 89%. 1999 bis 2001, drei wirtschaftlich insgesamt relativ gute Jahre, ist die Sparquote unter 10% gefallen. Seit 2002 ist die Quote wieder über 10%, obwohl das Wirtschaftswachstum nur schwach war. Interessanterweise lässt sich beobachten, dass die Menschen regelmäßig mehr in den schlechten Jahren als in den guten sparen.[7]

[7]Tatsächlich ist der Zusammenhang zwischen realer Veränderung des BIP und der Sparquote in Deutschland negativ seit 1992. Eine geschätzte Regression zwischen diesen beiden Kennzahlen lautet: $y = -0,0907x + 10,736$; d.h. je höher das Wirtschaftswachstum in einem Jahr desto stärker fällt die Sparquote unter 11%. (Alle Zahlen dieser Berechnung stammen vom Statistischen Bundesamt; Zahlen für das Wirtschaftswachstum sind in Abbildung 6.4 dargestellt.)

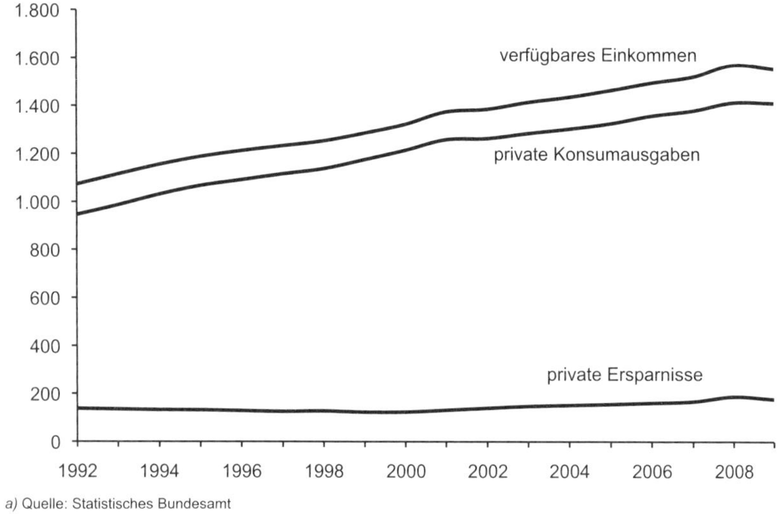

Abbildung 6.1: Entwicklung des verfügbaren Einkommens [in Mrd. EUR, in Preisen des jeweiligen Jahres]

6.1.2.2 Determinanten der privaten Investitionen

Wir haben Investitionen bereits nach Ersatzinvestitionen und Nettoinvestitionen unterschieden. Die getätigten Investitionen sollen den Zweck der Kapitalerhaltung oder -aufstockung erfüllen. Investitionen stehen aber nur in der Höhe der **Investitionsmittel** zur Verfügung. Die zur Verfügung stehenden Investitionsmittel werden im Allgemeinen von drei Variablen determiniert.

Entscheidend für ihre Höhe sind die **aktuellen Gewinne**, die **erwarteten Gewinne** und die **Kapazitätsauslastung**. Stellen wir uns eine kleine Tischlerei vor, die akuten Bedarf an einer neuen Kreissäge hat und nach Möglichkeit auch einen neuen Werktisch bräuchte. Macht der Tischler Gewinn, so wird er sich eine der beiden Anschaffungen leisten können. Wie erinnerlich ergibt sich der Gewinn aus der Differenz zwischen Erlösen und Kosten. Da in der Kostengröße alle Kosten enthalten sind, d.h. auch die Opportunitätskosten des Tischlers, benötigt er den Gewinn nicht für seinen Lebensunterhalt. Der Gewinnbegriff der Ökonomie unterscheidet sich demnach von dem, der im Sprachgebrauch der Gesellschaft für gewöhnlich benutzt wird. Macht der Tischler keinen Gewinn, stellt er sich genauso gut wie der Markt. Macht er jedoch nach der ökonomischen Definition Gewinn, sind seine Erlöse im Verhältnis zu seinen Kosten größer als bei den anderen Marktteilnehmern.[8]

Kommen wir zurück zu der Ausgangsfrage. Dem Tischler stehen Investitionsmittel bereit, wenn er einen Gewinn macht. Sind die aktuellen Gewinne hoch genug, dann wird der Unternehmer sowohl die Kreissäge, als auch den Werktisch anschaffen. Reichen die Gewinne hierfür nicht aus, wird er nur die Kreissäge anschaffen. Tatsächlich hängen die Investitionen von den aktuellen Gewinnen ab.

Auf der anderen Seite wird der Tischler, der sich bisher auf Reparaturleistungen an Möbelstücken spezialisiert hat, überlegen, auch in den Neubau von Möbeln einzusteigen, sofern Gewinne zu erwarten sind. Einen solchen Zusammenhang haben wir schon einmal untersucht, es müssen positive Grenzgewinne entstehen, dann wird sich die Investition lohnen. Der Tischler wird dann in neue Maschinen zur Möbelherstellung investieren, wenn ihm die Investition mehr bringt als sie kostet.

Die letzte Determinante privater Investitionen ist die Kapazitätsauslastung. Die **Kapazität** beschreibt die Produktionsmöglichkeiten zum Beispiel in Form der absoluten Ausbringungsmenge. Setzt man die tatsächliche Ausnutzung der Produktionskapazität, die Beschäftigung, ins Verhältnis zu der Kapazität, so erhält man den **Auslastungsgrad der Kapazität** oder die Kapazitätsauslastung. Ist die Kreissäge des Tischlers bei einer täglichen Arbeitszeit von 10 Stunden (Kapazität) 10 Stunden durch Arbeiten besetzt (Beschäftigung), so erhält man eine Kapazitätsauslastung KA von:

$$KA = \frac{10\, Stunden}{10\, Stunden} = 1$$

oder allgemein:

$$KA = \frac{Beschäftigung}{Kapazität}.$$

Damit ist die Kapazitätsgrenze erreicht. Errechnet man bei der Planung eine $KA > 1$, so besagt dies bereits eine Überlastung, d.h. es besteht akuter Investitionsbedarf. Eine $KA = 1,1$ besagt, dass die Maschine in unserem Beispiel 11 Stunden genutzt werden könnte. Ist ein Unternehmen an seiner Kapazitätsgrenze angelangt, wird es investieren, solange es noch Gewinne erwartet.

Es ergibt sich eine Investitionsfunktion I, die vom Nominalzins i, von

[8]vgl. Kap. 2.3.5.2

den aktuellen Gewinnen Π, den erwarteten Gewinnen Π^e und der Kapazitätsauslastung KA abhängt:

$$I = f(\underset{(-)}{i}, \underset{(+)}{\Pi}, \underset{(+)}{\Pi^e}, \underset{(+)}{KA}).$$

6.1.2.3 Determinanten der Staatsausgaben und des Außenbeitrags

Die Staatsausgaben sind in Konsum- und Investitionsausgaben zu unterteilen. Insgesamt hängen die Ausgaben natürlich auf der einen Seite von den Einnahmen ab, den Steuern und Abgaben, auf der anderen Seite aber auch von weiteren **Budgetrestriktionen**. Eine der wichtigsten Budgetrestriktionen neben der Begrenztheit des Gesamtbudgets ist der Artikel 115 GG, in dem es seit 1969 hieß: "Die Einnahmen aus Krediten dürfen die Summe der im Haushaltsplan veranschlagten Ausgaben für Investitionen nicht überschreiten;...". Das bedeutet: die Neu-Kreditaufnahme war gesetzlich auf die Höhe der Investitionen beschränkt. Eine Aufhebung dieser Restriktion war unter bestimmten Voraussetzungen durch den Bundestag möglich und wurde in früheren Jahren auch schon vorgenommen. Die politisch relativ enge Fassung des Investitionsbegriffs ergibt sich maßgeblich aus dem Grundgesetz. Aufgrund dieser Verankerung wird eine wesentliche Neudefinition der Staatsausgaben in Investitionen und Konsum, wie bereits vorher beschrieben, erschwert.[9]

Vor dem Hintergrund der letzten Finanzmarktkrise ist diese Budgetrestriktion durch die sogenannte **Schuldenbremse** deutlich verschärft. Seit August 2009 heißt es für Bund und Länder in Artikel 109 GG: "Die Haushalte von Bund und Ländern sind grundsätzlich ohne Einnahmen aus Krediten auszugleichen." Und weiter speziell für den Bundeshaushalt in Artikel 115: "Einnahmen und Ausgaben sind grundsätzlich ohne Einnahmen aus Krediten auszugleichen." Eine kleine Kreditaufnahme wird im Nachsatz in Höhe von maximal 0,35% vom nominalen BIP zugelassen und Ausnahmeregelungen für wirtschaftliche Notlagen sind berücksichtigt. Außerdem sind aufgrund der Finanzmarktkrise im Rahmen einer Übergangsregelung in Artikel 143d GG Ausnahmen für den Bund noch bis einschließlich 2015 und für die Länder bis einschließlich 2019 möglich. Für 2011, das erste Jahr in dem die Schuldenbremse in Kraft ist, hieße dies eine maximale Kreditaufnahme von unter 10 Mrd. Euro. Zum Vergleich, die durchschnittliche

[9] vgl. Kap. 6.1.1

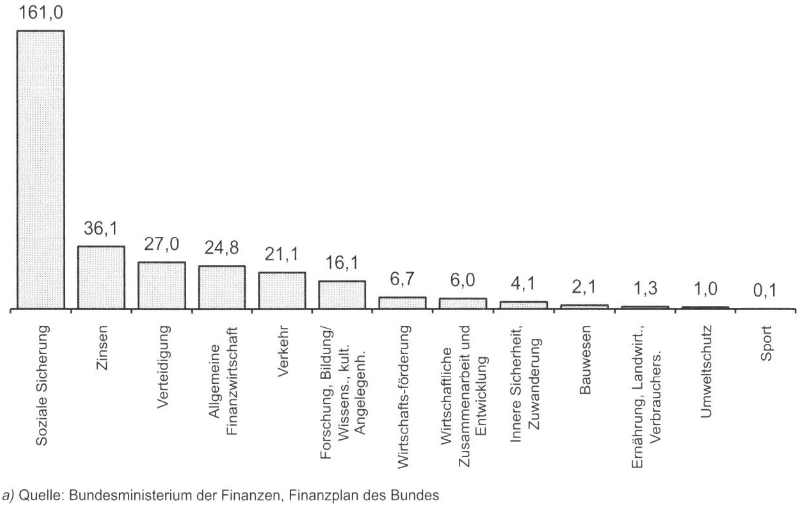

Abbildung 6.2: Ausgabenverteilung des Bundes 2010 (Soll) [in Mrd. EUR]

Kreditaufnahme des Bundes lag für die Jahre seit der Wiedervereinigung über 30 Mrd. Euro.

Weitere Budgetbeschränkungen ergeben sich aus dem Bundeshaushalt selbst. Wie die geplante Ausgabenverteilung des Bundeshaushaltes für das Jahr 2010 zeigt (Abbildung 6.2), werden insgesamt EUR 161 Mrd. für die Soziale Sicherung, zum Beispiel die Zuschüsse zur Rentenversicherung der Arbeiter und Angestellten und arbeitsmarktpolitische Ausgaben, EUR 36,1 Mrd. für Zinsen und EUR 27 Mrd. für die nationale Verteidigung aufgewendet. Diese drei Ausgabeposten machen bereits rund $\frac{3}{4}$ des gesamten Bundeshaushaltes aus.[10] Der jeweilige Wirtschaftsminister hat im Vergleich dazu kaum die finanziellen Möglichkeiten, um die Wirtschaft entscheidend voranzubringen. Seine Aufgaben liegen daher vornehmlich in anderen Bereichen als in der finanziellen Unterstützung der Wirtschaft.

Ein weiterer auffallender Punkt sind die Zinsausgaben, die für die gesamten Schulden des Bundes bereits aufgewendet werden müssen. Die Bundesrepublik wendet 12% der Ausgaben als Zinsen für Verbindlichkeiten auf. Diese relative Zinsbelastung ist in Folge des durch die Finanzmarktkrise deutlich gesunkenen Zinsniveaus in den letzten Jahren zurückgegangen.

[10] Quelle: Bundesministerium der Finanzen; gem. Planung beträgt der Bundeshaushalt in 2010 insgesamt EUR 307,4 Mrd.

Dennoch wird der Handlungsspielraum stark eingeschränkt. Die staatlichen Ausgaben sind zu ungefähr 80% von vornherein langfristig festgelegt, da sie sich aus den laufenden Geschäften ergeben. Das Ziel zukünftiger Finanzpolitik muss es sein die Möglichkeiten des staatlichen Handelns wieder auszubauen.[11]

Der Außenbeitrag ist hauptsächlich abhängig von gesamtwirtschaftlichen Verhältnissen. Hier sind, wie wir schon gesehen haben, die Handelsbeschränkungen zu nennen, aber auch die Wirtschaftspolitik insgesamt. Außerdem hängt der Außenhandel vom **Außenwert der Währung** eines Landes ab. Der Außenwert einer Währung wird durch die Gesamtheit der Wechselkurse zu allen anderen Währungen repräsentiert. Bezogen auf einzelne Geschäfte interessieren jedoch immer nur die teilnehmenden Währungen. Importiert ein deutscher Großhändler Waren aus den USA, so muss er in Dollar zahlen. Erhält der Importeur für einen Euro USD 1,20, muss er für eine Ware im Wert von USD 10 nur EUR 8,33 aufwenden. Werden am Devisenmarkt jedoch nur USD 0,90 für einen Euro bezahlt, muss der Importeur EUR 11,11 für die gleiche Ware aufwenden. Hieraus kann man umgekehrt schlussfolgern, je niedriger der Außenwert des Euro ist, desto günstiger sind die Exportwaren im Ausland, desto teurer sind Importe ins Inland.

6.1.3 Das gesamtwirtschaftliche Angebot

Das gesamtwirtschaftliche Angebot repräsentiert die Summe aller Angebote der einzelnen Unternehmen. Es hängt von den eingesetzten Produktionsfaktoren in der Volkswirtschaft ab. Je mehr Produktionsfaktoren eine Volkswirtschaft einsetzen kann, desto mehr kann sie produzieren und desto höher ist das gesamtwirtschaftliche Angebot.

Darüber hinaus ist das Angebot abhängig vom **Preisniveau**. In der Makroökonomie sprechen wir nicht mehr von Preisen, da nicht alle einzelnen Güterpreise betrachtet werden können, sondern wir sprechen von einer Menge von Preisen, dem Preisniveau. Es kann sich aus einer Gruppe von Preisen zusammensetzen, die den Verbrauch eines durchschnittlichen statistischen Haushaltes repräsentieren, dann sprechen wir vom

[11] Hierzu erfragte der Hamburger Senat zum Beispiel die Präferenzen der betroffenen Bürger. Unter www.hamburg-haushalt.de konnte jeder Bürger seine Präferenzen nutzen, um Sparvorschläge für den Haushalt des Stadtstaates 2007/2008 zu machen. Die Ergebnisse sind in der Drucksache 18/4688 der Hamburger Bürgerschaft zu finden.

Lebenshaltungskosten-Index.[12] Betrachten wir jedoch alle Preise der produzierten Güter, so sprechen wir vom **Bruttosozialprodukt-Index** bzw. vom **Bruttoinlandsprodukt-Index**.

Aus diesen Abhängigkeiten lässt sich eine gesamtwirtschaftliche Angebotsfunktion nach dem Muster der Nachfragefunktion ableiten. Aus ihr ergibt sich, dass das gesamtwirtschaftliche Angebot Y^S vom Preisniveau P und den Produktionsfaktoren Arbeit L, Boden B, Kapital K, technisches Wissen W und Soziales System Sc abhängt.

Die gesamtwirtschaftliche Angebotsfunktion lautet:

$$Y^S = f(P, L, B, K, W, Sc).$$

6.2 Das BSP/BIP und das Volkseinkommen

6.2.1 Die Bruttoprodukte

Das **Bruttosozialprodukt** (BSP)[13] ist der Wert aller Waren und Dienstleistungen, die eine Volkswirtschaft in einer bestimmten Periode, meist einem Jahr, erstellt. Erfasst werden hierbei alle Waren und Dienstleistungen, die im Inland und im Ausland von Inländern erstellt werden, d.h. von allen Bürgern eines Landes, egal wo sie leben. Die Leistungen eines ausländischen Unternehmens im Inland zählen nicht zum BSP. In diesem Punkt unterscheidet sich das **Bruttoinlandsprodukt** (BIP) , das den Wert aller Waren und Dienstleistungen der Volkswirtschaft erfasst, die von Inländern und Ausländern im Inland produziert wurden. Hier wird gegenüber dem BSP der Saldo der Erwerbs- und Vermögenseinkommensbilanz aus der Zahlungsbilanz abgezogen. Die Zahlungsbilanz werden wir am Ende dieses Kapitels kennenlernen. Kurz gesagt ist das BSP ein **Inländerprodukt**, wobei auch die Inländer im Ausland gemeint sind. Das BIP ist ein **Inlandsprodukt**, es orientiert sich an der Landesgrenze und nicht an der Nationalität.

Wie errechnet sich aber das BIP? Die Ermittlung erfolgt einfach über die Addition der **Wertschöpfung** der betreffenden Volkswirtschaft. Es ist wichtig, damit das BIP durch einen realistischen Wert beschrieben wird, dass kein Produkt doppelt oder noch häufiger erfasst wird. Ein kleines Beispiel macht die Anforderung sofort deutlich. Angenommen ein Hersteller kauft Waren im Wert von EUR 100. Nach der Verarbeitung zu einer

[12] vgl. Kap. 9.4.1
[13] Das Bruttosozialprodukt wird nach der Terminologie des ESVG 95 auch als Bruttonationaleinkommen bezeichnet.

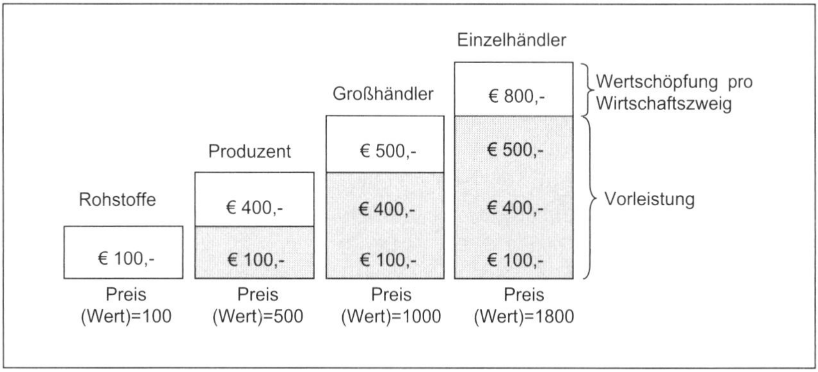

Abbildung 6.3: Die Wertschöpfung

Stereoanlage verkauft er diese an einen Großhändler für EUR 500. Der Großhändler wiederum verkauft die Stereoanlage an einen Einzelhändler für EUR 1.000 und dieser wird sie schließlich für EUR 1.800 an einen Verbraucher losschlagen können. Würde man für das BIP nun jeweils den Erlös der Beteiligten addieren, dann ergäbe sich ein BIP von EUR 3.400. Man muss hierbei aber bedenken, dass die anfänglichen EUR 100 in allen weiteren Verkaufspreisen ebenfalls enthalten sind, genauso wie die EUR 500 im Verkaufspreis des Großhändlers nochmals enthalten sind. Auch der Einzelhändler hat die EUR 1.000 des Großhändlerpreises bereits in seinem Verkaufspreis beachtet. Viele Werte würden hier doppelt und häufiger addiert werden, was wir bei der Berechnung des BIP ausschließen wollen. Man muss eine andere Methode finden, um das BIP berechnen zu können.

Die Lösung ist schon genannt, man addiert lediglich die Wertschöpfung der einzelnen Wirtschaftszweige. *Die Wertschöpfung ist der Anteil des Verkaufspreises eines Wirtschaftszweiges, der durch die Verarbeitung und Veredelung des Produktes entsteht.* Der Produzent kauft Ware für EUR 100 und verkauft diese nach Zusammenbau als Stereoanlage für EUR 500. Der Produzent hat eine Wertschöpfung in Höhe von EUR 400. Die Wertschöpfung eines Wirtschaftszweiges ist folglich gerade die Differenz zwischen dem Verkaufspreis, dem Wert der Ware nach der Veredelung, und den Vorleistungen. Abbildung 6.3 soll diesen Zusammenhang noch einmal verdeutlichen. Die tatsächliche Wertschöpfung beträgt nur EUR 1.800, anstatt wie oben EUR 3.400, sie ergibt sich aus der Summe der Wertschöpfungen der Wirtschaftszweige.

Man kann das BIP allerdings auch noch auf eine andere Art und Weise ausrechnen. Wir haben gerade gesehen, dass die gesamte Wertschöpfung dem Marktpreis eines Produktes entspricht. Was ist aber in diesem Marktpreis enthalten? Man kann ihn aufteilen nach Produktionskosten und Gewinnen. Die Produktionskosten stellen wiederum Einkaufspreise und Löhne dar. Die Einkaufspreise sind wiederum Produktionskosten und Gewinne für einen anderen Wirtschaftszweig. Der gesamte Marktpreis fließt folglich in irgendeiner Form der Volkswirtschaft als Einkommen zu.[14] Die Summe der Wertschöpfung ist daher gleich der Summe der Einkommen einer Volkswirtschaft und die ist wiederum gleich der Summe der Marktpreise der Endprodukte. Aus diesem Grunde nennt man das so errechnete BIP auch das **BIP zu Marktpreisen**.

Summe der Wertschöpfung
= Summe der Einkommen
= Summe der Marktpreise der Endprodukte
= BIP zu Marktpreisen

In mathematischer Darstellung:

$$BIP^M = \sum_{i=1}^{I} p_i x_i \quad |(\text{mit i} = 1, 2, \ldots, \text{I}; \quad \text{I} = \text{Anzahl aller Produkte auf dem Markt}).$$

Eine Sonderstellung nehmen hierbei die vom Staat erzeugten Güter und Dienstleistungen ein. Es ist dabei unerheblich, ob es sich um Investitions- oder Konsumgüter handelt. Die Güter, die der Staat erzeugt, stellt er den Mitgliedern der Gesellschaft, zum Teil auch Ausländern, ohne direkte Gegenleistung zur Verfügung. Finanziert werden diese Leistungen aus den Nettosteuerzahlungen der im Inland steuerpflichtigen Konsumenten und Produzenten. Für die Staatsgüter existiert kein Marktpreis, da sie nicht verkauft werden. In das BIP fließen diese Güter daher mit der Summe der Kosten, die bei ihrer Produktion anfallen, ein. Der Wert der vom Staat erzeugten Güter wird im Gegensatz zu allen anderen Produktionswerten ausschließlich kostenseitig bestimmt, man nennt diesen Wert auch den staatlichen Konsum. Mit dieser Bestimmung des staatlichen Produktionswertes unterstellt die VGR definitionsgemäß, dass der Staat sämtliche von ihm erzeugten Güter selbst verbraucht. Wie schon einmal angesprochen wurde,[15]

[14]vgl. Kap. 6.4; hier wird der Einkommenskreislauf genauer beschrieben.
[15]vgl. Kap. 6.1.1

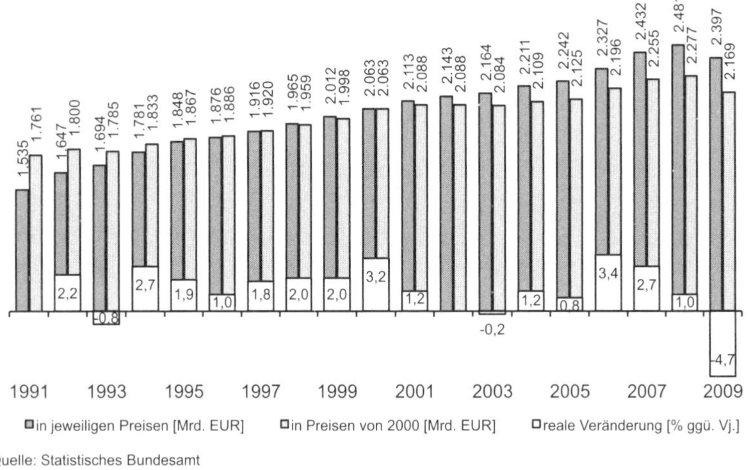

Abbildung 6.4: Bruttoinlandsprodukt für Deutschland

kennt die VGR daher nur staatlichen Konsum, jedoch keine staatlichen Investitionen.[16]

Zum Schluss sei schon einmal vorab auf die **Inflationsrate**, d.h. die Preissteigerung hingewiesen. Wenn man sich die Entwicklung des BIP über mehrere Jahre hinweg anschaut, dann muss man darauf achten, in welchen Preisen die Werte ausgedrückt sind. In den jeweiligen Preisen des angegebenen Jahres oder in konstanten Preisen, **preisbereinigt** wie man sagt. Wir werden später genauer klären was die Inflation ist, zunächst nehmen wir hin, dass die Preise für gewöhnlich innerhalb eines Jahres steigen. Anfang 2011 beträgt die Inflationsrate sowohl im Euroraum[17] als auch in Deutschland[18] rund 2%. Selbst wenn die deutsche Volkswirtschaft in diesem Jahr nicht mehr herstellt als im letzten, wird das **nominale BIP** steigen und

[16] Die öffentlichen Haushalte haben seit dem 18. Jh. grundsätzlich ein kameralistisches Rechnungswesen genutzt. Hierbei werden den vorher geschätzten Einnahmen und Ausgaben die späteren Ist-Werte gegenübergestellt. Die Darstellung der Veränderung von Vermögenswerten ist in der Kameralistik nicht möglich. Seit 2005 stellen viele Kommunen und auch Bundesländer auf die sogenannte Doppik, die doppelte Buchführung, um. Grundlage dieser Rechnungslegungssystematik, die auch von Unternehmen genutzt wird, ist die Bewertung der Vermögensgegenstände und die Erstellung einer Eröffnungsbilanz. Damit erhält das Vermögen des Staates einen Wert und zukünftige Wertveränderungen können dargestellt werden. Wertverluste, d.h. Abschreibungen, und Werterhalt bzw. -steigerungen durch Investitionen können beobachtet werden.

[17] Quelle: EZB

[18] Quelle: Deutsche Bundesbank

zwar um die Preissteigerung. Rechnet man diese Preissteigerung heraus, erhöht sich für diesen konstruierten Fall das sogenannte **reale BIP** nicht. In Abbildung 6.4 sind sowohl das nominale als auch das reale BIP abgebildet (in jeweiligen Preisen/ in Preisen von 2000). Die helleren Säulen geben das reale BIP wieder. Als zusätzliche Information sind die Veränderungsraten des realen BIP mit den weißen Säulen gekennzeichnet. Man kann hier gut erkennen, dass das reale BIP 1993 gegenüber 1992 um 0,8% zurückgegangen ist. Dieser Rückgang ergab sich nach dem Wiedervereinigungsboom der Jahre 1990 bis 1992. Für 1991 ist aufgrund der zusammen veranschlagten Daten der alten und neuen Bundesländer keine Veränderung angegeben, da sie verfälscht wäre. Mit dem Auf und Ab der Wirtschaft wollen wir uns aber erst später im Kapitel Konjunktur befassen.[19]

Das BIP wird allgemein als ein Maß für den Wohlstand einer Gesellschaft aufgefasst. Der folgende Abschnitt setzt sich kritisch mit dieser Auffassung auseinander.

6.2.2 Kritik am Bruttoinlandsprodukt als Wohlstandsmaßstab

Mit dem BIP als Wohlstandsmaß sind einige Schwierigkeiten verbunden. Grundsätzlich sollten Aussagen zum BIP wie zum Beispiel dessen Höhe oder Veränderung gegenüber dem Vorjahr kritisch gewürdigt werden. Auch pauschale Vergleiche mit anderen Ländern sollten regelmäßig genau geprüft sein. Es gibt zwei Möglichkeiten an einer Kritik des BIP als Wohlstandsmaßstab anzusetzen. Die eine ist die Berechnungsmethode und was in die Berechnung einfließt, die andere ist die Frage was bedeutet eigentlich Wohlstand und wie fassen die westlichen Industrienationen diesen auf?

Was fließt eigentlich alles in das BIP mit ein? Wir haben gesehen, dass auf Grund der Wertschöpfung als Grundlage zur Berechnung des BIP eine doppelte Erfassung ausgeschlossen wird. Doch gibt es andere Dinge, die eigentlich nicht in das BIP gehören bzw. wiederum andere, die unbedingt hinein sollten. Die Definition sagt, dass das BIP den Wert aller Waren und Dienstleistungen wiedergibt, die produziert wurden. Grundvoraussetzung ist die Produktion. Eine zweite noch viel wichtigere ist allerdings der Wert. Das BIP gibt den *Wert* aller... wieder. Wird etwas produziert, ohne dass dieses Produkt einen objektiven, d.h. in Geld ausdrückbaren Wert hat, fließt es nicht in das BIP ein. Die Schlussfolgerung daraus ist, dass alle Waren, die keinen Preis haben auch nicht ins BIP aufgenommen werden.

[19] vgl. Kap. 11

Wir erinnern uns an die Definition von Arbeit: "Jede Tätigkeit, die darauf ausgerichtet ist, die Bedürfnisse eines Fremden zu befriedigen, nennen wir Arbeit."[20] Wir nennen sie Arbeit im gesellschaftlichen Sinne, als Definition für die Berechnung des BIP reicht dies jedoch nicht. In diesem Falle muss der Begriff Arbeit noch erweitert werden mit:"...zu befriedigen und Kosten verursacht, die objektiv, d.h. in Form von Geld zu messen sind." Nach diesen Definitionen fragt man sich, was das nun alles bedeutet? Es ist leicht zu erklären. Wir haben schon einmal das Beispiel mit dem Gärtner betrachtet und wollen es ein zweites Mal bemühen.

Bestellt jemand einen Gärtner, der seinen Garten in Ordnung bringt, so fließt die Wertschöpfung des Gärtners, sein Lohn abzüglich der von ihm genutzten Vorleistungen als Wertschöpfung in das BIP mit ein. Bittet derjenige seinen Nachbarn, weil er selbst keine Lust zur Gartenarbeit hat, dann verrichtet der Nachbar schon Arbeit, denn er befriedigt das Bedürfnis eines anderen. Er erhält aber in der Regel keinen Lohn in Form von Geld, sondern meist in Form von einer Gegenleistung. Der Lohn ist auf diese Art und Weise nicht objektiv zu messen, sondern vielmehr eine subjektive Entscheidung der beiden Nachbarn. Es kann den beiden lukrativ erscheinen, dass der eine beim anderen im Garten arbeitet, während der andere bei ihm die Waschmaschine repariert. Beide Leistungen werden nicht im BIP aufgenommen. Verrichtet jeder seine Arbeiten selbst, werden sie ebenfalls nicht durch das BIP erfaßt. Trotzdem erhöhen sie den Wohlstand der beiden Nachbarn.

Nun existieren aber in einer Gesellschaft wie der unsrigen noch andere Bereiche außer in der Nachbarschaftshilfe und in der Eigenarbeit, in denen Arbeiten verrichtet werden, die nicht entlohnt werden. Hierunter fallen alle ehrenamtlichen Tätigkeiten, die in Vereinen, Kirchen, Schulen oder anderen sozialen Einrichtungen bekleidet werden. Obwohl auch diese Arbeiten den Wohlstand zumindest einzelner erhöhen, fließen sie nicht in das BIP mit ein.[21] Einen ersten Schritt diese gesellschaftlichen Tätigkeiten in einer Wohlstandsrechnung zu erfassen hat das **United Nations Development Programme (UNDP)** unternommen. Das UNDP erstellt einen Jahresbericht zur Menschheitsentwicklung, in dem auch Indizes einzelner unentgeltlicher Tätigkeiten berücksichtigt werden.[22]

Wir halten zunächst einmal fest, *entgeltfreie Arbeiten wie Nachbar-*

[20] vgl. Kap. 2.1.1.1

[21] Zum Beispiel die netten Mütter, die in den Schulen bereit sind, Brötchen, Kaffee und Kakao zu verkaufen.

[22] vgl. Giarini, Liedtke 1998, S. 258

schaftshilfe, Eigenarbeit oder Ehrenämter, erhöhen nicht das BIP, obwohl sie teilweise entscheidend zum Wohlstand der Gesellschaft beitragen.

Auf der anderen Seite fließen allerdings Arbeiten und Produktionen in das BIP mit ein, die hier für das gesellschaftliche Verständnis eigentlich nichts zu suchen haben. Betrachten wir nur mal einen der unzähligen tragischen Autounfälle auf den Autobahnen. Ein Beispiel: nach mehreren Überschlägen bei hoher Geschwindigkeit kommt der Wagen oder was von ihm nach einem Unfall noch übrig ist, in zwei getrennten Teilen im Straßengraben zum stehen. Traurige Bilanz: Zwei Schwerverletzte, drei Tote und enorme Sachschäden.

So oder ähnlich gehen viele Unfälle im Jahr zu ende. Nachdenklich stimmt hierbei, dass der Unfall auf makabere Art und Weise zur Erhöhung des Wohlstandes der Nation beiträgt. Es werden viele Dienstleistungen in Anspruch genommen, zum Beispiel die Sanitäter, der Arzt, das Bestattungsinstitut, der Abschleppdienst, die Monteure für beschädigte Leitplanken und die Sicherheitskräfte. Darüber hinaus werden viele Waren neu erstellt. Mit Sicherheit muss eine Leitplanke erneuert werden, ein Seitenbegrenzungspfahl ersetzt werden und nicht zuletzt der Wagen, der vermutlich nach einer gewissen Zeit ersetzt wird. Sämtliche Waren und Dienstleistungen werden das BIP und damit nach der allgemeingültigen Definition auch den Wohlstand erhöhen. Dies bedeutet, je mehr Autounfälle auf den Straßen passieren, desto größer ist unser Wohlstand, also weg mit den Geschwindigkeitsbegrenzungen?

Ebenso führt die Kriminalität, die letzten Endes den Einsatz von mehr Sicherheitskräften und den Bau von Gefängnissen fordert zu einem höheren BIP. Sollte die Kriminalität ausgeweitet werden? Auch die Umweltverschmutzungen führen zu einem höheren BIP. Sie werden durch Dienstleistungen teilweise beseitigt. Die Aufforstung eines durch sauren Regen verursachten Waldsterben führt zu der Erhöhung des BIP. Sollten wir das Mülltrennen vergessen und die Altpapierentsorgung und uns nicht länger ein Drei-Liter-Auto wünschen?

Das ist natürlich ein Trugschluss. Weder sollten die Geschwindigkeitsbegrenzungen wegfallen, noch die Kriminalität oder die Umweltverschmutzungen zunehmen. Aber diese Beispiele zeigen eindrucksvoll wie paradox unsere Wohlstandsmessung ist. *Das BIP beschränkt sich rein auf die Messung des* ***materiellen Wohlstandes****, lässt dabei aber die Entwicklung des* ***qualitativen Wohlstandes*** *weitestgehend außen vor.*

Qualitative Wohlstandsmessung

In das BIP fließen alle Güter ein, die einen Marktwert haben. Es beinhaltet nicht: Eigenarbeit, Freizeit, Nachbarschaftshilfe, Verbrauch natürlicher Ressourcen und Einkommensverteilung. Vor allem die fehlende Beachtung des Ressourcenverbrauchs ist kritisch zu betrachten. Jacobs merkt hierzu an, es habe wenig Sinn ein hohes Einkommen zu haben, wenn dieses Einkommen aus dem Verbrauch aller Ressourcen bestehe.[a] In der nächsten Periode könnte dann kein Einkommen mehr entstehen. Ein Beispiel: Ein Waldbesitzer fällt seinen gesamten Baumbestand in einem Jahr und lebt ein Leben in Saus und Braus. Im nächsten Jahr gibt es keine Bäume mehr, die gefällt werden können. Er hat kein Einkommen und wird hungern müssen. Dieses Verhalten ist nicht nachhaltig.

Genau um diesen Begriff, Nachhaltigkeit, ging es den Ökonomen Herman Daly und John Cobb, Jr. bei der Entwicklung des Index of Sustainable Economic Welfare (ISEW).[b] Dieser Index wurde 1990 entwickelt und seit dem für viele einzelne Länder aufgestellt.

Der Index versucht einige Korrekturen in der Bewertung des Wohlstandes gegenüber dem BIP vorzunehmen. Darunter sind: ungleiche Einkommensverteilung, Freizeit, Kosten von Umweltverschmutzung, Ausgaben für die Erhaltung der Umwelt und Bildungsausgaben. Der Index wurde zunächst für die USA erstellt und liefert folgendes Ergebnis:

Entwicklung des BIP/Kopf in den USA 1950-1990:	USD 3.512 bis USD 7.756
Entwicklung des ISEW/Kopf in den USA 1950-1990:	USD 2.497 bis USD 3.253

Der Wohlstand hat sich auf Basis des ISEW wesentlich langsamer entwickelt als das BIP erkennen ließe. Der ISEW ist ein breit akzeptierter Ansatz zur Messung des Wohlstandes weist allerdings auch Probleme auf. Das größte Problem ist die Bewertung. Wie kann mehr Freizeit in US-Dollar ausgedrückt werden? Wie sauberere Luft und weniger Lärm? Wie bewertet man die Kindererziehung? Eine Möglichkeit, um die durchschnittlichen Bewertungskriterien einer Volkswirtschaft herauszufinden bietet heutzutage unter Umständen das Internet.[c] Hier könnte eine Art Wahl stattfinden, in der jeder Bürger das Recht hat, seine individuelle Bewertung der einzelnen Kriterien des Index vorzunehmen. Diese Möglichkeit wäre volkswirtschaftlich die objektivste Methode. Sie wäre unabhängig von der Meinung einzelner Wissenschaftler. Problematisch bei diesem Ansatz sind die nötigen Vorkenntnisse der Wähler. Ist jeder Wähler in der Lage die Auswirkungen eines Verbrauchs natürlicher Ressourcen auf seinen Wohlstand richtig zu bewerten? Nicht einmal Wissenschaftler, die sich seit Jahren mit der Materie beschäftigen, sind sich über alle Auswirkungen und vor allem ihre Stärke im Klaren.

a vgl. Michael Jacobs 1991, S. 224
b vgl. Daly, Cobb 1994
c Die Aufstellung eines "persönlichen ISEW für UK" wird unter www.foe.co.uk/community/tools/isew/make-own.html (zuletzt geprüft am 04.04.2011) von Friends of the Earth in Zusammenarbeit mit der New Economics Foundation und dem Centre for Environmental Strategy angeboten.

Ein weiteres Problem tritt bei der Vergleichbarkeit des Wohlstandes anhand des BIP mit anderen Volkswirtschaften auf. Ashauer führt hierzu näher aus, dass die Ermittlungsgrundlagen für einen Vergleich zweier Volkswirtschaften oft nicht genug präzisiert seien, um wirklich verlässliche Daten zu haben. Weiter seien die Bedeutung der Schattenwirtschaft (Schwarzarbeit) und das Ausmaß der Erwerbstätigkeit sehr verschieden. Letztlich sei auch die Verteilung des BIP sehr unterschiedlich und die Höhe zumal von den Wechselkursen der Währungen abhängig.[23] Alleine die absolute Höhe kann auf gar keinen Fall ein Vergleichsmaßstab sein, denn ein bevölkerungs-

[23] vgl. Günter Ashauer 1990, S. 112f

reiches Land sollte bei vergleichbaren wirtschaftlichen Voraussetzungen immer ein höheres BIP haben als ein bevölkerungsarmes. Als eine Lösung dieses Problems nimmt die Statistik als Vergleichsmaßstab das **BIP pro Kopf**.

Viele Gründe sprächen dafür, das BIP nicht mehr als Wohlstandsmaß einzusetzen, nur ist es auch nicht eindeutig zu ersetzen. Einige Ökonomen argumentieren dagegen, das BIP messe was es messen soll, es wäre nur nie für eine Wohlstandsmessung konzipiert worden.[24] Was das qualitative Wachstum anbelangt, steht die Wissenschaft hier auch immer noch vor dem Problem der Bewertung. Wie dreckig ist die Luft denn nun wirklich? Wieviel mehr Wohlstand bietet sauberes Trinkwasser? Qualität ist eine Güte, die schwer objektiv zu bewerten ist. Kurzum, für das BIP ist noch kein anderer hinreichender Maßstab gefunden worden. Allerdings sind andere Maßstäbe neben dem BIP kaum weniger wichtig, um eine realitätsnahe Wohlstandsbewertung zu haben. Hier sind insbesondere die Analphabetenrate, die Kindersterblichkeit, die Säuglingssterblichkeit, die Lebenserwartung, die Anzahl der Studierenden einer bestimmten Altersgruppe, die Kriminalitätsrate, die Anzahl der Telefone und Fernseher pro 100 Einwohner und vieles mehr zu nennen. Ein wirkliches Maß für den Wohlstand erhält man nur im Vergleich aller Zahlen miteinander. Das BIP ist eine Möglichkeit den Wohlstand zu messen, nicht jedoch die einzige und nicht die allein richtige.

6.2.3 Vom Bruttoinlandsprodukt zum Volkseinkommen

Neben dem BIP und dem BSP gibt es noch einige andere Begriffe von Bedeutung, die in einem gewissen Zusammenhang stehen. Man erfasst das BIP anhand der Summe der Wertschöpfungen einer Volkswirtschaft. Addiert man hier den Saldo der Erwerbs- und Vermögensbilanz mit dem Ausland hinzu, erhält man das BSP bewertet zu Marktpreisen. Im BSP sind aber auch alle Ersatzinvestitionen enthalten, die man unter Umständen nicht erfassen will. Die Ersatzinvestitionen entsprechen den **Abschreibungen**. Dieser Begriff aus der Buchhaltung erfasst alle Wertminderungen im ruhenden Vermögen eines Unternehmens. Die Summe aller Abschreibungen muss folglich den Wertverlust der Anlagen der gesamten Volkswirtschaft in der bestimmten Periode ergeben. Der hieraus entstehende Wert ist genauso hoch wie die zu tätigenden Ersatzinvestitionen. Reduziert man nun

[24] vgl. Michael Jacobs 1991

das BSP zu Marktpreisen um die Abschreibungen, so erhält man das **Nettosozialprodukt** (NSP) zu Marktpreisen.

Zieht man vom NSP zu Marktpreisen die indirekten Steuern ab und zählt gleichzeitig die Subventionen hinzu, so erhält man das **NSP zu Faktorkosten**. Man muss für diesen Fall die indirekten Steuern abziehen, da diese den Preis der Produkte und damit die Wertschöpfung erhöhen, als Kosten jedoch nicht den Produktionsfaktoren angelastet werden können, da diese nicht für ihre Verursachung sorgen. Auf der anderen Seite müssen die Subventionen addiert werden, da sie Kosten der Produktionsfaktoren darstellen, die nur nicht von den Unternehmen getragen werden und daher in der Preiskalkulation keinen Einfluss nehmen. Jedoch stellen sie volkswirtschaftliche Kosten dar. Das NSP zu Faktorkosten stellt die Gesamtheit der Einkommen der Produktionsfaktoren dar. Die Faktorkosten beschreiben das Einkommen eines Produktionsfaktors. Aufgrund dieser Eigenschaft nennt man das NSP zu Faktorkosten auch **Volkseinkommen**. Durch eine kleine Variation, die Addition der Abschreibungen, erhält man nun das **Bruttosozialprodukt** zu Faktorkosten. Tabelle 6.3 stellt den Zusammenhang noch einmal abschließend dar.

Tabelle 6.3: Vom Bruttoproduktionswert zum BSP zu Faktorkosten

	Bruttoproduktionswert (= Summe aller Güter und Dienstleistungen bewertet zu Marktpreisen
−	Vorleistungen
=	Bruttowertschöpfung (= Summe Endprodukte bewertet zu Marktpreisen)
=	Bruttoinlandsprodukt zu Marktpreisen
+	Saldo der Erwerbs- und Vermögensbilanz
=	Bruttosozialprodukt zu Marktpreisen
−	Abschreibungen
=	Nettosozialprodukt zu Marktpreisen
−	indirekte Steuern
+	Subventionen
=	Nettosozialprodukt zu Faktorkosten (= Volkseinkommen)
+	Abschreibungen
=	Bruttosozialprodukt zu Faktorkosten

Weitere Werte lassen sich aus diesen gesamtwirtschaftlichen Kennziffern errechnen. Wichtig ist hierbei aufgrund der absoluten und relativen Größe der private Konsum und die gesamten nationalen Ausgaben für private und öffentliche Güter und Dienstleistungen. Diese Summe der nationalen Ausgaben wird oft **Absorption** genannt.

Tabelle 6.4: Vom Volkseinkommen zur Absorption

	Nettosozialprodukt zu Faktorkosten (=Volkseinkommen)
+	indirekte Steuern
−	Subventionen
=	Nettosozialprodukt zu Marktpreisen
−	Nettotransferzahlungen ins Ausland
−	Ersparnisse
=	Konsum der Volkswirtschaft
−	Staatsausgaben
=	privater Konsum
+	private Investitionen
+	Staatsausgaben
=	Absorption

Mit der oben gezeigten Ermittlung des BIP erhält man jedoch nur einen Absolutwert. Um die Zusammensetzung unserer Volkswirtschaft besser zu verstehen, ist es notwendig das BIP genauer zu analysieren. Hierfür gibt es drei verschiedene Möglichkeiten. Als Analysewerkzeuge benutzt man die **Entstehungs-**, **Verwendungs-** und **Verteilungsrechnung**.

6.2.4 Die Entstehungsrechnung

Die Entstehungsrechnung teilt das BIP bzw. genauer gesagt die Bruttowertschöpfung nach den Wirtschaftszweigen auf, in denen sie erwirtschaftet wurde. Eine grobe Einteilung findet hier nach den Gebieten Land- und Forstwirtschaft, Fischerei, Produzierendes Gewerbe, Handel und Verkehr, Dienstleistungsunternehmen und Staat statt (Abbildung 6.5).

Die Zahlen lassen gut die Struktur einer Gesellschaft erkennen. Etwa 73% der gesamten Bruttowertschöpfung entsteht im öffentlichen und privaten Dienstleistungssektor, der auch Finanzierung, Vermietung und Unternehmensdienstleistungen sowie Handel, Gastgewerbe und Verkehr beinhaltet. Bei einer Bruttowertschöpfung 2009 in Höhe von EUR 2.141 Mrd. bedeutet dies eine Wertschöpfung im Bereich der Dienstleistungen von EUR 1.557 Mrd. Zum Vergleich hierzu ist die Wertschöpfung in der Industrie mit EUR 584 Mrd. um einiges geringer. Eine gleiche Rechnung für die USA zeigt einen noch größeren Anteil des Dienstleistungsgewerbes.[25] Hingegen würde eine Entstehungsrechnung in einem Entwicklungsland einen sehr

[25] USA: BIP (2009): USD 14.256 Mrd. Zusammensetzung: Private Dienstleistungen 68,8%, öffentliche Dienstleistungen 13,6%, Industrie 17,6%; gegenüber der Darstellung für Deutschland ist zu beachten, dass im Anteil der öffentlichen Dienstleistungen auch die Bruttowertschöpfung der Staatsunternehmen enthalten ist. Doch selbst wenn nur ein Teil der öffentlichen Dienstleistungen tatsächlich Dienstleistungen sind, ist die Tendenz zu einem hohen Anteil des Dienstleistungssektors zu erkennen. (Quelle: US Census Bureau).

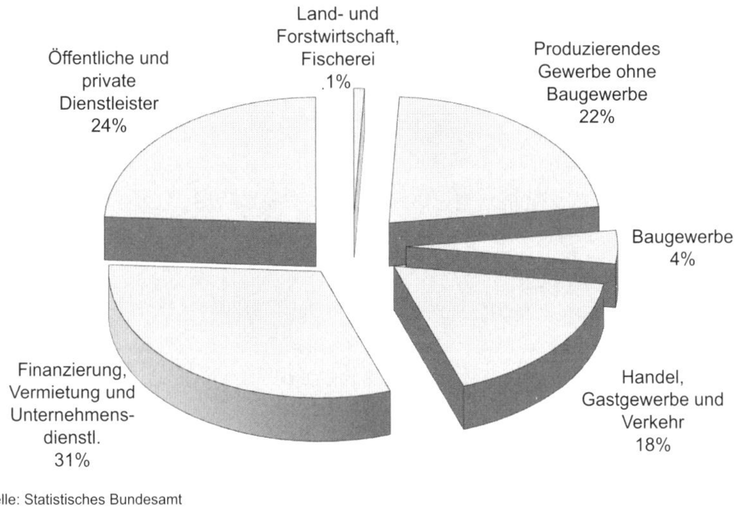

Abbildung 6.5: Bruttowertschöpfung 2009 in Deutschland - wo entstanden?

großen Teil an landwirtschaftlicher Produktion aufweisen, im produzierenden Sektor nur einen wesentlich geringeren und im Dienstleistungssektor einen verschwindend geringen Teil.

Abbildung 6.6 macht für Deutschland im Zeitablauf deutlich, dass die Anzahl der Arbeitsstunden in den Dienstleistungssektoren stabil geblieben ist oder zugenommen hat. Die Stärkste Zunahme hat im Sektor Finanzierung, Vermietung und Unternehmensdienstleistungen stattgefunden. Hingegen hat die Anzahl der geleisteten Arbeitsstunden in allen Industriesektoren zum Teil deutlich abgenommen. In absoluten Zahlen wird der Wandel noch deutlicher. Die Bruttowertschöpfung des industriellen Sektors ist seit der Wiedervereinigung nahezu unverändert. Sie betrug 1991 529 Mrd. Euro und 2009 584 Mrd. Euro. Lässt man das Krisenjahr 2009, dass die deutsche Industrie besonders hart getroffen hat, außen vor ist das Niveau der Bruttowertschöpfung im Industriesektor bis 2008 auf 680 Mrd. Euro gestiegen. Im tertiären Sektor stieg die Bruttowertschöpfung in der gleichen Zeit von 574 Mrd. Euro auf 1.040 Mrd. Euro. Werden intrasektorale Dienstleistungen im Industriesektor hinzugezählt, verändert sich das Verhältnis noch deutlicher.[26]

[26] vgl. Giarini, Liedtke 1998, S. 38

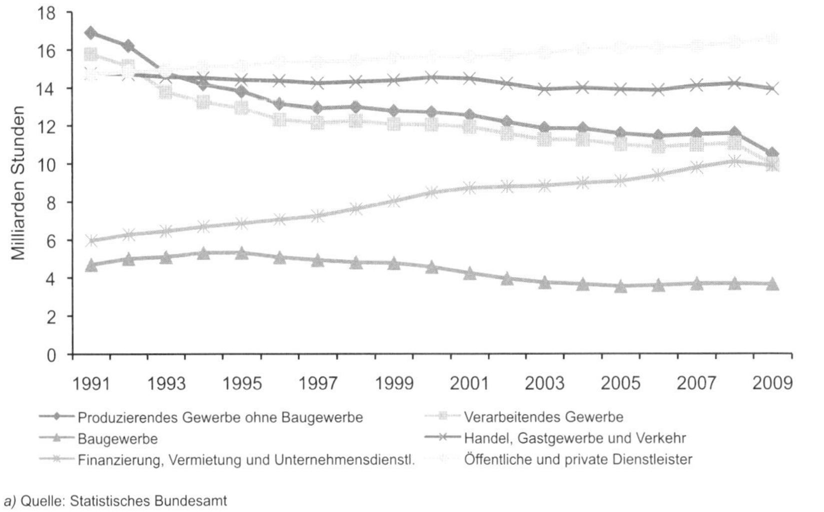

Abbildung 6.6: Von der Industriegesellschaft zur Dienstleistungsgesellschaft [geleistete Arbeitsstunden]

6.2.5 Die Verwendungsrechnung

Eine andere Möglichkeit das BIP etwas genauer zu analysieren, ist die Verwendungsrechnung. Hierbei wird das BIP in verschiedene Ausgabenblöcke eingeteilt, nämlich in den privaten Konsum, den staatlichen Konsum, die Investitionen, die Vorratsveränderungen V und den Außenbeitrag. Die Investitionen werden nach Ausrüstungs- und Bauinvestitionen differenziert, wobei beachtet werden sollte, dass die privaten und staatlichen Investitionen zusammengefasst werden. Der Außenbeitrag wird meist als Differenz von Export und Import ausgewiesen. Abbildung 6.7 zeigt die Verwendung des BIP in Deutschland. Die Ausgaben für den Außenbeitrag und die Vorratsveränderungen sind bei dieser Rechnung aufgrund ihrer relativ geringen Größe nicht von großem Interesse. Die Auswirkungen eines positiven oder negativen Außenbeitrags werden im letzten Kapitel beschrieben. Die drei großen Posten der Verwendungsrechnung sind demzufolge der private Konsum, der staatliche Konsum und die Investitionen.

Mathematisch gilt für die Verwendungsrechnung:

$$BIP^M = C + I + V + G + (Ex - Im).$$

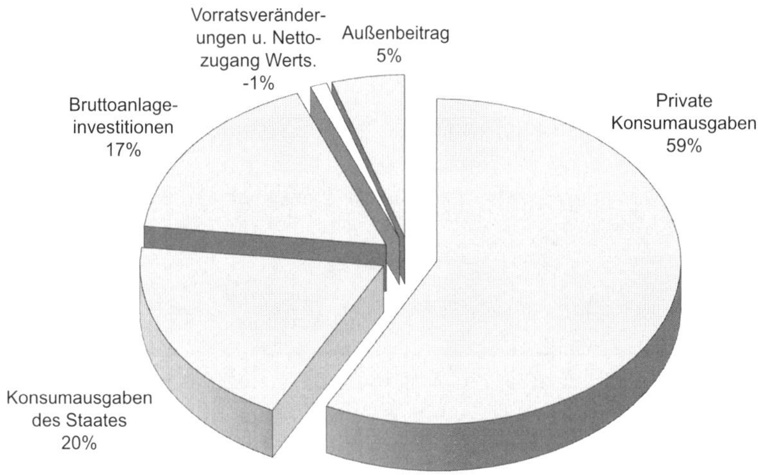

a) Quelle: Statistisches Bundesamt

Abbildung 6.7: BIP 2009 in Deutschland - wie verwendet?

Mit einer absoluten Höhe von rund 1,5 Billionen Euro ist der private Konsum gut eineinhalb mal so groß wie der staatliche Konsum und die Investitionen zusammen. Die Wirtschaftskraft der deutschen Volkswirtschaft hängt demnach entscheidend von der Verbraucherfreundlichkeit der Wirtschaftspolitik ab. Wie bereits erwähnt, wird das Wachstum an der realen Steigerung des BIP gemessen. Je stärker die Wirtschaftspolitik den Konsum fördert, desto eher und vor allem stärker wird das BIP in einem bestimmten gesamtwirtschaftlichen Rahmen steigen.

Worauf sollte demnach unter anderem das Augenmerk der Wirtschaftspolitik liegen? Hierbei ist es zunächst einmal interessant zu wissen, wofür die Haushalte ihr Geld ausgeben.

Durchschnittlich stehen einem Haushalt in Deutschland EUR 2.965[27] monatlich zum Ausgeben zur Verfügung. Rund 60% gaben die Haushalte für Mieten plus Nebenkosten, Verkehr und Nachrichtenübermittlung, Nahrungsmittel und Tabakwaren sowie Bekleidung und Schuhe aus. Wie kann die Wirtschaftspolitik diese Ausgaben beeinflussen? Betrachtet man die Größe der Ausgaben im Bundeshaushalt, die zur Wirtschaftsförderung

[27]Quelle: Statistisches Bundesamt 2010; statistischer Durchschnittshaushalt in Deutschland: 2,2 Personen.

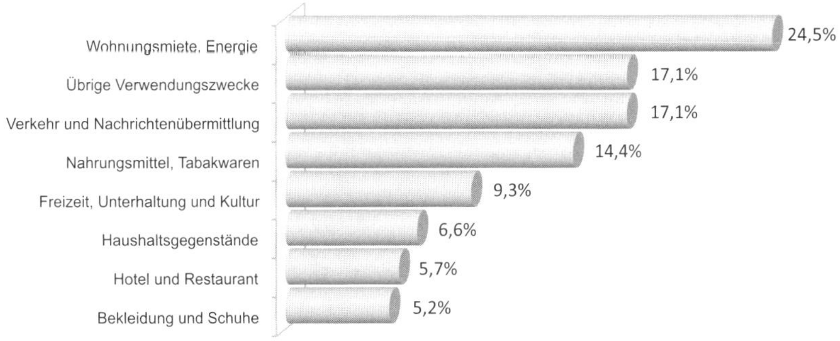

a) Quelle: Statistisches Bundesamt

Abbildung 6.8: Konsumausgaben der privaten Haushalte in Deutschland 2009

zur Verfügung stehen, stellt man schnell fest, dass mit EUR 6,7 Mrd.[28] nicht viel ausgerichtet werden kann. Wobei man auch beachten muss, dass die Wirtschaftspolitik nicht nur aus den Ausgaben für Wirtschaftsförderung, sondern auch aus anderen Budgets bezahlt wird. Zu nennen sind hier die Budgets für Soziale Sicherung und Verkehr. Neben der finanziellen Unterstützung durch den Staat spielt in der Wirtschaftspolitik vor allem ein psychologischer Effekt eine Rolle. Die Gesellschaft braucht Vertrauen in die Wirtschaftskraft und in die zukünftige Entwicklung. Optimismus ist das entscheidende Stichwort. Der erste Wirtschaftsminister der Bundesrepublik verbreitete Optimismus indem er durch das Land zog und sagte, der Aufschwung sei da, und wer jetzt nicht mitmache, der habe selber Schuld. Die Leute haben es geglaubt, das war der entscheidende Punkt. Neben den schon erläuterten Variablen[29] wiegen außerdem die Zukunftserwartungen in Verbindung mit Zukunftssicherheit schwer. Hat ein Haushalt sichere Zukunftserwartungen, wird er mehr konsumieren, als wenn er unsichere Erwartungen hat.

Die Größe des privaten Konsums im Verhältnis zum Staatshaushalt ist auch, wie wir später sehen werden, mit ein Grund für das Misslingen einer nachfrageorientierten Wirtschaftspolitik.

[28] vgl. Kap. 6.1.2.3
[29] vgl. Kap. 6.1.2

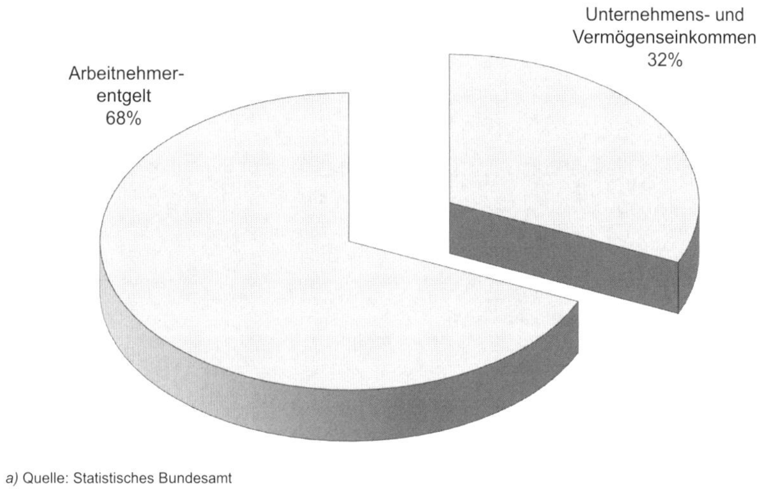

Abbildung 6.9: Volkseinkommen 2009 in Deutschland - wie verteilt?

6.2.6 Die Verteilungsrechnung

Die letzte Möglichkeit der Analyse des BIP bzw. des Volkseinkommens erfolgt nach der Verteilungsrechnung. Hierbei spaltet man das Volkseinkommen in Löhne und Gehälter auf der einen Seite und Gewinne und Vermögenseinkünfte auf der anderen Seite auf. Abbildung 6.9 zeigt die Verteilungsrechnung des Volkseinkommens in Deutschland. Mathematisch stellt sich die Verteilungsrechnung wie folgt dar:[30]

$$\begin{aligned} NSP^F &= l \times L + \Pi^{ges} \\ &= \text{Nominallohn} \times \text{Arbeit} + \text{gesamtwirtschaftliche Gewinne.} \end{aligned}$$

Auch mit Hilfe der Verteilungsrechnung können einige Hintergründe erklärt werden. Man nennt den Anteil der Einkommen am Volkseinkommen aus unselbstständiger Arbeit auch **Lohnquote**. Hier werden alle Angestellten im weiteren Sinne erfasst, d.h. sowohl ArbeiterInnen, als auch Angestellte und höchste Führungskräfte wie zum Beispiel der Vorstand einer Aktiengesellschaft. Auf der anderen Seite werden die **Gewinne aus Unternehmertätigkeit** sowie **aus Vermögen** (**Gewinnquote**) erfasst. Die

[30] Als Nominallohn soll hier ein gesamtwirtschaftlicher Durchschnittslohn über alle Branchen verstanden werden. Multipliziert man den gesamten Faktoreinsatz des Faktors Arbeit mit l, so erhält man die gesamtwirtschaftliche Lohnsumme.

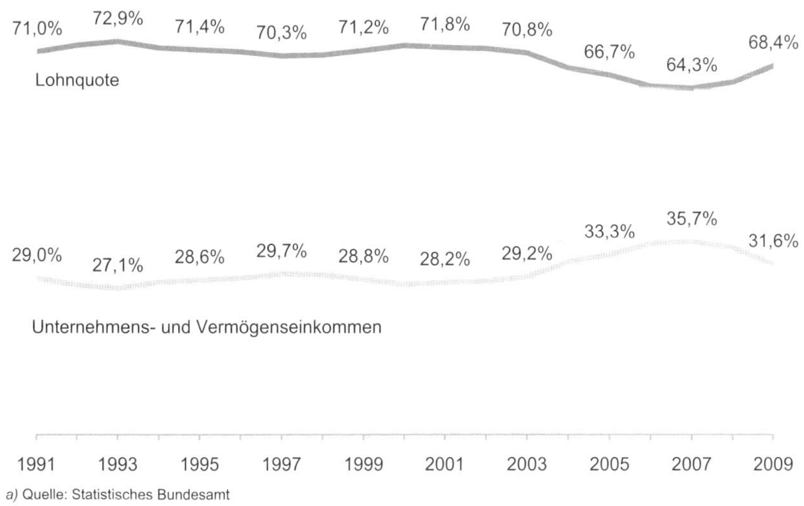

Abbildung 6.10: Entwicklung der Lohn- und Gewinnquote in Deutschland seit 1990

Gewinne aus Unternehmertätigkeit umfassen ebenfalls einen breiten Bereich, so wird hier vom kleinen Ein-Mann-Betrieb über mittelständische Betriebe bis hin zu internationalen Global-Playern alles miteinbezogen. Die Gewinne aus Vermögen fließen teilweise auch den nicht-selbstständigen Personen der Gesellschaft zu. Wie groß dieser Anteil allerdings ist, ist unbekannt.

Langfristig betrachtet, kann man anhand dieser Rechnung erkennen, ob wirtschaftspolitische Maßnahmen zur Förderung von Unternehmensgründungen effizient waren oder nicht. Geht wirklich ein vom Bundespräsidenten a.D. Roman Herzog gewünschter Ruck durch das Land? Die Entwicklung der Verteilungsrechnung und die der Existenzgründungen (Abbildung 6.10 und Abbildung 6.11) geben Aufschluss hierüber.

An der Entwicklung der Verteilungsrechnung kann man die wirtschaftliche Entwicklung der Bundesrepublik nach der Wiedervereinigung ablesen. Aufgrund der wesentlich arbeitsintensiveren ostdeutschen Wirtschaft ist die Lohnquote 1991 trotz des Wiedervereinigungsbooms und damit höherer Unternehmensgewinne gestiegen. Die Unternehmen haben schließlich bis zum Ende der wiedervereinigungsbedingten Sonderkonjunktur Maßnahmen zur Restrukturierung nahezu vernachlässigt. Im gleichen Zuge sind

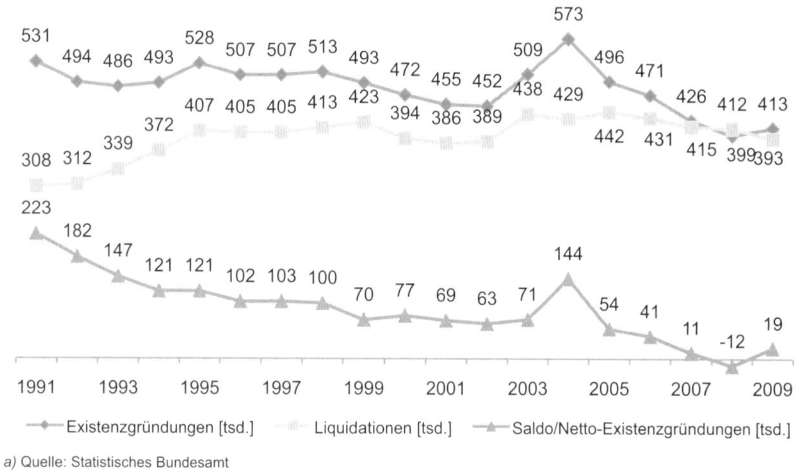

Abbildung 6.11: Existenzgründungen und Liquidationen in Deutschland seit 1991 [in Tsd.]

die Löhne immer stärker gestiegen, so dass die Lohnquote zugenommen hat. Bis Ende der 1990er Jahre ist ein immerwährender Anstieg der Arbeitslosigkeit zu verzeichnen, was zu einer geringeren Lohnquote und einem höheren Anteil der Unternehmensgewinne geführt hat. Erst mit der kräftigeren wirtschaftlichen Entwicklung in den Jahren 1999 und 2000 nahm die Lohnquote mit abnehmender Arbeitslosigkeit vorübergehend wieder etwas zu. Seit 2001 bewegte sich die Lohnquote stetig nach unten und hat erst mit der Finanzmarktkrise wieder zugenommen. Die Zunahme ist allerdings eher auf die Schwäche der Gewinnquote zurückzuführen.

Hatte denn die schwankende Gewinnquote eine Veränderung der Zahl der Existenz- bzw. Unternehmensgründungen zur Folge? Wie Abbildung 6.11 zeigt, kann diese Frage nicht so leicht beantwortet werden. Man kann in der Tendenz keine Zunahme der Existenzgründungen von 1991 bis 2009 beobachten. Muss auf der anderen Seite jedoch feststellen, dass die Insolvenzen stark gestiegen sind. Im Saldo ist die Bilanz, mit Ausnahme von 2008, allerdings immer noch positiv. In der Tat verteilen sich die zunehmenden Gewinne auch auf mehr Unternehmen. Auffällig oder vielleicht sogar problematisch und auf jeden Fall ein Zeichen die Gründungssituation in Deutschland zu überprüfen und zu verbessern ist die Tatsache,

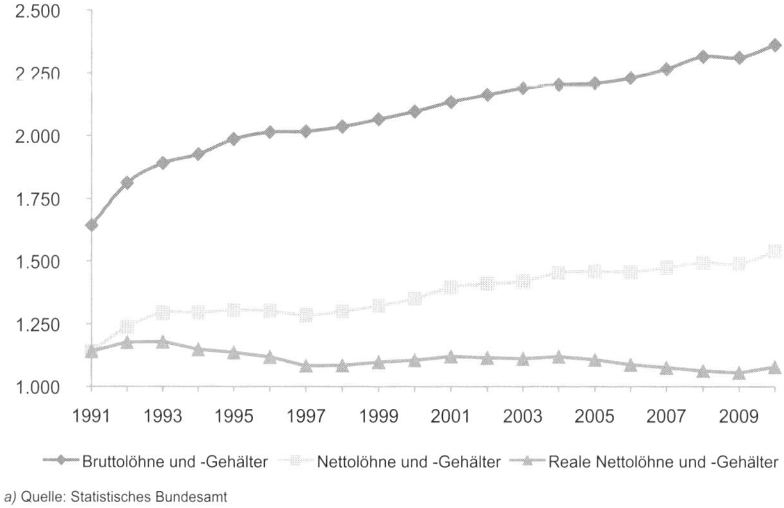

Abbildung 6.12: Der tatsächliche Einkommensfortschritt in Deutschland [in EUR, monatlich]

dass seit 1999 in den meisten Jahren im gesamten Bundesgebiet im Saldo, d.h. Gründungen und Liquidationen verrechnet, weniger Unternehmen gegründet worden sind als 1990 mit 92.000 in den alten Ländern alleine. Die Existenzgründungen sind eine Momentaufnahme über das wirtschaftliche Umfeld einer Volkswirtschaft. Es zeigt wie groß die Risikobereitschaft innerhalb der arbeitenden Bevölkerung ist. Eine Existenzgründung ist immer mit dem Risiko des Scheiterns verbunden. Der erwartete Kapitalrückfluss und die Wahrscheinlichkeit eine Insolvenz zu verhindern, spielen dabei eine große Rolle. Je höher der erwartete Gewinn, desto höher kann auch das Risiko sein. Unternehmensgründungen sind vor allem wichtig für die Schaffung neuer Arbeitsplätze.

Bei der Entwicklung der Bruttoeinkommen aus nicht-selbstständiger Arbeit konnte man in den letzten Jahren, in absoluten Zahlen gemessen, ebenfalls einen erheblichen Fortschritt verzeichnen (Abbildung 6.12). Nur handelt es sich um die **nominalen Löhne**, weshalb ein vergleichender Charakter der Zahlen fehlt. Darüber hinaus sind es **Bruttolöhne**, d.h. vor der Zahlung von Steuern und Abgaben. Die **Nettolöhne** sind aufgrund hoher Steuern und sozialer Abgaben wesentlich geringer. Reduziert man die Bruttoeinkommen um die Abgaben, erhält man die **Nettolohnentwicklung** in jeweiligen Preisen der angegebenen Jahre. Bezieht man alle Angaben auf die Preise eines bestimmten Jahres, erhält man die **Reallöhne** und kann hieran den tatsächlichen Einkommensfortschritt erkennen. Diesen nennt man auch die **Reallohnentwicklung**.

Aus Abbildung 6.12 wird deutlich, dass es in den letzten Jahren der Kohl-Regierung praktisch keine positive Nettolohnentwicklung gegeben hat. Da die Abgaben in gleichem Maße wie die Bruttolöhne gestiegen sind, ist der Einkommensfortschritt sofort wieder abgeschöpft worden. Seit 1999 hat sich aber in der Tat ein Zuwachs der Nettolöhne ergeben. Die realen Löhne sind mit leichen Schwankungen praktisch stabil geblieben.

6.2.7 Die Sparquote

Die **Sparquote** ist der Anteil des verfügbaren Einkommens der Haushalte, der gespart wird. Man bezeichnet sie auch als **Grenzhang einer Volkswirtschaft zum Sparen** GS. Die Sparquote spielt eine relativ starke Rolle in einem Wirtschaftskreislauf. Wir haben bereits gesehen, dass die Ersparnisse in einem geschlossenen Wirtschaftskreislauf genauso groß sind wie die privaten Investitionen. Daraus folgt im Umkehrschluss, dass die Sparquote eine Wachstumsgrenze für eine geschlossene Volkswirtschaft darstellt. Wir wollen versuchen, uns das Ganze mathematisch etwas klarer zu machen.

Das zusätzliche Volkseinkommen oder auch das verfügbare Einkommen, wenn wir einmal die Abgaben außer Betracht lassen, kann entweder konsumiert oder gespart werden. Den Anteil, den ein Wirtschaftsteilnehmer von einem zusätzlichen Euro konsumiert, nennen wir seinen **Grenzhang zum Konsum**. Die Veränderung des Volkseinkommens setzt sich also aus Sparen und Konsumieren zusammen. Es ergibt sich:

$$\begin{aligned} \Delta C + \Delta\Omega &= \Delta Y \\ \Leftrightarrow \quad \frac{\Delta C + \Delta\Omega}{\Delta Y} &= 1. \end{aligned}$$

Wir nehmen nun an, dass die Investitionen in der nullten Periode gleich den Ersparnissen sind und in den folgenden Perioden konstant bleiben. Eine Volkswirtschaft hat ein angenommenes gesamtwirtschaftliches Einkommen von 100 GE. Der Grenzhang zum Konsum liegt bei 0,8, demnach ist der Grenzhang zum Sparen 0,2. Von dem Einkommen werden 80 GE konsumiert und 20 GE gespart, d.h. investiert. Diese zusätzliche Investitionsnachfrage stellt aber auf der anderen Seite wiederum Einkommen der Produktionsfaktoren dar und erhöht deshalb das Einkommen der ersten

Periode um 20 GE auf 120 GE. Annahmegemäß werden wiederum 80% bzw. 96 GE konsumiert und 20% entsprechend 24 GE gespart. Die Investitionen betragen allerdings weiterhin 20 GE, so dass sich das Einkommen in der nächsten Periode aus dem alten Einkommen, dem erhöhten Konsum und den konstanten Investitionen zusammensetzt. Das neue Einkommen beträgt jetzt 156 GE (120 + 16 + 20). Hiervon werden nun wiederum 124,8 GE konsumiert und 31,2 GE gespart. Der Verlauf ist in der folgenden Tabelle dargestellt.

Tabelle 6.5: Der Investitionsmultiplikator

[in GE] / Zeit [t]	I	Y	ΔY	ΔC	ΔS
0	20	100	-	-	-
1	20	120	20	16	4
2	20	156	36	28,80	7,20
3	20	204,80	48,80	39,04	9,76
4	20	263,84	59,04	47,23	11,80
5	20	331,07	67,23	53,78	13,45
...					
10	20	742,95	89,26	71,41	17,85
...					
100	20	9700	99,99	79,99	19,99
...					
T	20	∞	100	80	20

Nach T-Jahren erreicht der Zuwachs des Volkseinkommens einen Grenzwert von 100 GE. Der Grenzwert ergibt sich aus einem Multiplikator der Investitionen, der daher auch **Investitionsmultiplikator** genannt wird. In dem Beispiel ist der Multiplikator μ gleich 5, daher ergibt sich

$$\lim_{t \to \infty} \Delta Y = \mu \cdot I = 5 \cdot 20 = 100.$$

μ ist gerade so groß wie der Kehrwert des Grenzhangs zum Sparen ($\frac{1}{0,2} = 5$). Eine mathematische Beweisführung soll an dieser Stelle nicht stattfinden, doch ist dies in der Tat eine Gesetzmäßigkeit. Im Allgemeinen:

$$\lim_{t \to \infty} \Delta Y = \frac{1}{GS} \cdot I = \mu \cdot I.$$

Bei konstanten Investitionen ist der Zuwachs des Volkseinkommens desto größer, je geringer die Spartätigkeit ist. Der Kehrwert von 0,1 ist größer als der von 0,5. Tabelle 6.6 veranschaulicht dies mit den Zahlen des vorherigen Beispiels. Wobei der Grenzhang zum Konsum jetzt 0,9 beträgt. Anhand der Beispiele wird darüber hinaus die Abhängigkeit des Wachstums von den Investitionen deutlich. Bleiben die Investitionen konstant, strebt das Wachstum gegen einen Grenzwert. Wachsen die Investitionen mit steigendem Volkseinkommen an, gäbe es theoretisch keine Wachstumsgrenze.

Tabelle 6.6: Der Investitionsmultiplikator II

[in GE] / Zeit [t]	I	Y	ΔY	ΔC	ΔS
0	20	100	-	-	-
1	20	120	20	18	2
2	20	158	38	34,20	3,80
3	20	212,20	54,20	48,78	5,42
4	20	280,98	68,78	61,90	6,88
5	20	362,88	81,90	73,71	8,19
...					
10	20	927,62	130,26	117,24	13,03
...					
100	20	18300,05	199,99	179,99	19,99
...					
T	20	∞	200	180	20

6.3 Die Zahlungsbilanz

Eine Definition des Internationalen Währungsfonds (IWF) bezeichnet *die systematische Aufzeichnung aller wirtschaftlichen Transaktionen zwischen Inländern und Ausländern für eine bestimmte Periode, zum Beispiel ein Jahr, als Zahlungsbilanz.*[31] Die Zahlungsbilanz ist eine Zusammenstellung mehrerer Einzelbilanzen. Jedoch liegt hier keine gewöhnliche Bilanz (Stichtagsrechnung) vor, sondern es handelt sich bei der Zahlungsbilanz um eine periodische Rechnung (Stromrechnung). Sie erfasst die Veränderungen über einen Zeitraum betrachtet.

Das Zahlungsbilanzschema der Bundesbank unterteilt die Zahlungsbilanz in sechs Bereiche, wobei die Leistungsbilanz mehrere Unterbilanzen hat.

1. **Leistungsbilanz**

   (a) **Handelsbilanz**: erfasst Exporte und Importe von Sachgütern; man spricht von einer **aktiven Handelsbilanz**, wenn der Wert der exportierten Waren größer ist als der Wert der importierten Waren; übersteigt hingegen der Wert der Importwaren den der Exportwaren, spricht man von einer **passiven Handelsbilanz**.

[31] Die Zahlungsbilanzstatistik der Bundesbank richtet sich konzeptionell und methodisch nach den international vereinbarten Standards des 5. Zahlungsbilanz Manuals des Internationalen Währungsfonds.

(b) **Dienstleistungsbilanz**: erfasst Dienstleistungsexporte und Dienstleistungsimporte.

(c) Erwerbs- und Vermögenseinkommen: enthält Einkommen aus nicht-selbstständiger Arbeit und Kapitalerträge; der Saldo ist die Differenz zwischen BSP und BIP zu Marktpreisen; die Summe der Handels- und Dienstleistungsbilanz sowie der Erwerbs- und Vermögenseinkommen ergibt den Außenbeitrag einer Volkswirtschaft, dieser kann sowohl negativ, als auch positiv sein.

(d) Laufende Übertragungen: erfasst alle Zahlungen, die keine direkten Gegenleistungen erfordern; hierunter fallen zum Beispiel die Beiträge Deutschlands an die Nato, die EU oder die UNO und Überweisungen von Gastarbeitern an ihre Familien.

2. **Vermögensübertragungen**
enthält die einmaligen Transfers zwischen den Ländern, die zunächst nur das Vermögen der betroffenen Länder verändern, zum Beispiel Schuldenerlass oder Zuschüsse von übergeordneten Organisationen.

3. **Kapitalbilanz**
erfasst den Geldstrom zwischen den Ländern und enthält auch die **Veränderung der Währungsreserven**; man spricht vom Kapitalverkehr, wenn die Währungsreserven unberücksichtigt bleiben.

4. **Saldo der statistisch nicht aufgliederbaren Transaktionen**

5. **Veränderung Netto-Auslandsaktiva der Bundesbank**
ergibt sich aus der Summe der Salden der Leistungsbilanz, der Vermögensübertragungen, des Kapitalverkehrs und den statistisch nicht aufgliederbaren Transaktionen.

Tabelle 6.7: Veränderung der Währungsreserven der Deutschen Bundesbank[33]

[in Mrd. EUR]	2004	2006	2008	2010
I. Saldo der Leistungsbilanz	102,8	150,1	166,9	129,8
II. Vermögensübertragungen	0,4	-0,3	-0,2	-0,5
III. Saldo des Kapitalverkehrs	-121,5	-172,5	-199,3	-104,5
IV. Saldo der stat. nicht aufgliederbaren Posten	19,7	25,6	30,6	-26,4
V. Veränderung der Währungsreserven der Deutschen Bundesbank zu Transaktionswerten	1,4	2,9	-2,0	-1,6

[33]Quelle: Deutsche Bundesbank

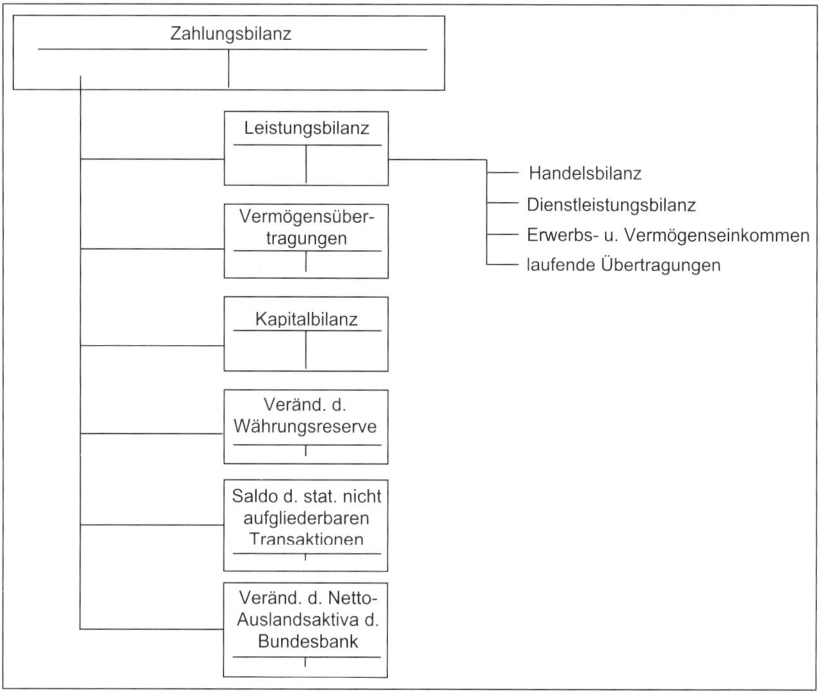

Abbildung 6.13: Das Zahlungsbilanzschema der Bundesbank

Für die Jahre 2004 bis 2010 ergaben sich die Veränderungen der Währungsreserven der Bundesbank wie in Tabelle 6.7 dargestellt.

Formal muss die Zahlungsbilanz insgesamt immer ausgeglichen sein, da jeder Geschäftsvorfall wie aus der gewöhnlichen Buchhaltung bekannt, im Sinne der doppelten Buchführung eine Gegenbuchung haben muss. Wobei die Einnahmen jeweils auf der Aktiv-, die Ausgaben auf der Passivseite der Bilanz erfasst werden. Trotz dieses formellen Ausgleichs wird sehr oft von **Zahlungsbilanzdefiziten** bzw. **-überschüssen** gesprochen. In einem solchen Zusammenhang sind jedoch nur die Defizite/Überschüsse in den einzelnen Teilbilanzen gemeint. Zum Beispiel kann die Leistungsbilanz, regelmäßiger Fall in Deutschland, einen Überschuss ausweisen. Es würde bedeuten, dass in dieser Periode mehr Waren oder Dienstleistungen exportiert als importiert werden. Dieser Überschuss an Einnahmen muss auf der anderen Seite finanziert werden. Dies kann auf zwei Wegen geschehen. Erstens kann der Ausländer, der die Exportwaren kauft, mit Devisen bezahlen. Eine Zunahme der Devisen bedeutet gleichzeitig eine Ausgabe in der nationalen Währung, denn irgendwann müssen diese Devisen gegen inländisches Geld eingetauscht werden. Zweitens könnte das Inland dem Ausland einen Kredit stellen. Ein Kapitalexport ware die Folge. Eine positive Leistungsbilanz führt demnach zu Ausgaben inländischer Gelder, die auf diesem Wege der inländischen Nachfrage fehlen.

Als weiteres Beispiel kann die Zahlungsbilanz einen negativen Kapitalverkehr aufweisen. Dahinter verbirgt sich ein Netto-Kapitalexport, d.h. der Kapitalexport ist größer als der Kapitalimport. Kapitalexport bedeutet eine Abnahme der Währungsreserven der Bundesbank und ist daher negativ. Zu beachten ist der Unterschied zur Leistungsbilanz. Eine positive Leistungsbilanz heißt: Export an Gütern größer Import an Gütern und damit eine Zunahme der Währungsreserven. Ein positiver Kapitalverkehr bedeutet jedoch: Export an Kapital kleiner als Import an Kapital und damit ebenfalls eine Zunahme der Währungsreserven. Da der Saldo immer als Veränderung der Währungsreserven dargestellt wird, ergibt sich dieses gegenteilige Bild. Ist der Kapitalexport kleiner als der Kapitalimport (positiver Kapitalverkehr), werden Gelder aus dem Ausland zurückgeholt. Daher müssen die Währungsreserven der Bundesbank zunehmen und der Saldo ist positiv. Im Jahr 2010 ist hingegen Kapital abgeflossen, d.h. die Inländer investierten mehr im Ausland, als die Ausländer im Inland. Deshalb sind die Währungsreserven gesunken.

Die Zahlungsbilanz zeigt also globale Ungleichgewichte. Wenn Deutschland Kapital exportiert, muss schließlich eines anderes Land Kapital importieren. Diese globalen Ungleichgewichte sind eine wesentliche Ursache der Wirtschaftskrise als Folge der Finanzmarktkrise. Die Ungleichgewichte entstehen regelmäßig aufgrund langfristiger Trends. Der Kapitalimport, der mit einem Leistungsbilanzdefizit verbunden ist, unterstützt beispielsweise den Aufbau des Kapitalstocks eines Landes. Kapitalexport hingegen bildet Vermögen im Ausland. Der spätere Rückfluss des Kapitals kann beispielsweise die Wachstumseinbußen durch die Alterung einer Gesellschaft und damit dem Rückgang der Bevölkerung ausgleichen oder mindestens lindern. Kapitalexport kann aber auch ein Zeichen struktureller Fehl- bzw. Unterentwicklung sein. Ist beispielsweise das Sozialsystem eines Landes nur gering ausgeprägt, werden die Bürger tendenziell mehr Sparen. Wenn dies im eigenen Land wegen fehlender Anlagealternativen nicht möglich ist, wird im Ausland investiert. Ein fehl- bzw. unterentwickelter Finanzmarkt im Inland wird ebenfalls mangels fehlender Anlagealternativen und

-sicherheit die Investitionen im Ausland tendenziell steigern. Empirisch kann sogar belegt werden, dass Blasen am Finanzmarkt am besten durch globale Überschußliquidität erklärt werden können.[34] Globale Ungleichgewichte sind insofern zum Teil gewollt und auch gut, da sie die spezifische Entwicklung eines einzelnen Landes unterstützen können. Zum Teil aber auch Zeichen von strukturellen Problemen, die ein Anzeichen für eine bevorstehende Krise sein können. Vor diesem Hintergrund sind globale Ungleichgewichte auch auf dem Treffen der sogenannten G7 Finanzminister und Zentralbankgouverneure 2006 thematisiert worden. Damals wurden sogar konkrete Maßnahmen vereinbart. Die USA sollten die Sparquote anheben, die Europäer ihre Arbeitsmärkte flexibilisieren und China flexiblere Wechselkurse zulassen.[35] Konkrete Schritte sind im Nachgang allerdings nicht umgesetzt worden. Im Jahre 2006 betrug die Sparquote der USA noch knapp 4% des BIP. 2009 war die Sparquote hingegen negativ und lag bei rund -2%.[36] Die Flexibilisierung der Arbeitsmärkte in Europa ist auch 2010 immer noch ein Thema. Dies gilt insbesondere für die besonders stark von der Krise betroffenen Länder Griechenland und Spanien. Und auch der Wechselkurs des Renminbi ist noch nicht wesentlich flexibler. China hat die eigene Währung nach 2006 zwar einige Male in kleinen Schritten gegenüber bestimmten Ländern aufgewertet aber eine wesentliche Änderung der Situation gab es nicht. Es liegt also im Interesse von vielen Ländern globale Ungleichgewichte, die Krisenindikator und -ursache sein können, nachhaltig zu verringern und anschließend zu vermeiden. Die internationale Koordination von geeigneten Maßnahmen ist allerdings sehr schwierig. Ein Ansatz existiert durch das Rahmenwerk für starkes, nachhaltiges und ausgeglichenes Wachstum, welches im Rahmen des G20 Treffen der Finanzminister und Zentralbankgouverneure in Toronto im Jahre 2010 beschlossen wurde.[37] Erfolge sind zu erhoffen, bleiben aber abzuwarten.

6.4 Der Einkommenskreislauf

Aus der volkswirtschaftlichen Gesamtrechnung ergibt sich letztlich ein Einkommenskreislauf, der sich folgendermaßen darstellt. Aus Gründen der Übersichtlichkeit wird darauf verzichtet zu beschreiben, wie die Haushalte

[34] vgl. Alessi, Detken 2009
[35] Quelle: Abschluß Statement G7 Finanzminister und Zentralbankgouverneure v. 21.04.2006 (Annex).
[36] Quelle: US Wirtschaftsministerium
[37] Quelle: Abschluß Statement G20 Finanzminister und Zentralbankgouverneure v. 27.06.2010 (Annex).

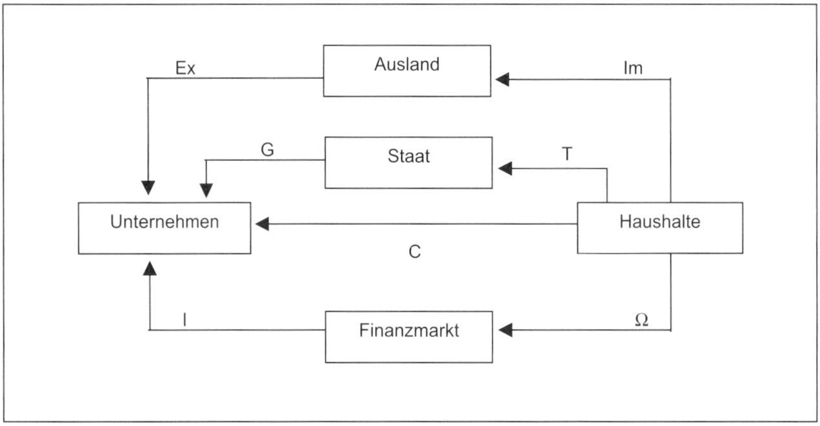

Abbildung 6.14: Der Einkommenskreislauf

zu ihrem Einkommen gelangen, es wird angenommen sie haben welches.

Einerseits fließen aus den Haushalten im Inland Gelder in Form von Konsum an die Unternehmen im Inland. Ersparnisse fließen auf den Finanzmarkt, Steuern an den Staat und die Bezahlung für Importleistungen auf den Auslandsmarkt. Andererseits erhalten die Unternehmen im Inland, neben den Konsumeinnahmen von den Haushalten, Kapital für Investitionen von den Finanzmärkten, Geld für die Befriedigung der Staatsnachfrage oder in Form von Transferzahlungen sowie Exportaufträge und somit Geld aus dem Ausland. Abbildung 6.14 und die untenstehenden Gleichungen verdeutlichen diesen Zusammenhang noch einmal.

$$\begin{aligned} &\text{Zufluß inländische Unternehmen} = C + I + G + Ex \\ &\Leftrightarrow \text{Abfluß inländische Haushalte} = C + \Omega + T + Im \\ &\Leftrightarrow C + I + G + Ex = C + \Omega + T + Im \\ &\Leftrightarrow \underbrace{(G - T)}_{\text{Staatsbudget}} + \underbrace{(Ex - Im)}_{\text{Außenbeitrag}} = (\Omega - I) \end{aligned}$$

An dieser fundamentalen Gleichung können einige Zusammenhänge verdeutlicht werden. Zu allererst wird der einfache Wirtschaftskreislauf mit Spartätigkeit ersichtlich. In diesem Fall läge ein ausgeglichener Staatshaushalt vor ($G - T = 0$), da der Staat nicht existiert und da auch keine Beziehungen mit dem Ausland bestehen, wäre der Außenbeitrag ebenfalls nicht vorhanden ($Ex - Im = 0$). Daraus folgt, wie wir bereits gesehen haben,[38]

[38]vgl. Kap. 5.2

dass $\Omega = I$ ist. Die gesamten privaten Ersparnisse stehen den Investitionen zur Verfügung.

Der Fall, wie er in Deutschland momentan und auch schon in den letzten Jahren gewesen ist, stellt sich wie folgt dar. Es existiert ein Staatsdefizit ($G - T > 0$) und ein positiver Außenbeitrag ($Ex - Im > 0$). In einem solchen Fall dienen Teile der Ersparnisse dazu, die Staatsausgaben und den Leistungsbilanzüberschuss zu finanzieren. Demnach bleiben weniger Gelder für Investitionen. Die Ersparnisse sind größer als die Investitionen ($\Omega - I > 0$). Die USA haben in den letzten Jahren zwischenzeitlich Staatsüberschüsse produziert ($G - T < 0$).[39] Darüber hinaus weist ihre Leistungsbilanz ein Defizit aus ($Ex - Im < 0$). Daraus erkennt man, dass die Investitionen größer als die Ersparnisse sein müssen ($\Omega - I < 0$). Sind die Investitionen größer als die inländischen Ersparnisse, muss zusätzliches Geld aus dem Ausland kommen, zum Beispiel aus Deutschland mit seinem negativen Kapitalverkehrssaldo.[40] Bleiben diese Gelder aus, wäre das amerikanische Wirtschaftswachstum geringer, da die Waren mangels Geld nicht mehr nachgefragt werden könnten.

Es soll noch ein letzter Fall betrachtet werden. Der Staat hat ein Budgetdefizit ($G - T > 0$). Zur Finanzierung möchte er aber den privaten Sektor nicht belasten, d.h. die Ersparnisse stehen vollständig für Investitionen bereit. Als Finanzierungsquelle kommen so nur die für das Ausland vorgesehenen Gelder in Frage ($Ex - Im < 0$). Wir wissen bereits um die Wichtigkeit des privaten Sektors bei der Frage des Wirtschaftswachstums.[41] Offensichtlich finanziert der deutsche Staat einen viel größeren Betrag seines Defizits durch die privaten Ersparnisse als es bei einer ausgeglichenen Leistungsbilanz nötig wäre.

[39]Überschuss in % des BIP 1999: 1,3; 2000: 2,5. Quelle: IWF.
[40]vgl. Kap. 6.3
[41]vgl. Kap. 6.2.5

7

Der Staat

Lernziele:

- Der Staat sollte die Rahmenbedingungen für freies wirtschaftliches Handeln herstellen und erhalten.
- Das magische Vieleck ist deshalb magisch, weil es Magie braucht, um es tatsächlich zu erfüllen.
- Der Staat ist dort aktiver Marktteilnehmer wo der Markt versagt.
- So lange der Staat effizienter produziert als die Privatwirtschaft sollte er dies tun.
- Wirtschaftspolitik ist Aufgabe des Staates und kann unterteilt werden in Konjunkturpolitik und Wachstumspolitik.

Der erste Teil des Buches lässt den Staat mehr oder weniger unbeachtet bzw. er wird dort nur am Rande erwähnt. In Kapitel 5 und in Kapitel 6 wird der Staat explizit in den Wirtschaftskreislauf eingeführt bzw. wird dem Staat im Rahmen der volkswirtschaftlichen Gesamtrechnung ein eigener Sektor zugewiesen. Die Aufgaben des Staates werden allerdings noch nicht im Einzelnen betrachtet. Dies wird der bedeutenden Rolle des Staates wie sie den meisten Bürgern bewusst ist nicht gerecht und soll daher an dieser Stelle nachgeholt werden. Tages- und Wochenzeitungen sowie Nachrichtensendungen räumen wirtschaftspolitischen Informationen im weitesten Sinne großen Platz ein. Die öffentliche Diskussion ist zu einem großen Teil geprägt durch den Austausch oder auch Disput über die eine oder andere anstehende oder getroffene Entscheidung einer zuständigen Regierung bzw. eines zuständigen Parlamentes. Entscheidungen von Regierungen haben teilweise einen sehr großen Einfluss auf das Leben des Einzelnen. Mit Sicherheit haben sie aber einen erheblichen Einfluss auf die Gesellschaft im Ganzen. An dieser Stelle wird es nicht darum gehen, Einzelentscheidungen des Staates zu erklären und diese zu rechtfertigen bzw. zu kritisieren. Es werden die Aufgaben des Staates und somit auch die Grenzen des staatlichen Handelns beschrieben. Ziel ist es, ein größeres Gesamtverständnis über den Staat herzustellen.

Wer oder was ist der **Staat**? Hierzu gibt es unterschiedliche Begriffsbestimmungen. So sagt die größte freie Enzyklopädie, Wikipedia, ein Staat sei das Konstrukt einer politischen Ordnung, die ein gemeinsames abgegrenztes Staatsgebiet, ein dazugehöriges Staatsvolk und eine Machtausübung über dieses umfasst.[1] Eine andere Definition lautet: "Staat, die politische Ordnung einer Gesellschaft."[2] Es gibt weitere leicht voneinander abweichende Definitionen von Staat. An dieser Stelle soll *Staat* die *staatlichen Institutionen im weitesten Sinne* umfassen. In erster Linie sind dies die Institutionen der drei **staatlichen Gewalten** (**legislative** - **gesetzgebende**, **exekutive** - **ausführende**, **judikative** - **rechtsprechende**). Hiermit sind hauptsächlich aber nicht ausschließlich gemeint: Bundestag, Bundesrat, Länderparlamente, Kommunalparlamente, Bundesregierung, Landesregierungen, Behörden, Gerichte. All diese Insitutionen sind auf unterschiedlichen Ebenen mit den Aufgaben des Staates befasst. Der Staat übernimmt in wirtschaftlicher Hinsicht mehrere Rollen. Drei sollen an dieser Stelle genannt werden:

1. regulatorische Rolle;
2. zuordnende bzw. (um)verteilende Rolle;
3. stabilisierende Rolle.

7.1 Die regulatorische Rolle des Staates

7.1.1 Was ist geregelt?

Jede Wirtschaftsordnung baut auf einem Rechtssystem auf. Ohne ein rechtliches Gerüst kann eine Wirtschaft nicht funktionieren. Dabei sind zwei rechtliche Grundlagen wesentlich, die **Freiheitsrechte** und die **Eigentumsrechte**. Die Freiheitsrechte ermöglichen jedem Individuum in einer Gesellschaft sich frei zu bewegen und einer Tätigkeit nach freien Wünschen nachzugehen. Damit kann Einkommen selbstbestimmt erzielt werden. Die Eigentumsrechte billigen schließlich jedem Individuum zu, Erworbenes zu behalten und in der Zukunft nutzen zu können. Beide grundlegenden Rech-

[1] Quelle: http://de.wikipedia.org/wiki/Staat; Aufruf vom 13.03.2011.
[2] vgl. Drechsler, Hilligen et al. (Hg.) 1992.

te sind in Deutschland **Grundrechte** und als solche im Grundgesetz verankert.[3] Wirtschaftlich betrachtet ist ein Konkurrenzmarkt Voraussetzung für maximalen gesellschaftlichen Wohlstand. Er ist vor allem durch wirtschaftliche Freiheit geprägt. Während das Grundgesetz im Sinne einer Verfassung entsprechende Rechte sehr allgemein definiert und vor allem keine Wirtschaftsverfassung ist[4], bestimmen meist weitere Gesetze den genauen Inhalt. So heißt es zum Beispiel in Artikel 2 Absatz 2 des Grundgesetzes: "[...] In diese Rechte darf nur auf Grund eines Gesetzes eingegriffen werden."[5] Im wirtschaftlichen Kontext sind hier in Deutschland zwei Gesetze zu nennen: das **Gesetz gegen Wettbewerbsbeschränkungen (GWG)** und das **Gesetz gegen den unlauteren Wettbewerb (UWG)**. Ersteres sichert jedem Marktteilnehmer die größtmögliche Freiheit zu. Zweiteres dient zur Bestimmung der Grenzen der Freiheit. Grundsätzlich gilt: *niemandes Freiheit darf auf Kosten der Freiheit anderer ausgeweitet werden.* Neben dem rechtlichen Gerüst, dass allen Wirtschaftsteilnehmern bestimmte Rechte zugesteht, ist in Deutschland das **Gesetz zur Förderung der Stabilität und des Wachstums der Wirtschaft** erlassen worden. Das sogenannte **Stabilitätsgesetz** fordert den Staat auf, bei seiner Wirtschaftspolitik "die Erfordernisse des gesamtwirtschaftlichen Gleichgewichts zu beachten."[6]

7.1.2 Das Stabilitätsgesetz

Das Ziel der **Wirtschaftspolitik** ist es, das Wachstum zu fördern. Wirtschaftspolitik ist definiert als: *die Auswahl geeigneter wirtschaftlicher Maßnahmen, um von einer gegebenen Lage aus, ein bestimmtes wirtschaftliches Ziel zu erreichen.* Bei einer zu starken Ungleichverteilung des Reichtums entsteht sozialer Unfrieden in unterschiedlicher Intensität in der betroffenen Gesellschaft. Schon hieraus folgt neben dem Ziel der Förderung des Wachstums, dass eine gewisse gesellschaftliche Balance zu erhalten ist. Das Stabilitätsgesetz fordert mehrere Ziele gleichzeitig, die es jeweils abzuwägen gilt.

[3]Freiheitsrechte: Art. 2 GG (persönliche Freiheitsrechte), Eigentumsrechte: Art. 14 GG (Eigentum, Erbrecht, Enteignung), Art. 15 GG (Vergesellschaftung).

[4]vgl. Rolf Stober 2006, S. 38

[5]Vgl. Parlamentarischer Rat (23.05.1949) vom September 2002.

[6]Vgl. Bundestag (08.06.1967) vom 31.10.2006.

7.1.2.1 Das magische Viereck

Das Stabilitätsgesetz in seiner ersten Fassung von 1967 definiert praktisch das gesamtwirtschaftliche Gleichgewicht in Deutschland. Es konkretisiert die Anforderungen an die Haushaltswirtschaft in Bund und Ländern wie sie in Artikel 109 und 109a des Grundgesetzes niedergeschrieben sind. Die Ziele sind die Folgenden:

- **Preisniveaustabilität**
  Sie wird an der Inflationsrate gemessen und ist vorrangig ein Ziel der Geldpolitik. In Deutschland ist es die Aufgabe der Bundesbank gewesen, jetzt der EZB, für ein stabiles Preisniveau zu sorgen. Das Preisniveau wird bei einer langfristigen Inflationsrate von unter aber nahe 2% als stabil angesehen. Die Wirtschaftspolitik in Deutschland kann das Ziel der Preisniveaustabilität direkt nicht beinflussen. Durch das Stabilitätsgesetz sind aber alle Maßnahmen zu unterlassen, die Preisniveaustabilität gefährden und alle Maßnahmen zu ergreifen, die dazu führen Preisniveaustabilität zu erreichen.

- **Hoher Beschäftigungsgrad**
  Der Beschäftigungsgrad wird anhand der Arbeitslosenquote gemessen. Hierbei gibt es unterschiedliche Methoden, die auch durchaus zu unterschiedlichen Ergebnissen führen. Zwei Beispiele sind:

  1. $\text{Arbeitslosenquote} = \frac{\text{registrierte Arbeitslose}}{\text{abhängige Erwerbspersonen}}$;
  2. $\text{Arbeitslosenquote} = \frac{\text{registrierte Arbeitslose}}{\text{Erwerbspersonen}}$.

  Wobei sich die *abhängigen Erwerbspersonen* aus den abhängigen Beschäftigten und den registrierten Arbeitslosen zusammensetzen. Die *Erwerbspersonen* bilden den größeren Kreis, zusätzlich sind hier die Selbstständigen enthalten.
  Bei dem hier genannten Ziel spricht man auch oft von **Vollbeschäftigung**. Vollbeschäftigung im eigentlichen Sinne des Wortes wird allerdings nie erreicht werden können. Für die Praxis hat man sich daher mit einem Gleichgewicht von registrierten Arbeitslosen und offenen Stellen als eine Definition für Vollbeschäftigung zufriedengegeben. Die Bundesregierung sieht das Ziel der Vollbeschäftigung gar bei einer Arbeitslosenquote von 2-3% als erreicht an. Eine Vorgabe, die sich durch die Praxis durchaus rechtfertigen lässt.

- **Außenwirtschaftliches Gleichgewicht**
  Das Gleichgewicht im Außenwirtschaftsverkehr wird durch den Außenbeitrag gemessen. Das Ziel gilt als erreicht, wenn ein positiver Außenbeitrag nicht mehr als 1-2% des BIP beträgt.

- **Stetiges und angemessenes Wirtschaftswachstum**
  Wie dieses Wachstum gemessen wird, haben wir bereits erfahren, am BIP. Was jedoch heißt stetig und angemessen? Stetig ist leicht zu klären. Die Wirtschaft soll in gleichbleibenden Raten wachsen. Konjunkturelle Schwankungen sind demnach unerwünscht, saisonale Schwankungen nur toleriert. Es gilt, alles daranzusetzen, die kurzfristigen Schwankungen der Wirtschaft um den langfristigen Aufwärtstrend herum zu vermeiden. Angemessenheit ist hingegen nur schwer zu definieren. Zum einen soll die Wettbewerbsfähigkeit gegenüber dem Ausland erhalten bleiben, zum anderen soll eine Steigerung des Wohlstandes ermöglicht werden und letztlich soll es möglich sein, die erforderlichen Investitionen zu tätigen. Wie hoch muss das Wachstum sein, um diese Ziele erreichen zu können? Genau bestimmen kann man die Höhe erst im Nachhinein, indem überprüft wird, ob die Ziele mit einem geringeren bzw. größeren Wachstum hätten erreicht werden können. Im Allgemeinen wird von einem angemessenen Wirtschaftswachstum gesprochen, wenn die Veränderungsrate des realen BIP im Bereich von 2% liegt.

7.1.2.2 Das magische Vieleck

Seit 1967 hat sich die Gesellschaft und auch ihr Umfeld stark gewandelt. Neuen Herausforderungen musste Rechnung getragen werden. Überlegungen, wie soziale Gerechtigkeit, Umweltziele und anderes sind damals nicht bedacht worden. Inzwischen hat sich hier die Einsicht durchgesetzt, dass sich eine erfolgreiche Wirtschaftspolitik anderen als rein ökonomischen Zielen nicht verschließen kann. Hierbei kommt vor allem der Gedanke der Nachhaltigkeit zum Tragen. Das sogenannte **sustainable Development** besagt, dass nur soviel an natürlichen Ressourcen in der Produktion eingesetzt werden sollte, wie während der Nutzung der hergestellten Güter auch wieder nachwächst. Hierdurch ist gewährleistet, dass jede nachfolgende Generation die gleichen natürlichen Voraussetzungen vorfindet wie die vorangegangene.

Der Begriff des sustainable Developments hat sich seit 1972 nach dem inzwischen zu großer Bedeutung gelangten Bericht an den Club of Rome[7] "Die Grenzen des Wachstums" entwickelt. Dieser und andere Denkansätze haben sich mit der Kehrseite des Wachstums beschäftigt. Hier spielt der Gedanke der Verantwortung für die Umwelt[8] eine herausragende Rolle. Endgültig definiert wurde sustainable Development durch den sogenannten Brundlandt-Report[9] als: *Entwicklung, die die Bedürfnisse der gegenwärtigen Generation erfüllt, ohne die Voraussetzungen zukünftiger Generationen zur Erfüllung ihrer eigenen Bedürfnisse zu zerstören.*[10]

Es wird immer wieder die Frage diskutiert, in welchem Rahmen das Wirtschaftswachstum zu erfassen ist. Beschränkt sich die Messung ausschließlich auf ein quantitatives Wachstum oder ist ein qualitatives Wachstum ebenfalls von Bedeutung? Die Frage ist noch nicht endgültig geklärt, doch hält die Qualität des Wachstums immer mehr Einzug in die klassische Definition von Wachstum. Diese Entwicklung sei auch notwendig, denn "im System der industriellen Revolution kann der Wohlstandszuwachs anhand der höheren Zahl gekaufter Güter gemessen werden. Bei der Leistung jedoch, wie zum Beispiel dem Gesundheitszustand eines Menschen, kann der Umstand, dass man reicher ist oder in besserer Form, nicht mehr gleichgesetzt werden mit dem größeren Umfang an medizinischen Produkten."[11] Eine Schwierigkeit, die hierbei zutage tritt, ist die Frage nach Messgrößen. Wie kann Qualität gemessen werden? Führende Wissenschaftler wie Ernst Ulrich von Weizsäcker[12], fordern die Erhebung von Preisen auf Umweltgüter als einen Ansatz. Umweltgüter dürfen nicht kostenlos zur Verfügung gestellt werden. Die Kostenlosigkeit gibt aus reinen ökonomischen Gesichtspunkten vor, die Güter seien im Überfluss vorhanden. Doch ist saubere

[7]Der Club of Rome, ein repräsentativer Zusammenschluss von 100 führenden Wissenschaftlern, Politikern und Wirtschaftlern aus 53 Ländern, wurde 1968 gegründet. Seitdem sind in regelmäßigen Abständen Berichte der teilnehmenden Personen an den Club erstellt worden, die sich allesamt mit den enormen Veränderungen unserer Zeit befassen. Die Berichte zeichnen sich dadurch aus, dass sie auch unpopuläre Themen anschneiden und versuchen Lösungsansätze zu bieten. Der Bericht "Die Grenzen des Wachstums" erschien 1972 und befasste sich vor allem mit der Konsequenz des unverantwortbaren Umweltverhaltens der Industriestaaten. Er wurde von großen Teilen der Öffentlichkeit zunächst verharmlost, die grundlegende Problematik gilt heute aber als allgemein akzeptiert.

[8]Umwelt ist als das gesamte menschliche und gesellschaftliche Umfeld zu verstehen und beschränkt sich nicht auf die Verantwortung gegenüber dem Ökosystem.

[9]Gro Harlem Brundtland, frühere norwegische Ministerpräsidentin und Generalsekretärin der World Health Organisation (WHO) 1998-2003, leitete die World Commission on Environment and Development. Der Bericht dieser Kommission aus dem Jahre 1987 wird Brundtland-Report genannt.

[10]vgl. World Commission on Environment and Development 1987, S. 8

[11]Giarini, Liedtke 1998, S. 138

[12]Ernst Ulrich von Weizsäcker, MdB 1998-2005, 1991-2000 Präsident des Instituts für Klima, Umwelt und Engergie in Wuppertal. 1972-1975 Prof. für Biologie in Essen, 1975-1980 Präsident der Univ. Kassel, 1981-1984 Direktor am UNO-Zentrum für Wissenschaft und Technologie, 1984-1991 Direktor des Instituts für europ. Umweltpolitik. Seit 1992 Mitglied des Club of Rome.

Luft und sauberes Wasser keineswegs ein unerschöpfliches Gut, sondern in vielen Regionen der Erde schon heute sehr knapp.

Eine Möglichkeit zur Behebung dieser Problematik glaubte man mit der Ökosteuer geschaffen zu haben. Steuern auf umweltschädigende Güter sind in vielerlei Ausgestaltung vorgestellt worden. Es muss hierbei unterschieden werden, ob die ökologische Orientierung der Steuer nur auf der Einnahmenseite oder der Ausgabenseite oder auf beiden Seiten stattfindet. Die ökologische Wirksamkeit und ökonomische Verträglichkeit hängt maßgeblich von der konzeptionellen Gestaltung der Steuer ab.[13] Gewiss gibt es neben der Frage der Wirksamkeit weitere Einwände, wie zum Beispiel die soziale Ungerechtigkeit, doch ist es eine Möglichkeit. Eine andere ist die Festlegung von Emissionseinheiten, die dann über einen Markt gehandelt werden können. So nutzt man wieder die Vorteile eines Marktes. International ist der sogenannte **Emissionsrechte Handel** unbedingt ein ernstzunehmendes Konzept. Es liegen allerdings sehr viele bürokratische Hürden und sich entgegenstehende grundsätzliche Auffassungen der Nationalstaaten und Wirtschaftsräume für eine schnelle Einigung im Wege. Als weitere umweltpolitische Instrumente sind die Erhöhung des Umweltbewusstseins, Auflagen in der Form von Ge- und Verboten, Abgaben und Subventionen zu nennen.[14]

Vor dem Hintergrund der gesamtgesellschaftlichen und globalen Diskussionen sind die Ziele des Stabilitätsgesetzes inzwischen erweitert worden. Aus dem ursprünglichen Viereck ist im Laufe der Zeit ein Fünf- bzw. Sechs- bzw. Vieleck geworden. An dieser Stelle wird nur auf die wesentlichen Erweiterungen eingegangen.

- **Gerechte Einkommens- und Vermögensverteilung**
  Hinter diesem Ziel steht der Gedanke der sozialen Gerechtigkeit. Trotz unterschiedlicher Leistungen soll jeder einen angemessenen Pro-Kopf-Anteil am BIP haben, so dass jeder seinen Bedarf decken kann. Zwei sicherlich schöne Gedanken der Gerechtigkeit. Doch sind sie auch wirklich gerecht und was bedeutet dass? Ist es gerecht, dass jemand, der nicht soviel leistet dasselbe erhält wie derjenige, der sehr viel leistet? Oder ist es gerecht, dass jeder nur entsprechend seiner Leistung bezahlt wird, unabhängig davon ob er Schuld an seiner geringeren Leistung trägt? Die Diskrepanz liegt in erster Linie in dem Begriff Leistung. Das Jahresgehalt der Bundeskanzlerin beträgt etwa 250.000 Eu-

[13]vgl. Thomas Nagel 1993, S. 76
[14]vgl. ebenda S. 62-74

ro. Hierfür leistet sie eine Menge Arbeit in Stunden gemessen und trägt eine enorme gesellschaftliche Verantwortung. Ein Vorstandsvorsitzender einer großen Kapitalgesellschaft erhält durchschnittlich knapp 4 Mio. Euro pro Jahr.[15] Man kann sich wohl darauf verständigen, dass der zeitliche Arbeitsaufwand dieser beiden Posten zu vergleichen ist, gegebenenfalls also auch die Leistung. Die Bezahlung ist es allerdings nicht. Noch gravierender sind die Vergütungsunterschiede zwischen Arbeitern und Vorstandsvorsitzenden. Der zeitliche Aufwand, d.h. die Arbeitsstunden müssen dabei nicht mal stark voneinander abweichen. Die Leistung in Bezug auf die Schaffung von Mehrwert für das Unternehmen wird sich allerdings regelmäßig unterscheiden. Anhand des Leistungsgedankens ist es schwierig eine gerechte Einkommens- und Vermögensverteilung zu definieren. Leistung spielt dabei aber eine Rolle.
Was ist eine gerechte Verteilung? Es werden als Messgröße oft die Lohnquote und die Gewinnquote herangezogen. Wir wollen einen statischen Zustand betrachten. Sowohl die Anzahl der Unternehmer als auch die Anzahl der Arbeitnehmer sei konstant. Stiege in einem solchen Fall die Gewinnquote, erhielte jeder einzelne Unternehmer einen größeren Teil am BIP. Auf der anderen Seite muss die Lohnquote dann sinken, d.h. die Arbeitnehmer erhalten pro Kopf einen geringeren Anteil am BIP. Da sich die gesamte Leistung der Gesellschaft nicht verändert hat, kann man diese Verteilung gegenüber der Ausgangsverteilung durchaus für ungerecht und nicht angemessen halten. Tut man das, so ist bei dem vorher gesetzten Ziel eine Einkommensumverteilung die zwingende Folge. Diese ist mit einem Verlust an sozialer Wohlfahrt verbunden.[16]

Eine klare Definition von Gerechtigkeit ist nicht zu fassen. Im gesellschaftlichen Konsens müssen aber die Nachteile einer Einkommensumverteilung gründlich gegen die Vorteile abgewogen werden. Die bekannten Mittel lassen Zweifel an einer Gerechtigkeit durch Umverteilung aufkommen. Sie sollte sich daher, nach Sicherstellung einer gewissen Grundabsicherung, im geringsten Rahmen bewegen.

---

[15]Quelle: Deutsche Schutzvereinigung für Wertpapierbesitz e.V. (DSW), DSW-Vorstandsvergütungsstudie 2010; der Wert ist die durchschnittliche Vergütung der Vorstandsvorsitzenden der 30 DAX (Deutscher Aktienindex) Unternehmen in 2009.

[16]vgl. Kap. 4

- **Erhaltung einer lebenswerten Umwelt**
  Auf dieses Ziel sind wir bereits vorher eingegangen. Die Problematik ist in der Bewertung der Umweltgüter zu suchen und in der Frage, ab wann die Umwelt nicht mehr lebenswert ist. Eine Messziffer zur Erreichung dieses Ziels ist der Anteil der Umweltschutzausgaben am BIP. Obgleich dieses Verhalten eine nachträgliche Korrektur ist. Sehr hohe Umweltschutzausgaben sind der Definition nach ein gutes Zeichen zur Erreichung des Ziels. Hohe Ausgaben in diesem Bereich implizieren aber auch das Vorhandensein großer Verschmutzungen, die doch gerade verhindert werden sollen. Das eigentliche Ziel kann erst erreicht werden, wenn die Umwelt in einem bestimmten von der Gesellschaft akzeptierten Maße intakt ist und die Ausgaben für den Umweltschutz gering sind. Diese Konstellation zeugt von einer nachhaltigen Wirtschaftsweise.

- **Gerechte Verteilung von vorhandener Arbeit**
  Eine Messziffer ist hierfür noch nicht entworfen worden. Es ist wohl auch eher als ein nachrangiges Ziel zu betrachten, da das Problem allenfalls dann auftritt, wenn keine Vollbeschäftigung herrscht. Da Vollbeschäftigung aber ein weiteres übergeordnetes Ziel ist und die Definition besagt, dass Vollbeschäftigung dann erreicht ist, wenn sich die Zahl der Arbeitssuchenden mit der Zahl der offenen Stellen deckt, kann bei Erreichung dieses Zieles die Problematik einer nicht gerechten Arbeitsverteilung gar nicht erst auftreten. Im Falle der Vollbeschäftigung haben nahezu alle, die arbeiten wollen auch eine Beschäftigung. Das Ziel ist in den theoretischen Überlegungen wie erwähnt eher nachrangig, es hat sich jedoch aus der Realität heraus entwickelt. Eine tatsächliche Vollbeschäftigung ist kaum zu erreichen. Arbeitslosigkeit entsteht vornehmlich in Branchen, die sich in einer Krise befinden, die offenen Stellen sind aber in Branchen, die sich in einem Aufschwung oder Boom befinden. Erinnern wir uns daran, dass zwischen den einzelnen Arbeitsarten kurzfristig kein Wettbewerb besteht. Aus den sich ergebenden Qualifikationsunterschieden zwischen Arbeitslosen und den Anforderungen offener Stelle, kann Vollbeschäftigung kurzfristig nicht erreicht werden. Daher bemüht man sich, die Verteilung der Arbeit mehr zu beachten.

7.1.2.3 Zielkonflikte

Die Forderung nach den obigen Zielen ist leicht zu stellen und vor dem Hintergrund der Ansprüche einer Wohlstandsgesellschaft auch nachvollziehbar. Doch das Erreichen dieser Ziele in ihrer Summe ist, wie wir im Folgenden sehen werden, nahezu unmöglich. Es liegt jedoch nicht daran, dass die Ziele nicht konsequent genug verfolgt werden oder werden könnten, sondern vielmehr an ihrer teilweisen Gegenläufigkeit. Man kann natürlich nicht jedes Ziel isoliert betrachten, sondern die Wechselwirkungen zwischen den einzelnen Maßnahmen, die zur Erreichung der Ziele beitragen, müssen untersucht werden. Zwischen den einzelnen Zielen bestehen Zielkonflikte.

- **Hoher Beschäftigungsgrad (Vollbeschäftigung) versus Preisniveaustabilität**
  Ein hoher Beschäftigungsgrad führt zu einer Verknappung des Angebots an Arbeitskraft. Eine Verknappung führt bei gleichbleibender Nachfrage jedoch immer zu einer Erhöhung der Preise. Sie werden durch die Faktorpreise, ausgedrückt in Löhnen und Gehältern, beschrieben. Höhere Löhne und Gehälter bedeuten aber auch ein höheres Einkommen bei den abhängig Beschäftigten. Dieses höhere Einkommen führt zu größerer Nachfrage und damit zu steigenden Konsumgüterpreisen. Wir könnten diesen Kreislauf weiter fortsetzen, aber der Effekt ist deutlich genug. Man könnte vermuten: Vollbeschäftigung und ein stabiles Preisniveau schließen sich gegenseitig aus. Die USA lieferten in den 90er Jahren ein Gegenbeispiel hierfür. Die Beschäftigung ist enorm angestiegen und kam der Vollbeschäftigung sehr nahe, trotzdem war das Preisniveau hiervon kaum betroffen. Die Frage wie stark der Zielkonflikt ist, wird wesentlich dadurch bestimmt, wie die beiden einzelnen Ziele definiert werden. Staaten können eine langfristige Inflation von 3% als stabil bezeichnen. Diese Staaten könnten eine Vollbeschäftigung bei stabilem Preisniveau sicherlich leichter erreichen als die Staaten der Eurozone. Erst bei einer langfristigen Inflationsrate von unter aber nahe 2% sieht die EZB die Preisniveaustabilität gewahrt.

- **Angemessenes und stetiges Wirtschaftswachstum versus Erhaltung einer lebenswerten Umwelt**
  Das Wirtschaftswachstum ist trotz vieler redlicher Bemühungen noch weit von einer nachhaltigen Entwicklung entfernt. Bisher verursacht Wirtschaftswachstum immer noch Umweltverbrauch und zwar mehr

als während der Nutzung der hergestellten Güter nachwachsen kann. Schlussfolgerung hieraus ist die zunehmende Zerstörung der Umwelt durch Wirtschaftswachstum. Ein angemessenes und stetiges Wirtschaftswachstum führt dementsprechend bisher zu einem unangemessenen aber stetigen Umweltverbrauch. Hingegen ist die Erhaltung der Umwelt bei der aktuellen Wirtschaftsweise nur möglich, wenn man auf Wachstum verzichtet. Ein Zielkonflikt par excellence. Er ist durch verschiedene Möglichkeiten jedoch zu beheben. Diese Möglichkeiten heißen gewissenhafter Umgang mit Umweltgütern, Effizienzsteigerungen und die Nutzung neuer Energien. Dies erfordert zwar Investitionen, die sich aber durchaus bezahlt machen können. Es ist volkswirtschaftlich nicht unbedingt der Fall, dass die Nutzung regenerativer Energien teurer ist als die Nutzung des bestehenden Energiemix. Hierbei spielt die fehlende Internalisierung externer Effekte eine entscheidende Rolle.[17] Dieses Problem wurde auch bereits im Zusammenhang mit der Kritik am BIP angesprochen.[18] Der Verbrauch natürlicher Ressourcen ist weitestgehend kostenlos[19], obwohl dieser Verbrauch den qualitativen Wohlstand einer Volkswirtschaft verringert und in diesem Sinne Kosten verursacht. Unter Beachtung aller gesellschaftlichen Kosten ist eine ökologisch ausgerichtete Wirtschaft unter Umständen fördernd für den Wohlstand.

- **Angemessenes und stetiges Wirtschaftswachstum versus gerechte Einkommens- und Vermögensverteilung**
  Der Zielkonflikt ist generell vorhanden. Was Gerechtigkeit auf gesellschaftlicher Ebene bedeutet muss jede Gesellschaft dabei für sich definieren. Das eine Extrem ist, nur Gleichheit als gerecht zu betrachten. Das andere, die reine leistungsorientierte Verteilung des Marktes als gerecht zu akzeptieren.
  Ersteres äußert sich in gleicher Bezahlung für unterschiedliche Leistungen und führt dazu, dass Anreize zu Mehrleistung verloren gehen. Wirtschaftswachstum ist aber nur mit einer Leistungssteigerung zu erreichen. Letzteres erzeugt regelmäßig ein sehr starkes Einkommensgefälle und bietet keine Grundabsicherung. Ein Kompromiss kann, nach Sicherstellung einer Grundabsicherung, die angemessene Betei-

[17] vgl. Kap. 7.2.1

[18] vgl. Kap. 6.2.2

[19] Die Erhebung einer *Ökosteuer* ist ein Weg dem Verbrauch natürlicher Ressourcen einen Preis zu geben. Andere Möglichkeiten sind die Einführung von Umweltstandards oder handelbare Zertifikate. Vgl. Kap. 7.1.2.1, für eine ausführlichere Diskussion siehe Hanley, Shogren et al. 2001.

ligung am gesellschaftlichen Reichtum gemäß Leistung sein. Hierbei ist das Problem der Definition von Leistung und Angemessenheit zu lösen. Es ist zu untersuchen, ob die Bezahlung am Arbeitsmarkt wirklich den Beitrag der jeweiligen Person zum BIP widerspiegelt. Ist unter dieser Fragestellung die Differenz in der Bezahlung zwischen einem Arbeiter und einem leitenden Angestellten angemessen? In der Vergangenheit sind die Gewinne der Unternehmen und damit in gewisser Weise die Löhne der Unternehmer viel stärker gestiegen als die Löhne der Arbeiter und Angestellten. Ist die auf diese Weise steigende Einkommensdifferenz gesellschaftlich gerechtfertigt? Ist sie zukünftig aufrechtzuerhalten ohne gesellschaftliche Unruhen zu erzeugen? Diese und andere Fragen müssen gesellschaftlich gestellt und beantwortet werden. Eine Richtlinie kann nicht vorgegeben werden. Die Antworten hängen von den individuellen Wertvorstellungen jeder Gesellschaft ab.

7.2 Die zuordnende bzw. (um)verteilende Rolle des Staates

Würde das Marktergebnis unter allen Umständen von der Gesellschaft akzeptiert werden, bliebe die regulatorische Rolle die einzige des Staates. Marktversagen[20] würde nicht existieren. Dies ist nicht der Fall. Die **zuordnende Rolle** oder auch **Allokationsrolle** des Staates beschreibt die Notwendigkeit von staatlichen Eingriffen, wenn Marktversagen bei der Produktion vorliegt. Die zu einer Produktion notwendigen Ressourcen werden gar nicht oder unzureichend allokiert. Die **(um)verteilende Rolle** oder auch **Distributionsrolle** des Staates beinhaltet die Aufgabe zur Erhaltung einer gesellschaftlich definierten und sozial notwendigen Gerechtigkeit. Marktversagen ist eine sehr wichtige Erscheinung bei der Beobachtung von Märkten. Der reine Wettbewerbsmarkt existiert zwar in der Theorie, in der Praxis liegt aber regelmäßig die eine oder andere Voraussetzung für einen vollkommenen Markt nicht vor. An dieser Stelle werden nur die Grundzüge von Marktversagen erläutert. Dieses Phänomen ist in der weiterführenden Literatur von wesentlich größerer Bedeutung.[21]

[20]Marktversagen wird an dieser Stelle in zweierlei Hinsicht betrachtet: 1. Marktversagen bei der Allokation der Ressourcen; 2. Marktversagen bei der Verteilung gemäß gesellschaftlich vorab definiertem Gerechtigkeitsbegriff.

[21]vgl. Dennis Paschke 2005, Kapitel 15 und 16

7.2.1 Marktversagen und die Allokationsrolle des Staates

Marktversagen entsteht bei der Existenz von **öffentlichen Gütern** und **externen Effekten**. Öffentliche Güter[22] zeichnen sich durch zwei Eigenschaften aus:

- keine Ausschlussmöglichkeit von der Nutzung;
- kein rivalisierender Konsum.

Etwas ausführlicher handelt es sich um ein reines öffentliches Gut, wenn der Konsum des Gutes durch ein Individuum den Konsum des Gutes durch ein anderes Individuum nicht beeinflusst und kein Individuum vom Konsum ausgeschlossen werden kann. Ein sehr gutes Beispiel ist die Straßenbeleuchtung in einer Großstadt. Ein Ausschluss ist nicht möglich. Die Straßenbeleuchtung auf dem Hamburger Rathausmarkt steht jedem Besucher zur Nutzung frei. Ein Ausschluss ist folglich nicht möglich.[23] Zweitens ist der Konsum von Straßenlaternen nicht rivalisierend. Nur weil eine Person bereits das Licht der Beleuchtung nutzt, erhält eine andere Person nicht weniger davon. Eine einzelne Person oder auch eine Gruppe kann nicht die gesamte Lichtmenge konsumieren und so verhindern, dass andere dasselbe Licht konsumieren.[24]

Können öffentliche Güter ebenfalls von einem gewinnmaximierenden Unternehmen hergestellt werden? Die Antwort lautet ganz klar nein. Es ist unmöglich für das Angebot eines solchen Gutes einen Preis zu verlangen. Zur Erinnerung: *ein Unternehmen kann dann seinen Gewinn maximieren, wenn die Grenzerlöse gleich den Grenzkosten sind.* In diesem Fall muss jedem Anbieter ein Verlust in der Höhe seiner Fixkosten entstehen. Woran liegt das? Es liegt an den Eigenschaften der öffentlichen Güter. Nachdem ein Anbieter ein öffentliches Gut in einer bestimmten Menge zur Verfügung gestellt hat, besitzt er nicht die Möglichkeit Personen von der Nutzung dieses Gutes auszuschließen. Darüber hinaus können nach der Definition unendlich viele Personen das Gut nutzen, denn der Konsum ist nicht riva-

[22]Genauer werden an dieser Stelle reine öffentliche Güter beschrieben. Als öffentliches Gut werden in der Literatur auch **Nutzungsrechte** bezeichnet. Dies sind die Rechte einer Gruppe von Personen zur Nutzung eines gemeinsamen Gutes (z.B. Gemeinschaftswiese zur Tierhaltung in einem Dorf). Diese Art öffentliche Güter geht auf David Hume (vgl. David Hume 1826), der Begriff der reinen öffentlichen Güter geht auf Paul A. Samuelson (vgl. Paul A. Samuelson 1954) zurück.

[23]Denkbar ist nur ein temporärer Ausschluss oder ein Ausschluss durch Verbot. Ein temporärer Ausschluss von der Nutzung kann vielleicht bei einem Besuch eines hohen Staatsgastes stattfinden, wenn aus Sicherheitsgründen ein Teil des Platzes abgesperrt sein kann.

[24]Auch hier gibt es natürlich einen Grenzfall, indem die Gruppe bereits so groß ist, dass die letzte Person, die noch hinzukommt, keinen Lichtschein mehr verspürt, weil sie zu weit entfernt ist.

lisierend. Die Grenzkosten eines öffentlichen Gutes sind folglich Null und somit auch der theoretisch gewinnmaximierende Grenzerlös. Daher müssen öffentliche Güter, sofern sie notwendig sind, vom Staat angeboten werden. Weitere Beispiele für reine öffentliche Güter sind die öffentliche Sicherheit, die Landesverteidigung und öffentlich rechtliche Fernseh- oder Radiosender.

Was sind externe Effekte? In einer Partnerschaft oder Ehe stehen sich die beiden Partner bzw. Eheleute in der Regel sehr nahe. Sie freuen sich, wenn der andere sich freut. Sie freuen sich über ein Lächeln des anderen, über ein Lob oder eine Liebesbekundung. Erfüllt sich einer der Partner einen Wunsch, er kauft zum Beispiel ein neues Fahrrad, dann wird er sich darüber freuen. Seine Partnerin oder Ehefrau wird aber ebenfalls glücklich sein, weil sie weiß, dass ihr Partner bzw. Ehemann glücklich ist. Nun, vielleicht klingt das ein wenig wie in einer Märchenstunde, aber genau das ist ein externer Effekt. Nicht die Märchenstunde, aber der gewisse Nutzen, den die Partnerin durch den Kauf des Fahrrades hat, obwohl sie es nicht benutzen wird. Ein anderes Beispiel ist ein hübscher Garten oder auch nur ein hübsches Haus oder die Installation einer Solaranlage auf dem Dach eines Einfamilienhauses. Ein Spaziergang in einer Stadt oder auf dem Lande vorbei an einem hübschen Garten oder einem hübschen Haus, wird jeden Menschen mehr oder weniger erfreuen. Viele hübsche Gärten und viele hübsche Häuser machen eine hübsche Wohngegend aus, die viele Familien als ihr Zuhause bezeichnen möchten. Eine grau in grau gehaltene Hochhaussiedlung bietet weniger Lebenskomfort als eine gepflegte Einfamilienhaussiedlung oder ein kleines Dorf. Jeder Hausbesitzer bemüht, sich um seinen Garten und die Instandhaltung seines Hauses. Am Ende profitiert die gesamte Wohngegend davon. Weil ein einzelner Mensch sich um seinen Garten bemüht steigt also der Nutzen der Nachbarn. Was hat eine Solaranlage damit zu tun? Die Installation einer Solaranlage reduziert den Ausstoß von Kohlendioxid und verringert damit die Luftverschmutzung, die zum menschlich verursachten Treibhauseffekt führt. Die Qualität des Lebens steigt. Im weitesten Sinne ist dies ein globaler externer Effekt. Wird in Hattstedt, einem kleinen Ort an der deutschen Nordseeküste, eine Solaranlage zur Energiegewinnung installiert, steigert dies die Lebensqualität auf dem gesamten Planeten Erde. Der einzelne Bewohner wird sicher nichts davon spüren.

Auf der Kostenseite verhält es sich nicht anders. Die Produktion der meisten Güter verursacht externe Effekte. Wasser oder Luft können zum

Beispiel verschmutzt werden. Die Lärmbelästigung kann einen starken Einfluss auf die Lebensqualität umliegender Anwohner haben. Es kann aber auch Abwärme erzeugt werden, die wiederum als Fernwärme eingesetzt wird. Die Verschmutzung von Wasser oder Luft oder Lärmbelästigung haben einen negativen Einfluss und werden daher auch **negative externe Effekte** genannt. Der zuletzt genannte Fall und die Beispiele auf der Haushaltsseite haben positive Effekte und werden folglich **positive externe Effekte** genannt. Externe Effekte können zusammenfassend wie folgt definiert werden: *Ein externer Effekt entsteht immer dann, wenn die Produktion oder die Konsumtion eines Gutes durch eine Person einen direkten Einfluss auf den Nutzen einer anderen Person hat. Der Produzent trägt nicht alle Kosten der Produktion bzw. die Konsumentin erhält nicht den gesamten Nutzen des Gutes für sich allein.*

Die Frage, die sich stellt, können externe Effekte ebenfalls an einem Markt angeboten und nachgefragt werden? Kann jede einzelne Person den positiven bzw. negativen Einfluss genau beziffern? Gibt es einen Markt für externe Effekte? Zunächst einmal muss dabei festgehalten werden, dass auf einem Markt Güter getauscht werden und nicht irgendwelche Effekte. Doch was passiert eigentlich beim Tausch von Gütern? Beim Tausch von zwei Büchern ist die Antwort noch recht einfach, die Bücher werden einfach übergeben. Sie wechseln den Eigentümer von A nach B bzw. umgekehrt. Wie ist das bei einem Haus? Im Prinzip nicht anders. Die Übergabe darf man sich nur nicht körperlich vorstellen, sondern lediglich rechtlich. Die Eigentumsrechte des Hauses werden getauscht. Auf einem Markt werden letztlich also Eigentumsrechte getauscht. Können dann auch externe Effekte getauscht werden? Natürlich, solange geklärt ist, wer Eigentümer der Effekte ist und diese genau bewertbar sind. Dies ist denn auch der Grund, weshalb externe Effekte zu Marktverzerrungen bzw. Marktversagen führen können. Wem gehört denn die Freude in einer Partnerschaft oder Ehe? Sicherlich beiden, weshalb die Freude nicht an jemand anderen verkauft werden könnte. Im obigen Beispiel ist es kaum vorstellbar, dass die Frau sagt: "Schatz, tolles Fahrrad ich freu mich für dich! Meine Freude würde ich aber gerne an unsere Nachbarin verkaufen. Die ist immer so traurig. Ich frage mal was die Nachbarin für meine Freude bezahlt." Erstens kann Freude kaum in einem geldlichen Wert ausgedrückt werden. Was sollte die Nachbarin bezahlen? Zweitens müsste sich am Ende der Ehemann zusammen mit der Nachbarin an seinem neuen Fahrrad erfreuen. Ziemlich alberne Vorstellung. Ebenso verhält es sich bei sauberer Luft oder sauberem Trinkwasser. Platt ausgedrückt: während sich der Öko schon über die Luftverschmutzung beschwert freut sich der Kapitalist darüber, dass er mit dem neuen Kraftwerk so gutes Geld verdient und das bei den hohen Umweltstandards, die das Kraftwerk alle locker einhält. Beide fühlen sich im Recht.

Um das Marktversagen an dieser Stelle zu beheben kann der Staat entweder Eigentumsrechte verteilen, Preise festlegen oder mit Standards, z.B. Umweltstandards, Regeln schaffen.

7.2.2 Marktversagen und die Distributionsrolle des Staates

Märkte versagen auch teilweise hinsichtlich der Verteilung der sozialen Wohlfahrt. Ein einfaches Beispiel wurde bereits in Abschnitt 3.3 ausführlich beschrieben: das Monopol. Abbildung 3.2 zeigt, dass im Monopol die Menge x_m zum Preis p_m angeboten wird. Dies ist das Marktgleichgewicht. Bei diesem Gleichgewicht geht soziale Wohlfahrt verloren und die verbleibende soziale Wohlfahrt ist ungleich verteilt.

Neben der Unvollkommenheit von einigen Marktformen gibt es aber auch weitere Erfordernisse zur Umverteilung. Grundlage muss dabei immer eine ungerechte Verteilung von Einkommen und Vermögen in einer Gesellschaft sein. Wie die Gesellschaft Ungerechtigkeit in diesem Zusammenhang definiert ist vornehmlich nicht die Aufgabe der Volkswirtschaft, sondern eine politische Frage. Zur Erläuterung der Thematik wird daher in diesem Abschnitt auf Beispiele zurückgegriffen die in Deutschland und in den meisten anderen Ländern allgemeinhin als ungerecht betrachtet werden.

Der Markt orientiert sich an der Leistungsfähigkeit der Marktteilnehmer. Bei der Einkommensverteilung sind daher die grundlegenden Eigenschaften zum Erreichen einer hohen Leistungsfähigkeit wichtig. Dies sind körperliche Unversehrtheit, persönliche Fähigkeiten und Bildung. Je besser diese Voraussetzungen erfüllt sind, desto höher ist die Wahrscheinlichkeit einen guten Job und ein hohes Einkommen zu erhalten. Menschen mit schweren Krankheiten und körperlichen Behinderungen haben nicht oder nur eingeschränkt die Möglichkeit am Arbeitsmarkt ein entsprechendes Einkommen zu erzielen. Personen mit wenig oder gar keiner Bildung sind ebenfalls stark benachteiligt. Dabei ist es nicht in allen Teilen Schuld des Einzelnen, sondern häufig in Teilen den Lebensumständen zuzuschreiben, wenn ein Schulabschluss nicht erworben werden konnte. Aber auch wer optimale Voraussetzungen mitbringt und in eine Arbeit einbringt, ist hinsichtlich des eigenen Gehaltes davon abhängig wie gut es dem eigenen Unternehmen und der eigenen Branche geht. Je höher der Gewinn einer Branche und eines Unternehmens desto höher sind tendenziell die Verdienstmöglichkeiten der Arbeiter und Angestellten in dieser Branche bzw. in diesem Unternehmen. Aus den angeführten Gründen ist ein Sozialsystem unerlässlich. Unabhängig davon ob temporär oder dauerhaft, wer unverschuldet in Not gerät erhält Unterstützung durch die Sozialsysteme in Deutschland. Wie bereits angemerkt gilt dies auch für viele andere Länder.

Neben den oben genannten Beispielen gibt es viele weitere, die es gesellschaftlich erfordern Einkommen und Vermögen anders zu verteilen als es der Markt tun würde. Solche Beispiele können die Förderung von Familien sein, die Förderung von strukturschwachen Regionen oder auch der Wiederaufbau nach Naturkatastrophen.

7.2.3 Die Staatsquote

Die beiden vorherigen Unterabschnitte fordern vom Staat unterschiedliche Aktivitäten. Erstens muss er aufgrund kompletten Marktversagens bei öffentlichen Gütern diese selber anbieten, z.B. die öffentliche Sicherheit, die Landesverteidigung, die öffentliche Infrastruktur. Zweitens muss der Staat regulierend mit der Verteilung von Eigentumsrechten eingreifen, d.h. eine gewisse Verwaltung aufbauen und vorhalten. Drittens muss er (um)verteilen, d.h. ein Sozialsystem schaffen und betreiben.

Wie der Staat in den Markt eingreifen kann wurde bereits in Kapitel 4 an einigen Beispielen verdeutlicht. In dem Kapitel wurde auch deutlich, dass Umverteilung die soziale Wohlfahrt reduzieren kann. Die Diskrepanz zwischen gesellschaftlichem Wunschdenken und der ökonomischen Realität soll noch einmal grafisch verdeutlicht werden. Die Vorstellung ist es immer, einen bestimmten Wohlstand, der zugegebenermaßen ungleichmäßig verteilt ist, in der gleichen Größe neu zu verteilen. Dabei wird übersehen oder geflissentlich vergessen, dass bei dieser Umverteilung ein Stück des "Kuchens" verloren geht. Der Wohlstand ist hinterher insgesamt kleiner als vorher. Abbildung 7.1 stellt dieses grundsätzliche Problem dar.

Ein Maß für die Staatsaktivität ist die **Staatsquote**. Im engeren Sinne ist diese das Verhältnis der Ausgaben des gesamten Staates, d.h. Bund, Länder und Gemeinden innerhalb eines Jahres am BIP. Es gibt in der Literatur auch andere Möglichkeiten, die Staatsquote zu definieren. Engelkamp und Sell beschreiben die Quote genau wie Ashauer als den Ausgabenanteil

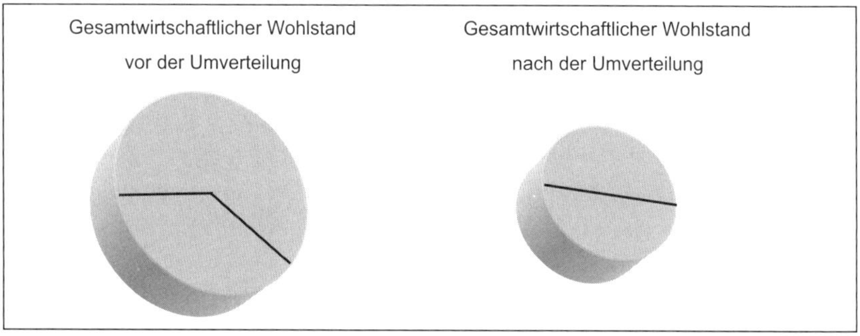

Abbildung 7.1: Gesamtwirtschaftlicher Wohlstand und Umverteilung

des Staates am BSP. Die Bezugsgröße spielt aber wohl nur eine marginale Rolle. Wichtig ist, dass man immer die gleiche Bezugsgröße wählt, um vergleichbare Daten zu erhalten. Die **Staatsquote im weiteren Sinne** erfasst nicht nur den Staatsverbrauch nach der VGR, sondern auch die Leistungen des Sozialtransfers sowie die Berücksichtigung der Zinsen. Aufgrund dieser Entstehung der Staatsquote werden Teile des volkswirtschaftlichen Geldflusses doppelt erfasst, weshalb die Staatsquote wie Grossekettler[25] feststellt, auch nur eine unechte Quote ist. Die Summe aus Privatausgabenquote, Außenbeitragsquote und Staatsquote ergibt mehr als eins. Die **Staatsquote im engeren Sinne**, auf die Grossekettler auch verweist, enthält nur den Staatsverbrauch im Sinne der VGR. Diese Staatsquote ist eine echte Quote, da sie sich zusammen mit der Privatausgaben- und der Außenbeitragsquote zu eins addiert. Sie wird an dieser Stelle nicht weiter untersucht.

Die Staatsquote beschreibt den Teil des BIP, der durch die Staatshand geflossen ist. Je höher die Staatsquote, desto größer ist der Anteil des Staates am Wirtschaftsleben einer Volkswirtschaft, dies ist aber nicht notwendigerweise gleichzusetzen mit weniger Marktwirtschaft. Die Staatsquote beschreibt nicht den Teil des BIP, der durch staatliche Entscheidungen gelenkt wird, sondern nur den Teil, der durch staatliche Hände fließt. Die Staatsquote betrug 2010 in Deutschland 46,6 %[26]. Der Staat scheint, so einfach ist es aber nicht, in Deutschland einen sehr großen Einfluss auf die Wirtschaft auszuüben. Dies scheint in anderen westlichen Industrienatio-

[25] vgl. Heinz Grossekettler 1995, S. 553-555

[26] Quelle: Bundesministerium der Finanzen (betr. soweit nicht anders angegeben alle Angaben zu Staatsquoten in diesem Unterabschnitt). Die Zahlen beziehen sich auf die Abgrenzungen der Ausgaben nach der VGR.

nen ähnlich.

Ab wann die Staatsquote allgemein zu hoch ist, lässt sich nicht mit Bestimmtheit sagen. Dies ist vor allem eine Frage, die in der normativen Analyse der Finanzwissenschaften geklärt werden soll, d.h. inwieweit und womit sind staatliche Tätigkeiten in einem Wirtschaftsleben überhaupt zu rechtfertigen. Wenn etwa 50% des BIP durch die staatlichen Kassen fließt, heißt dies nicht, dass die Gelder nicht marktwirtschaftlich eingesetzt werden. Ein großer Teil der Leistungen, die in der Staatsquote zusammengefasst sind, sind Mittel der Umverteilung, beispielsweise die Sozialhilfe. Diese Mittel werden von den Empfängern wiederum für den Konsum genutzt und steigern die Nachfrage bei privaten Unternehmen. Auch der tatsächliche Staatskonsum widerspricht in der Regel nicht der marktwirtschaftlichen Ordnung. Der Staat lässt schließlich große Teile seiner Aufgaben durch private Unternehmen ausführen. Die Löhne und Gehälter der Staatsbediensteten fließen ebenfalls zu einem großen Teil der Privatwirtschaft zu. Ein weiteres Beispiel macht deutlich, wie vorsichtig die Staatsquote als Indikator für den staatlichen Einfluss auf das Wirtschaftsgeschehen gedeutet werden sollte. Angenommen der Staat würde Kinderfreibeträge durch gleich hohes Kindergeld ersetzen. Die Staatsquote würde steigen. Bei Kinderfreibeträgen, verbleibt ein größerer Teil des Lohns bzw. des Gehalts von vornherein in der Tasche der Bürger und fließt somit nicht durch die Kassen des Staates. Zieht der Staat hingegen zunächst in vollem Umfang Steuern ein und zahlt nachträglich Kindergeld, steigert dies die Staatsquote.

Die Staatsquote sollte aus vorhergenannten Gründen nicht als das absolute Maß der Staatstätigkeit und noch weniger als Maß für den Grad marktwirtschaftlicher Ordnung betrachtet werden. Als grober Maßstab ist sie dennoch sinnvoll, vor allem bei der Betrachtung ihrer Entwicklung über die Zeit.

Seit 1975 mit einer Unterbrechung in den 80er Jahren kann eine dauerhaft hohe Staatsquote in Deutschland festgestellt werden (Abbildung 7.2). Die Ausbuchtung nach unten in 2000 ist auf einen Sondereffekt zurückzuführen. Die Buchung von 50,8 Mrd. Euro Erlösen aus der Versteigerung der UMTS-Lizenzen hat die Staatsquote von 47,6% auf 45,1% reduziert.[27] Auch die gesunkene Quote in 2010 ist teilweise auf Erlöse aus der Versteigerung von Mobilfunklizenzen zurückzuführen. Es gibt immer wieder erfolgreiche Bestrebungen die Staatsquote zu reduzieren. Dies ist Ende der 1980er Jahre passiert aber auch kontinuierlich seit 2004. Zu beiden Zei-

[27]Bundesministerium der Finanzen 22.02.2007

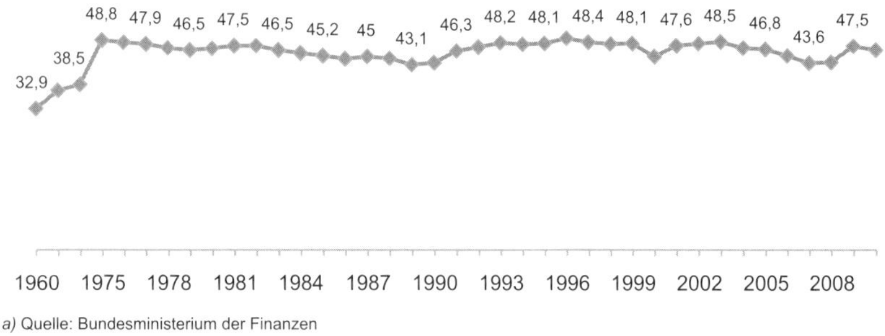

Abbildung 7.2: Staatsquote in Deutschland [in %]

ten führten aussergewöhnliche Situationen wieder zu einem Anstieg der Staatsquote: die Wiedervereinigung 1990 und die Finanzmarktkrise 2009. Historisch gesehen ist der Trend zu einer hohen Staatsquote nicht nur in Deutschland, sondern international mindestens seit einem Jahrhundert intakt.[28] 1888 hielt der französische Ökonom Pierre Paul Leroy-Beaulieu eine Staatsquote von mehr als 12% für übertrieben.[29] Baßeler, Heinrich u.a. führen die historisch hohe Quote auf die neuen Aufgaben zurück, die dem Staat zugewachsen seien. Hierunter fielen der Umweltschutz, die Ausbildungsförderung und die Finanzierung der europäischen Integration. Die Ausgaben würden sogar dann wachsen, wenn die Aufgaben des Staates konstant blieben, da der Staat als Dienstleister nur wenige Möglichkeiten zur Rationalisierung habe.[30] Teilweise hängt der langfristige Trend zu einer höheren Staatsquote auch mit Leistungsausweitungen im Sozialbereich zusammen sowie mit den über die Jahrzehnte kräftig gestiegenen Abgaben an den Staat. Diese unterstützen die stark ausgeweitete Produktion öffentlicher Güter, zum Beispiel im Bildungswesen, in der Rechtspflege und für die innere und äußere Sicherheit.[31]

Dabei kann der Rückzug des Staates aus Teilen des Wirtschaftslebens positive Effekte haben (Beispiel Telekommunikationsmarkt). Im Ländervergleich wird dies bekräftigt. EU-Staaten, die in den vergangenen Jahren ihre Staatsquote reduziert haben, sind relativ stärker gewachsen als die Staaten mit einer konstanten oder sogar steigenden Staatsquote. Die Nie-

[28] vgl. Tanzi, Schuknecht 2000
[29] vgl. Pierre Paul Leroy-Beaulieu 1888
[30] vgl. Baßeler, Heinrich et al. 1999, S. 367
[31] vgl. Johann Hahlen 2002, S. 1050

derlande haben ihre Staatsquote in der Zeit von 1990 bis 2008 von 53,1%[32] auf 45,1% reduziert. Deutschland hat die Staatsquote im gleichen Zeitraum von 44,5%[33] auf 43,4% gesenkt. Über diesen Zeitabschnitt hinweg ist das BIP pro Kopf in den Niederlanden um 133% gestiegen. Hingegen hat sich das BIP pro Kopf in Deutschland um 93% erhöht. Für 22 OECD Länder, für die sowohl die Daten hinsichtlich der Staatsquote als auch hinsichtlich des BIP pro Kopf vorliegen, besteht ein leicht positiver Zusammenhang zwischen der Reduzierung der Staatsquote und der relativen Steigerung des BIP pro Kopf. In der Eurozone weist der Trend auf weniger Staat und mehr individuelle Verantwortung hin. 1990 betrug die Staatsquote in den Euro-Ländern 48,1%. Bis 2008 ist die Staatsquote dieser Länder auf 46,3% gesunken. Im Jahre 2007 war sie mit 46,1% sogar noch etwas niedriger. Der leichte Anstieg ist sicherlich im Wesentlichen durch die Staatsinterventionen vor dem Hintergrund der Finanzmarktkrise zu erklären. Spitzenreiter mit der höchsten Staatsquote in der EU war 1990 Schweden mit 61,3%. Auch hier hat eine erhebliche Reduzierung stattgefunden, so dass die Quote 2008 noch 51,2% betrug. Zum Vergleich die USA hatten 2008 eine Staatsquote von 38,6%. Diese lag im Jahre 2000 noch bei 34,2%.

Die Bewertung von Staatseingriffen ist in letzter Konsequenz nicht schwarz noch weiß, sondern differenziert zu betrachten. Auf der einen Seite scheint eine geringere Staatsquote die wirtschaftliche Entwicklung positiv zu beeinflussen. Dies bestätigt die Annahme einer effizienteren Privatwirtschaft gegenüber dem Staat. Die Reduzierung der Staatsquote wäre demnach wünschenswert. Auf der anderen Seite bleibt hier aber auch festzuhalten: so lange der Staat Dienstleistungen und Produkte mit einem geringeren Ressourcenverbrauch zur Verfügung stellen kann als die Privatwirtschaft, sollte er dies tun. Eine geringe Staatsquote allein bringt daher noch keine Produktivitätsfortschritte. Es wurde gezeigt, das Umverteilung tendenziell zu einem insgesamt geringeren Wohlstand führt, trotzdem kann die Entscheidung gesellschaftlich richtig sein und wird in einer demokratischen Ordnung auch durch die Gesellschaft über Wahlen indirekt entschieden. Wenn ein ausufernder Sozialstaat also das Wachstum hemmt ist es nicht die Aufgabe der Volkswirtschaftslehre den Sozialstaat als zu teuer zu bezeichnen, sondern Aufgabe ist es zu erläutern wo die Kosten des Sozialstaats liegen - nämlich in einem geringeren Wachstum - und Hand-

[32]Quelle: OECD (betr. soweit nicht anders angegeben alle Angaben zu Staatsquoten und BIP pro Kopf Angaben in diesem Absatz)

[33]Quelle: OECD; um die Zahlen mit anderen Ländern besser vergleichen zu können, wird an dieser Stelle die Berechnung der OECD und nicht die des Statistischen Bundesamtes verwendet

lungsalternativen aufzuzeigen. Konkret sollen andere Wege aufgezeigt und erläutert werden. Die betroffene Gesellschaft kann entweder die Kosten akzeptieren oder einen anderen Weg einschlagen. Beim Vergleich von Staaten, Gesellschaften und Systemen ist daher im übertragenden Sinne auf das Kleingedruckte zu achten. Eine reichere Gesellschaft muss nicht gerecht sein und eine gerechtere nicht arm.

7.3 Die stabilisierende Rolle des Staates

Es sollte ausreichend deutlich geworden sein, dass eine sich selbst überlassene Marktwirtschaft auch in gesamtwirtschaftliche und strukturelle Krisen geraten kann. Ein extremes Beispiel ist die Weltwirtschaftskrise von 1929 bis 1932 oder in jüngster Vergangenheit die Finanzmarktkrise. Es sollte ebenso deutlich geworden sein, dass dem Staat in solchen Krisen eine aktive Rolle zukommt. Diese **Stabilisierungsrolle** nimmt der Staat mit einer aktiven Wirtschaftspolitik wahr. Das übergeordnete wirtschaftspolitische Ziel ist das Erreichen bzw. die Aufrechterhaltung eines **gesamtwirtschaftlichen Gleichgewichts**[34]. Wirtschaftspolitik kann grob in zwei Kategorien eingeteilt werden nämlich in **Konjunkturpolitik** und **Wachstumspolitik**. Gesetzliche Grundlage ist in Deutschland das bereits ausführlich beschriebene Stabilitätsgesetz.[35] Die unterschiedlichen Möglichkeiten von Konjunktur- und Wachstumspolitik werden jeweils in gesonderten Kapiteln am Ende dieses Buches erläutert.

Staaten haben in der Vergangenheit immer wieder stabilisierend in ihre Wirtschaften eingegriffen. Wie bereits oben erwähnt, ist ein prominentes Beispiel die Weltwirtschaftskrise Anfang der 1930er Jahre. Neuere Beispiele sind die Bankenkrise in Schweden 1991 und die Asienkrise - hier vor allem auch Süd Korea - 1997. In diesen Krisen haben die unterschiedlichen Regierungen stabilisierende Maßnahmen in den jeweiligen Bankenbranchen ergriffen. Die Eingriffe waren gerechtfertigt, weil die jeweiligen Märkte nicht mehr alleine funktionierten. Ziel der jeweiligen Maßnahmen war folglich die Stabilisierung der Finanzmärkte und zu verhindern, dass die wirtschaftlich auf den Finanzmarkt eingeschränkte Krise auf die Realwirtschaft übergreift.

Das gleiche Ziel hatten die Stabilisierungsmaßnahmen Deutschlands und anderer Länder in Folge der Finanzmarktkrise von 2007. Die deutsche Bun-

[34] Modellhaft wird ein gesamtwirtschaftliches Gleichgewicht in Kapitel 10 beschrieben.
[35] vgl. Kap. 7.1

desregierung hat im Wesentlichen drei Maßnahmen ergriffen. Erstens, wurde eine Garantie für alle Spareinlagen ausgesprochen. Im dem Fall, dass eine Bank pleite ginge wäre die Bundesregierung eingesprungen, um den Sparern ihre Einlagen zurückzugeben. Diese Garantie, die alle Spareinlagen, Termineinlagen und die Guthaben auf privaten Girokonten umfasste und nicht gezogen werden musste, hätte in der Spitze knapp 600 Milliarden Euro gekostet. Zweitens, hat die Bundesregierung einige gesetzliche Änderungen, z.B. bei den Bilanzierungsregeln, erlassen. Drittens, ist der **Sonderfonds Finanzmarktstabilisierung** (SoFFin) aufgelegt worden. Der SoFFin wird von der **Bundesanstalt für Finanzmarktstabilisierung** (FMSA) verwaltet. Ziel ist es, das Vertrauen der Banken untereinander und das Vertrauen der Gesellschaft und der Wirtschaft in den Finanzsektor wiederherzustellen. Die Mittel des SoFFin stehen nicht nur für die unmittelbare Rettung von Finanzinstituten bereit, sondern dienen auch der langfristigen Stabilisierung, indem die Risikotragfähigkeit der Institute gestärkt wird und sie restrukturiert werden, dass heißt ihre Geschäftsmodelle neu definiert und ausgerichtet werden.[36]

Zur Stabilisierung im Rahmen des SoFFin standen wiederum drei unterschiedliche Maßnahmen zur Verfügung. Zum ersten die Rekapitalisierung der Bank, zum zweiten Garantien für die Nutzung von Refinanzierungsinstrumenten und letztlich der Aufkauf von Problemkrediten. Der SoFFin folgt damit erfolgreichen historischen Vorbildern. Ähnliche Maßnahmen standen auch in der schwedischen Bankenkrise und in den asiatischen Ländern, die von der Asienkrise betroffen waren, zur Verfügung. Lediglich der Fokus der Maßnahmen war verschoben. Die Finanzmarktkrise zeichnete sich durch den nahezu kompletten Zusammenbruch des Interbankenmarktes in Deutschland aus. Daher waren die wesentlichen Maßnahmen im SoFFin die Garantien und die Rekapitalisierung. Deutschland hat insgesamt 500 Mrd. Euro (dav. 400 Mrd. für Garantien) zur Verfügung gestellt. Zum Vergleich, die USA stellte 520 Mrd. Euro, Großbritannien 570 Mrd. Euro, Frankreich 360 Mrd. Euro und Niederlande 220 Mrd. Euro zur Verfügung.

Anfänglich wurde die Konstruktion des SoFFin kontrovers diskutiert. Die Banken waren nicht dazu verpflichtet den SoFFin in Anspruch zu nehmen. Die Inanspruchnahme wurde der Geschäftsleitung einer jeden Bank in die Hände gelegt. Dies war aus zwei Gründen problematisch. Erstens hat eine Bank mit der Inanspruchnahme von SoFFin Mitteln damit tatsächlich si-

[36] Quelle: SoFFin

gnalisiert, dass sie ohne nicht überlebensfähig war. Somit hätte jede Stabilisierung von Beginn an scheitern können, da der Markt schon bei Gerüchten über die Inanspruchnahme von SoFFin Mitteln ein einzelnes Institut hätte fallen lassen können. Zweitens war mit dem Anruf des SoFFin zahlreiche Restriktionen für die Banken verbunden. So wurden die Managergehälter auf 500.000 Euro begrenzt, Bonuszahlungen durften nicht mehr erfolgen und Dividendenzahlungen wurden beschränkt. Jede Maßnahme für sich ist durchaus zu rechtfertigen. Allerdings wird jeder Geschäftsführer tendenziell den Anruf des SoFFin als absolut letzte Möglichkeit des Überlebens der von ihm geführten Bank ansehen, wenn dadurch das eigene Gehalt ggf. erheblich reduziert wird. Die Wirkung des SoFFin war daher anfänglich fraglich. Wenn keine Bank aus Angst vor den Restriktionen, die mit SoFFin Geld verbunden waren, den SoFFin in Anspruch nimmt, dann wäre nichts gewonnen gewesen. Um dieses Risiko auszuschließen hätte die notwendige Rekapitalisierung der Bankenbranche entweder unter Zwang gestellt werden müssen. In diesem Fall hätte jede Bank zunächst Kapital und Garantien erhalten. Oder auf die Restriktionen durch die Inanspruchnahme der SoFFin Mittel hätte verzichtet werden müssen. Andere Länder wie beispielsweise Irland und Großbritannien, in denen die Inanspruchnahme von Staatsgeldern ebenfalls freiwillig war, haben auf dauerhafte Regelungen hinsichtlich der Gehälter verzichtet. In der öffentlichen Debatte standen hohe Managergehälter allerdings auch hier. Insofern bestand ein hoher moralischer Druck aus der Gesellschaft. Die USA hat hingegen den zweiten Weg gewählt. Hier waren Gehaltszahlungen jenseits von 500.000 sowohl der Körperschaftsteuer als auch der persönlichen Einkommensteuer unterworfen. Alle wesentlichen Banken der USA wurden allerdings zur Annahme von staatlichen Geldern gezwungen. Der Zwang zur Annahme von Staatsgeldern hat auch den Vorteil, dass das Bankensystem in der Breite gestärkt wird. Hingegen war das deutsche System flexibler und konnte besser auf einzelne Banken eingehen.

Die Zwischenbilanz des SoFFin von Anfang 2011 fällt im internationalen Vergleich positiv aus. Nach eigenen Aussagen des SoFFin ist die Bankenrettung erfolgreich. Die Unterstützung der Institute geht Ende 2010 bereits wieder zurück. Im Oktober 2010 hatte sie den Höhepunkt erreicht. Der Sonderfonds unterstützte zum Jahresende 9 Banken mit 64 Mrd. Euro an Garantien. (Oktober 2010 174 Mrd. Euro). Es wurde Eigenkapital in Höhe von 29 Mrd. Euro an vier Banken ausgezahlt. Zwei Banken wurden zusätzlich durch die Gründung von Abwicklungsanstalten stabilisiert. In der Summe haben Bund und Länder den deutschen Banken einen Hilfsrahmen in Höhe von rund 20% des BIP zur Verfügung gestellt. Ende 2009 betrug der tatsächliche Aufwand des SoFFin moderate 4,2 Mrd. Euro, d.h. 0,2% des BIP. Im internationalen Vergleich ist dies gering und hat mit dazu beigetragen, dass viel schlimmere Dinge, zum Beispiel ein Banken Run, verhindert werden konnten. Dies trug auch zur neuen wirtschaftlichen Dynamik in Deutschland bei. Ist das reale BIP 2009 noch um 4,7% gefallen betrug die Wachstumsrate 2010 reale 3,6%[37] und für 2011 werden von vielen Instituten real 3% erwartet. Die tatsächlichen Kosten der Finanzmarktstabilisierung können erst nach Auslauf aller Maßnahmen bewertet werden.[38]

Die Stabilisierung des Finanzmarktes hat den Staat in Deutschland nicht überlastet. In einigen anderen Ländern wie beispielsweise Griechenland, Irland und Spanien ist dies aber der Fall. Die Ursache für die Schieflage dieser Länder hat unterschiedliche Gründe und liegt nur zum Teil in der Finanzmarktkrise. Die Wirtschaftskrise, die aus der Finanzmarktkrise entstanden ist, führte in diesen Ländern zu einer Staatsschuldenkrise. Im Rahmen der EU hat Deutschland auch hier eine Stabilisierungsrolle. Innerhalb der EU sind verschiedene Maßnahmen beschlossen worden. Zum einen wurden bilaterale Darlehen vergeben. Zum anderen sind der **European Financial Stability Mechanism** (EFSM) und die **European Financial Stability Facility** (EFSF) beschlossen worden.[39] Hiermit können kurzfristig finanzielle Mittel an Krisenländer vergeben werden. Sowohl der EFSM als auch der EFSF sind nur temporäre Maßnahmen und laufen 2013 aus. Um die finanzielle Stabilität in der Eurozone dauerhaft und nachhaltig zu sichern wird bis 2013 der **European Stability Mechanism** (ESM) aufgesetzt.

[37]Quelle: Statistisches Bundesamt
[38]Quelle: SoFFin
[39]vgl. Europäische Union 2011 und www.efsf.europa.eu

8

Die Preisbildung auf dem Arbeitsmarkt

Lernziele:

- Die Nachfrage nach Arbeit geht von den Unternehmen aus und wird durch den Reallohn bestimmt.
- Beim Arbeitsangebot treffen die Haushalte eine Entscheidung zwischen Arbeit und Freizeit.
- Das Niveau der Arbeitslosigkeit ist in Deutschland seit 1970 von Gipfel zu Gipfel geklettert, sinkt aber seit 2005.
- Eine geringe Arbeitslosigkeit erfordert kurzfristig auch eine effiziente Arbeitsvermittlung, langfristig flexible Löhne.
- Die Arbeitslosigkeit in Deutschland ist vornehmlich ein Kostenproblem und konnte seit 2004 strukturell verbessert werden.

8.1 Die Nachfrage nach Arbeit

Die Nachfrage nach Arbeit geht im Gegensatz zu der Nachfrage nach Gütern von den Firmen und nicht von den Haushalten aus. Die Haushalte bieten Arbeit an. Die Produktionsfunktion ist bereits in Kapitel 2.1 eingeführt worden. Es wurde dort schon beispielhaft gezeigt, dass die Produktionsfunktion einer Firma $y = f(L)$ lautet, wenn alle anderen Inputs als gegeben vorausgesetzt werden. Wesentliche Annahmen sind ein positives aber abnehmendes Grenzprodukt der Arbeit. Um die Nachfrage nach Arbeit erklären zu können, wird diese vereinfachte Produktionsfunktion auch an dieser Stelle genutzt. Mit der Annahme eines abnehmenden Grenzproduktes ist intuitiv klar, dass eine Firma solange Arbeit nachfragen wird so lange das Grenzprodukt wertvoller ist als die eingesetzte zusätzliche Einheit Arbeit. Mit anderen Worten, eine Firma wird so lange mehr Ar-

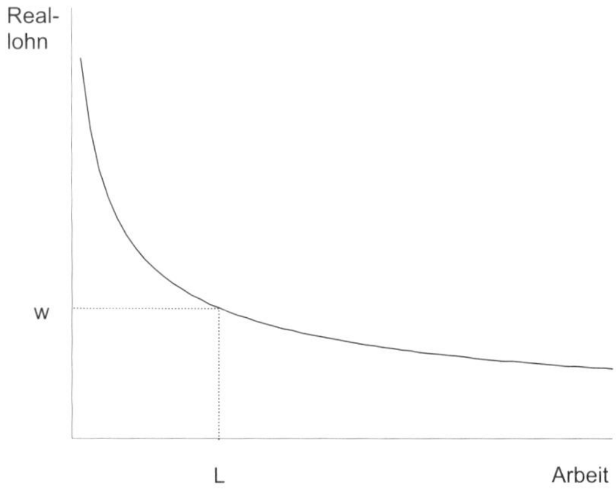

Abbildung 8.1: Die Arbeitsnachfragekurve

beit nachfragen wie diese mehr bringt als sie kostet. Dieser Zusammenhang kann auch hergeleitet werden.

Ziel einer Firma ist die Gewinnmaximierung. Der Gewinn ist dort maximal wo der Abstand zwischen Erlösen und Kosten am größten ist. Rechnerisch muss folglich lediglich das Maximum des Gewinns in Abhängigkeit der Arbeit ermittelt werden:

$$\Pi(L) = R - K_g.$$

Der Erlös ist gleich Preis p mal Menge x. Wobei die hergestellt Menge x abhängig ist vom Produktionsfaktor Arbeit. Die Gesamtkosten setzen sich zusammen aus den Arbeitskosten, d.h. Nominallohn l mal Arbeit L, und den Kosten für alle weiteren Inputs, die als fix angenommen wurden. Die obige Gewinnfunktion lautet dann:

$$\Pi(L) = px(L) - lL - K_f.$$

Im Maximum muss die erste Ableitung der Gewinnfunktion nach Arbeit gleich Null sein, d.h.:

$$\begin{aligned} & \frac{\partial \Pi(L)}{\partial L} = 0 \\ \Leftrightarrow \quad & p\frac{\partial x(L)}{\partial L} = l \\ \Leftrightarrow \quad & \frac{\partial x(L)}{\partial L} = \frac{l}{p}. \end{aligned}$$

Der Ausdruck $\frac{\partial x(L)}{\partial L}$ ist das Grenzprodukt der Arbeit und der Quotient $\frac{l}{p}$ der Reallohn w, d.h. die Grenzkosten der Arbeit. Nicht überraschend ist die optimale Nachfrage nach Arbeit dort wo die Grenzkosten gleich Grenzprodukt sind. Dies unterscheidet sich nicht von normalen Gütermärkten. Das Grenzprodukt ist die Ableitung der Produktionsfunktion und stellt deren Steigung dar (Abbildung 8.1). Da das Grenzprodukt mit zunehmendem Einsatz von Arbeitseinheiten abnimmt, sinkt der Reallohn je größer die Menge an eingesetzter Arbeit ist. Die dargestellte Kurve ermöglicht es, einem Unternehmen für jeden gegebenen Reallohn die optimale Menge an Arbeit zu bestimmen. Der Verlauf des Grenzproduktes der Arbeit stellt daher gleichzeitig die **Nachfragekurve nach Arbeit** dar.

8.2 Das Angebot von Arbeit

Die Haushalte bieten Arbeit gegen Lohn an. Dabei findet wie gewöhnlich eine Maximierung statt. Jeder Haushalt wird seine Möglichkeiten zur Befriedigung seiner Bedürfnisse maximieren. Dabei muss er sich bei der Entscheidung zwischen Arbeiten oder nicht Arbeiten eben zwischen Arbeit und Freizeit entscheiden. Einige sind bereit mehr zu arbeiten als andere und erreichen aufgrund des höheren Einkommens, das sie mit ihrer Arbeit erzielen ein höheres Konsumniveau. Andere verzichten hingegen lieber auf Konsum und geniessen Freizeit. An dieser Stelle reicht es aus, auf die einfache Annahme der maximalen Bedürfnisbefriedigung zu schauen. Das ist stark vereinfachend aber für die Zwecke an dieser Stelle genug. Was ist die Entscheidungsgrundlage des Haushaltes? Es ist:

$$px = lL.$$

Das heißt der Haushalt wird sein Einkommen aus Arbeit, das dem Nominallohn l mal der eingesetzten Arbeit L enspricht, zum Kauf von Gütern einsetzen. Für den Erwerb von Gütern muss der Preis p mal die Menge x bezahlt werden. Durch Umformung ergibt sich:

$$\frac{l}{p} = \frac{x}{L}$$
$$\Leftrightarrow \quad w = \frac{x}{L}.$$

Wenn nun der Reallohn w steigt muss der Bruch auf der rechten Seite ebenfalls steigen. Rein mathematisch ist dies möglich, in dem entweder das

Arbeitsangebot bei konstantem x sinkt oder x bei konstantem Arbeitsangebot steigt. Zudem wird der Bruch insgesamt größer, wenn x stärker steigt (weniger sinkt) als das Arbeitsangebot steigt (sinkt). Mit der vereinfachenden Annahme, dass ein Haushalt seine Bedürfnisbedriedigung maximieren möchte wird regelmäßig sowohl x als auch L zunehmen. Der Haushalt wird mit steigendem Reallohn folglich seinen Arbeitseinsatz erhöhen, um die Menge an Gütern zu steigern. Rein mathematisch muss dabei die Steigerung der Gütermenge relativ zur Erhöhung des Arbeitsangebots stärker sein. Sonst würde obige Gleichung nicht zu treffen. Das ist auch umsetzbar. Wenn der Reallohn steigt, könnte die Gütermenge x schon bei konstantem Arbeitsangebot steigen. Da der Arbeitseinsatz zusätzlich aber sogar erhöht wird, steigt die zukünftige Güternachfrage überproportional. Ein Zahlenbeispiel kann dies noch stärker verdeutlichen.

Vor der Reallohnsteigerung sei

$$\begin{aligned} w &= 25 \\ x &= 100 \\ L &= 4 \\ \Rightarrow \quad 25 &= \frac{100}{4}. \end{aligned}$$

Angenommen der Reallohn steigt um 5% und als Reaktion hierauf erhöht sich das Arbeitsangebot um eine Einheit auf 5. Wie stark kann die Gütermenge ausgeweitet werden? Es ergibt sich:

$$\begin{aligned} w &= 26,25 \\ L &= 5 \\ \Rightarrow \quad 26,25 &= \frac{x}{5} \\ \Leftrightarrow \quad x &= 131,25. \end{aligned}$$

Aufgrund der Reallohnsteigerung von 5% hat der Arbeiter im Beispiel sein Arbeitsangebot um 25% gesteigert. Damit ist eine überproportionale Steigerung der Gütermenge um 31,25% möglich.

Wie auch beim Angebot von Gütern steigt das Angebot von Arbeit mit zunehmendem Preis. Dies wird der Anreizfunktion des Angebotspreises gerecht. Die Arbeitsangebotskurve nimmt folglich den gleichen Verlauf wie jede andere gewöhnliche Angebotskurve auch. Sie hat eine positive Steigung. Ausnahmsweise wird an dieser Stelle auf eine graphische Darstellung verzichtet.

8.3 Das Arbeitsmarktgleichgewicht

Die Zusammenführung von Arbeitsangebot und Arbeitsnachfrage ist in Abbildung 8.2 dargestellt. Das Gleichgewicht befindet sich im Punkt (L^0, w^0). Das Gleichgewicht auf dem Arbeitsmarkt zeichnet sich, wie alle Marktgleichgewichte, dadurch aus, dass Angebot und Nachfrage gleich sind. Es gibt weder einen Angebots- noch einen Nachfrageüberhang. Der gleichgewichtige Reallohn führt zu einem Ausgleich von Arbeitsangebot und Arbeitsnachfrage. Es gibt keine Arbeitslosigkeit, d.h. jeder der seine Arbeit anbietet erhält auch Arbeit. Ebenso gibt es keine offenen Stellen. Jede Firma, die Arbeit nachfragt, kann ihre zu besetzenden Stellen auch besetzen. Die Realität sieht hier doch deutlich anders aus. Wie Arbeitslosigkeit erklärt werden kann wird im folgenden Abschnitt erläutert.

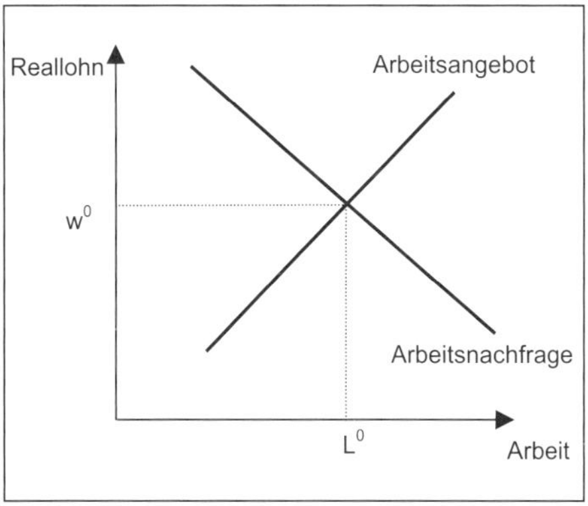

Abbildung 8.2: Das Arbeitsmarktgleichgewicht

8.4 Arbeitslosigkeit

8.4.1 Einige empirische Daten

Das magische Viereck nennt das Ziel eines hohen Beschäftigungsgrades. Das Ziel ist nach engster Definition erreicht, wenn Vollbeschäftigung herrscht. Abbildung 8.3 zeigt, dass dieses Ziel leider nicht erreicht wird und auch schon lange nicht mehr erreicht wurde. Positiv bemerkenswert ist die Tatsache der deutlich abnehmenden Arbeitslosigkeit seit 2005. Am deutlichsten wird die Verbesserung der Situation am Arbeitsmarkt durch

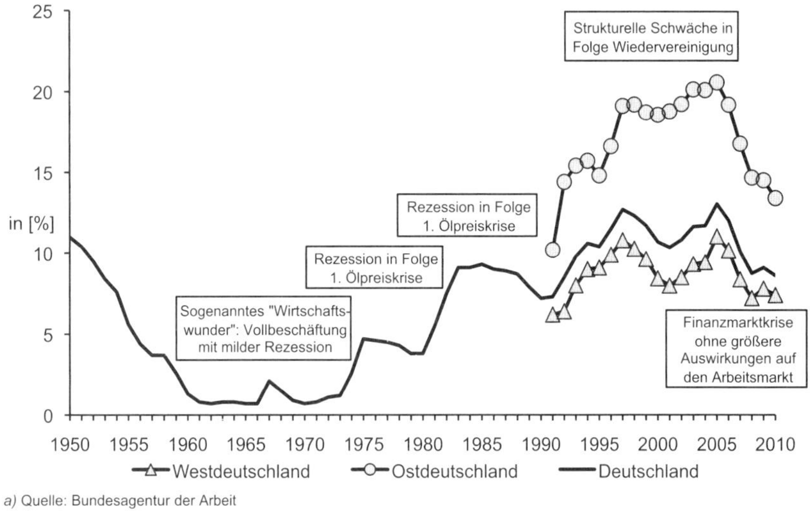

Abbildung 8.3: Die Entwicklung der Arbeitslosenquote in Deutschland

den stabilen Verlauf während der Finanzmarktkrise. Dennoch wird nicht nur die engste Zieldefinition für Vollbeschäftigung, sondern auch weitergefasste wie

(a) Anzahl der offenen Stellen gleich Anzahl der Arbeitssuchenden;

(b) Arbeitslosenquote beträgt 2-3%;

seit Jahrzehnten nicht erreicht. Die Anzahl der gemeldeten offenen Stellen schwankt in Deutschland seit 1950 um 300 Tausend und seit 1991 um 400 Tausend.[1] Genanntes Ziel (a) ist gemäß diesem Durchschnitt das letzte Mal in der früheren Bundesrepublik im Jahr 1972 erreicht worden. Im wiedervereinigten Deutschland ist dieses Ziel noch nie erreicht worden.[2] Auch das unter (b) genannte Ziel ist das letzte Mal im Jahr 1974 erreicht worden wie Abbildung 8.3 zeigt.

Am Verlauf der Arbeitslosenquote lässt sich auf der einen Seite erkennen, dass sich die Beschäftigung der wirtschaftlichen Entwicklung nur verzögert anpasst. Beispiele hierfür sind die zwei Ölkrisen (73/74 und 79/80). Die Arbeitslosigkeit ist jeweils circa ein Jahr nach den Ölkrisen stark angestiegen. Auf der anderen Seite wird deutlich, dass nach der enormen Reduzierung

[1]Quelle: Bundesagentur für Arbeit
[2]Quelle: Bundesagentur für Arbeit

der Arbeitslosigkeit durch das sogenannte Wirtschaftswunder in den jungen Jahren der Bundesrepublik die Arbeitslosigkeit bis 2005 von Gipfel zu Gipfel geklettert ist. In den Phasen schwachen Wirtschaftswachstums stieg die Arbeitslosigkeit an, erreichte dann in der Rezession ihren Höhepunkt, wurde im folgenden Aufschwung allerdings nicht wieder auf das vorherige Niveau reduziert, sondern im wesentlichen nur stabilisiert. Erst im Übergang zum Boom kann ein leichter Rückgang der Arbeitslosigkeit verzeichnet werden.

Arbeitslosigkeit ist nur die eine Seite der Medaille **Beschäftigung**. Die andere Seite sind die **Erwerbstätigen**. Dies sind alle **abhängig Beschäftigten**, d.h. Arbeiter und Angestellte, sowie Selbstständige und Mithelfende Familienangehörige. Die Erwerbstätigen und die gemeldeten Arbeitslosen ergeben zusammen die **Erwerbspersonen**. Mit anderen Worten lassen sich die Erwerbspersonen in Erwerbstätige und **Erwerbslose** aufteilen. Offensichtlich hat das Niveau der Arbeitslosigkeit in Deutschland lange Zeit in Wellenbewegungen zugenommen. Liegt dies daran, dass mehr Menschen Arbeit wollen oder das der Bestand an Unternehmen weniger Menschen zur Produktion benötigen? Abbildung 8.4 zeigt die Entwicklung der Erwerbstätigen in Millionen seit 1957. Die Zeitreihe ist ähnlich lang wie die in Abbildung 8.3. Lediglich die Entwicklung der Erwerbstätigen im ersten Nachkriegsboom ist nicht enthalten. Wie deutlich zu erkennen ist, wuchs die Erwerbstätigkeit stetig bis 1990 einschließlich, d.h. bis zur Wiedervereinigung. Gezeigt werden in der Abbildung für die Jahre vor der Deutschen Wiedervereinigung die Zahlen für die alten Bundesländer. Insgesamt konnten die Unternehmen in der früheren Bundesrepublik offensichtlich die Anzahl an Stellen stetig ausweiten. Dies bedeutet vereinfachend gesprochen, dass Arbeitsplätze, die im Zuge der zunehmenden Industrialisierung zunächst im landwirtschaftlichen Sektor später mit zunehmender Kapitalisierung im industriellen Sektor selbst weggefallen sind, entweder im sekundären oder aber im tertiären Sektor neu entstanden sind. Die Arbeitslosigkeit ist folglich gestiegen, weil mehr Menschen auf den Arbeitsmarkt gedrängt sind und die Wirtschaft nicht in der Lage war ausreichend Erwerbsmöglichkeiten für dieses größere Arbeitsangebot zu schaffen. Im positiven Sinne auf den Arbeitsmarkt gedrängt sind in den 70er und 80er Jahren zum Beispiel die geburtenstarken Jahrgänge. Die Altersgruppe der 15 bis 64 Jährigen, die typische Altersgruppe der Erwerbstätigen, nahm von 1973 mit ca. 50 Millionen bis 1996 auf 56 Millionen zu. Neben der größeren Menge an potenziellen Erwerbstätigen wollen auch tatsächlich mehr Men-

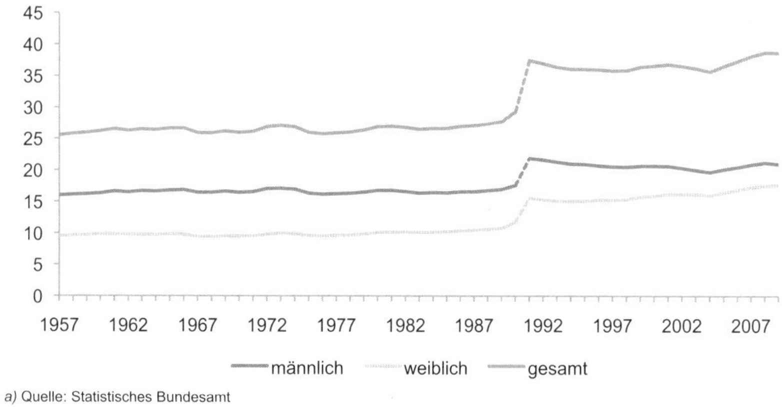

Abbildung 8.4: Die Entwicklung der Erwerbstätigen in Deutschland [in Mio.]

schen am Arbeitsleben teilhaben. Insbesondere die Erwerbstätigkeit von Frauen ist zwischen 1957 und 2009 um 86% gestiegen. Die Erwerbstätigkeit insgesamt nur um 52%. Dies bedeutet nicht - um jegliche Zweifel aus dem Weg zu räumen - dass Frauen verantwortlich sind für die Arbeitslosigkeit und lieber wieder an den Herd sollten. Vielmehr ist es Aufgabe der Politik dafür zu sorgen, dass jeder der arbeiten will auch arbeiten kann und somit auch zum Wachstum beitragen kann.[3]

Es bleibt festzuhalten, dass die Schaffung neuer Arbeitsplätze schon in der wirtschaftlich überaus dynamischen früheren Bundesrepublik hinter der Entwicklung der Arbeitssuchende hinterher hing. Dieser Effekt hat sich mit der Wiedervereinigung noch verstärkt. Die Anzahl der Erwerbstätigen ging nach 1991 zunächst stark zurück und lag bis 2005 auf einem leicht geringeren Niveau. Erst in den letzten Jahren hat die Erwerbstätigkeit erfreulicherweise zugenommen. Was die Gründe hierfür sein könnten wird in einem nächsten Unterabschnitt erläutert. Zunächst einige Erklärungen zu den Arten von Arbeitslosigkeit.

8.4.2 Arten von Arbeitslosigkeit

Man kann die unterschiedlichen Arten der Arbeitslosigkeit nach ihrer Länge unterscheiden.

[3]Alle Zahlen zur Erwerbstätigkeit vom Statistischen Bundesamt.

- **kurzfristige Arbeitslosigkeit**
  Sie bewegt sich von der Länge her in einem Bereich von nur wenigen Wochen oder gar Tagen. Sie entsteht aufgrund eines gewollten oder nicht gewollten Arbeitsplatz- oder Berufswechsels. Ein Arbeitnehmer kündigt zum Beispiel zum 15. eines Monats und tritt seinen neuen Arbeitsplatz erst zum 01. des Folgemonats an.
- **mittelfristige Arbeitslosigkeit**
  Von dieser Art spricht man, wenn die Arbeitslosigkeit circa $\frac{1}{4}$ Jahr bis unter ein Jahr dauert. Diese Art von Arbeitslosigkeit ist meist saisonbedingt. So werden Bauarbeiter über die Wintermonate häufig entlassen und erst zum nächsten Frühjahr wieder beschäftigt.
- **langfristige Arbeitslosigkeit**
  Hiervon spricht man bei einer Arbeitslosigkeit, die länger als ein Jahr anhält. Die Langzeitarbeitslosen gelten gemeinhin als schwer vermittelbar, da heutzutage durch die rasante technische Entwicklung das Wissensdefizit derjenigen, die nicht mehr voll im Beruf stehen, immer größer wird.

Man kann die verschiedenen Arten von Arbeitslosigkeit auch nach dem Grund ihrer Entstehung einordnen. Diese Einteilung spielt bezogen auf die Wirtschaftspolitik eine wesentlich größere Rolle, da der Staat bessere Möglichkeiten hat, die Arbeitslosigkeit zu bekämpfen, wenn er ihre Ursachen kennt. Man unterscheidet nach diesem Kriterium folgende Arten:

- **Friktionelle (natürliche) Arbeitslosigkeit**
  Die friktionelle oder auch natürliche Arbeitslosigkeit findet ihre Ursache in dem natürlichen Wandel der Gesellschaft. So entsteht kurzfristig Arbeitslosigkeit aufgrund eines Arbeitsplatzwechsels, gesundheitlichbedingter Umorientierung oder der Veränderung von Werten. Diese Gründe führen zu Kündigungen, die oft nicht sofort durch eine Anschlussbeschäftigung gedeckt werden können. Im angloamerikanischen Raum spricht man hier vom "on the move" der Bevölkerung. Die Gesellschaft ist in Bewegung. Es entstehen in Anlehnung an die Physik Reibungsverluste, die sich in Form von Arbeitslosigkeit äußern. Die friktionelle Arbeitslosigkeit ist bezogen auf jeden einzelnen nur kurzfristig. Die Gesamtheit der Arbeitslosen, die sich auf diese Art zurückführen lässt, ist aber langfristig relativ konstant.
- **Saisonale Arbeitslosigkeit**
  Hierbei handelt es sich um die bereits angedeutete mittelfristige Ar-

beitslosigkeit, die aufgrund saisonaler Schwankungen auftritt. Diese Form der Arbeitslosigkeit betrifft bei weitem nicht alle Branchen, sondern nur die, die mehr oder weniger wetterabhängig abhängig sind. Besonders betroffen sind die Baubranche, die Tourismusbranche und das Hotel- und Gaststättengewerbe außerhalb der großen Ballungszentren sowie die Landwirtschaft. Saisonale Arbeitslosigkeit ist im Grunde nicht zu verhindern, daher kann man sie schon fast zu der natürlichen Arbeitslosigkeit zählen, obgleich die für ihre Entstehung verantwortlichen Gründe vollkommen anders motiviert sind. Die friktionelle Arbeitslosigkeit betrifft meist nur einzelne Personen, bei denen es zum Teil auch der eigene Wunsch nach einem Wechsel war, der die Arbeitslosigkeit hervorgerufen hat. Die saisonale Arbeitslosigkeit betrifft gleichzeitig ganze Branchen und kann von den Betroffenen nur in geringem Maße beeinflusst werden.

- **Konjunkturelle Arbeitslosigkeit**
  Diese Form der Arbeitslosigkeit beruht auf den Konjunkturschwankungen. Die Arbeitslosigkeit erreicht in Phasen des Abschwungs und der Rezession Rekordwerte, geht im Aufschwung und im Boom allerdings wieder zurück. Diese Entstehung von Arbeitslosigkeit im Laufe eines Konjunkturzyklus ist mit ein Hauptgrund dafür, warum die Politik versucht, das Wachstum zu verstetigen und bildlich gesprochen, die Berge im Konjunkturverlauf einebnen und die Täler ausfüllen möchte.
- **Strukturelle Arbeitslosigkeit**
  Aufgrund unterschiedlicher regionaler oder branchenbezogener Entwicklung, aufgrund der laufenden und dynamischen Veränderung in der Gesellschaft, an die sich Veränderungen im gesetzlichen Rahmen und den Regulierungen nicht schnell genug anpassen können, entsteht strukturelle Arbeitslosigkeit. Ein gutes Beispiel sind die zahlreichen Stellenstreichungen und der Arbeitsplatzabbau in der Kohleindustrie, der durch neue Arbeitsplätze in den aufstrebenden Technologien, wie dem Internet, den Biotechnologien, der Telekommunikation und den neuen Energien nicht umgehend kompensiert werden kann.
- **Technische Arbeitslosigkeit**
  Werden die menschlichen Arbeitskräfte in den Industrien durch Investitionen in neue Technologien substituiert, so entsteht Arbeitslosigkeit. Danach wäre der technische Fortschritt eine Entwicklung, die von der Gesellschaft bekämpft werden muss. In der Tat sind durch

den technischen Fortschritt in vielen Bereichen Stellen abgebaut worden. Doch hat der gleiche technische Fortschritt auch zu einem neuen Angebot an Stellen in anderen Bereichen geführt und ist Wachstum grundsätzlich ohne technischen Fortschritt nicht denkbar. Die positiven und negativen Effekte müssen gegeneinander aufgerechnet werden, um den wirklichen Effekt des technischen Fortschritts zu ermitteln. Die Ergebnisse sind hierbei viel weniger eindeutig.

- **Tariffäre Arbeitslosigkeit**
  Dies ist eine Form der Arbeitslosigkeit, die aus der Machtstellung der Tarifpartner heraus entsteht. Durch abgeschlossene Flächentarifverträge und Allgemeingültigkeitserklärungen gelten die Tarifverträge heute für fast alle Erwerbstätigen. Auch diejenigen, die nicht in der Gewerkschaft sind und die Unternehmen, die nicht in einem Arbeitgeberverband sind, müssen sich den tarifpolitischen Vorgaben zum Teil unterwerfen. Folglich erschwert es jedem die Möglichkeit, sich unter Tarif anzubieten. Obwohl einzelne durchaus mit einer untertariflichen Bezahlung zufrieden wären, ein Unternehmen aufgrund der Kosten auch nur unter Tarif zahlen könnte, kann es meistens in einem solchen Fall trotz übereinstimmender Willenserklärungen der direkten Beteiligten nicht zu einem Arbeitsvertrag kommen.

8.4.3 Theoretische Ursachen von Arbeitslosigkeit

In diesem theoretischen Abschnitt wird ein Modell zur Erklärung der natürlichen Arbeitslosigkeit veranschaulicht und kurz dargestellt wie strukturelle Arbeitslosigkeit zu erklären ist.

Die Erwerbspersonen L_S sind der Teil der Bevölkerung, der entweder erwerbstätig (Erwerbstätige L_D) oder erwerbslos (Erwerbslose L_U) ist. Wobei erwerbstätige Personen eine haupt- oder nebenberufliche Erwerbsarbeit ausüben und erwerbslose Personen nach einer solchen Erwerbsarbeit suchen. Neben den Erwerbspersonen gibt es Nichterwerbspersonen, diese üben weder eine Erwerbstätigkeit aus noch suchen sie nach einer. Die Nichterwerbspersonen entsprechen daher am ehesten den freiwillig Arbeitslosen.

Ungleichgewichtsarbeitslosigkeit L_U sei definiert als die Differenz zwischen Angebot und Nachfrage zu einem gegebenen Reallohn:

$$L_U = L_S - L_D.$$

Mit dem bis hierher entwickelten Modell können bereits viele Antworten zum Problem der Arbeitslosigkeit entwickelt werden. Zunächst wird die **Arbeitslosenquote** in diesem Modell definiert. Eine Erwerbsperson kann entweder erwerbstätig oder erwerbslos sein. Aus der obigen Gleichung geht hervor:

$$L_S = L_D + L_U.$$

Die Arbeitslosenquote ist definiert als der Anteil der Erwerbspersonen, der erwerbslos ist, L_U/L_S. Der Ausgangspunkt dieses Kapitels ist die dauerhaft hohe Arbeitslosigkeit in Deutschland. Diese wurde ausgedrückt in der Arbeitslosenquote, die nunmehr für ein vereinfachendes Modell definiert wurde. Welche Variablen können die Arbeitslosenquote beeinflussen? Dabei ist sinnigerweise die Frage nach positiven Einflussfaktoren zu stellen, d.h. Faktoren, die Arbeitslosigkeit reduzieren.

Sei für diese Zwecke in der Ausgangssituation keine Ungleichgewichtsarbeitslosigkeit vorhanden und Vollbeschäftigung definiert als ein Zustand, in dem die Anzahl derer, die einen Job verlieren gleich ist mit der Anzahl derer, die einen Job erhalten. Die Arbeitslosigkeit wird dann beeinflusst durch die Zahl der Menschen, die einen Job verlieren oder aufgeben, αL_D ($\alpha :=$ **Rate des Jobverlustes**), und der Zahl der Menschen, die einen neuen Job finden, νL_U ($\nu :=$ **Rate der Jobeinstellung**). Dabei gilt $\alpha, \nu \in [0, 1]$, d.h. sowohl α als auch ν kann nur einen Wert zwischen Null und Eins annehmen. Dies deshalb da erstens nicht weniger als kein Mensch seinen Job verlieren oder aufgeben bzw. einen neuen Job finden kann und zweitens nicht mehr als alle Menschen ihren Job verlieren oder aufgeben bzw. einen neuen Job finden können. Vollbeschäftigung ist definiert als:

$$\alpha L_D = \nu L_U.$$

Da $L_D = L_S - L_U$ ergibt sich durch einsetzen in die vorherige Gleichung:

$$\nu L_U = \alpha(L_S - L_U).$$

Zur Bestimmung der natürlichen Arbeitslosenquote wird diese Gleichung durch L_S geteilt und umgeformt:

$$\begin{aligned} & \nu\frac{L_U}{L_S} = \alpha\left(1 - \frac{L_U}{L_S}\right) \\ \Leftrightarrow\ & \nu\frac{L_U}{L_S} = \alpha - \alpha\frac{L_U}{L_S} \\ \Leftrightarrow\ & \frac{L_U}{L_S}(\alpha + \nu) = \alpha \\ \Leftrightarrow\ & \frac{L_U}{L_S} = \frac{\alpha}{\alpha + \nu}. \end{aligned}$$

Es wird deutlich, dass die natürliche Arbeitslosenquote von der Jobverlustrate und Jobeinstellungsrate abhängt. *Je höher die Jobverlustrate (Jobeinstellungsrate), desto höher (niedriger) ist die natürliche Arbeitslosenquote.* In den Ausdruck für die natürliche Arbeitslosenquote können beispielhafte Zahlen eingesetzt werden. Angenommen 10% der Arbeitslosen einer Volkswirtschaft finden jeden Monat einen neuen Job ($\nu = 0,1$). Weiter angenommen 0,2% der Erwerbstätigen verlieren ihren Job jeden Monat in dieser Volkswirtschaft ($\alpha = 0,002$). Für diese Volkswirtschaft ergäbe sich eine natürliche Arbeitslosenquote in Höhe von circa 2% ($\frac{0,002}{0,002+0,1} = 0,0196$). Das Modell liefert die ersten Anhaltspunkte für arbeitsmarktpolitische Maßnahmen. Soll die natürliche Arbeitslosigkeit reduziert werden, müssen Maßnahmen ergriffen werden, die entweder die Jobverlustrate senken oder die Jobeinstellungsrate erhöhen. Die **Arbeitsmarktpolitik** wird in Kapitel 12 ausführlicher dargestellt.

Bis hierher wurde deutlich gemacht, dass eine bestimmte Arbeitslosigkeit immer vorliegt. Im vorherigen Modell der natürlichen Arbeitslosigkeit kann die Arbeitslosenquote nur dann Null werden, wenn entweder alle Menschen bereits einen Job haben und keiner mehr einen Job verliert oder wenn alle Menschen, die keinen Job haben sehr schnell einen neuen Job finden. Im ersten Fall wäre die Jobverlustrate Null und somit die Arbeitslosenquote Null. Im zweiten Fall wäre die Jobeinstellungsrate sehr hoch und die Arbeitslosenquote würde gegen Null streben. In der realen Welt ist beides sehr unwahrscheinlich. Insofern beschreibt das Modell den Bestand und die Veränderung der natürlichen Arbeitslosigkeit. Das Modell bietet aber keinen Anhaltspunkt dafür warum strukturelle Arbeitslosigkeit, die also länger als nur temporär andauert, vorkommt.

Die strukturelle Arbeitslosigkeit ist in strukturellen Widerständen bzw. Verzögerungen begründet. Diese Arbeitslosigkeit entsteht durch **Lohnstarrheit**, d.h. einer Anpassungsverzögerung des Reallohns bei einer

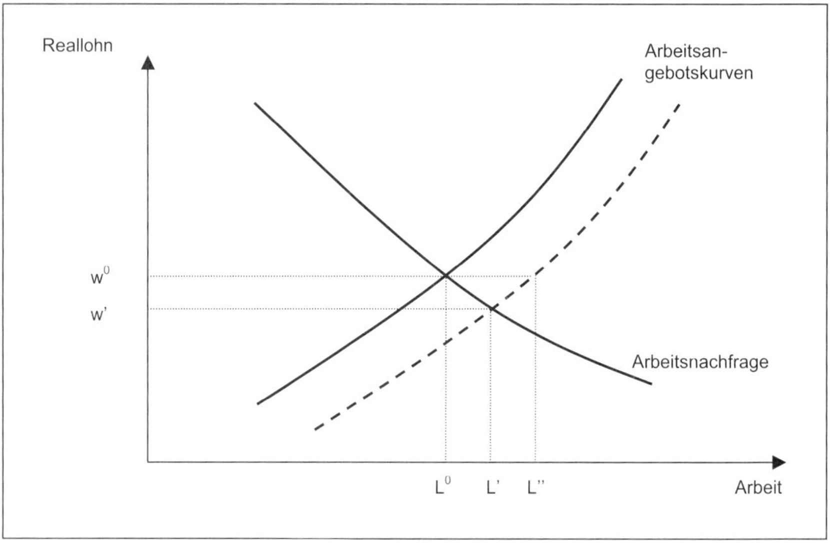

Abbildung 8.5: Starre Reallöhne und Arbeitslosigkeit

Veränderung von Angebot und Nachfrage. Abbildung 8.5 veranschaulicht die **Jobrationierung**. Ausgangspunkt ist das Gleichgewicht im Punkt (L^0, w^0). Verschiebt sich die Arbeitsangebotskurve nach rechts unten, zum Beispiel aufgrund eines geburtenstarken Jahrgangs, der in das Berufsleben strömt, ergibt sich ein neues Gleichgewicht im Punkt (L', w'). Das erhöhte Arbeitsangebot führt zu einer Reduzierung des Reallohnes. Wird die Senkung des Reallohnes auf das neue Gleichgewichtsniveau verzögert, hierfür kann es mehrere Gründe geben, die im Folgenden kurz erläutert werden, entsteht aufgrund der Lohnstarrheit Arbeitslosigkeit. Die Abbildung macht dies deutlich. Zum Lohn w^0 gibt es ein erweitertes Arbeitsangebot L''. Die Jobs sind allerdings auf L^0 rationiert. Somit entsteht bei Lohnstarrheit Arbeitslosigkeit in Höhe von $L'' - L^0$. Diese Art der Arbeitslosigkeit wird teilweise auch wartende Arbeitslosigkeit genannt. Die neuen Anbieter von Arbeit warten lediglich darauf, dass sich das Lohnniveau reduziert. Mit der zunehmenden Reduzierung werden neue Jobs entstehen.

Lohnstarrheit als Ursache für strukturelle Arbeitslosigkeit hat wiederum eigene Ursachen. Hierzu zählen:

(a) **Lohnverhandlungsmonopole**
Während in den USA die Löhne zumeist dezentral ohne Einbeziehung

der Gewerkschaften ausgehandelt werden, spielen in den meisten europäischen Ländern, mit Ausnahme der Schweiz und Großbritanniens, die Gewerkschaften eine sehr große Rolle bei der Festsetzung der Löhne. Auch in Deutschland sind die Lohnverhandlungen weitestgehend monopolisiert. Sie werden von den Tarifparteien geführt, dies sind Gewerkschaften und Arbeitgeberverbände. Dabei gelten die Verhandlungsergebnisse in den meisten Fällen auch für diejenigen Angestellten und Arbeiter, die nicht gewerkschaftlich organisiert sind. Erstens werden Tarifverhandlungsergebnisse von einem Arbeitgeber insgesamt umgesetzt, d.h. eine z.B. dreiprozentige Lohnsteigerung kommt nicht nur den Gewerkschaftsmitgliedern des Betriebes zugute, sondern mindestens allen tariflich[4] Angestellten. Zweitens übernehmen häufig auch diejenigen Arbeitgeber die Verhandlungsergebnisse, die nicht Mitglied im jeweiligen Arbeitgeberverband sind. Wenn daher über die Macht von Gewerkschaften und Arbeitgeberverbänden gesprochen wird, ist weniger die Rate der offiziell gewerkschaftlich organisierten Arbeiter und Angestellten wichtig, sondern die Rate derjenigen, die von den Tarifverhandlungen faktisch betroffen sind.
Inwieweit kann das Verhandlungsmonopol zu Arbeitslosigkeit führen? Ein einzelner Arbeitnehmer ist in einem großen Unternehmen relativ machtlos bei individuellen Lohnverhandlungen, dies gilt vor allem in relativ standardisierten Jobs. Ein gewöhnlicher Sachbearbeiter ist schneller austauschbar in einem Unternehmen als ein Mitglied der Geschäftsführung. Die Ohnmacht der "kleineren" Angestellten führt vereinfachend gesprochen zu einer geringeren Bezahlung.[5] Mit aus diesem Grunde sind Gewerkschaften entstanden. Die Entstehung von Arbeitgeberverbänden kann in gewisser Weise als eine Folgeerscheinung

[4]Viele Unternehmen unterscheiden zwischen tariflichen und außertariflichen Angestellten. Lohnabschlüsse gelten dabei häufig nur pauschal für alle tariflichen Angestellten, d.h. denjenigen, die dem Tarifvertrag der jeweiligen Branche unterliegen. Außertarifliche Angestellte unterliegen nicht generell dem Tarifvertrag, sondern verhandeln direkt mit dem Arbeitgeber über ihre Einstellungsbedingungen. Dabei stellt der Tarifvertrag häufig die Grundlage der Verhandlungen dar. Der tatsächliche Arbeitsvertrag weicht allerdings mehr oder weniger stark von den tariflichen Bedingungen ab. Solche Abweichungen drücken sich in längeren Arbeitszeiten aus, abweichenden Löhnen oder variableren Löhnen, d.h. es wird nur ein relativ geringer fester Lohn gezahlt, ein Großteil ist leistungsabhängig, häufig werden Überstunden pauschal durch eine höhere Bezahlung abgegolten und können innerhalb der vertraglichen Bindung vom Angestellten nicht geltend gemacht werden.

[5]Das Wort "Bezahlung" soll hier in einem weiten Sinne verstanden werden. Wichtig ist was der Angestellte bzw. Arbeiter insgesamt bekommt. Hierbei muss der tatsächliche Lohn, die Arbeitszeit, spätere Pensionszahlungen und auch soziale Standards miteinbezogen werden. Ein Angestellter ist z.B. in der Regel bereit einen geringeren Lohn zu akzeptieren gegen das Versprechen einer lebenslangen Anstellung. Er verliert damit das Risiko der Arbeitslosigkeit und gewinnt lebenslange finanzielle Planungssicherheit.

von Gewerkschaften interpretiert werden. In dem Moment, wo nicht mehr der einzelne Arbeiter bei Vertragsverhandlungen dem Unternehmen gegenüber saß, sondern die Gewerkschaft, verlor der Arbeitgeber seine größere Macht. Gewerkschaften verfolgen im Wesentlichen zwei Ziele: eine möglichst hohe Bezahlung im weitesten Sinne und eine möglichst hohe Jobsicherheit. Durch die kollektive Verhandlungsmacht können dabei bei konstantem Arbeitsangebot höhere Löhne durchgesetzt werden. Mit anderen Worten, es wird ein höherer Lohn als bei individuellen Verhandlungen festgesetzt und es wird den Arbeitgebern überlassen ihre Nachfrage an den Lohn anzupassen.[6]

(b) **Kündigungsschutz**

In den 60er und 70er Jahren wurden in den meisten europäischen Ländern Kündigungsschutzgesetze verabschiedet. In diesen werden Anforderungen festgelegt, die bei einer Kündigung eines Arbeitnehmers zu beachten sind. Beispielsweise müssen Entlassungen in größeren Unternehmen vom Betriebsrat genehmigt oder Abfindungszahlungen geleistet werden. Solche Regelungen machen Entlassungen für Firmen teurer und sollen die Arbeitsplatzsicherheit erhöhen. Das Problem von Kündigungsschutzgesetzen ist jedoch, dass diese die Anreize verringern, neue Arbeitnehmer einzustellen. Insbesondere werden Firmen davor zurückschrecken, bei steigender Nachfrage neue Arbeiter anzuheuern und stattdessen versuchen, den zusätzlichen Arbeitsbedarf durch Überstunden abzudecken. Die Einstellung neuer Arbeitnehmer würde zu höheren Anpassungskosten im Falle eines wirtschaftlichen Abschwungs führen, da Arbeitsplätze aufgrund der Kündigungsschutzregelungen nicht einfach wieder abgebaut werden können.

Kündigungsschutzgesetze vermindern also die Chance derjenigen, die noch keinen Arbeitsplatz haben, eine Stelle zu finden, während sie den Arbeitsplatz der bereits Beschäftigten sicherer machen. Weiterhin können Kündigungsschutzgesetze die Reallöhne über den Gleichgewichtslohn ansteigen lassen. Arbeitnehmer, deren Stellen durch Gesetze gesichert sind, haben eine weit bessere Verhandlungsposition gegenüber ihren Arbeitgebern, da sie nicht ohne Kosten durch einen anderen Arbeiternehmer ersetzt werden können. Dementsprechend

[6] Es sei an dieser Stelle angemerkt, dass die obige Betrachtung keineswegs eine erschöpfende Analyse der Arbeitsmarkteffekte gewerkschaftlicher Aktivitäten darstellt. Beispielsweise können von Gewerkschaften durchgesetzte Arbeitsstandards zu einer höheren Zufriedenheit der Belegschaft und damit zu einer höheren Arbeitsproduktivität führen. Dies hätte wiederum positive Arbeitsmarkteffekte.

können sie Löhne durchsetzen, die über dem Gleichgewichtsniveau liegen und damit, wie bereits dargestellt, zu Arbeitslosigkeit führen.

(c) **hohe Reservationslöhne**
Mit dem Reservationslohn einer Person wird das Lohn- und Gehaltsniveau bezeichnet, zu dem die- oder derjenige gerade noch bereit ist, zu arbeiten. Mit anderen Worten gibt der Reservationslohn ein Gehaltsminimum auf dem Arbeitsmarkt vor, das von einem Unternehmen in jedem Fall bezahlt werden muss. Dieser Reservationslohn wird vor allem durch die Gestaltung der Arbeitslosen- sowie der Sozialversicherung, aber auch durch die Einführung von Mindestlöhnen bestimmt. Viele Regierungen setzen gesetzliche Mindestlöhne fest, um zu verhindern, dass Arbeitskräfte im Verhältnis zum Durchschnitt der Gesellschaft unterbezahlt werden.[7] Ein Großteil der Erwerbstätigen ist von den Mindestlöhnen gar nicht betroffen. Der Anteil der Vollzeitbeschäftigten mit Mindestlohn differiert in den jeweiligen Ländern von unter 3% bis auf mehr als 16%.[8] Aufgrund ihrer Qualifizierung erhalten sie einen Arbeitsplatz, der höher bezahlt ist. Vor allem aber unausgebildete Arbeiter und Arbeitnehmer mit nur geringer oder keiner Berufserfahrung werden mit einem gesetzlichen Mindestlohn entlohnt. Dies hat insbesondere zwei Auswirkungen. Zunächst senkt ein hoher Reservationslohn natürlich die Anreize für Arbeitslose, Arbeit im Niedriglohnsektor zu suchen bzw. anzunehmen. Ein generöser Wohlfahrtsstaat kann auch dazu beitragen, dass Gewerkschaften in Lohnverhandlungen die möglichen Auswirkungen höherer Löhne auf die Arbeitslosigkeit weniger beachten, da die Arbeitslosen einigermaßen sozial abgesichert sind. Somit sinkt beispielsweise der Anreiz, niedrigere Löhne als Gegenleistungen für Beschäftigungsgarantien zu akzeptieren. Eine weitere mögliche Konsequenz eines hohen Reservationslohnes ist das Ausscheiden von niedrigqualifizierten Arbeitnehmern aus dem Arbeitsmarkt. Übersteigt der Mindestlohn den Gleichgewichtslohn auf dem Markt für weniger Qualifizierte, so werden die Unternehmen mit Entlassungen reagieren. Stellt ein Arbeiter pro Stunde beispielsweise Waren im Wert von 5 Euro her, der Mindestlohn beträgt aber 5,50 Euro, wird er keine Anstellung finden. Nur ein Arbeiter, der

[7] In der EU gibt es zahlreiche Länder mit Mindestlöhnen. Dabei ist die Höhe der Mindestlöhne sehr unterschiedlich. Sie reicht von 33% bis 52% der durchschnittlichen Bruttomonatsverdienste in der Industrie und im Dienstleistungssektor. (vgl. Pierre Regnard 2007, S. 5)

[8] vgl. ebenda, S. 5

Waren im Wert von mindestens 5,50 Euro pro Stunde herstellt, wird einen Job finden.

8.4.4 Arbeitslosigkeit in Deutschland

In Abbildung 8.3 ist die Entwicklung der Arbeitslosigkeit in Deutschland dargestellt. Bis 2005 ist die Arbeitslosigkeit gestiegen. Seitdem aber immer gesunken. In 2010 ist die Arbeitslosigkeit auf den niedrigsten Stand seit 1992 gesunken. Was steckt hinter dieser positiven Entwicklung? Arbeitsplätze werden von Unternehmen geschaffen. Entweder werden neue Personen in einer bestehenden Firma eingestellt oder einzelne Personen oder Personengruppen machen sich selbstständig. Egal wie, die Erwerbstätigkeit nimmt zu. Wichtigster Indikator hierfür sind die Investitionen. Eine Firma muss investieren, wenn sie Arbeitsplätze schaffen will. Die sinkende Erwerbstätigkeit ist eine Folge zu geringer Investitionen in Deutschland. Wie bekannt[9] setzen sich die Bruttoinvestitionen aus den Ersatzinvestitionen und den Nettoinvestitionen zusammen. Die Nettoinvestitionen sind die Investitionen in neue Anlagen, d.h. sie erweitern den Kapitalbestand. Die Ersatzinvestitionen werden aus Abschreibungen generiert und dienen dazu vorhandenes Kapital zu erhalten. Die Abschreibungen betragen im Verhältnis zum BIP ca. 15%[10] in Deutschland. Mit anderen Worten wird der vorhandene Kapitalbestand in der volkswirtschaftlichen Buchhaltung in circa 6,5 Jahren abgeschrieben und somit neu beschafft. Sämtliche Maschinen, Anlagen, Ausrüstungen und Bauten haben rechnerisch eine durchschnittliche Lebensdauer von 6,5 Jahren. Das Verhältnis von Ersatzinvestitionen zum BIP ist im Zeitablauf relativ konstant. Ebenfalls relativ konstant ist der sogenannte **Kapitalkoeffizient**, das Verhältnis von Nettoanlagevermögen zum Nettoinlandsprodukt. Der Kapitalkoeffizient betrug in Deutschland im Jahr 2010 3,7[11]. Wie hoch sollten die Nettoinvestitionen demnach im Verhältnis zum Nettoinlandsprodukt sein? Die Nettoinvestitionen müssen letztlich das Wachstum der Wirtschaft ermöglichen. Die durchschnittliche nominale Wachstumsrate in Deutschland beträgt seit 1991 2,5%[12]. Wenn diese durchschnittliche Wachstumsrate gehalten werden soll, muss der Kapitalstock jährlich um $3,7 \times 2,5\% = 9,25\%$ wachsen. Die Bruttoinvestitionsquote, d.h. die Bruttoinvestitionen im Verhältnis

[9] vgl. Kap. 2.1.2
[10] Quelle: Statistisches Bundesamt, eigene Berechnungen
[11] Quelle: Statistisches Bundesamt, eigene Berechnungen
[12] Quelle: Statistisches Bundesamt, eigene Berechnungen

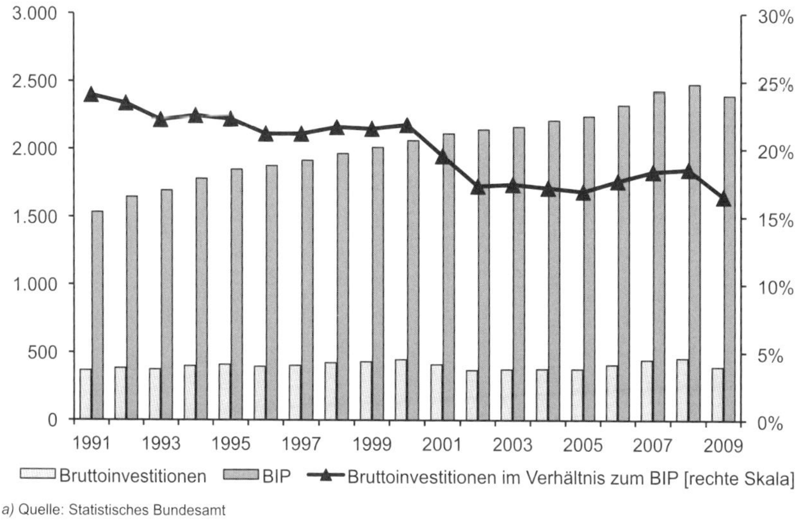

Abbildung 8.6: Bruttoinlandsprodukt und Bruttoinvestitionsquote in Deutschland

zum BIP muss folglich $15\% + 9,25\% = 24,25\%$ betragen. Abbildung 8.6 zeigt deutlich, dass eine solch hohe Bruttoinvestitionsquote seit 1998 nicht mehr erreicht wurde. Das letzte Mal wurde eine solche Quote in Deutschland 1991 erreicht. An das Weltwirtschaftliche Wachstum reicht Deutschland keinesfalls heran, dieses beträgt seit 1985 durchschnittlich rund 4%[13]. Die derzeitige Investitionsquote von knapp 17% unterstützt gerade mal ein Wachstum von unter 1%.[14]

Eine zurückhaltende Investitionsbereitschaft wird häufig auf eine geringe Produktivität, d.h. das Verhältnis von Output zu Input, zurückgeführt. In Abbildung 8.7 ist zu erkennen, dass das Wachstum der Produktivität zwischen 1998 und 2005 auf einem relativ geringen Niveau war. Das Produktivitätswachstum war aber positiv und bewegte sich im Rahmen der Zuwächse in den Ländern der Eurozone.[15] Zu einer Schlussfolgerung taugt diese Kennziffer folglich nicht. Dies hat auch eindeutige Gründe. Investitionen werden getätigt, wenn die zukünftige Wettbewerbsfähigket eines

[13]vgl. Goldman Sachs Global Economics Group 2006; The Conference Board 2011.

[14]Allerdings ist die Investitionsquote mit Ausnahme des Krisenjahres 2009 seit 2005 wieder deutlich steigend.

[15]Die jährliche Veränderungsrate der Produktivität betrug in Deutschland im Durchschnitt zwischen 2001 und 2005 0,9% (Quelle: Statistisches Bundesamt, eigene Berechnungen). In der Eurozone betrug diese Kennziffer 0,5% (vgl. Gomez-Salvador, Musso et al. 2006).

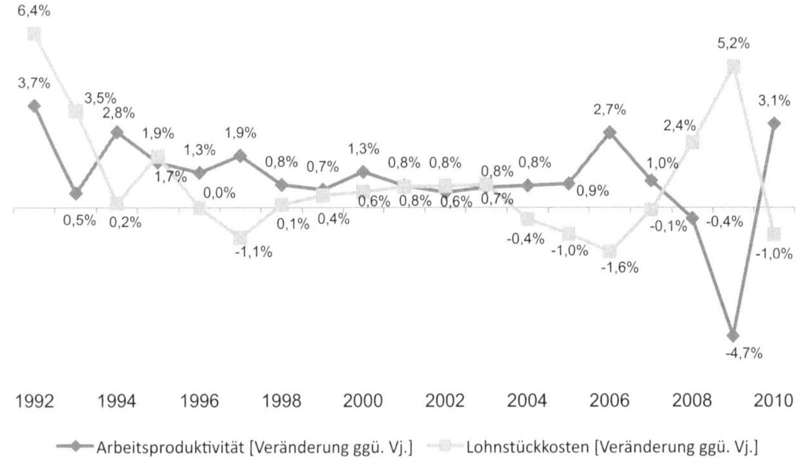

a) Quelle: Statistisches Bundesamt

Abbildung 8.7: Arbeitsproduktivität und Lohnstückkosten in Deutschland [% ggü. Vj.]

Standortes gegeben ist. Der Vergleich von Produktivitätskennziffern als Maßstab für die zukünftige Wettbewerbsfähigkeit führt hierbei allerdings in die Irre.[16] Die Produktivität misst den Output im Verhältnis zum Input, d.h. es wird lediglich betrachtet, ob die noch vorhandenen Erwerbstätigen produktiv sind. Dies wird in der Regel der Fall sein. Von einzelnen Arbeitsplätzen, die akut von der Auflösung bedroht sind, abgesehen.

Der Vergleich der Lohnstückkosten pro Stunde gibt mehr Aufschluss. Wie Abbildung 8.7 ebenfalls verdeutlicht führt die Veränderung der Lohnstückkosten in der Regel zu einer Veränderung der Arbeitsproduktivität. *Sinkende (steigende) Lohnstückkosten erhöhen (verringern) die Arbeitsproduktivität.* Der Zusammenhang ist nicht perfekt, denn auch andere Faktoren spielen eine Rolle für die Arbeitsproduktivität. Zum Beispiel konnten auch die stark reduzierten Lohnstückkosten 2006 die Arbeitsproduktivität 2007 nicht mehr stark erhöhen. Im Krisenjahr 2008 ist die Arbeitsproduktivität negativ, obwohl die Lohnstückkosten in den Jahren zuvor zurückgegangen sind. Allerdings sollten die Jahre 2008 und 2009 aufgrund der Wirtschaftskrise als Folge der weltweiten Finanzmarktkrise gesondert betrachten werden. In diesen Jahren gab es vor allem erhebliche Verwerfungen auf der

[16] vgl. Hans-Werner Sinn 2005, S. 31

Output Seite. Die Löhne eines Industriearbeiters in Deutschland gehörten 2005 mit 33 US-Dollar pro Stunde zu den höchsten in den Industrieländern. In Europa insgesamt betrugen die Lohnkosten pro Stunde ca. 27 US-Dollar, in den Vereinigten Staaten 24 US-Dollar und in Asien ca. 10 US-Dollar.[17] "Natürlich können die Arbeiter der deutschen Firmen teurer sein als ihre ausländischen Konkurrenten, wenn sie entsprechend besser sind. Schließlich zählt am Markt das Preis-Leistungs-Verhältnis. Doch ob die deutschen Arbeiter noch so viel besser sind, wie sie teurer sind, ist die Frage".[18] Die deutsche Wirtschaft glaubte mehrere Jahre nicht mehr, dass die Deutschen Arbeiter insgesamt so gut waren, wie sie teuer waren. Die Arbeitskosten haben sich über die Jahre aber verändert. Die positive Entwicklung auf dem Deutschen Arbeitsmarkt seit 2005 ist unter anderen auch auf die geringen Zuwächse bzw. zum Teil sogar sinkenden Lohnstückkosten zurückzuführen. Seit rund eineinhalb Dekaden (Ausnahmen 2002 und 2003) entwickeln sich die Lohnstückkosten unterhalb der Arbeitsproduktivität. Diese strukturelle Veränderung hat insgesamt erhebliche Wettbewerbsvorteile gebracht und ist ein Grund für die Gute wirtschaftliche Entwicklung in Deutschland nach der Finanzmarktkrise. Reduzierungen der Lohnstückkosten wie in den Jahren 2004 bis 2007 sind eine erste mögliche Maßnahme zur Reduzierung der Arbeitslosigkeit. Diese und weitere Maßnahmen werden in Kapitel 12 diskutiert.

Zwei Anmerkungen zum Schluss. Erstens reflektiert die bisherige Argumentation ausschließlich auf die Schaffung von Arbeitsplätzen. Ziel einer konsequenten Arbeitsmarktpolitik muss es allerdings sein, die Erwerbstätigkeit zu erhöhen. Hierzu ist auch die gesamtwirtschaftliche Nachfrage von großer Bedeutung. Ein nachhaltig wachsender privater Konsum wird ebenso tendenziell zu mehr Erwerbstätigkeit führen. Nachdem jahrelang vor allem die Arbeitsangebotsseite im Fokus der öffentlichen Diskussion stand, sollte der Nachfrageseite mehr Aufmerksamkeit geschenkt werden. Die deutschen Wirtschaftsteilnehmer zeichnen sich eher durch hohe Sparquoten aus denn durch hohe Konsumquoten. Die Deutschen könnten fast als Konsummuffel bezeichnet werden (Abbildung 6.1). Aktuelle Prognosen zum Jahresende 2010 zeigen bereits positive Veränderungen, die mit wachsender Datenbasis zukünftig zu analysieren und zu bewerten sind. Die weitere Entwicklung kann mit Spannung erwartet werden.

[17] vgl. Bureau of Labor Statistics 2006
[18] Hans-Werner Sinn 2005, S. 30

9

Der Geldmarkt

Lernziele:

- Der eigentliche Wert des Geldes liegt im Vertrauen der Verbraucher.
- Bedeutungsvoll im Zusammenhang mit Geldmengen ist das Geldmengenwachstum.
- Geldangebot und Geldnachfrage hängen vom Zins, der Liquidität und dem Einkommen ab.
- Inflation, d.h. die Steigerung des Preisniveaus, hat unterschiedlichste Ursachen und verschiedene Auswirkungen auf die Marktteilnehmer.
- Die Reduzierung des Inflationsziels der Zentralbank kann die Arbeitslosigkeit verringern.
- Die EZB ist die Zentralbank in der Europäischen Union. Ihr obliegt die Festlegung und die Ausführung der Geldpolitik im Euro-Währungsgebiet.

9.1 Das Geld, seine Funktionen und Formen

9.1.1 Die Geschichte des Geldes - ein kurzer Abriss

Jeder kennt **Geld** oder weiß zumindest, was damit gemeint ist, auch wenn er meist nicht beschreiben könnte, was es wirklich ist. Wie ist Geld überhaupt entstanden, warum war es notwendig, welches zu haben? Wie hat es sich im Laufe der Zeit entwickelt und was bedeutet es heute? Wir wollen uns zunächst kurz einen geschichtlichen Überblick über die Entstehung und Entwicklung des Geldes verschaffen.

Vor Urzeiten war Geld unbekannt. Jeder erzeugte selbst, was er zum täglichen Leben brauchte. Alles was darüber hinaus ging, gab es gar nicht. Es wurde nicht gespart, um in einiger Zeit eine größere Anschaffung machen zu können, weil es die Möglichkeiten noch gar nicht gab. Doch schon sehr früh begann die Arbeitsteilung, zunächst innerhalb einer sozialen Gruppe, später dann auch innerhalb der Nationen. Bereits seit einigen Jahrhunderten findet die Arbeitsteilung auch zwischen den Nationen statt. Dieser zunehmende Anteil internationaler, d.h. grenzüberschreitender, Aktivitäten der privaten Wirtschaft an der gesamten Wirtschaftsleistung eines Landes wird als **Globalisierung** bezeichnet.[1] Kommen wir jedoch zurück zur Arbeitsteilung. Von dem Zeitpunkt der Verbreitung der Arbeitsteilung, konnte nicht mehr jeder wirklich das anfertigen, was er brauchte, sondern produzierte vielmehr das, was er am besten konnte. Ein Schmied stellte eben Hufeisen und Waffen und ein Bäcker Brot und Waffeln her. Aufgrund der Arbeitsteilung besaßen die Menschen einiges im Überfluss und anderes überhaupt nicht oder hatten zuwenig davon. So entstand der Tauschhandel. Wir sind bereits auf diese Art von Handel bezüglich der Entstehung von Märkten eingegangen.[2]

Ursprünglich, noch in der Zeit weit vor Christus, sind die Waren direkt gegeneinander getauscht worden. Es habe "[...] ein Metzger mehr Fleisch im Laden, als er selbst essen kann, und Brauer und Bäcker würden gerne etwas davon kaufen. Sie können aber lediglich ihr Brot oder Bier anbieten. Ist nun der Metzger für seinen unmittelbaren Bedarf damit bereits ausreichend versorgt, so wird es in diesem Fall zu keinem Handel kommen können [...]"[3]. Vor dem Hintergrund dieser wohl oft entstandenen Situation hat sich im Laufe der Zeit eine praktischere und einfachere Art des Handels entwickelt. Die Menschen tauschten ihre Waren gegen eine feste Einheit eines bestimmten Gutes. Das Geld war geschaffen, wenn auch in einer gänzlich anderen Form als wir es heute kennen. Anfangs wurde noch gegen regional übliche Waren gehandelt, zum Beispiel gegen Vieh, Reis, Salz oder Seide. Die meisten dieser Arten von Geldern hatten jedoch einen Nachteil, sie waren selbst nicht unvergänglich. Vieh wurde alt, Reis nach einer Zeit ungenießbar, Salz kann Feuchtigkeit nicht vertragen und über die Zeit verfallen. Die Beständigkeit des Wertes war demnach nicht gegeben. Aus dieser Situation heraus entwickelten sich Metalle, vornehmlich Gold und Silber als Tauschmittel. In der Entstehungszeit der metallischen Münzen, die man zeitlich kaum richtig beziffern kann, aber noch in die Zeit vor Christus fällt, hatten die Münzen in der Tat den Wert ihres Metallgehaltes. Im Laufe der Zeit hat dieser Metallgehalt und damit der tatsächliche Wert der Münzen zunächst langsam, dann immer stärker abgenommen. Es

[1] Die hier gegebene Definition enthält lediglich den ökonomischen Aspekt der Globalisierung. Der Begriff umfasst je nach Kontext auch den internationalen Austausch von Wissen, die Vermischung von Kultur, die globale Zivilgesellschaft und die globale Umweltbewegung. (vgl. Joseph Stiglitz 2006, S. 22)

[2] vgl Kap. 3

[3] Adam Smith 1996, S. 23

ist bekannt, dass die Chinesen bereits im 7. Jh. n. Chr. mit Geld in Papierform gehandelt haben, hingegen hat die Verbreitung von Papiergeld in Europa erst im 18. Jh. stattgefunden.

Spätestens mit der Einführung von Papiergeld entstand eine sehr große Differenz zwischen dem Wert des Geldes und dem Schein oder Münzen als Gegenstand selbst. Zu dieser Zeit wurden die Edelmetalle, inzwischen fast ausschließlich Gold, zur Unterlegung des Wertes verwendet. Inzwischen ist auch dieses nicht mehr der Fall. Daher kann man in Zeiten großer Inflation[4] auch die Abwendung der Bürger vom ursprünglichen Geld beobachten. In solchen Zeiten entwickeln sich Peripher-Währungen wie zum Beispiel Zigaretten oder Devisen[5]. Der eigentliche Wert des Geldes liegt im Vertrauen der Verbraucher.

Woher kommt dieses Vertrauen der Marktteilnehmer in eine Währung? Es liegt hauptsächlich an dem offiziellen Charakter der Gelder. Am Anfang des Jahrtausends war das Herausgeben von Geld den Kaisern und Königen vorbehalten. In dem Gebiet des heutigen Deutschlands gab es im Mittelalter immer noch keine zentrale Einrichtung. Jedes Fürstentum hatte eigene Münzen. Damit war keine sehr große Sicherheit über die Grenzen des Fürstentums hinaus gegeben, da ein "Ausländer" die Echtheit des Geldes nicht oder nur schwer beurteilen konnte. In Deutschland stand das Recht auf Herausgabe von Banknoten bis 31. Dezember 1998 nur der **Deutschen Bundesbank** zu. Mit dem Eintritt der dritten Stufe der Europäischen Währungsunion am 1. Januar 1999 ist dieses Recht im eigentlichen Sinne auf die **Europäische Zentralbank (EZB)** übergegangen. "Die EZB hat das ausschließliche Recht, die Ausgabe von Banknoten innerhalb der Gemeinschaft zu genehmigen.[6] In §14 des Bundesbankgesetzes heißt es: "Die Deutsche Bundesbank hat unbeschadet des Artikels 106 Abs. 1 des Vertrages zur Gründung der Europäischen Gemeinschaft das ausschließliche Recht, Banknoten [...] auszugeben. Auf Euro lautende Banknoten sind das einzige unbeschränkte gesetzliche Zahlungsmittel."[7] Rechtlich betrachtet haben sowohl die EZB als auch die nationalen Zentralbanken das Recht zur Notenausgabe. In der Praxis nehmen aber nur die nationalen Zentral-

[4]Der Begriff Inflation wird im Bereich dieses Oberkapitels "Der Geldmarkt" noch ausführlich erklärt. Es handelt sich hierbei um den Wertverlust des Geldes. Man unterscheidet verschiedene Formen. Hier wird die sogenannte Hyperinflation mit einer Geldentwertung von mehreren 100% im Monat von 1922/23 in Deutschland vor der ersten Währungsreform angesprochen.

[5]Devisen sind ausländische Zahlungsmittel, d.h. sowohl ausländisches Buchgeld, als auch alle anderen Formen ausländischen Geldes (Schecks, Wechsel) ausgenommen das Bargeld.

[6]Artikel 105a Vertrag über die Europäische Union

[7]Gesetz über die Deutsche Bundesbank (Bundesbankgesetz; BbankG) §14 Abs. 1

banken, so auch die Bundesbank, dieses Recht war. Übrigends gibt es in Deutschland neben dem Euro noch ca. 25 Regiowährungen. Dies sind, wie der "Berliner" im Stadtteil Prenzlauer Berg in Berlin, meist Wertgutscheine, die lokal aber durchaus weitverbreitet sein können.

Weitere Sicherheit erhält das Geld durch die Geldpolitik des jeweiligen Währungsgebietes. Das **Euro-Währungsgebiet** ist am 1. Januar 1999 entstanden. An diesem Tag haben die Zentralbanken von elf Mitgliedsländern der Europäischen Union (EU), die anfänglichen Euroländer, ihre Zuständigkeit für die Geldpolitik auf die EZB übertragen. Bezogen auf die Bundesbank ist diese Abtretung durch den Artikel 88 des Grundgesetzes der Bundesrepublik Deutschland geregelt. Das Euro-Währungsgebiet erstreckt sich 2011 auf insgesamt 17 Länder. Die letzten Beitrittsländer sind Zypern und Malta (jeweils 2008), Slowakei (2009) und Estland (2011). Was für Ziele in der Geldpolitik vorherrschen können und was für Mittel zur Erreichung der Ziele zur Verfügung stehen, wird in einem folgenden Abschnitt betrachtet. Zunächst sollen aber die Funktionen des Geldes in den Fokus gerückt werden.

9.1.2 Die Funktionen des Geldes und seine Formen

Das Geld hat in einer modernen Volkswirtschaft grundsätzlich vier Funktionen zu erfüllen:

1. Tauschmittel;
2. Wertmesser und Recheneinheit;
3. Wertaufbewahrungsmittel;
4. Wertübertragungsmittel.

Die Tauschmittelfunktion ist wohl im vorherigen Kapitel schon ausführlich erläutert worden. Die Funktion als Wertmesser oder Recheneinheit ist dicht damit verknüpft und nahezu selbsterklärend. So ist es ein Vorteil des Geldes, dass es Güter vergleichbar macht, zumindest was ihren ökonomischen Wert betrifft. Für jemanden der keine Kenntnisse im Gemüseanbau besitzt, ist es schwer zu beurteilen, wieviel Salatköpfe er als Tischler als Entgeld für die Reparatur der Scheune von einem Bauern verlangen sollte. Auf der anderen Seite kann der Bauer wiederum nur schwer beurteilen, ob die Bezahlung mit Salatköpfen richtig gewesen ist, da er den ökonomischen Wert der Tischlerarbeit nicht kennt. Jeder Bürger eines Landes verbindet aber einen Wert mit den Geldeinheiten seines Landes. Insofern macht Geld die Waren vergleichbar. Ein schönes Beispiel können die meisten Menschen auch an sich selbst beobachten. Hält man sich während des Urlaubs im Ausland auf, akzeptiert man einen Preis in ausländischer Währung meistens nicht, bevor man ihn, wenn auch oft nur überschlagsmäßig im Kopf, in die eigene Währung umgerechnet hat. Ein Betrag von CZK 1.221,30 für ein Hemd in der Innenstadt von Prag zu bezahlen sagt dem Touristen spontan nur wenig darüber, ob dieses Hemd teuer ist oder nicht, da er kein Gefühl für den Wert der Währung hat. Nach einer kurzen Bedenkzeit stellt er jedoch fest, dass es sich hier um EUR 50[8] handelt.

Als Wertaufbewahrungsmittel kann das Geld aufgrund seiner Stabilität genutzt werden. Im Allgemeinen ist der Wert des Geldes in den westlichen Industrienationen, seit dem Ende des zweiten Weltkrieges, als stabil zu bezeichnen. Trotzdem ist die Funktion des Geldes als Wertaufbewahrungsmittel mit Vorsicht zu genießen, da der Wert nicht so beständig ist, wie man denken könnte. Es gibt hier klare Differenzen zwischen kurz- und langfristiger Aufbewahrung.

Die Funktion als Wertübertragungsmittel leitet sich aus der Tauschfunktion und der Funktion als Wertaufbewahrungsmittel ab. Diese Funktion ist die Grundlage für das gesamte Kreditwesen in den einzelnen Volkswirtschaften. Angenommen eine Bank vergibt einen Kredit an einen Kunden. So überträgt sie ihm einen ganz bestimmten Wert des verwalteten Vermögens für eine bestimmte Zeit. Wäre das Geld nicht allgemein als Tauschmittel akzeptiert, und wäre eine gewisse Stabilität nicht gewährleistet, wäre ein solcher Übertrag nicht möglich. Die Bank müsste Angst haben, selbst wenn sie dieselbe Summe zurückerhält, dass der Wert der Waren, die nach der Rückzahlung dafür gekauft werden können, wesentlich geringer ist als vor der Verleihung. Die Funktion des Wertübertragungsmittels hängt demnach eng mit der des Wertaufbewahrungsmittels zusammen.

Neben dem **Bargeld** , das Banknoten und Münzen umfasst, gibt es heutzutage auch noch andere Formen von Geld. **Buchgeld** nennt man die Geldeinlagen bei den Banken. Sie werden wiederum unterteilt: erstens in **Sichteinlagen** , das sind Gelder, die jederzeit, d.h. bei Sicht, verfügbar sind (zum Beispiel das Girokonto). Zweitens in **Termineinlagen**, d.h. kurzfristig zinsbringende Einlagen, die nicht für laufende Zahlungen genutzt werden (zum Beispiel Festgelder) und drittens in **Spareinlagen** . Das Anspa-

[8] Referenzkurs der EZB vom 20.03.2011: CZK/EUR 24,426 (1 Euro kostet 24,426 CZK)

ren von Vermögen oder die Anlage bereits vorhandenen Vermögens nennt man Spareinlagen. Sie sind ebenfalls zinsbringend und meistens länger vom Zahlungsverkehr ausgeschlossen (zum Beispiel Sparkonto). Buchgeld wird oft auch als **Giralgeld** bezeichnet.

Neben diesen zwei hauptsächlichen Formen des Geldes gibt es sogenannte **Geldersatzmittel (Geldsurrogate)**. Dies sind der Scheck und der Wechsel, deren Erwähnung hier nur der Vollständigkeit dient.

9.2 Die Geldmengen

Die gesamte Menge an Geld, die in einer Volkswirtschaft im Umlauf ist, wird anhand von **Geldmengen** gemessen. Die Geldmengen können und werden auch unterschiedlich definiert bzw. abgegrenzt. Die Geldmenge an sich, d.h. ihr absoluter Wert ist gar nicht so wichtig, zumindest nicht von essentieller Bedeutung. Vielmehr ist die Veränderung gegenüber dem Vorjahr, d.h. das **Geldmengenwachstum**, sehr wichtig. Anhand des Geldmengenwachstums können einige Entwicklungen in der Volkswirtschaft abgelesen werden, die Anhaltspunkte für die Geldpolitik der EZB liefern.

Ein Problem bei der Gründung der EZB war auch die Definition der Geldmengen. Im Grunde glichen sich zwar alle Geldmengen der europäischen Länder, doch waren Nuancen verschieden, auf die es nach Meinung der einzelnen Fachleute ankam. So hatte die französische Notenbank zum Beispiel in der Geldmenge M2 nur die Termingelder mit einer Laufzeit unter zwei Jahren summiert. Die Bundesbank hingegen summierte alle Termingelder mit einer Laufzeit unter vier Jahren. Die EZB hat die Geldmengendefinition der Bundesbank nicht genau übernommen, sondern in Abstimmung mit den restlichen Notenbanken leicht variiert.

Die Zusammensetzung der Geldmenge, wie in Abbildung 9.1 dargestellt, kann auch wie folgt mathematisch darstellt werden:

$$M3 = C_M + D_M + T_M + K_M + R_M + G_M + B_M.$$

Die EZB benutzt die Geldmenge als einen Indikator für die gesamtwirtschaftliche Entwicklung. Was die EZB hieran beobachtet und welche Schlüsse daraus gezogen werden, beschäftigt uns erst später.

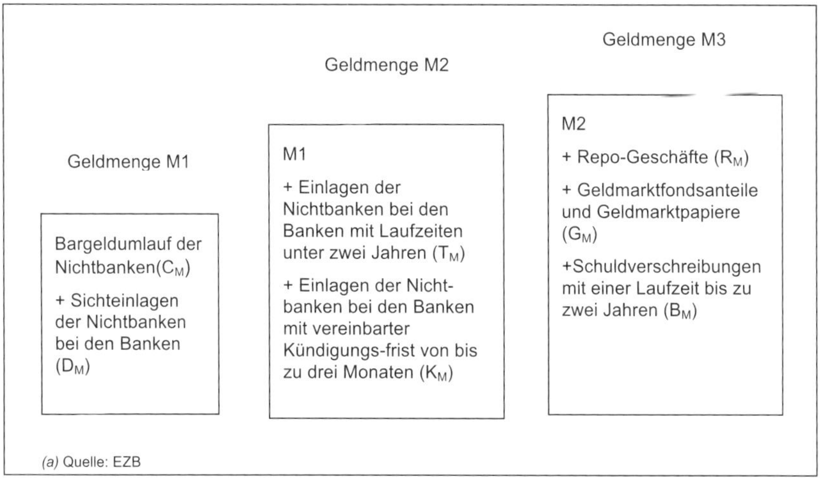

Abbildung 9.1: Die Geldmengen der EZB

9.3 Angebot und Nachfrage am Geldmarkt

9.3.1 Die Geldnachfrage

Bevor wir klären können was die **Geldnachfrage** ist, sollte zunächst die Frage beantwortet werden, worum es sich hierbei überhaupt handelt. Die Nachfrage nach Geld ist nicht die direkte Anfrage am Bankschalter oder Geldautomaten, sondern eine Art Geldmenge. Diese Geldmenge setzt sich auf der einen Seite aus der durchschnittlichen Kassenhaltung und auf der anderen Seite aus den kurzfristigen Geldeinlagen bei den Banken zusammen.

Die durchschnittliche Kassenhaltung setzt sich wiederum aus den Bargeldbeständen, dem Geld im Portemonnaie und den zuvor schon beschriebenen Sichteinlagen zusammen. Angenommen ein Angestellter bekommt am ersten eines Monats sein Gehalt in Höhe von EUR 1.500 überwiesen. Da er jung verheiratet und gerade Vater geworden ist, wird am Ende des Monats von dem Geld nichts mehr übrig sein. Bei 30 Tagen im Monat stehen der jungen Familie täglich EUR 50 zur Verfügung. Am 15. des Monats verbleiben noch EUR 750. Dies ist die durchschnittliche Kassenhaltung der jungen Familie, dabei ist es egal, ob das Geld nun wirklich bar in der Tasche vorhanden ist oder zu einem Teil auf dem Girokonto liegt. Dieser Teil der Geldnachfrage wird als **Transaktionskasse** Λ_T. Der andere Teil der

Geldnachfrage ist die Summe der kurzfristigen Einlagen bei den Banken. Hierunter fallen zum Beispiel Termingelder mit 30 Tagen Laufzeit, Sparkonten mit drei-monatiger Kündigungsfrist und Geldmarktpapiere, die nur noch eine sehr kurze Restlaufzeit haben sowie Geldmarktfonds. All diese Gelder sind dazu vorgesehen, Vermögen aufzubauen. Vor diesem Hintergrund bezeichnet man diesen Teil der Geldnachfrage als die **Spekulationskasse** Λ_S. Die gesamte Geldnachfrage Λ setzt sich aus diesen beiden Teilen zusammen. Daraus ergibt sich:

$$\Lambda(\underset{(-)}{i}, \underset{(+)}{Y}) = \Lambda_T + \Lambda_S.$$

Wovon hängt nun die Geldnachfrage ab? Die Antwort ist mit der Symbolgebung in der obigen Gleichung eigentlich schon vorweggenommen, doch soll es noch einmal verdeutlicht werden. Die Transaktionskasse ist natürlich im Wesentlichen vom Einkommen abhängig. Der Teil des Einkommens, der durchschnittlich zum Konsum und für laufende Ausgaben bereitgehalten wird, ist die Transaktionskasse. Es ist einleuchtend, dass ein Haushalt, der mehr Einkommen zur Verfügung hat, in der Regel sowohl höhere laufende Ausgaben wie Miete, Nebenkosten und Versicherungen als auch höhere Konsumausgaben hat. Nun handelt es sich hier jedoch um die gesamte Geldnachfrage einer Volkswirtschaft. Dementsprechend ist das Einkommen eines einzelnen Haushaltes, das wir immer mit m bezeichnet haben, nicht relevant. Vielmehr ist die Summe aller Haushaltseinkommen von Wichtigkeit, das Volkseinkommen Y.

Das Volkseinkommen ist die entscheidende Determinante der Transaktionskasse. Am Rande sind natürlich auch andere Einflüsse entscheidend. Hier sind zum Beispiel der Zins zu nennen, auf den wir aber gleich noch ausführlicher kommen werden. Da auf Sichteinlagen keine oder wenn nur wenige Zinsen bezahlt werden, ist der Zins für die Transaktionskasse eher marginal von Bedeutung. Entscheidend ist allerdings die Altersstruktur einer Volkswirtschaft. Wir hatten im ersten Teil, Mikroökonomie, bereits festgestellt, dass alte Menschen in der Regel weniger konsumieren als junge Menschen. Ein weiterer Einflussfaktor ist die Zukunftserwartung. Eine Volkswirtschaft, die optimistisch in die Zukunft blickt und wenig Risiken erwartet, wird tendenziell eine höhere Transaktionskasse haben als eine Volkswirtschaft mit einer unsicheren Zukunft. Unsicherheit führt in der Regel zu Vorsorge, weshalb in einem solchen Fall die durchschnittlichen monatlichen Ausgaben zugunsten der Sparquote zurückgehen werden, d.h. die Transaktionskasse nimmt ab. Wir wissen demzufolge, dass es weitere

Determinanten der Transaktionskasse gibt, werden sie jedoch aus Vereinfachungsgründen im Folgenden vernachlässigen.

Die zweite schon festgestellte Determinante der Geldnachfrage ist der **Zins**. Er determiniert die Spekulationskasse. Was ist eigentlich ein Zins? Im weiteren Sinne erfasst dieses Wort auch Mieten und Pacht, früher war es auch ein Synonym für Abgaben. Im engeren Sinne ist es die Vergütung für geliehenes Geld. Ein Haushalt trägt Geld zur Bank, die dafür Zinsen zahlt, weil sie sich das Geld ausleiht. Es bleibt, wie wohl allgemein bekannt, nicht auf dem Konto liegen, sondern wird für höhere Zinsen an andere weiterverliehen. Was für den einen aber eine Vergütung ist, sind für den anderen Kosten. Der Zins repräsentiert die Kosten der Geldhaltung. Diese Tatsache scheint zunächst relativ kompliziert zu sein, bei näherem Hinsehen ist es jedoch ganz einfach. Hebt ein Mensch EUR 100 von seinem Sparkonto ab, so entstehen ihm Kosten, Opportunitätskosten. Hätte er das Geld auf dem Sparbuch gelassen, hätte er einen Zinsertrag gehabt. *Je höher nun der Zins ist, desto höher sind die Opportunitätskosten. Ergo führt ein hoher Zins zu hohen Kosten bei der Geldhaltung.* Die Spekulationskasse wird in einer Volkswirtschaft tendenziell geringer sein, wenn ein hohes Zinsniveau vorliegt. Sie wird tendenziell höher sein, wenn der Zins niedrig ist. Den Zins bezeichnen wir mit i. Fazit: *Die Geldnachfrage ist hauptsächlich vom Volkseinkommen und vom Zinsniveau in einer Volkswirtschaft abhängig.*

9.3.2 Das Geldangebot

9.3.2.1 Geldschaffung und Geldvernichtung

Das **Geldangebot** ist im Gegensatz zur Geldnachfrage nicht von den Haushalten und Unternehmen abhängig, sondern vom Bankensystem und hier speziell von der **Zentralbank**. Der Ausdruck Zentralbank wird synonym zur **Notenbank** genutzt. Die Notenbank bietet Geld an, doch wie macht sie das? Wie muss man sich den Vorgang der Geldentstehung vorstellen?

Im Euro-Währungsgebiet tritt die EZB zunächst als Anbieter auf. Wir halten zuerst fest, dass Geld nicht allein durch das Drucken entsteht. Das Drucken von Geld ist zwar für die physische Schaffung notwendig, nicht jedoch für die Geldentstehung im Wirtschaftskreislauf. Hierzu besteht die Möglichkeiten der Kreditfinanzierung. Die EZB kann einer Geschäftsbank zum Beispiel ein Guthaben zur Verfügung stellen. Auf der Passivseite der Notenbankbilanz erscheint dann eine Verbindlichkeit und zum Ausgleich auf der Aktivseite eine Forderung gegenüber der Geschäftsbank. Durch die zur Verfügungstellung von Zentralbankgeld erhöht sich die Zentralbankgeldmenge; so ist Geld entstanden. Durch die Inanspruchnahme des Guthabens bei der Zentralbank durch die Geschäftsbank erhöht sich schließlich auch die Geldmenge, da das Geld in Umlauf gebracht wird.

Man spricht bei diesem Vorgang von **Geldschaffung**. Zahlt eine Geschäftsbank hingegen Geld auf ihr Zentralbankkonto ein und entzieht es so dem Wirtschaftskreislauf, spricht man von **Geldvernichtung**. Wodurch werden diese Vorgänge nun determiniert? Die EZB hat die Möglichkeit zur Steuerung der Geldmenge. Sie tut dies auf zwei Wegen. Entweder nutzt sie den Zins als Steuerungsinstrument oder die Liquidität, d.h. die flüssigen Mittel. Eine Erhöhung des Zinses zur Kreditaufnahme wird die Geschäftsbanken dazu veranlassen, weniger Kredit aufzunehmen, da sich die Geldhaltung verteuert. Ein sinkender Zins verursacht genau das Gegenteil.

Auf der anderen Seite kann die EZB auch Vermögensgegenstände der Geschäftsbanken ankaufen. Kauft sie den Geschäftsbanken zum Beispiel Wertpapiere ab, erhalten diese Liquidität, die sie an den Markt weitergeben können. Verlangt die EZB jedoch den Rückkauf der Vermögensgegenstände durch die Geschäftsbanken, entzieht sie dem Markt Liquidität. Das **nominale Geldangebot** M läßt sich als eine Funktion in Abhängigkeit vom Zins i und der Liquidität λ darstellen:

$$M = f(\underset{(-)}{i}, \underset{(+)}{\lambda}).$$

9.3.2.2 Die Vorteile einer unabhängigen Notenbank

In den Verhandlungen zur Gründung der EZB ist unter den Verhandlungspartnern häufig darüber gestritten worden, welche grundlegende rechtliche Stellung die Notenbank haben sollte. Es standen zwei Alternativen zur Auswahl. Erstens könnte die Notenbank von der Regierung abhängig sein, d.h. Entscheidungen werden von der Notenbank nur in Verbindung mit einer Regierungsabsprache gefällt. Auf diesem Wege könnte die Politik, wobei in diesem Zusammenhang von Gesellschaftspolitik und nicht von Geldpolitik die Rede ist, die Notenbank für ihre Zwecke verwenden. Der Nachteil ist, dass sich die Entscheidungen im Zweifel nicht allein auf geldpolitische Urteile stützen.

Zweitens kann, wie es auch geschehen ist, eine unabhängige Notenbank gegründet werden. Die EZB ist unabhängig von politischen Entscheidungen und kann sich so ohne Ablenkung ihrer geldpolitischen Verantwortung der Sicherung der Geldwertstabilität widmen.[9]

Gerade im Hinblick auf die Schaffung von Geld ist eine unabhängige Notenbank sehr bedeutsam für eine Volkswirtschaft. Angenommen der Staat erwirtschaftet ein Defizit. Die Gleichung vom Einkommenskreislauf[10] zeigt uns, dass die Finanzierung entweder über den Außenbeitrag oder über den privaten Sektor erfolgen muss. Die Finanzierung über den privaten Sektor ist vor dem Hintergrund eines sich dann eventuell abschwächenden Wirtschaftswachstums oder dem Abriss einer wirtschaftlichen Erholung negativ zu sehen. Wir erinnern uns daran, wie groß der Einfluss des privaten Sektors im BIP ist. Aus monetären, d.h. geldpolitischen Gesichtspunkten ist eine solche Finanzierung jedoch vorzuziehen. Die Abschöpfung von Geldern aus dem privaten Sektor durch die Ausgabe einer Bundesschuldverschreibung führt zur Reduzierung der Geldmenge. Die Wiedereinbringung dieser Gelder in den privaten Sektor durch den Staat, zum Beispiel durch Konsum oder Gehaltszahlung an die Bundesbediensteten, führt jedoch wieder zur Erhöhung von M1.

Finanziert der Staat sein Defizit jedoch durch die Notenbank und bringt schließlich dieses Geld in den privaten Sektor ein, so erhöht sich die Geldmenge um genau diesen Betrag. Diese Geldmengenerhöhung ist jedoch nicht durch eine gesamtwirtschaftliche Outputerhöhung entstanden, sondern durch das "Drucken von Geld", das sofort in Umlauf gebracht wird. Im Verhältnis zu den sich im Umlauf befindlichen Waren ist die Geldmenge demnach gestiegen. Eine Folge davon ist Inflation. Diese Art der Finanzierung nennt man **Monetarisierung des staatlichen Budgetdefizits**. Mit einer unabhängigen Notenbank ist eine solche Monetarisierung nicht möglich. Die unabhängige Notenbank wird die Umsetzung verweigern.

9.4 Die Veränderungen des Preisniveaus

9.4.1 Was ist eigentlich Inflation?

Als Inflation wird das dauerhafte Ansteigen des gesamten Preisniveaus in einer Volkswirtschaft bezeichnet. Die Inflation kann dementsprechend nicht an der Preissteigerung eines einzelnen Gutes gemessen werden. In

[9] Artikel 107 Vertrag über die Europäische Union

[10] vgl. Kap. 6.4; der Fall eines Budgetdefizits ist in diesem Kapitel bereits anhand von einfachen mathematischen Überlegungen nachvollzogen worden.

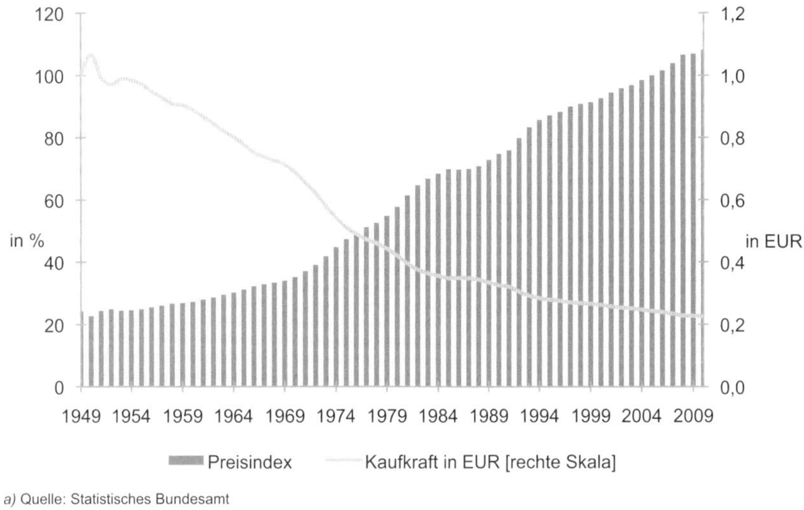

Abbildung 9.2: Entwicklung des Preisniveaus und der Kaufkraft in Deutschland

diesem Zusammenhang sprechen ÖkonomInnen von Preissteigerungen, jedoch nicht von Inflation. Die Inflation wurde in der früheren Bundesrepublik durch den "Preisindex für die Lebenshaltung gemessen". Unter diesem Begriff gab es nach einer Festlegung des statistischen Bundesamtes unter anderen den "Preisindex für die Lebenshaltung aller privaten Haushalte". Die Steigerung dieser Indizes wurde gemessen an einem **Warenkorb**, der durchschnittlich von den privaten Haushalten konsumiert wird. Im Zuge der Harmonisierung der Statistik in der Europäischen Union wird heute nur noch der **Verbraucherpreisindex** veröffentlicht. Dieser bildet auch die Grundlage für den **Harmonisierten Verbraucherpreisindex (HVPI)**, mit dem die EZB die Inflation im Euroraum angibt. Der HVPI wird vom Statistischen Amt der Europäischen Gemeinschaft (Eurostat) erstellt. Alle Euroländer haben leicht unterschiedliche Indizes zur Messung der Inflation. Eine einfache gewichtete Zusammenfassung ist aus statistischen Gründen nicht möglich. Die Zahlen wären verfälscht. Daher harmonisiert Eurostat die einzelnen Länderindizes, um eine aussagekräftige Zahl für die Inflation im Euroraum zu erhalten.

Die Zahlenangaben in Abbildung 9.2 beziehen sich auf die unterschiedlichen Indizes im Zeitablauf. In der Abbildung ist die langfristige Entwicklung des Preisniveaus auf der Basis der Preise von 1949 (graue Balken) dargestellt. Die Entwicklung der Kaufkraft ergibt sich als Kehrwert (Linie; gemessen an der rechten Achse). Man kann erkennen, dass ein hypothetischer Euro von 1949 heute nur noch eine Kaufkraft von ca. 22 Cent hat. Bekam ein Konsument 1949 noch Waren im Gegenwert von einem Euro, so erhält er heute für die gleiche Summe Geld nur noch Waren im Gegenwert von 22 Cent bezogen auf die Preise von 1949. Eine solche gegenläufige Entwicklung von Inflation und Kaufkraftverlust kann aus rein mathematischen Gründen immer beobachtet werden.

Die Hyperinflation in der Weimarer Republik kann mit vielen Daten veranschaulicht werden. Hier ist beispielhaft die Gehaltsentwicklung eines Bankdirektors von Oktober 1922 bis Oktober 1923 dargestellt.

Oktober:	12.000 Mark
November:	18.000 Mark
Dezember:	45.000 Mark
Januar:	63.000 Mark
Februar:	81.000 Mark
März:	108.000 Mark
April:	200.000 Mark
Mai:	260.000 Mark
Juni:	675.000 Mark
Juli:	2.200.000 Mark
August:	108.000.000 Mark
September:	1.650.000.000 Mark
Oktober:	135 Rentenmark

(Quelle: Festschrift 100 Jahre Volksbank Hohenweststedt)

Wird Inflation nach ihrer Höhe unterschieden, d.h. nach der Schnelligkeit der Geldentwertung, werden regelmäßig vier Arten genannt: **schleichende Inflation**, **trabende Inflation**, **galoppierende Inflation** und **Hyperinflation**. Der Wunsch nach einer genauen gegenseitigen Abgrenzung durch die Angabe von Steigerungsraten kann nicht erfüllt werden, da die Übergänge sehr fließend sind. Der nebenstehende Kasten zeigt die Entwicklung der Hyperinflation der Jahre 1922/23 anhand einer Gehaltszahlung. Man kann hier gut die immer größere Geldentwertung erkennen.

Neben der Unterscheidung nach der Höhe kann Inflation zum einen nach ihrer Ursache in **importierte Inflation** oder **hausgemachte Inflation** eingeordnet werden. Erstere ist Folge einer steigenden Auslandsnachfrage, die nicht durch eine genügende Steigerung der Importe ausgeglichen werden kann. Letztere entsteht durch die zunehmende Nachfrage der inländischen Haushalte, Unternehmen oder des Staates. Zum anderen kann Inflation nach der Art ihrer Erkennbarkeit differenziert werden. Danach werden die **offene Inflation** und die **verdeckte Inflation** unterschieden. Letztere kommt immer dann zustande, wenn die Preise künstlich stabil gehalten werden. Dies geschieht meistens durch den Staat und war ein Phänomen, das in den Ländern des früheren Ostblocks beobachten werden konnte.

Es gibt auch weitere spezielle Inflationsbegriffe. Alan Greenspan, der frühere Chairman der amerikanischen Notenbank, hat zu Beginn des Jahres 2000 von der Gefahr einer **Asset-Price-Inflation** gesprochen. Eine solche Vermögenspreis-Inflation beschreibt, dass zum Beispiel Kurssteigerungen am Aktienmarkt zu einer Ausweitung des Konsums führen. Bei zunächst gleichbleibender Nachfrage würde Inflation entstehen. Die Existenz dieser Art der Inflation ist Umstritten. Extrem ansteigende Preise für Vermögenswerte, in der übertriebendsten Art auch **Blase** genannt, sind im Allgemeinen bekannt. Beispiele sind die Aktienpreisblase in der sogenannten New Economy Anfang 2000 oder die Immobilienpreisblase in den USA aber auch beispielsweise in Spanien und Irland direkt im Vorfeld der Finanzmarktkrise. Umstritten ist, inwieweit dies tatsächlich Auswirkungen auf den Verbraucherpreisindex hat und somit als Inflation bezeichnet werden kann. Unter bestimmten Bedingungen ist es aber möglich. So waren zum Beispiel im April 2008 die Preissteigerungen bei Energie und Nahrungsmitteln für rund 50% der Inflationsrate von 3,3% in der Eurozone verantwortlich.[11]

Dieser Abschnitt beschäftigt sich mit Inflation, daher sei nur der Ordnung halber erwähnt, dass das Gegenteil von Inflation **Deflation** ist. Diese ist nicht zu verwechseln mit **Disinflation**. Deflation bedeutet eine Senkung des Preisniveaus und damit einen Anstieg der Kaufkraft. Seit 1949 ist eine solche Kaufkraftsteigerung vereinzelt aufgetreten, jedoch nur über einen kurzen Zeitraum wie zum Beispiel 1950 (Abbildung 9.2). Disinflation beutet hingegen nur eine geringere Inflation. Mit anderen Worten: die Reduzierung der Inflationsrate von 4% pro Jahr auf 3% pro Jahr wird Disinflation genannt.

In der jüngsten Vergangenheit haben die sehr niedrigen Inflationsraten immer wieder eine Diskussion über mögliche Deflationsgefahren angeheizt. Fakt ist, in der jüngsten Vergangenheit hat unter den bedeutenden Industrienationen lediglich Japan zeitweise unter Deflation gelitten. Das die Deflationsgefahr in den Industrieländern abnimmt, hat möglicherweise mit dem Wandel zur Dienstleistungsgesellschaft zu tun. Dienstleistungen beruhen zu einem größeren Teil auf menschlicher Arbeitskraft, die nicht durch Kapital substituiert werden kann. Eine Ursache für Deflation wären folglich sinkende Löhne, damit sinkende Kosten der Anbieter und damit sinkende Preise. Löhne sinken in der Regel aber nicht absolut.

[11] Quelle: EZB

9.4.2 Die Ursachen und Auswirkungen von Inflation

Die Ursachen der Inflation und ihre Auswirkungen auf die einzelnen Wirtschaftsteilnehmer sollen noch etwas eingehender betrachtet werden. Hierbei werden auch weitere Inflationsarten erklärt. Grundsätzlich unterscheidet die Theorie zwei Inflationsursachen:

1. nicht-monetäre Ursachen;
2. monetäre Ursachen.

9.4.2.1 Der nicht-monetaristische Ansatz

Die **nicht-monetäre Theorie** sucht die Ursachen für Inflation nicht im geldpolitischen Bereich, sondern versteht Inflation entweder als ein Phänomen der Nachfrageseite oder der Angebotsseite. Auf der einen Seite entsteht eine **nachfrageinduzierte Inflation** durch die zunehmende Nachfrage der privaten Haushalte (**Nachfrageinflation**), die zunehmende Staatsnachfrage oder die zunehmende Auslandsnachfrage (importierte Inflation). Auf der anderen Seite hat eine von der Angebotsseite induzierte Inflation ihre Ursachen in steigenden Kosten (**Kostendruckinflation**) oder steigenden Gewinnen der Unternehmen (**Gewinninflation**), die wiederum zu einer erhöhten Investitionstätigkeit führen.

Eine nachfrageinduzierte Inflation lässt die Preise aufgrund einer Nachfrageerhöhung steigen. Intuitiv wird eine Steigerung der Nachfrage vor allem dann zu höheren Preisen führen, wenn die Unternehmen ihr Angebot nur eingeschränkt ausweiten können. Stößt die Industrie an ihre Kapazitätsgrenzen, entsteht ein Nachfrageüberhang, der kurzfristig nur in Form von höheren Preisen aufgelöst werden kann. Wie bereits erläutert lässt sich die gesamtwirtschaftliche Nachfrage in die Komponenten Konsumnachfrage, Staatsnachfrage, Investitionsnachfrage sowie Nettoexporte zerlegen. Dementsprechend kann eine nachfrageinduzierte Inflation durch eine Erhöhung all dieser Komponenten sowie durch einen Rückgang der Importe ausgelöst werden. Die wesentliche Komponente ist die Konsumnachfrage. Der private Verbrauch macht ca. 60% des BIP aus.[12] Die wiederum wichtigste Determinante des privaten Verbrauchs ist das Einkommen.

Der Ökonometriker A.W. Phillips hat im Jahr 1958 diesen Zusammenhang in einem berühmten Artikel beschrieben.[13] Die **ursprüngliche**

[12] vgl. Kapitel 6.2.5, Abbildung 6.7
[13] vgl. Alban W. Phillips 1958

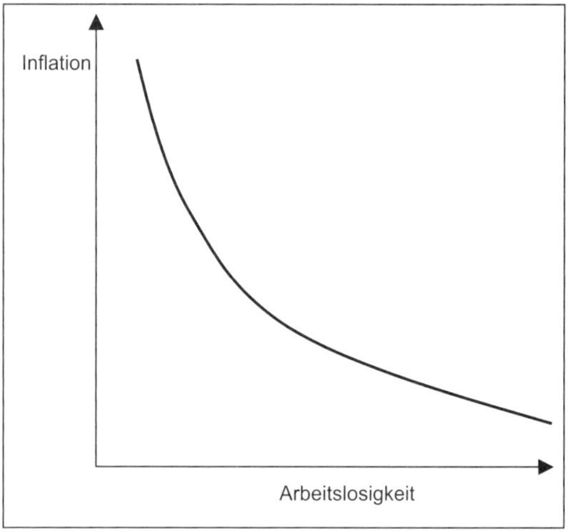

Abbildung 9.3: Stilisierte modifizierte Phillips-Kurve

Phillips-Kurve beschreibt den Zusammenhang zwischen der Nominallohnentwicklung und der Arbeitslosenquote. Später wurden die Größen leicht verändert. Die **modifizierte Phillips-Kurve**[14] stellt das Verhältnis von Arbeitslosigkeit zu Inflation dar (Abbildung 9.3). Die intuitive Erklärung hinter der modifizierten Phillips-Kurve ist einfach. Befindet sich die Wirtschaft in einem Boom, steigt die Nachfrage nach Arbeitskräften. Als eine Folge steigen Löhne und Gehälter und damit die Einkommen der Haushalte. Diese höheren Einkommen führen zu einer stärkeren Nachfrage und mindestens beim Erreichen der Kapazitätsgrenze der Wirtschaft zu Preissteigerungen. Aus dieser noch einmal kurz dargestellten Wirkungskette lässt sich ableiten, dass im Allgemeinen die Beschäftigung bei hoher Inflation ebenfalls hoch ist, d.h. die Arbeitslosigkeit gering. Umgekehrt ist die Inflation bei hoher Arbeitslosigkeit niedrig. Schematisch stellt sich die Phillips-Kurve in einem Inflations-Arbeitslosigkeits-Diagramm als eine Kurve mit abnehmender negativer Steigung dar. Das Konzept der Phillips-Kurve passt zu dem Modell der natürlichen Arbeitslosigkeit[15]. Tatsächliche Vollbeschäftigung[16] würde bei einer gegebenen Phillips-Kurve eine Infla-

[14]Die Modifizierung der Phillips-Kurve geht im Wesentlichen auf P.A. Samuelson und R.M. Solow zurück. Diese beiden Ökonomen haben in einem Modell ohne technischen Fortschritt langfristig einen konstanten Reallohn angenommen.

[15]vgl. Kap. 8.4.3

[16]vgl. Kap. 7.1.2.1

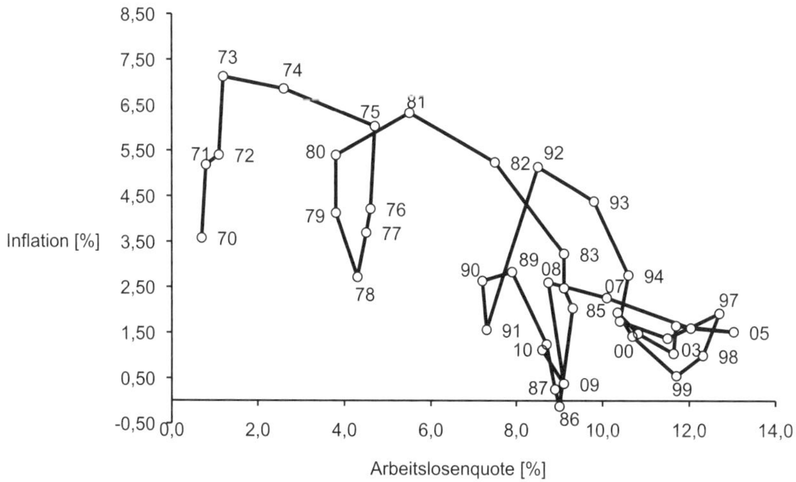

a) Quelle: Statistisches Bundesamt, Bundesagentur für Arbeit

Abbildung 9.4: Die Phillips-Kurve für Deutschland seit 1970

tionsrate fordern, die gegen Unendlich strebt, d.h. sehr sehr hoch wäre. Eine modifizierte Annahme, die hieraus in genaueren Modellen folgt, ist die natürliche Arbeitslosigkeit im Arbeitsmarktgleichgewicht. Es kann daher in diesen Modellen trotz Arbeitslosigkeit ein stabiles Gleichgewicht am Arbeitsmarkt herrschen.

Die Phillips-Kurve bietet einige Möglichkeiten für theoretische Überlegungen. Würde ein festes Verhältnis zwischen Inflation und Arbeitslosigkeit existieren, läge ein optimales Werkzeug für wirtschaftspolitische Maßnahmen vor. Leider gibt es dieses feste Verhältnis nicht. Der negative Zusammenhang zwischen Inflation und Arbeitslosigkeit scheint zwar vorhanden zu sein, ist jedoch nicht stabil, wie Abbildung 9.4 für Deutschland verdeutlicht. Fraglich ist vor allem, ob sich die Phillips-Kurve für Deutschland im Laufe der Zeit nach rechts verschoben hat. Die zweite Ölkrise am Anfang der 1980er Jahre könnte somit ein Auslöser für die allgemeine Erhöhung der natürlichen Arbeitslosigkeit gewesen sein. Ende der 80er und in den 90er Jahren zeigt sich ein uneinheitlicheres Bild. Ende der 80er ist die Phillips-Kurve für Deutschland eher wieder nach Links verschoben. Anfang bis Mitte der 90er wieder nach Rechts, wo sie auch Anfang des neuen Jahrtausends verharrt. Eine deutliche Tendenz ist seit 1970 für Deutschland auszumachen: die Inflationsrate sinkt, die Arbeitslosenquote steigt. Dies ist ein weiteres Indiz für strukturelle Probleme in der deutschen Wirtschaft.

Die Lage in Großbritannien und den USA ähnelt in einigen Aspekten der in Deutschland, unterscheidet sich aber in anderen (Abbildung 9.5, Abbildung 9.6). Die Phillipskurven haben sich in den 70er und 80er Jahren nach außen verschoben. In beiden Ländern hat aber bereits eine Korrektur stattgefunden. Großbritannien scheint zunächst auch auf einem Niveau höherer natürlicher Arbeitslosigkeit verharrt zu sein. Spätestens in den 90er Jahren hat sich die Phillipskurve aber wieder nach links verschoben. Die natürliche Arbeitslosigkeit ist bis 2005 in etwa wieder auf das Niveau vor der ersten Ölkrise gesunken. Eine noch schnellere Reaktion ist in den USA auszumachen. Schon in den Jahren 1983 und 1984 hat eine Rückverschiebung auf das vorherige Niveau stattgefunden. Tatsächlich stellte sich bei den USA lange Jahre die Frage, ob sich die natürliche Arbeitslosigkeit durch den Technologieboom ab 1992 und hierdurch höherer Produktivität dauerhaft oder nur temporär weiter verringert hat? Wie die Entwicklung im Rahmen der Finanzmarktkrise zeigt, scheint der Schritt aber nur temporär gewesen zu sein. Interessant ist ohnehin die sehr unterschiedliche Reaktion am jeweiligen Arbeitsmarkt der drei hier beschriebenen Länder im Laufe der Finanzmarktkrise. In Deutschland ist die Arbeitslosigkeit von 2007 deutlich zurückgegangen. Sowohl in Großbritannien als auch in den USA hat sie hingegen deutlich zugenommen. Vom Niveau her sind die Arbeitslosenquote in allen drei Ländern jetzt vergleichbar. Die Inflation ist zu vernachlässigen.

Um den gleichen Erfolg bei arbeitsmarktpolitischen Maßnahmen zu haben wie bei geldpolitischen sollten diese möglicherweise von einer ähnlich unabhängigen Institution wie der EZB bestimmt werden.

Interessant sind die hier dargestellten aktuellen Daten auch hinsichtlich des Zielkonfliktes zwischen Preisniveaustabilität und Vollbeschäftigung. In Deutschland und in einigen Jahren in den USA ist ein trade-off zwischen Inflation und Arbeitslosigkeit noch deutlich zu erkennen. In beiden Ländern nahm die Arbeitslosigkeit zwischen 2000 und 2005 zu, wenn die Inflation abnahm und umgekehrt. In Großbritannien schwankt die Inflation seit 1993 nur wenig um den Referenzwert der Bank von England von 2,5%. Dabei hat die Arbeitslosigkeit beständig abgenommen. Die Arbeitslosenquote sank von 10,4% 1993 auf 4,7% 2005. Seit 1995 hat es sogar einige Jahre gegeben, in denen sowohl die Inflation als auch die Arbeitslosigkeit reduziert wurden. Geringe Inflation und geringe Arbeitslosigkeit ist, wie das

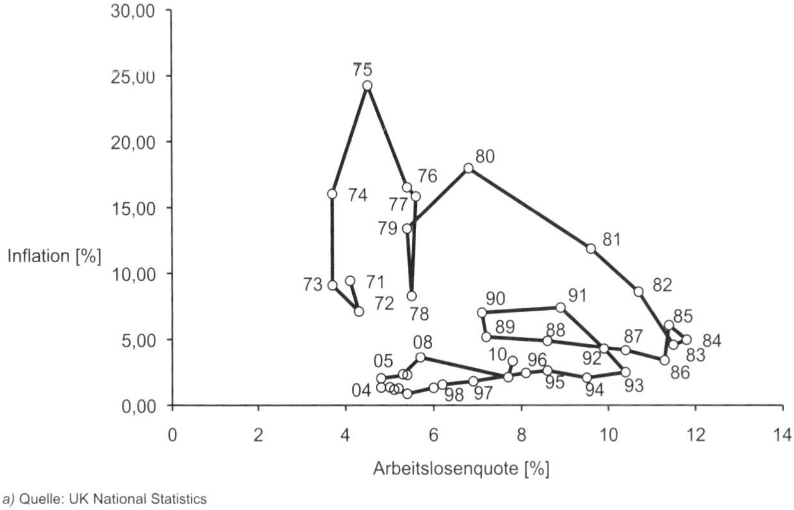

Abbildung 9.5: Die Phillips-Kurve für Großbritannien seit 1971

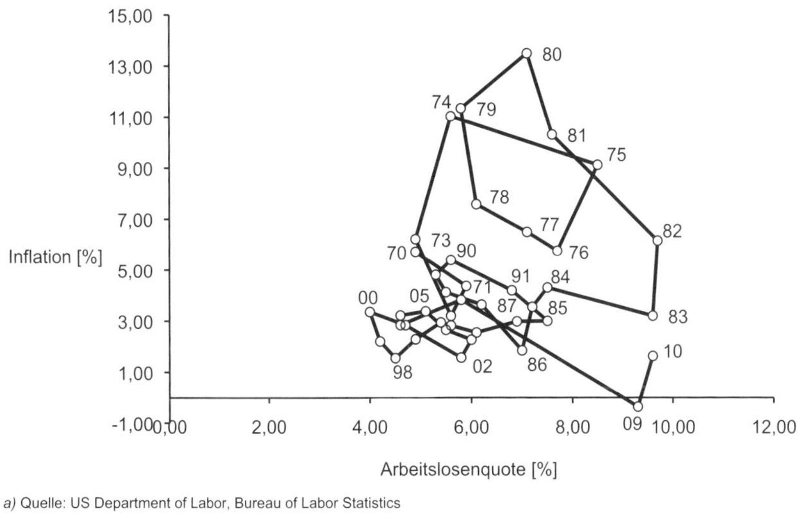

Abbildung 9.6: Die Phillips-Kurve für die USA seit 1972

Beispiel zeigt, auch über längere Strecken möglich. Mit anderen Worten, eine Nachfrageinduzierte Inflation kann verhindert werden. Die Entwicklung in Großbritannien ging unter anderem einher mit der Reduzierung sozialer Standards und der Flexibilisierung der Arbeitsmärkte. Reformen, die in Deutschland, teilweise sicher zu recht, lange Jahre argwöhnisch oder ängstlich diskutiert und auch nur zögerlich umgesetzt wurden. Eine Entwicklung wie in Großbritannien ist nicht umsonst zu haben, sondern verursacht gesellschaftliche Kosten. Einige Jahre konnten diese durch die stabile wirtschaftliche Entwicklung allerdings aufgewogen werden. Nun hat sich aber die Arbeitslosenquote während der Finanzmarktkrise drastisch erhöht. Diese krisenbedingten Arbeitslosen, viele hatten sicher vorher einen Job, fallen jetzt in ein sehr löchriges soziales Netz. Nur wenn diese Verschlechterung der Situation für Millionen Briten sehr schnell wieder behoben werden kann, zeigt sich der tatsächliche Erfolg der Reformen der Jahre zuvor. Auch hier wird sich erst in einigen Jahren zeigen, wie zufrieden die Britischen Bürger am Ende sind.

Burda und Wyplosz weisen auf die insgesamt schwache Aussagekraft der Phillips-Kurve hin. Veränderten sich alle Preise simultan, d.h. Zinsen, Inflation, reale Löhne und reale Wechselkurse bewegten sich gleichlaufend, blieben die relativen Preise unverändert. Eine Bewegung entlang der Phillips-Kurve könne nur aufgrund veränderter Erwartungen der Marktteilnehmer stattfinden.[17] Als wirtschaftspolitisches Werkzeug ist die Phillips-Kurve daher auch nicht geeignet. Nordhaus hat 1975 jedoch die Phillips-Kurve als Wahlkampfmittel beschrieben.[18] Danach könne ein Politiker die Arbeitnehmer kurzfristig, bezogen auf die Inflationsrate, täuschen. Würden diese ihre Nominallöhne erst mit einer bestimmten Zeitverzögerung durchsetzen, fielen die Reallöhne und damit stiege kurzfristig die Beschäftigung. Nordhaus vertritt die Ansicht, dass Politiker, die eine solche Strategie kurzfristig vor der Wahl anwenden, aufgrund der Wählerzufriedenheit größere Wahlchancen hätten. Er weist auch darauf hin, dass nach der Wahl die Inflationsrate wieder reduziert werden muss, da sie ansonsten vor der nächsten Wahl erneut erhöht werden müsste, was auf Dauer die Gefahr einer sehr hohen Inflation birgt. Durch das Auf und Ab vor und nach der Wahl entstünden Konjunkturzyklen im Gleichlauf mit den Wahlperioden.[19]

Die **Wahlzyklen** sollen an dieser Stelle nicht weiter vertieft werden. Ge-

[17] vgl. Burda, Wyplosz 1997, S. 304

[18] vgl. W.D. Nordhaus hat sich in seinem Artikel "The Political Business Cycle" 1975 ausführlich mit politisch motivierten Konjunkturzyklen befasst.

[19] vgl. Christian A. Conrad 1999, S. 200f

zeigt werden sollte nur ein möglicher Effekt der Phillips-Kurve. Fraglich bei der These von Nordhaus ist, ob sich die Arbeitslosigkeit schneller an das Sinken der Reallöhne anpasst als sich die Erwartungen der Marktteilnehmer an der Inflation orientieren. Insbesondere scheint die nur geringe Flexibilität der Arbeitsmärkte im Deutschland der 1990er Jahre eine solche Wahlkampfstrategie zu unterlaufen. Der Ansatz ist dennoch interessant, vor allem vor dem Hintergrund, dass kurzfristig orientierte Lösungen, angepasst an die Wahltermine, in der Politik nicht von der Hand zu weisen sind. Vorsicht ist aber bei der Interpretation der Phillips-Kurve geboten. Die Phillips-Kurve soll die Wirkung von Arbeitslosigkeit auf die Inflationsrate beschreiben. Die Kausalität ist demnach nicht umzukehren, d.h. eine hohe Inflation führt nicht automatisch zu hoher Beschäftigung.

9.4.2.2 Der monetaristische Ansatz

Die **Monetäre Theorie** sucht die Ursachen von Inflation vor allem auf der geldpolitischen Seite. Hiernach hängt die Entwicklung des Preisniveaus von der nachfragewirksamen Geldmenge und dem Güterangebot ab. Steigt die Geldmenge schneller als die Gütermenge, steigt das Preisniveau. Die sogenannten Monetaristen, allen voran Milton Friedman, kritisierten den Ansatz der Phillips-Kurve. Friedman[20] argumentierte, dass Arbeiter reale, d.h. um die Inflationsrate bereinigte Lohnerhöhungen fordern, da nur reale Lohnerhöhungen Einfluss auf den Lebensstandard haben. Die Phillips-Kurve betrachtete dagegen nominale Lohnsteigerungen.

Soll die Arbeitslosigkeit mit dem Modell der Phillips-Kurve gelöst oder zumindest vermindert werden, müssen die Inflationserwartungen der Marktteilnehmer beeinflusst werden. Hierfür benötigt man den Begriff der **Kerninflationsrate**. Die Kerninflation ergibt sich aus der Inflation abzüglich der Preisschwankungen, die auf besonders volatile Warenpreise zurückzuführen sind. Die Kerninflationsrate kann als Inflationsrate der lebensnotwendigen Güter betrachtet werden. Die Inflation wird anhand eines Warenkorbes gemessen. Innerhalb dieses Warenkorbes gibt es Waren, auf die nicht verzichtet werden kann. Die Gesellschaft wird Preissteigerungen bei Brot und anderen lebensnotwendigen Gütern eher hinnehmen müssen. Preissteigerungen im Bereich Energie und Freizeitausstattungen können durch die Reduzierung des Verbrauchs dieser Waren langfristig gemildert werden. Eine dauerhafte Erhöhung der Energiepreise würde zu

[20] vgl. Milton Friedman 1968

einem stärkeren Energiesparverhalten führen, was den Einfluss der Energiepreise auf die Inflationsrate mindern wird.

Der genaue Wert einer Kerninflationsrate ist nicht zu bestimmen. Er setzt sich zusammen aus der vergangenen Inflationsrate, bereinigt um Sondereffekte wie Ölkrisen oder sonstige kurzfristige Preissteigerungen in anderen Bereichen und den Inflationserwartungen der Marktteilnehmer für die Zukunft. Ein wesentlicher Punkt für die **erwartete Inflation** sind die Lohnverhandlungen der Tarifpartner. Im Allgemeinen kann man feststellen, je stärker die Löhne steigen, desto höher ist die zukünftige Inflation. Daher ist es eine wesentliche Aufgabe der Notenbank, die Inflationserwartungen der Tarifpartner zu beeinflussen und auf einem möglichst geringen Niveau zu stabilisieren. Nur wenn ihr das gelingt, kann eine langfristige Preisniveaustabilität auf niedrigem Niveau erreicht werden.

Bei der monetaristischen Version der Phillips-Kurve ist die aktuelle Inflationsrate τ eine endogene Variable, die Kerninflation τ^c ist jedoch eine exogene Variable, weshalb ihre Größe die Lage der Phillips-Kurve bestimmt. Nimmt man an, die Notenbank habe gute Überzeugungsarbeit geleistet, kann man die erwartete Inflation τ^e mit dem Inflationsziel τ^z der Notenbank gleichsetzen. Unter dieser Annahme gilt:

$$\tau^z = \tau^e. \tag{9.1}$$

Die Kerninflation ergibt sich aus einer gewichteten Summe der vergangenen Inflation τ^p und der erwarteten Inflation

$$\tau^c = \beta\tau^p + (1-\beta)\tau^e. \tag{9.2}$$

Setzt man 9.1 in 9.2 ein und nimmt für den Gewichtungsfaktor β Null an, muss gelten:

$$\tau^c = \tau^e = \tau^z. \tag{9.3}$$

Die aktuelle Inflationsrate errechnet sich aus der Kerninflationsrate plus einem Störterm u, der die kurzfristigen Schwankungen abbildet, d.h.

$$\tau = \tau^c + u. \tag{9.4}$$

Die Kombination von 9.3 und 9.4 zeigt unter den gemachten Annahmen einen direkten Zusammenhang zwischen der aktuellen Inflation und dem Inflationsziel der Notenbank

$$\tau = \tau^z + u. \tag{9.5}$$

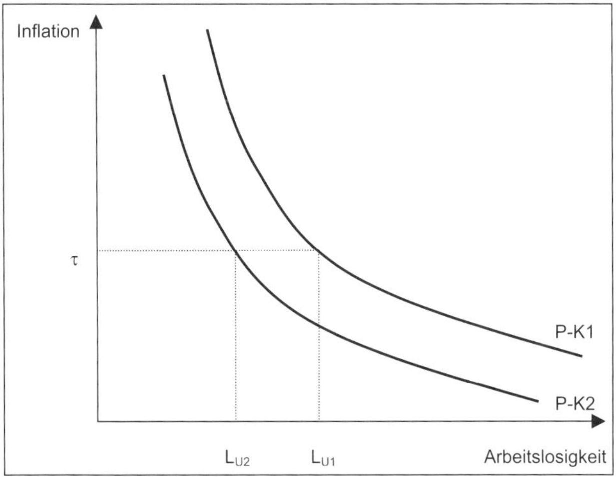

Abbildung 9.7: Kerninflation und Lage der Phillips-Kurve

Nach dieser Gleichung wird die Lage der Phillips-Kurve bei gleichbleibendem Störfaktor nur von dem Inflationsziel der Notenbank beeinflusst. Bei einem aktuellen Ziel von 2% ergebe sich annahmegemäß die Phillips-Kurve 1 (P-K 1) in Abbildung 9.7. Eine Reduzierung des langfristigen Inflationsziels der Notenbank auf zum Beispiel 1% verschiebt die Kurve nach unten (P-K 2). Für jede Inflationsrate τ ist die Arbeitslosigkeit auf der unteren Phillips-Kurve geringer. Die Reduzierung der langfristigen Inflationserwartungen auf ein geringeres Niveau führt demnach prinzipiell zu einer Absenkung der natürlichen Arbeitslosigkeit.

Die Monetaristen kritisierten nicht nur die Phillips-Kurve, sondern argumentierten für eine ganz andere Ursache von Inflation. Sie machten nicht reale Größen, wie eben die Nachfrage oder die Kosten, sondern eine nominale Größe, das Wachstum der Geldmenge, für Inflation verantwortlich. Inflation ist demnach immer ein monetäres Phanomen. Die theoretische Fundierung für die monetaristische These ist die sogenannte **Quantitätstheorie des Geldes**. Diese besagt, dass das Produkt aus der Geldmenge M und der konstanten Umlaufgeschwindigkeit des Geldes $\overline{v}$ gleich der gesamtwirtschaftlichen Produktion Y multipliziert mit dem allgemeinen Preisniveau P ist: $M\overline{v} = PY$. Ein Erdbeer-Beispiel veranschaulicht dies gut. Angenommen der Output beträgt drei Kilo Erdbeeren zu zwei Euro das Kilo. Angenommen die nominale Geldmenge beträgt zwei Euro, d.h. es gibt nur ein einziges zwei Euro-Stück in dieser Volkswirtschaft. Das Geld muss dreimal umlaufen, um den gesamten Output bezahlen zu können. Eingesetzt in die **Quantitätsgleichung des Geldes** ergibt sich:

$$
\begin{aligned}
& 2\overline{v} = 2 \times 3 \\
\Leftrightarrow \quad & 2\overline{v} = 2 \times 3 \quad | \div 2 \\
\Leftrightarrow \quad & \overline{v} = 3 \text{ pro Jahr.}
\end{aligned}
$$

Die Quantitätsgleichung des Geldes kann nach dem Preisniveau aufgelöst werden:

$$P = M\left(\frac{\overline{v}}{Y}\right).$$

Wird neben einer konstanten Umlaufgeschwindigkeit auch ein kurzfristig konstanter realer Output angenommen, so variiert das Preisniveau direkt mit der Höhe der Geldmenge. Wird dagegen ein relativ konstantes Wachstum des realen Outputs vorausgesetzt, steigt das Preisniveau genau dann, wenn das Geldmengenwachstum die Produktionssteigerung übertrifft.

Der monetaristische Ansatz wird aus zweierlei Gründen kritisiert. Erstens ist die Richtung des Kausalitätszusammenhanges zwischen dem Preisniveau und dem Geldmengenwachstum aus der Quantitätstheorie nicht direkt abzuleiten. Es ist zumindest theoretisch ebenso möglich, dass ein Anstieg des Preisniveaus zu einer Erhöhung der Geldmenge führt und nicht umgekehrt. Zweitens ist die Annahme einer konstanten Umlaufgeschwindigkeit des Geldes fragwürdig. Die Annahme ist in der Vergangenheit immer wieder empirisch überprüft worden, ohne dass jedoch ein eindeutiges Resultat gefunden wurde. Die Ergebnisse der Forschung scheinen die Annahme einer konstanten Umlaufgeschwindigkeit zwar langfristig, jedoch nicht unbedingt kurzfristig, zu rechtfertigen.[21]

9.4.2.3 Warum nicht jeder Marktteilnehmer die Auswirkungen von Inflation gleich empfindet

Inflation hat auf die verschiedenen Marktteilnehmern ganz unterschiedliche Auswirkungen. Alle einzelnen Auswirkungen und ihre Folgen hier auch nur zu nennen, sprengt den Rahmen dieses Themas an dieser Stelle. Es sollen daher nur ein paar ganz kurze Gedankenanstöße gegeben werden.

Durch Inflation und mit ihr im Zusammenhang stehende Kaufkraftverluste werden Schuldner, d.h. Kreditnehmer besser gestellt. Wie das? Schau-

[21] vgl. Artis, Lewis 1995

en wir uns hierzu noch einmal Abbildung 9.2 an. Ein 1949 aufgenommener Kredit von umgerechnet EUR 100, der erst heute in voller Höhe zur Rückzahlung fällig ist, kann mit real EUR 22 getilgt werden. Wenn Kreditnehmer besser gestellt werden, müssen Kreditgeber, d.h. die Gläubiger, schlechter gestellt sein. Diese Diskrepanz ist auch ein Grund für Zinsen. Angenommen eine Bank hätte einem Kreditnehmer 1949 EUR 100 geliehen und würde diese Summe 2010 ohne Zinsen zurück erhalten. Die Bank hätte einen realen Verlust gemacht, denn 1949 hätte diese Summe möglicherweise noch ausgereicht, um den Nettowochenlohn eines Sachbearbeiters zu bezahlen. Im Jahr 2010 beträgt der Nettowochenlohn eines Sachbearbeiters circa 400 Euro. Die Bank muss schon alleine einen Zins verlangen, um reale Verluste zu vermeiden. Will die Bank über Jahre gesehen einen Gewinn machen, muss der Zins höher als die Inflation sein.

9.5 Die Notenbanken

9.5.1 Die EZB

Der Europäische Rat hat 1988 den grundsätzlichen Beschluss zur Gründung einer **Wirtschafts- und Währungsunion (WWU)** in drei Stufen gefasst. Die erste Stufe begann am 01.07.1990, dem Tag, an dem die Beschränkungen des Kapitalverkehrs in den Ländern der Europäischen Gemeinschaft gefallen sind. Der Ausschuss der Zentralbankpräsidenten der Mitgliedsstaaten wurde mit der Entwicklung einer Struktur und der Definition grundlegender Aufgaben eines Europäischen Währungssystems betraut. Mit der Ratifizierung des "Vertrages über die Europäische Union" (sog. Maastricht-Vertrag) am 01.11.1993 wurde der rechtliche Grundstein für die zweite Stufe gelegt. Diese begann am 01.01.1994 mit der Gründung des **Europäischen Währungsinstituts (EWI)**, in dem der Ausschuss der Zentralbankpräsidenten aufging. Das EWI hatte keine eigentlichen geldpolitischen Aufgaben, sondern sollte die Geldpolitik der Mitgliedsstaaten stärker koordinieren und die Vorarbeit für ein **Europäisches Währungssystem (EWS)** leisten. Die dritte Stufe der WWU begann am 01.01.1999 mit der offiziellen Einführung des Euro als zunächst rechnerische Gemeinschaftswährung. Diese Stufe ist mit der Einführung des Euro in Form von Bargeld seit dem 01.01.2002 abgeschlossen.

Die EZB ist bereits am 01.07.1998 gegründet worden und bildet zusammen mit den nationalen Zentralbanken der Mitgliedsstaaten der Eu-

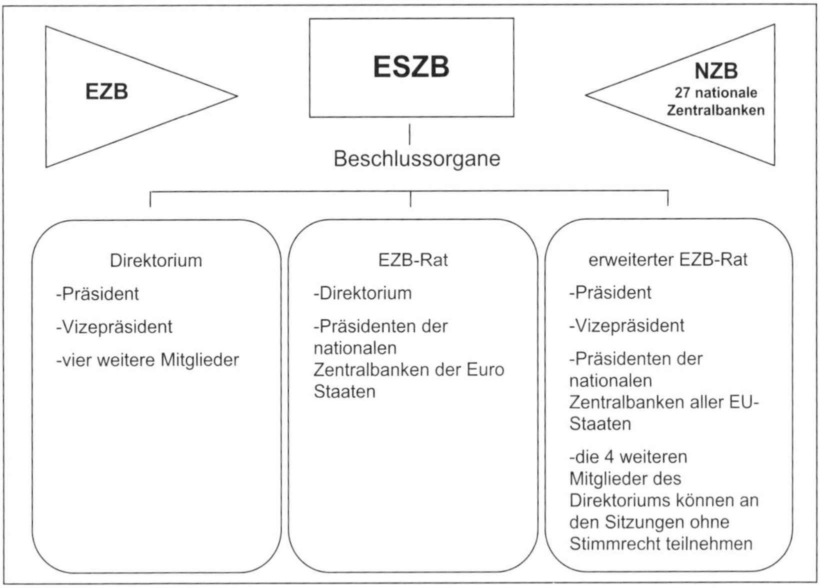

Abbildung 9.8: Das Europäische System der Zentralbanken

ropäischen Union[22] das **Europäische System der Zentralbanken (ESZB)**. Der erste Präsident der EZB war Wim Duisenberg. Er wurde 2003 von Jean-Claude Trichet abgelöst. Die Organisation der EZB ist der Bundesbank sehr ähnlich. Oberstes Beschlussfassungsorgan ist der EZB-Rat. Er setzt sich zusammen aus dem EZB Präsidenten und seinem Vize und den Präsidenten der nationalen Zentralbanken der 17 Euroländer. Der EZB-Rat tagt in der Regel zweimal im Monat, erlässt Leitlinien für die Aufgaben des ESZB und legt die Geldpolitik im Euroraum fest. Ausführendes Organ der Bank ist das sechs-köpfige Direktorium, das die Geschäftspolitik führt und die Beschlüsse des EZB-Rates umsetzt. Weiteres unterstützendes Organ zur Erfüllung der Beratungsfunktion der EZB, bei der Erhebung von Statistiken und der Informationstätigkeit ist der sogenannte erweiterte EZB-Rat. Ihm gehören neben dem EZB-Präsidenten und -Vizepräsidenten die Präsidenten der nationalen Zentralbanken der Mitgliedstaaten der Europäischen Union an. Die weiteren Direktoriumsmitglieder, der Präsident des EU-Rats sowie ein Mitglied der Europäischen Kommission können den Sitzungen beiwohnen, haben jedoch kein Stimmrecht.

[22]Unabhängig davon, ob die Mitgliedstaaten dem Euro-Währungsgebiet beigetreten sind.

9.5.2 Die Deutsche Bundesbank

Die Deutsche Bundesbank mit Sitz in Frankfurt am Main ging 1957 aus dem Zentralbanksystem der **Bank deutscher Länder** und den damals unabhängigen **Landeszentralbanken (LZB)** hervor. Heute sind die LZB als Hauptverwaltungen der Bundesbank untergeordnet. Es existieren insgesamt neun Hauptverwaltungen, die jeweils für einzelne Bundesländer oder Gruppen von Bundesländern zuständig sind. Die Bundesbank ist wesentliches Vorbild bei der Gründung der EZB gewesen. Bis April 2002 war die Organisation der Bundesbank der aktuellen Organisation der EZB sehr ähnlich. Es gab einen Zentralbankrat als oberstes Organ der Bundesbank sowie ein Direktorium als zentrales Exekutivorgan. Mit dem Übergang der geldpolitischen Verantwortung auf die EZB ist die Struktur der Bundesbank ihren Aufgaben entsprechend angepasst worden. Sie gleicht der Organisation eines Finanzdienstleistungsinstituts wie zum Beispiel einer Bank. Der Vorstand, bestehend aus einem Präsidenten, einem Vizepräsidenten und sechs weiteren Mitgliedern, ist das leitende Organ der Bundesbank und verwaltet diese. Seit 2004 ist Axel Weber Präsident der Bundesbank und in dieser Funktion Mitglied des EZB-Rates. Anfang 2011 hat Axel Weber seinen vorzeitigen Rücktritt per April 2011 erklärt. Nachfolger ist Jens Weidmann, vorher wirtschafts- und finanzpolitischer Berater von Bundeskanzlerin Angela Merkel.

Im Rahmen des ESZB ist es die Hauptaufgabe der Bundesbank gemeinsam mit der EZB die währungspolitischen Aufgaben zu erfüllen. Fünf wesentliche Felder der Geschäftstätigkeit sind zu nennen:

1. Stabiles Geld;
2. Stabiles Finanz- und Währungssystem;
3. Stabiles Bankensystem;
4. Sicherer Zahlungsverkehr;
5. Sicheres Bargeld.

9.5.3 Die Aufgaben der EZB

Die Aufgaben der EZB, d.h. die zentralen währungspolitischen Aufgaben in der EU im Allgemeinen und im Euro-Währungsgebiet im Speziellen, sollen an dieser Stelle etwas ausführlicher behandelt werden. Die Aufgaben sind wesentlich bestimmt mit der Gründung der EZB. Sie ist zwar unabhängig, dennoch haben die Gründungsländer, d.h. die damaligen Mitgliedsländer der EU grundlegende Ziele und Aufgaben der EZB festgelegt. Unabhängig ist die EZB in zweifacher Hinsicht. Erstens ist sie für die Definition der grundlegenden Ziele verantwortlich. Zweitens entscheidet sie, wie diese Ziele am besten erreicht werden. Hierbei wählt die EZB aus den ihr zur Verfügung stehenden Werkzeugen und bestimmt das Ausmaß, in dem sie diese Werkzeuge benutzt.

Nach der Satzung des ESZB und der EZB ist die Gewährleistung der Preisstabilität das vorrangige Ziel. Sofern das Ziel der Preisstabilität nicht beeinträchtigt wird, ist es weiterhin die Aufgabe des ESZB die allgemeine Wirtschaftspolitik der Gemeinschaft zu unterstützen. Desweiteren ist der "Grundsatz einer offenen Marktwirtschaft mit freiem Wettbewerb"[23] und einer effizienten Ressourcenverteilung die Basis des Wirkens des ESZB und der Zentralbank. Zu den Aufgaben des ESZB und der EZB gehören:[24]

1. Festlegung und Ausführung der Geldpolitik der Gemeinschaft;

2. Durchführung von Devisengeschäften;

3. Verwahrung und Verwaltung der offiziellen Währungsreserven der Mitgliedsstaaten;

4. reibungslos funktionierende Zahlungsverkehrssysteme fördern.

Neben diesen Aufgaben führen weitere Artikel der Satzung Tätigkeiten im Bereich von beratenden Funktionen, speziell im Rahmen von Entscheidungen, die Auswirkungen auf die Geldpolitik haben können, an. Die Ermittlung relevanter statistischer Daten gehört genauso zu den Aufgaben der EZB und des von ihr geführten Systems, wie die Entscheidung über die Art der Vertretung des ESZB in internationalen Angelegenheiten.

Es stellt sich, nachdem die Aufgaben und Ziele bekannt sind, vor allem die Frage, wie das übergeordnete Ziel der Preisstabilität erreicht werden kann und wie es von dem Moment an nachhaltig gewährleistet werden kann.

---

[23]Aus dem Protokoll über die Satzung des ESZB und der EZB gem. der Schlussakte von Maastricht (Art. 2).

[24]aus: ebenda, Art 3

9.5.4 Die Geldpolitik der EZB

9.5.4.1 Definition des geldpolitischen Ziels

Wie erinnerlich, ist es das oberste Ziel der EZB Preisniveaustabilität zu gewährleisten. Nicht nur die EZB hat dieses Ziel, sondern auch die Bundesbank hatte es in ihrer Zeit der geldpolitischen Verantwortung. Abbildung 9.2 zeigt jedoch anscheinend etwas ganz anderes. Eine kumulierte, d.h. über mehrere Perioden angehäufte Preissteigerung deutlich über 300% scheint das Ziel durchaus verfehlt zu haben. Doch ist dieser Schluss nicht richtig. Um dem Teufelskreis einer Deflation zu entgehen, ist eine leichte Inflation von den geldpolitisch Verantwortlichen gewollt. Aus diesem Grunde definiert die EZB ihr geldpolitisches Ziel mit einer Inflationsraten von unter aber nahe 2%.[25] Berechnet man den Durchschnitt der langfristigen Inflationsrate in Deutschland, so erhält man einen Mittelwert von 2,5%[26]. Dieser Wert legt nahe, dass das Ziel der Preisniveaustabilität in vielen einzelnen Jahren doch erreicht werden konnte. Insbesondere zeigt Abbildung 9.9, dass Preisniveaustabilität in Deutschland nach der aktuellen Zielmarke der EZB seit 1949 in vielen Jahren und seit 1995 fast ausschließlich erreicht wurde. Die Abbildung dient der Veranschaulichung der Entwicklung in Deutschland.

Das Ziel der EZB gilt natürlich im gesamten Euro-Währungsgebiet und muss deshalb auch insgesamt dort erreicht werden. Das dies ein durchaus schwieriges Unterfangen ist zeigt Abbildung 9.10. Die EZB ist seit ihrer Gründung 1998 aber sehr erfolgreich hinsichtlich ihrer Zieldefinition. Die durchschnittliche Inflationsrate lag im Euro-Währungsgebiet seit Gründung der EZB bei 2,2%. Sie ist damit deutlich geringer als die durchschnittliche Inflation der Deutschen Mark unter Verantwortung der Deutschen Bundesbank.[27]. Die Schwierigkeit für die EZB ist es auf die unterschiedlichen wirtschaftlichen Erfordernisse im Euro-Währungsgebiet zu reagieren. So kann ein Land sich gerade in einem wirtschaftlichen Aufschwung befinden mit einer relativ hohen Inflationsrate. Ein anderes Land kann gleichzeitig in einer wirtschaftlichen Krise stecken. Für die EZB gilt es dann mit Fingerspitzengefühl die richtige Politik zu wählen. Die geldpolitischen Instrumente werden im nächsten Unterabschnitt erläutert.

[25] Die EZB hat die Definition ihrer geldpolitischen Strategie im Jahre 2003 umfassend überprüft und gegenüber der ursprünglichen Strategie von 1998 leichte Veränderungen bzw. Klarstellungen vorgenommen. Siehe hierzu EZB 08.05.2003 sowie Coenen, Orphanides et al. 2004.

[26] Berechnung des geometrischen Mittels: $GM = \sqrt[62]{4,45} - 1 \approx 0,0243 \approx 2,4\%$

[27] Dries, Fehr 09.02.2006

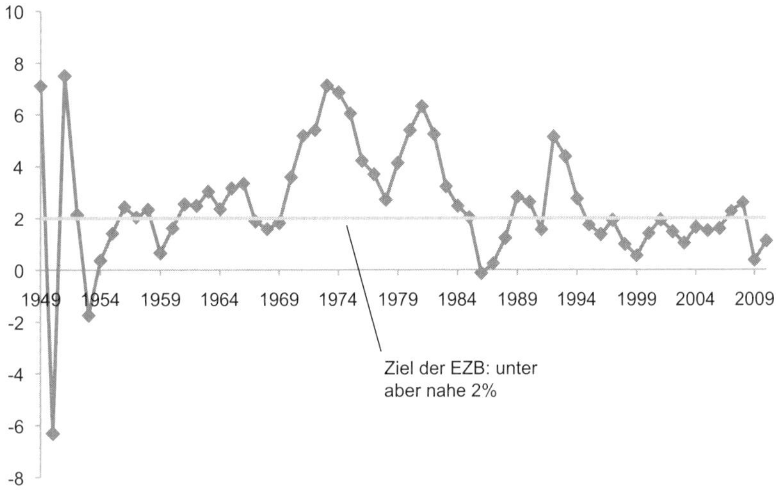

a) Quelle: Statistisches Bundesamt

Abbildung 9.9: Die Inflationsraten in Deutschland im Zeitablauf

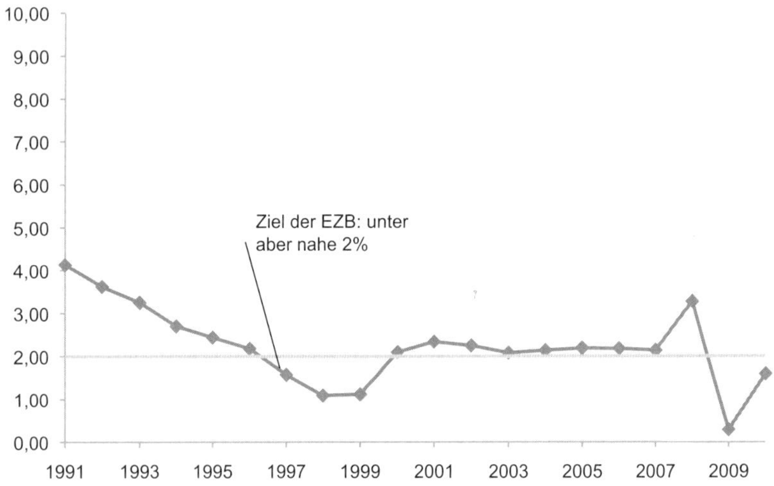

a) Quelle: Eurostat, Harmonisierter Verbraucherpreisindex (HVPI) Euroraum (unterschiedliche Zusammensetzung)

Abbildung 9.10: Die Inflationsraten im Euro-Währungsgebiet im Zeitablauf

Kurz ein paar Worte zur Deflation. Es wurde bereits erwähnt, dass es sich hierbei um die Senkung des Preisniveaus handelt und dementsprechend um eine Erhöhung der Kaufkraft. Ist das nicht aber toll? Nein, leider nicht. Wenn die Preise gefallen sind, könnte sich die typische Erwartungshaltung der Konsumenten einstellen, die weiter fallende Preise erwarten. Unter der Annahme weiter fallender Preise wird ein Konsument seine Anschaffungen hinauszögern, es kommt zu einem Wachstumseinbruch. Dieser führt wiederum zu Entlassungen, d.h. Einkommenseinbußen. Aus diesem Grunde wird die Nachfrage noch weiter zurückgehen und die Preise werden wiederum sinken. Ein Verlassen dieses Teufelskreises ist ein schweres Unterfangen, daher wird eine geringe Inflation begrüßt, um diesem Kreislauf von vornherein zu entgehen. Man kann diese Tendenz beispielsweise bei EDV-Produkten erkennen. Die Hersteller (zum Beispiel HP, Apple) versuchen, den Preis ihrer Produkte über die gesamte Produktlebenszeit konstant zu halten. Somit verhindern sie die abwartende Haltung einiger Verbraucher, die darauf spekulieren, dass der Preis in naher Zukunft fällt. In den vergangenen Jahren war so ein Preisverfall häufig jedoch erst mit der Einführung eines Nachfolgeproduktes verbunden. Die neue Generation eines EDV-Produktes ist oft billiger oder besser ausgestattet und somit ebenfalls preisgünstiger. Es gibt allerdings auch Stimmen in der Wissenschaft, die eine neue Untersuchung der Gefahren, die von einer Deflation ausgehen, fordern. Sie weisen daraufhin, dass Preissenkungen im Allgemeinen zu einer erheblichen Wohlstandssteigerung in der Bevölkerung führen, da die Kaufkraft steigt.[28]

Der EZB-Rat erachtet die Preisniveaustabilität mit einem Anstieg des Preisniveaus im Euro-Währungsgebiet von unter aber nahe 2% als erreicht. Zum Vergleich, die **Bank of England** (BoE), die englische Notenbank,[29] hat ein Inflationsziel von exakt 2%[30]. Die **Federal Reserve Bank** (Fed), Notenbank der USA, verfolgt zwar auch das Ziel der Preisniveaustabilität, definiert dieses aber nicht über eine spezielle Höhe der Inflationsrate. Damit ist die Fed am flexibelsten bei der Erreichung ihres Ziels. Dies kann Vor- aber auch Nachteile haben, die hier nicht genauer diskutiert werden können. Es soll nur zur Kenntnis genommen werden, dass sich die Ziele leicht unterscheiden. Der Ökonomen des Internationalen Währungsfonds

[28]vgl. Giarini, Liedtke 1998, S. 258f

[29]Großbritannien ist zwar in der EU, jedoch nicht der Währungsunion beigetreten. Das Land ist daher immer noch geldpolitisch unabhängig und hat eine eigene Notenbank mit geldpolitischen Befugnissen.

[30]Quelle: Bank of England

haben Anfang 2010 ein deutlich höheres Inflationsziel von 4% diskutiert.[31]

Die EZB geht bei der Erreichung dieses Ziels den Weg der monetären Theorie und räumt der Entwicklung der Geldmenge hohe Bedeutung ein. Diese Berücksichtigung der Geldmenge in der Strategie der EZB wird durch die Festlegung eines festen Referenzwertes für das Wachstum des weit gefassten monetären Aggregats M3 zum Ausdruck gebracht. Der aktuelle Referenzwert wird jeweils von der EZB veröffentlicht und beträgt seit 1998 4,5%. Die tatsächliche Steigerung der Geldmenge betrug 2010 0,5%. Dieser niedrige Ist-Wert gegenüber dem Referenzwert stellt auf der Basis des Ziels der Preisniveaustabilität kein Risiko dar. Er darf aber auch nicht darüber hinweg täuschen, dass der durchschnittliche Wert seit 1998 um 8% lag. In der akuten Phase von Liquiditätsengpässen am Finanzmarkt 2007 und 2008 ist M3 in der Spitze mit mehr als 12% gewachsen. Die tatsächliche Geldmengenentwicklung liegt damit unbereinigt deutlich über dem Referenzwert.[32] Um die langfristige Wirkung, die von einem zu hohen aktuellen Wert ausgeht, zu verringern, stehen der EZB einige geldpolitische Mittel zur Verfügung.

9.5.4.2 Die geldpolitischen Instrumente der EZB im Überblick

Zur Erreichung der genannten Ziele steht der EZB eine kleine Sammlung von geldpolitischen Instrumenten zur Verfügung, die hier kurz vorgestellt werden sollen. Abbildung 9.11 veranschaulicht die unterschiedlichen Instrumente in zwei Kategorien. Die Darstellung erfolgt nur in Kürze, da eine genauere Betrachtung für die weiteren Überlegungen der geldpolitischen Grundzüge nicht von Belang ist. Darüber hinaus erfordert eine eingehendere Beschreibung Vorkenntnisse, die nicht vorausgesetzt werden können. Die Darstellung dient der Vollständigkeit.

Das erste und wichtigste Instrument sind die sogenannten **Offenmarktgeschäfte**. Diese lassen sich unterteilen in **Hauptrefinanzierungsgeschäfte**, **längerfristige Refinanzierungsgeschäfte**, **Feinsteuerungsoperationen** und **strukturelle Operationen**.

Hauptrefinanzierungsgeschäfte sind im wöchentlichen Rhythmus abgeschlossene Wertpapiergeschäfte zwischen den Geschäftsbanken und der EZB. Die Kreditinstitute können Wertpapiere und andere Vermögensgegenstände an die EZB verkaufen, die sie per Termin gleichzeitig zurück-

[31] vgl. Blanchard, Dell'Ariccia, Mauro 2010

[32] Quelle: EZB; betreffend sämtliche Angaben zur Steigerung der Geldmenge M3 in diesem Absatz.

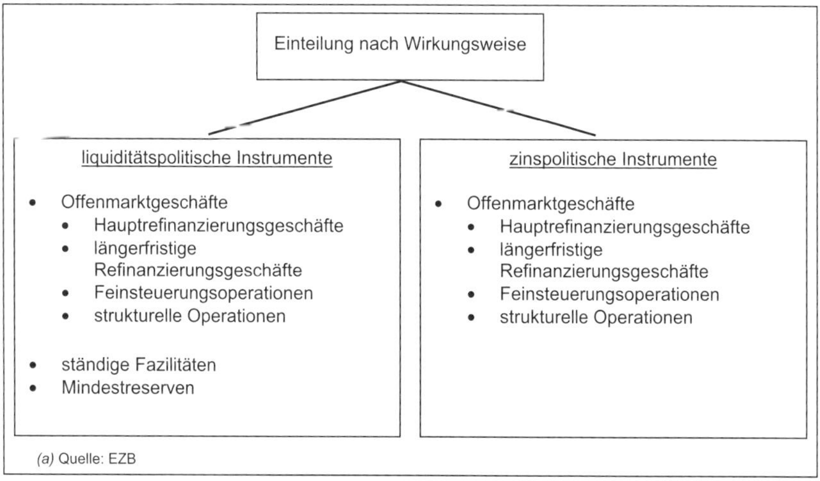

Abbildung 9.11: Die geldpolitischen Instrumente der EZB

kaufen, d.h. es wird vorher abgesprochen, wann und zu welchem Kurs die Institute die Wertpapiere bzw. Vermögensgegenstände zurückkaufen müssen. Es können alle Vermögensgegenstände für Hauptrefinanzierungsgeschäfte genutzt werden sofern diese gemäß dem *Verzeichnis marktfähiger Sicherheiten* der EZB die **Notenbankfähigkeitskriterien** erfüllen. Die Geschäfte sind sowohl liquiditätspolitisch als auch zinspolitisch wirksam. Der Zinssatz der Hauptrefinanzierungsgeschäfte wird im Euro-Währungsgebiet als **Leitzins** betrachtet. Somit haben Hauptrefinanzierungsgeschäfte neben der Steuerung der Zinsen und der Liquidität am Geldmarkt auch und vor allem eine geldpolitische Signalwirkung. Die längerfristigen Refinanzierungsgeschäfte unterscheiden sich von Hauptrefinanzierungsgeschäften lediglich durch die Laufzeit von drei Monaten. Sie werden monatlich aufgelegt. Die **Feinsteuerungsoperationen** dienen zum Ausgleich kurzfristiger Liquiditätsschwankungen. Hiermit wird die Wirkung solcher Schwankungen der Marktliquidität auf den Zins mindestens gemildert. Im Rahmen dieses Ziels können sie sofern erforderlich auch nur einzelnen Geschäftsbanken angeboten werden. Die strukturellen Operationen werden als Emission von Schuldverschreibungen und als befristete Transaktionen durchgeführt.

Das zweite Instrument sind die zwei **ständigen Fazilitäten** für die kurzfristige Liquiditätssteuerung. Auf der einen Seite dient die **Spitzenrefinanzierungsfazilität** den Geschäftsbanken zur Beschaffung von Über-

Neue geldpolitische Instrumente

Vor dem Hintergrund der Finanzmarktkrise haben die Notenbanken in den betroffenen Ländern erhebliche Schritte unternommen, um den jeweiligen Finanzmarkt zu stabilisieren und die Krise soweit wie möglich einzudämmen. In diesem Zusammenhang sind auch neue geldpolitische Instrumente entwickelt worden. Diesbezüglich waren im Wesentlichen die Fed bzw. die BoE, die amerikanische bzw. die britische Notenbank, aktiv. Die EZB hat kein neues Instrument eingeführt, aber bestehende weitgehender genutzt.

Fed[a]

Die Fed hat insbesondere ihren Fokus erweitert und führte neue Fazilitäten, d.h. Kreditlinien auch an nicht Einlagen führende Institute ein.

Einlagenzinsen

Einlagenzinsen werden gezahlt auf die Gelder, die Finanzinstitute bei der Fed, d.h. die Mindesreserve und weitere Einlagen, liegen haben. Sie werden gezahlt seit Herbst 2008.

Term Asset-Backed Securities Loan Facility (TALF)

Unter dem TALF stellt die Fed Kreditmittel gegen bestimmte Asset-Backed Securities zur Verfügung. Die Securities müssen mit kürzlich vergebenen Krediten an Privatpersonen bzw. Unternehmen unterlegt sein. Hiermit wird die Kreditvergabe der Banken aktiv unterstützt.

Term Deposit Facility (TDF)

Das TDF ist ein Programm zum aktiven Management der Reserven, die Finanzinstitute bei der Fed halten. Für die Laufzeit des Termingeldes wird die Reserve vom Notenbankkonto des jeweiligen Institutes heruntergebucht und reduziert so die Notenbankreserve.

Ausgelaufene Instrumente

Während der Finanzmarktkrise sind darüber hinaus noch weitere Maßnahmen ergriffen worden, die alle spätestens Anfang 2010 ausgelaufen sind. In Bezug auf Finanzinstitute gab es das Term Auction Facility (TAF) mit dem Banken Liquidität gegen Sicherheiten bereitgestellt wurde. Das Term Securities Lending Facility (TSLF) Programm tauscht Staatsanleihen gegen andere Anleihen. Da viele Kreditgeber während der Krise nur Staatsanleihen als Sicherheit akzeptiert haben, bot dieses Programm die Chance in den Besitz von Staatsanleihen zu kommen. In Bezug auf Kreditmärkte insgesamt existierten das Commercial Paper Funding Facility (CPFF) Programm unter dem neu emittierte kurzfristige Schuldtitel von Unternehmen gekauft wurden. Das Asset-Backed Commercial Paper Money Market Mutual Fund Liquidity Facility (ABCP/MMMF) Programm stellte die Liquidität am Geldmarkt sicher.

BoE[b]

Die BoE definiert ein hartes Inflationsziel von 2% und ist schon deshalb gezwungen aktiv zu werden, wenn die Inflationsrate geringer wird. in der Regel wird die Inflation wirksam über das setzen kurzfristiger Zinssätze reguliert. Doch während der Finanzmarktkrise ist der Zentralbankzinssatz auf 0,5% reduziert worden und weitere Schritte waren notwendig, um die Inflation zu stabilisieren, d.h. in diesem Fall zu erhöhen.

Asset Purchase Facility (APF)

Mit dem APF Programm stellt die BoE mehr Liquidität am Geld- und Kapitalmarkt zur Verfügung in dem sie Staats- und Unternehmensanleihen erwirbt.

a Quelle: www.federalreserve.gov/monetarypolicy/default.htm, zuletzt geprüft 14.05.2011
b Quelle: www.bankofengland.co.uk/monetarypolicy/index.htm, zuletzt geprüft 14.05.2011

nachtliquidität gegen notenbankfähige Sicherheiten. Auf der anderen Seite bietet die **Einlagenfazilität** den Banken die Möglichkeit überschüssige Liquidität über Nacht anzulegen. Die Verbindung dieser beiden ständigen Fazilitäten stellt die Zinsober- bzw. und -untergrenze für das Tagesgeld im Interbankenhandel dar. Der Zins für den *über-Nacht-Kredit* stellt die Zinsobergrenze dar, denn warum sollte eine Bank im zwischenbanklichen Handel mehr bezahlen, wenn sie das Geld bei der EZB günstiger bekommen kann. Der Einlagenzinssatz bildet die Untergrenze. Auch hier gilt das gleiche Argument, keine Bank wird ihr Geld billiger weggeben, als sie es bei der EZB anlegen kann.

Letztes Instrument der EZB sind **Mindestreserven**. Die Banken haben zum Leitzinssatz ein bestimmtes Guthaben bei den nationalen Zentralbanken zu unterhalten. Die Höhe richtet sich nach bestimmten Verbindlichkeiten. Für die Mehrheit der Positionen gilt ein Mindesreservesatz von 2%, d.h. wenn zum Beispiel eine deutsche Bank Kundeneinlagen in Höhe von EUR 100 Millionen hat, muss sie hierfür ein Guthaben in Höhe von EUR 2 Millionen bei der Deutschen Bundesbank unterhalten.

9.5.4.3 Die restriktive Geldpolitik

Die Geldpolitik dient dazu, unter Beachtung der Preisstabilität das Wirtschaftsleben zu fördern. In Zeiten hohen Wirtschaftswachstums, ist die Preisstabilität jedoch in Gefahr. Das hohe Wirtschaftswachstum führt zu einer Erhöhung des Outputs in Verbindung mit einer steigenden Konsumnachfrage. Sind schließlich die Kapazitätsgrenzen der Wirtschaft erreicht, erhöht sich die Investitionsnachfrage. Unter diesen Aspekten steigen, gewöhnlich mit einem time-lag also einer zeitlichen Verzögerung, die Löhne. Spätestens, wenn die Löhne stärker steigen als die Produktivität, muss das Angebot geringer sein als die Nachfrage und nach der nichtmonetären Theorie würde daraus eine Inflation erwachsen.

Die Notenbank wird in diesem Fall eine **restriktive Geldpolitik** ausüben. Zur langfristigen Reduzierung der Nachfrage, muss die sich im Umlauf befindliche Geldmenge verknappt werden. Hierzu hat die EZB, wie wir gesehen haben, zwei Möglichkeiten. Entweder wird sie das Geldvolumen senken, d.h. sie wird liquiditätspolitische Instrumente einsetzen, um die Banken dazu zu zwingen, Einlagen bei ihr zu unterhalten. Oder die EZB wird das Geldvolumen verteuern, indem sie zinspolitische Instrumente einsetzt.

Der Regelfall sollte wie folgt aussehen. Die Notenbank erhöht den Zins, infolgedessen verteuert sich die Kreditaufnahme für die Banken und diese werden ihrerseits die Zinsen anheben. Durch den erhöhten Zins werden Investitionen für die Unternehmen zunehmend uninteressanter und auch die privaten Konsumenten werden ihre Spekulationskasse verringern, da die Kosten der Geldhaltung (Opportunitätskosten) zu hoch sind. Die private Geldnachfrage geht zurück. Die Nachfrage muss mangels genügender Geldausstattung zurückgehen. Die Unternehmen werden schließlich ihre Produktion zurückfahren, haben jedoch in der Regel hohe Lagerbestände, die zunächst abgebaut werden müssen. Als Folge des zu großen Angebots im Verhältnis zur Nachfrage werden die Preise langsam wieder sinken. Dies wäre theoretisch ideal. In der Realität sind tatsächlich sinkende Preise, Deflation, aber eher unerwünscht. Statt dessen sinkt lediglich die Inflation auf ein Niveau unterhalb des geldpolitisch definierten Ziels.

Läuft das gesamte Schema in etwa so wie oben beschrieben ab, hat die restriktive Geldpolitik Erfolg gehabt. Die Preisstabilität wird zurückgewonnen und die Wirtschaft kann sich konsolidieren, umstrukturieren und die Phase eines neuen Wachstumsschubs vorbereiten. Ein Problem, das hierbei in der Regel entsteht oder sich verschärft, ist die Arbeitslosigkeit. Durch den Rückgang der Produktion sind Kapazitäten unausgelastet. Ist dieser Fall über eine längere Zeit zu erwarten, werden die Unternehmen versuchen, Teile der Kapazitäten und damit Fixkosten abzubauen. Entlassungen sind die Folge. Die Wirtschaft kann durch einen solchen geldpolitischen Ansatz, sollte dieser zu restriktiv sein, auch in die Phase eines **negativen Wachstums** übergehen. Die Folge wäre noch höhere Arbeitslosigkeit und ein weiterer Rückgang der Nachfrage aufgrund der unsicheren Zukunftsaussichten. Aus einer solchen Ausgangssituation heraus entsteht der andere mögliche Ansatz der Geldpolitik.

9.5.4.4 Die expansive Geldpolitik

Die zweite Möglichkeit einer geldpolitischen Strategie ist die **expansive Geldpolitik**. Die Wirtschaft befindet sich in einer Talsohle. Die Innovationskraft ist gering, die Forschung und Entwicklung, abgesehen von relevanter Grundlagenforschung, ist weitestgehend aufgrund von Geldmangel reduziert worden. Vor dem Hintergrund nicht ausgeschöpfter Kapazitäten und einer geringen Nachfrage wird die Inflation im Rahmen der von der Notenbank zur Erreichung des Ziels der Preisniveaustabilität vorgegebenen zwei Prozent liegen aller Wahrscheinlichkeit nach sogar weit darunter.

Der Ansatz der expansiven Geldpolitik ist die Kehrseite der restriktiven Politik. Die Notenbank wird das Geldvolumen durch zusätzliche Liquidität erhöhen oder die Zinsen senken, um so die Kreditnachfrage zu erhöhen. Durch das Senken der Zinsen wird die Kreditaufnahme für die Banken günstiger. Sie werden ihrerseits die Zinsen senken. Die niedrigen Zinsen werden einen belebenden Einfluss auf die Kreditnachfrage haben. Fällige Ersatzinvestitionen werden getätigt. Die private Geldnachfrage steigt, denn aufgrund der fallenden Zinsen sinken die Opportunitätskosten des Geldes und die Konsumenten werden ihre Spekulationskasse erhöhen. Die anziehende Nachfrage wird die Produktion auf den Stand der Kapazitäten bringen. Weitere Investitionen in den Ausbau der Kapazitäten erhöhen auf der einen Seite die Gewinne der Investitionsindustrie und auf der anderen Seite die Löhne und Gehälter der Angestellten. Die Transaktionskasse wird als eine Folge davon ebenfalls steigen. Dies führt wiederum zu mehr Konsum und damit zu steigenden Gewinnen der Konsumindustrie.

Vorausgesetzt eine expansive Geldpolitik war erfolgreich, dann lauert für die Zentralbank schon wieder eine Gefahr. Es droht Inflation, damit beginnt wieder die Strategie der restriktiven Geldpolitik. Neben dem Risiko der Inflationssteigerung, die unter Umständen, sollte zwischenzeitlich sogar eine Deflation geherrscht haben, durchaus gewollt sein kann, besteht zumindest eine Ungewissheit über das Verhalten der Banken.[33] Der oben beschriebene Fall setzte voraus, dass die Banken die Zinssenkung direkt an die Kunden und damit an die Verbraucher weitergegeben haben. Wir wissen aus der Mikroökonomie, dass dies nicht zwingend der Fall sein muss. Die Banken werden sich in der Regel gewinnmaximierend verhalten.

Das Gewinnmaximum der Banken kann aber durchaus in einem anderen Bereich liegen als das Wachstum der Volkswirtschaft. Daher stellt sich die Frage, ob die Banken die Zinssenkung nicht zum Anlass nehmen, ihre Gewinne zu steigern. Hier ist dann auch wieder die berühmte Frage, was zuerst da war, das Huhn oder das Ei.[34] Wenn die Kreditnachfrage der Verbraucher zunimmt, wird das Kreditangebot der Banken ebenfalls zunehmen. Auf der anderen Seite würde die Nachfrage auch steigen, wenn die Banken ihr Angebot ausweiten würden. Die Interdependenzen, d.h. die Wechselwirkungen von Kreditangebot und Kreditnachfrage, sollen hier aber nicht näher untersucht werden. Man sollte sich jedoch merken, dass die Geschäftspolitik der

[33] vgl. Deutsche Bundesbank 2002
[34] Aus Kap. 1.1.2 ist bereits bekannt, dass diese Frage tatsächlich gelöst ist.

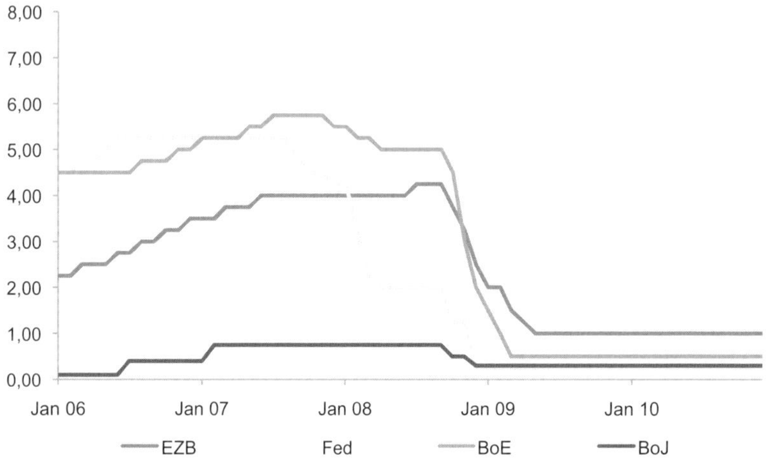

a) Quelle: Bundesbank (EZB Zinssatz für Hauptrefinan-zierungsgeschäfte), Fed (Targeted Federal Funds Rate), BoE (Official Bank Rate), BoJ (Basic Discount Rate)

Abbildung 9.12: Leitzinsen während der Finanzmarktkrise

Banken ein relevanter Unsicherheitsfaktor für die Strategie der EZB ist. Hierbei spielt natürlich auch die Struktur des Bankenmarktes eine Rolle. Befinden sich die Banken in vollkommener Konkurrenz, werden sie die Zinssenkung weitergeben müssen, da sie sich sonst im Wettbewerb nicht behaupten können. Ist der Bankenmarkt jedoch oligopolistisch strukturiert, kann dies zu einem bewussten oder intuitiven Zusammenarbeiten der Institute führen, weshalb eine Weitergabe der Zinssenkung an die Verbraucher kollektiv zurückgehalten werden kann.

Durch oder während der Finanzmarktkrise sind neue Herausforderungen für die Notenbanken in einigen Ländern entstanden. Diese betreffen insbesondere die Fed, die BoE und auch die EZB. Die Notenbanken standen und stehen zum Teil Anfang 2011 vor der Aufgabe die jeweiligen Finanzsysteme zu stabilisieren und die jeweiligen Volkswirtschaften durch eine expansive Geldpolitik zu unterstützen. Zum einen haben alle Notenbanken den eigenen Leitzins spätestens bis Mitte 2009 auf ein sehr geringes Niveau reduziert (Abbildung 9.12). Auf der nominalen Zinsseite konnten weitergehende Schritte nicht oder zumindest kaum noch unternommen werden. Diese **Geldpolitik ohne Leitzins** ist eine neue Herausforderung für die Notenbanken.

Seit Ende 2008 waren die Leitzinsen praktisch im freien Fall. Eine Ausnahme stellte Japan dar. Die Bank von Japan, die japanische Notenbank, hat zwar den eigenen Leitzins ebenfalls Ende 2008 drastisch reduziert. Allerdings waren die Leitzinsen ohnehin noch sehr niedrig in Japan. Die extrem niedrigen Leitzinsen stellen dann eine Herausforderung für die jeweilige Notenbank dar, wenn die Wirtschaft noch immer nicht stabilisiert ist. Es stellt sich die Frage, welche Mittel die Notenbank zur Fortführung einer expansiven Geldpolitik hat. Die einzelnen Maßnahmen und Programme, die genutzt werden könnten hängen vom rechtlichen und politischen Rahmen ab, in dem sich die jeweilige Notenbank bewegen muss. Aber unabhängig hiervon hat jede Notenbank in einem Papiergeldstandard die Möglichkeit beliebig viel Geld zu schaffen und so die Volkswirtschaft zu inflationieren.[35] Zum Beispiel könnten in größerem Umfang Staats- und Unternehmensanleihen gekauft werden. Auf diese Weise erhalten der Staat und die Unternehmen direkt finanzielle Mittel zum bestreiten bzw. erhöhen Ihrer Ausgaben. Die Fed und die BoE haben zu dieser **quantitativen Lockerung** (auch **quantitative easing**) gegriffen. Durch die Inflationierung der Volkswirtschaft würde bei gleichbleibend niedrigem Nominalzins der Realzins negativ werden. Die Geldpolitik wäre weiterhin expansiv. Die EZB ist diesen Weg nicht gegangen während der Finanzmarktkrise. Zwar hat sie Liquidität in hohem Maße zur Verfügung gestellt. Dies tat sie in dem regelmäßige Refinanzierungen, zum Beispiel die Hauptrefinanzierungsgeschäfte der EZB, voll zugeteilt wurden.

Nach der Stabilisierung der Finanzmärkte und wieder normal laufender Volkswirtschaften muss dann das Kunststück vollbracht werden die überschüssige Liquidität und die überschüssigen Kreditmittel dem Wirtschaftskreislauf zu entziehen. Dabei muss verhindert werden, dass die jeweilige Wirtschaft wieder in eine Rezession zurückfällt. Grundsätzlich stehen für diesen Exit zwei Möglichkeiten zur Verfügung. Erstens können bestehende Maßnahmen einfach auslaufen und es werden keine neuen ergriffen. Quasi ein Ausstieg auf Raten. Zweitens können aktive Maßnahmen ergriffen werden, um möglichst schnell aus bestehenden Maßnahmen herauszukommen. Welcher Weg eingeschlagen wird hängt ganz entscheidend von der wirtschaftlichen Entwicklung im jeweiligen Wirtschaftsraum ab. Die EZB hat ersteres getan. Allerdings hat die EZB auch keine explizite quantita-

[35] Ben Bernanke, der Chairman der Fed, hat die Möglichkeiten, die der Fed zur Verfügung stehen in einer Rede vor dem National Economists Club in Washington D.C. beschrieben: "Deflation: Making Sure 'It' Doesn't Happen Here", 21. November 2002.

tive Lockerung genutzt. Die Überschussliquidität im Euroraum ist Anfang 2011 bereits sehr stark zurückgefahren und befindet sich zum Teil auf Vorkrisenniveau. In den USA ist die Überschussliquidität, die im Übrigen um ein Vielfaches höher ist als im Euroraum, nach wie vor im Markt.[36]

[36]vgl. Vitor Constâncio 2011

10

Das gesamtwirtschaftliche Gleichgewicht

Lernziele:

- Eine Gesellschaft erreicht die größtmögliche Soziale Wohlfahrt, wenn alle Märkte im Gleichgewicht sind.
- Für gegebene Werte von exogenen Variablen repräsentiert die IS-Kurve die Kombinationen des Nominalzinses und des realen BIP, die ein gesamtwirtschaftliches Gütermarktgleichgewicht darstellen.
- Die LM-Kurve repräsentiert die Menge aller Geldmarktgleichgewichte.
- Da die IS- bzw. LM-Kurve alle Gütermarktgleichgewichte bzw. alle Geldmarktgleichgewichte repräsentiert sind im Schnittpunkt dieser beiden Kurven Bedingungen für ein gesamtwirtschaftliches Gleichgewicht erfüllt.
- Erst wenn sich neben dem Güter- und dem Geldmarkt auch der Arbeitsmarkt in einem Gleichgewicht befindet, ist in diesem vereinfachten Modell ein gesamtwirtschaftliches Gleichgewicht erreicht.

10.1 Allgemeine Betrachtungen

Ein Gleichgewicht entsteht dort, wo Nachfrage und Angebot identisch sind.[1] Marktgleichgewichte sind bereits ausführlich besprochen worden. Im ersten Teil wurden jedoch ausschließlich mikroökonomische Marktgleichgewichte untersucht. Auch in der Makroökonomie gibt es Gleichgewichte. Der Grundgedanke hinter **gesamtwirtschaftlichen Gleichgewichten** ist nicht mehr nur ein einzelner Markt, sondern die Menge aller Märkte einer Volkswirtschaft. Analog zu dieser kurzen Beschreibung spricht man *von einem gesamtwirtschaftlichen Gleichgewicht, wenn jeder einzelne dieser Märkte im Gleichgewicht ist.*

[1] vgl. Kap. 1.3

Die Soziale Wohlfahrt eines Marktes ist dann am größten, wenn sich der Markt im Gleichgewicht befindet.[2] Hinsichtlich der Sozialen Wohlfahrt ist mit dem Erreichen eines Gleichgewichtszustandes auch ein Optimum erreicht. Überträgt man diesen Zustand auf die Gesamtheit aller Märkte in einer Volkswirtschaft, kann hieraus ein gesamtgesellschaftliches Optimum abgeleitet werden. *Die Gesellschaft hat ihr Optimum erreicht, wenn alle Märkte im Gleichgewicht sind.*[3] Umgekehrt ist daher kein Optimum erreicht, wenn sich nur ein Markt im Ungleichgewicht befindet. Ein Ungleichgewicht auf einem Markt würde bedeuten, es gäbe ein Überangebot oder Unterangebot. Es werden Waren in einer größeren bzw. kleineren Stückzahl angeboten, als nachgefragt werden. Wie bereits in der Einführung beschrieben, ist die Ökonomie die Lehre von der Knappheit[4]. Wird nun ein Produktionsfaktor dazu eingesetzt, ein Gut zu erzeugen, dass der Markt nicht mehr bereit ist nachzufragen, dann werden Ressourcen verschwendet. Würde der Produktionsfaktor an einer anderen Stelle zum Einsatz kommen, könnte die Soziale Wohlfahrt noch erweitert werden, ohne das neue Produktionsfaktoren zum Einsatz kommen, sondern lediglich dadurch, dass der Einsatz der vorhandenen optimiert wird.

Kann denn ein solches Optimum überhaupt erreicht werden? Ist nicht die Anzahl der einzelnen Märkte so groß, dass ein Gleichgewicht auf allen Einzelmärkten zur gleichen Zeit unerreichbar ist? Unter Modellvoraussetzungen lautet die Antwort nein. Das Prinzip der effizienten Produktion wurde bereits erläutert.[5] Da der Einzelne demnach stets darauf bedacht ist, seine Bedürfnisbefriedigung zu maximieren, der Ressourceneinsatz gleichzeitig minimiert wird, strebt eine Volkswirtschaft im vollkommenen Markt immer ein Optimum an. Adam Smith stellt hierzu sinngemäß fest, dass gerade das Streben jedes Einzelnen nach seinem eigenen Vorteil dazu führt, dass er ganz von selber oder vielmehr notwendigerweise die ihm zur Verfügung stehenden Ressourcen dort einsetzt, wo sie auch der Volkswirtschaft den größten Nutzen bringen.[6]

Gesamtwirtschaftliche Gleichgewichte können theoretisch tatsächlich erreicht werden. Der vollkommene Markt, der hierfür eine Voraussetzung ist, lässt sich in der Realität allerdings nicht darstellen. Im Hinblick auf die Realität von Optima zu sprechen ist daher fragwürdig. Das Erreichen eines

[2] vgl. Kap. 1.3.2
[3] vgl. Burda, Wyplosz 1997, S. 263
[4] vgl. Kap.
[5] vgl. Kap. 2.2.1
[6] vgl. Adam Smith 1996, S. 369

gesamtwirtschaftlichen Gleichgewichts setzt im Wesentlichen zwei Dinge voraus. Zum einen müssen sich alle Marktteilnehmer rational, d.h. ökonomisch vernünftig, verhalten, zum anderen müssen die Märkte funktionieren. Trifft eine der beiden Voraussetzungen nicht zu, besteht ein Grund für einen Staatseingriff.[7] In der Praxis wird ein gesamtwirtschaftliches Gleichgewicht aufgrund der ständigen dynamischen Entwicklung der Märkte auch nur für einen kurzen Augenblick erreicht. Die realen Märkte werden von unendlich vielen Variablen beeinflusst, daher ist ein Gleichgewicht in der Form eines statischen Zustandes nicht stabil. Je dynamischer, d.h. auch schnelllebiger, die Märkte sind, desto kürzer muss ein Gleichgewichtszustand anhalten. Ziel der ökonomischen Wissenschaft ist es auch, diesen Augenblick zu verlängern. Im Folgenden wird gezeigt, was ein gesamtwirtschaftliches Gleichgewicht ist, welche Determinanten es beeinflussen und wie dieses erreicht werden kann, wenn ein Ungleichgewicht herrscht.

10.2 Das Gütermarktgleichgewicht

10.2.1 Die Gleichgewichtsbedingungen

Sind Angebot und Nachfrage identisch, liegt ein Marktgleichgewicht vor. Das gesamtwirtschaftliche Gleichgewicht soll an zwei übergeordneten Märkten veranschaulicht werden. Auf der einen Seite wird der Geldmarkt und auf der anderen Seite die Aggregation aller einzelnen Gütermärkte betrachtet.

Entsprechend liegt ein gesamtwirtschaftliches Gleichgewicht auf dem Gütermarkt vor, wenn das gesamtwirtschaftliche **Güterangebot** und die gesamtwirtschaftliche **Güternachfrage** übereinstimmen. Insbesondere müssen demnach bei Betrachtung einer offenen Volkswirtschaft folgende Gleichungen gelten:

	Annahmen
$Y^S = Y^D$	
$\Leftrightarrow f(P, L, B, K, W, Sc) = Y^D$	- Staat existiert
$\Leftrightarrow f(P, L, B, K, W, Sc) = C + I + G + (Ex - Im)$	- offene VW

setze für:$(Ex - Im) = Z$

$$\Leftrightarrow f(P, L, B, K, W, Sc) = C(Y, i) + I(\Pi, \Pi^e, KA, i) + G(T) + Z(ER).$$

Auf der linken Seite steht die schon bekannte Produktionsfunktion. Auch die Konsum- und Investitionsfunktion auf der rechten sind bekannt. Zur

[7] vgl. Kap. 4, insbesondere Kap. 4.4

gesamtwirtschaftlichen Nachfrage addieren sich noch die Staatsausgaben G, die von den Steuereinnahmen T abhängen, und der Aussenbeitrag Z. Der Aussenbeitrag ist die Differenz aus Exporten minus Importen und ist vom Wechselkurs ER (engl. exchange rate) abhängig. Gibt man die Annahme einer offenen Volkswirtschaft auf und betrachtet nur eine geschlossene Volkswirtschaft, vereinfacht sich die obige Gleichgewichtsbedingung auf:

$$f(P, L, B, K, W, Sc) = C(Y, i) + I(\Pi, \Pi^e, KA, i) + G(T).$$

<u>Annahmen</u>
- Staat existiert
- geschlossene VW

Auf eine Abbildung zur Veranschaulichung eines gesamtwirtschaftlichen Gleichgewichts auf dem Gütermarkt wird verzichtet.[8]

10.2.2 Die IS-Kurve

In einer geschlossenen Volkswirtschaft kann die gesamte Nachfrage aufgeteilt werden in Konsum, Investitionen und Staatsausgaben. Die Staatsausgaben werden als gegeben angenommen, d.h. der Staat hat fest vorgegebene Aufgaben, die zu konstanten Staatsausgaben $\overline{G}$ führen. Real bleibt das Staatsbudget im Zeitablauf gleich und steigt lediglich nominal um die Inflationsrate. Darüber hinaus wird ein ausgeglichenes Staatsbudget vorausgesetzt. Diese Voraussetzung ist bei konstanten Staatsausgaben stringent. Bei einem Ungleichgewicht würde sich langfristig eine enorme Staatsverschuldung oder ein riesiges Staatsvermögen anhäufen. Volkswirtschaftlich können beide Fälle aufgrund zu hoher Kapitalbindung nicht gewollt sein. Somit lässt sich die gesamtwirtschaftliche Nachfragefunktion vereinfacht wie folgt darstellen:

$$Y^D = C(Y, i) + I(i) + \overline{G}.$$

<u>Annahmen</u>
- konstantes, ausgeglichenes Staatsbudget
- konstantes Preisniveau
- geschlossene VW

Die Angebotskurve eines Unternehmens weist eine positive Steigung auf. Bei der horizontalen Aggregation von zunächst zwei Unternehmen ist die Steigung unter Modellannahmen zwar immer noch positiv, jedoch geringer als bei jedem einzelnen Unternehmen.[9] Bei der Aggregation der Angebots-

[8] Zur Veranschaulichung kann der Leser die Abbildung 1.8 heranziehen. Ein gesamtwirtschaftliches Gleichgewicht kann vereinfacht auf diese Weise dargestellt werden. Zu beachten ist lediglich, dass statt des p für den Preis eines Gutes ein P für das Preisniveau auf der vertikalen Achse Verwendung findet und die horizontale Achse mit Y^S und Y^D bezeichnet wird.

[9] vgl. Kap. 1.2.4

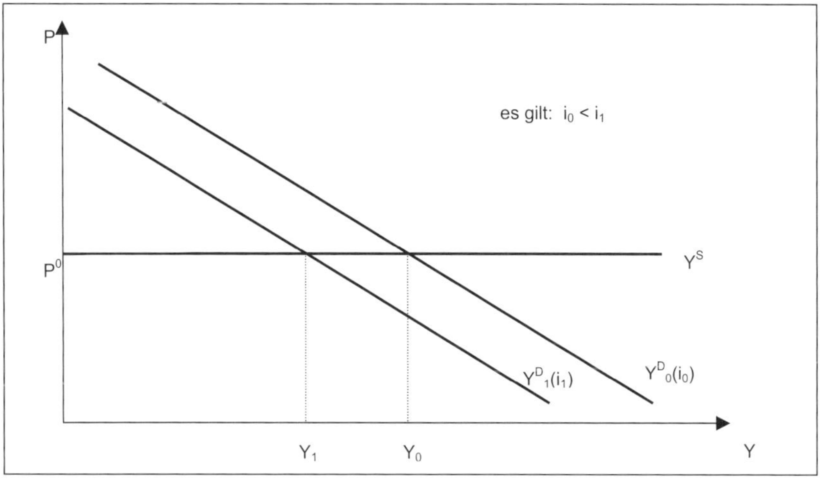

Abbildung 10.1: Gesamtwirtschaftliches Gütermarktgleichgewicht in Abhängigkeit vom Zins

kurven unendlich vieler Unternehmen konvergiert die Steigung gegen Null. In einer Konkurrenzwirtschaft, d.h. in einem vollkommenen Markt kann es über die kurzfristige Perspektive hinaus keine Preissteigerungen geben. Aufgrund der Annahme vollkommener Transparenz[10] würde das Angebot bei einer Zunahme der Nachfrage ebenfalls zunehmen, weshalb sich ein höheres Angebot zu gleichen Preisen ergibt. Es kann daher niemals eine zu hohe Nachfrage auf ein zu geringes Angebot treffen. Es soll daher auch ein gleichbleibendes Preisniveau $\overline{P}$ angenommen werden.

Diese Annahme ist auch vor einem weiteren Hintergrund durchaus plausibel. Unter der Voraussetzung vollkommener Konkurrenz, d.h. in einem Polypol müssen alle Anbieter zu gleichen Preisen anbieten. Bietet ein Unternehmen zu einem höheren als dem Gleichgewichtspreis an, werden dem Unternehmen alle Kunden „weglaufen". Bietet es hingegen zu einem Preis unterhalb des Gleichgewichtspreises an, so werden alle Kunden nur noch bei diesem Unternehmen kaufen. Die Konkurrenzunternehmen müssen daher ihre Preise senken oder den Markt verlassen.[11] Eine Zunahme der Nachfrage führt in einem solchen Fall zu einer Kapazitätsausweitung. Der Preis bleibt konstant. Bei einer längerfristigen Betrachtung ist die gesamt-

[10]vgl. Kap. 3.1.1
[11]vgl. Kap. 2.3.5.1

wirtschaftliche Angebotskurve eine horizontale Gerade. Das Marktgleichgewicht stellt sich demnach wie in Abbildung 10.1 gezeigt dar.

Das Gleichgewicht ergibt sich im Punkt $(Y_0;P^0)$. Was passiert bei einer Variation des Nominalzinses? Der Zins ist in diesem Fall eine exogene Variable, d.h. eine Variation des Zinses führt unter sonst gleichen Bedingungen (ceteris paribus) zu einer Verschiebung der Kurve Y_0^D. Angenommen der Zins steigt von i_0 auf i_1. Ein steigender Zins verteuert die Geldhaltung, d.h. die Transaktionskasse wird abnehmen. Was das Gleiche ist, jedoch in anschaulicherer Form, die Nachfrage nach Konsumentenkrediten wird aufgrund des gestiegenen Zins zurückgehen. Die Marktteilnehmer werden ihren Konsum einschränken. Investitionskredite werden ebenfalls teurer, daher nehmen die Investitionen ab. Ein steigender Zins führt letztlich zu einer insgesamt sinkenden Nachfrage. Die ursprüngliche Kurve Y_0^D verschiebt sich nach unten. Das neue Gleichgewicht ergibt sich beim Punkt $(Y_1;P^0)$.

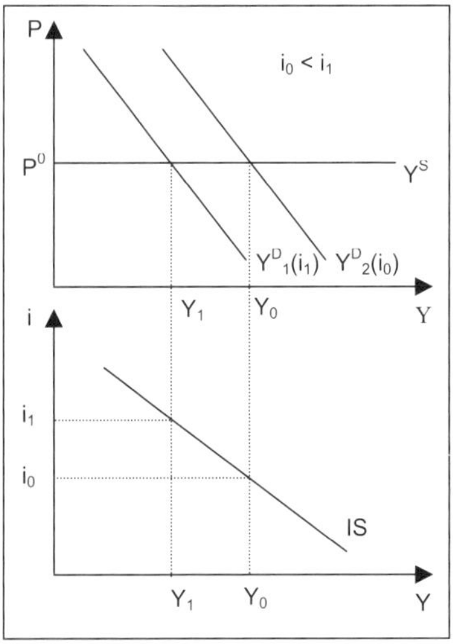

Abbildung 10.2: Herleitung der IS-Kurve

Überträgt man diese Entwicklung in ein i-Y-Diagramm, so kann man die Veränderung des gesamtwirtschaftlichen Einkommens in Abhängigkeit zum Zins erkennen. Die Überleitung in das i-Y-Diagramm ist in der nebenstehenden Abbildung dargestellt. Hierzu sind lediglich die beiden Punkte Y_0 und Y_1 aus dem P-Y-Diagramm auf die horizontale Achse des i-Y-Diagramms projiziert worden. Der Zins wird auf der senkrechten Achse abgetragen. Annahmegemäß ist der Zins in der betrachteten Periode gestiegen, so dass i_0 kleiner i_1 ist.

Das Ergebnis dieser Bemühungen ist die gewünschte Kurve, die nicht zwangsläufig eine Gerade sein muss. Der Verlauf ist für die weiteren Betrachtungen unerheblich, daher ist der einfache Fall einer Geraden angenommen worden. Interessant hierbei ist die Tatsache, dass jeder Punkt auf der Kurve ein Gleichgewicht auf dem Gütermarkt abbildet. Diese Kurve nennt man die **IS-Kurve**. Sie wurde

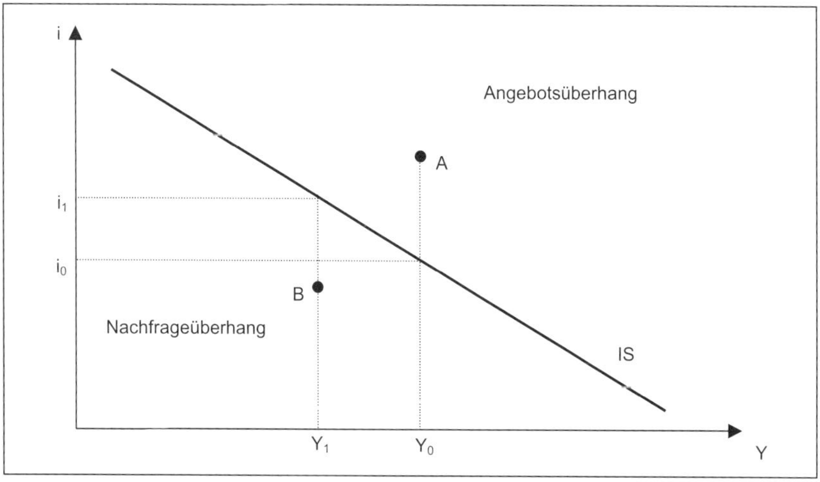

Abbildung 10.3: Die IS-Kurve

von Hicks[12] zuerst hergeleitet. Die Namensgebung stammt vom Einkommenskreislauf $((G - T) + (Ex - Im) = (\Omega - I))$. Durch die gemachten Annahmen eines ausgeglichenen Staatshaushaltes und einer geschlossenen Volkswirtschaft reduziert sich die Vorschrift auf $\Omega = I$. Die Investitionen müssen gleich den Ersparnissen sein. *Die IS-Kurve repräsentiert für gegebene Werte von exogenen Variablen die Kombinationen des Nominalzinses und des realen BIP, die gleichfalls ein gesamtwirtschaftliches Gütermarktgleichgewicht widerspiegeln.*[13]

Mit anderen Worten befinden sich auf der Kurve unterschiedliche i-Y-Kombinationen, die alle ein Gleichgewicht auf dem Gütermarkt darstellen. Zwischen dem Nominalzins und dem realen BIP besteht ergo ein negativer Zusammenhang. Je stärker der Zins steigt, desto geringer wird die gesamtwirtschaftliche Leistung auf dem Gütermarkt. Sinkende Zinsen fördern demzufolge die Wirtschaft, ein Zusammenhang, der bereits im Rahmen der expansiven Geldpolitik ausführlich erläutert wurde.[14] Wenn alle Punkte auf der IS-Kurve Gleichgewichte sind, müssen die restlichen Ungleichgewichte sein. Der Punkt A in Abbildung 10.3 repräsentiert ein Ungleichgewicht,

[12]John R. Hicks 1904 – 1989, britischer Nationalökonom. Er lehrte von 1952 bis 1965 in Oxford. Hauptgebiete seiner Forschung waren die Gleichgewichts- und Wohlfahrtstheorien. Er erhielt 1972 zusammen mit K.J.Arrow den Nobelpreis für Wirtschaftswissenschaften.

[13]vgl. Burda, Wyplosz 1997, S. 251

[14]vgl. Kap. 9.5.4.4

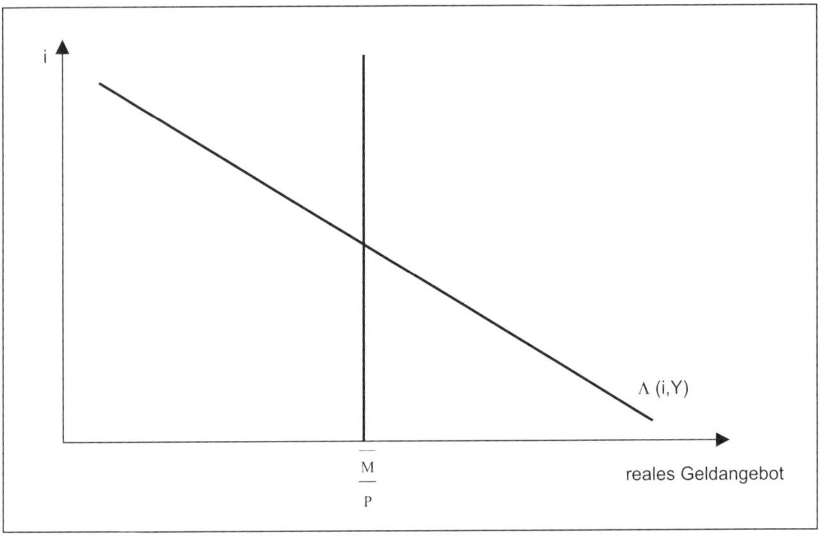

Abbildung 10.4: Das Geldmarktgleichgewicht

in dem der Zins bei gleichgewichtigem Einkommen oberhalb des Gleichgewichtszinses liegt. Die Nachfrage ist gegenüber dem Gleichgewicht zu gering. Es liegt ein Angebotsüberhang vor. Im Punkt B ist der Zins bei einem gleichgewichtigen Einkommen geringer als im Gleichgewicht. Die Nachfrage steigt und es entsteht ein Nachfrageüberhang.

10.3 Das Geldmarktgleichgewicht

10.3.1 Die Gleichgewichtsbedingungen

Im folgenden wird zunächst der Geldmarkt betrachtet, bevor ein gesamtwirtschaftliches Gleichgewicht beschrieben wird. Auf dem Geldmarkt ergibt sich ebenfalls ein Gleichgewicht in dem Punkt, in dem sich Geldnachfrage und Geldangebot ausgleichen. Es gilt hier folgende Bedingung:

$$\Lambda(i, Y) = M(i, \lambda).$$

Den bisherigen Betrachtungen wurde jeweils das nominale Geldangebot zugrundegelegt. Bezieht man das Geldangebot auf das Preisniveau, so erhält man das **reale Geldangebot** ($\frac{M}{P}$). Da das nominale Geldangebot ausschließlich durch die Zentralbank verändert werden kann, der Markt demnach keinen direkten Einfluss auf das nominale Geldangebot hat, soll es zunächst als konstant angenommen werden. Das konstante Geldangebot bezeichnen wir mit $\overline{M}$. Bei einem Preisniveau von P ergibt sich das reale Geldangebot durch $(\frac{\overline{M}}{P})$. Die Geldnachfrage hat die typische negative Steigung, je höher der Zins, desto teurer wird die Geldhaltung und desto geringer wird die Nachfrage sein. Mit sinkendem Zins steigt die Geldnachfrage an. Das Geldmarktgleichgewicht stellt sich mithin wie in Abbildung 10.4 dar.

10.3.2 Die LM-Kurve

Ähnlich der Herleitung der IS-Kurve, lässt sich auch eine Gleichgewichtskurve für den Geldmarkt, die **LM-Kurve** darstellen. Sie repräsentiert alle Kombinationen des Nominalzins mit dem realen BIP, die gleichzeitig auch ein Geldmarktgleichgewicht sind. Hier rührt auch die Namensgebung her, in jedem Punkt stimmt die Geldnachfrage Λ mit dem Geldangebot M überein.

Die graphische Herleitung ist jetzt leicht nachzuvollziehen. In Abbildung 10.5 sind im linken Diagramm das annahmegemäß konstante reale Geldangebot und eine Geldnachfragekurve Λ_0 eingezeichnet. Ein Geldmarktgleichgewicht ergibt sich im Punkt $(\frac{\overline{M}^0}{P}; i_0)$. Das gesamtwirtschaftliche Einkommen ist in dieser Abbildung eine exogene Variable. Das Einkommen steigt angenommen von Y_0 auf Y_1. Das erhöhte Einkommen beeinflusst die Geldnachfrage positiv. Zur Erinnerung, die Transaktionskasse wird aufgrund des gestiegenen Einkommens zunehmen, so dass auch die Geldnachfrage insgesamt steigt. Die Nachfragekurve verschiebt sich nach oben auf Λ_1. Der Zins steigt von i_0 auf i_1. Das zweite Gleichgewicht ergibt sich nach gestiegenem Einkommen im Punkt $(\frac{\overline{M}^0}{P}; i_1)$.

Die Situation lässt sich wiederum in einem i-Y-Diagramm darstellen. Die beiden Zinssätze werden hierzu auf die vertikale Achse der rechten Grafik projiziert. Die unterschiedlichen Einkommen trägt man auf der horizontalen Achse ab. Hierbei bleibt zu beachten, dass Y_0 kleiner ist als Y_1. Es ergeben sich somit zwei Punkte, die man mit einer Geraden verbinden kann, der LM-Kurve. Für die LM-Kurve gilt wie für die IS-Kurve, dass die Darstellung als Gerade nur eine Vereinfachung ist. Die LM-Kurve muss nicht unbedingt eine Gerade sein.

Auf dem Geldmarkt besteht demnach ein positiver Zusammenhang zwischen Nominalzins und Einkommen. Je stärker das Einkommen steigt, de-

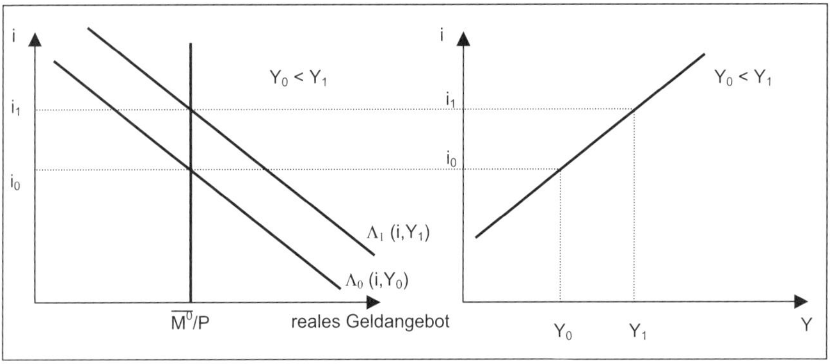

Abbildung 10.5: Herleitung der LM-Kurve

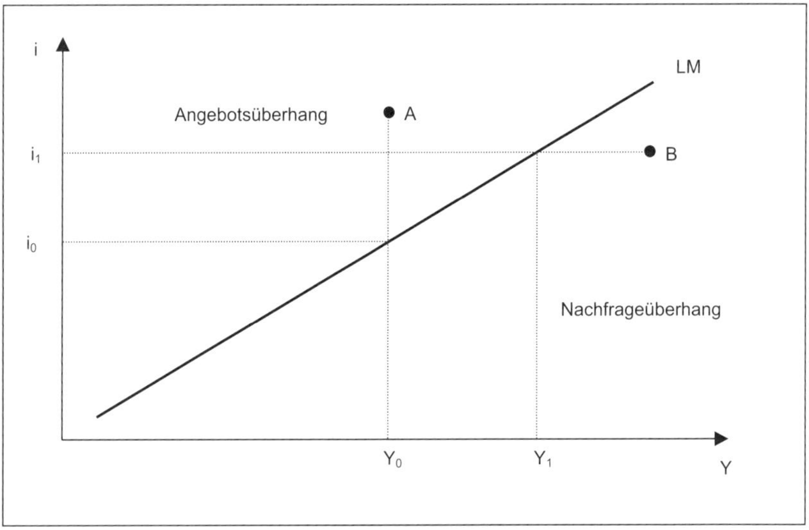

Abbildung 10.6: Die LM-Kurve

sto größer wird die Geldnachfrage. Dies führt zu einem steigenden Zins bei konstantem Geldangebot. Siebert beschreibt sinngemäß, es gibt eine Vielzahl von Geldmarktgleichgewichten bei gegebener Geldmenge mit variierenden Kombinationen von Zinssatz und Volkseinkommen. *Die LM-Kurve stellt die Menge aller Geldmarktgleichgewichte dar.*[15]

Auch auf dem Geldmarkt gilt, dass jeder Punkt, der nicht auf der LM-Kurve liegt, ein Ungleichgewicht darstellt. In der Abbildung 10.6 soll kurz auf die Bereiche ober- und unterhalb der LM-Kurve und ihre Bedeutung eingegangen werden. Der Punkt A spiegelt eine Situation wider, in der bei gleichgewichtigem Einkommen der Zins oberhalb des Gleichgewichts liegt. Die Geldnachfrage ist geringer als im Gleichgewicht, es besteht bei konstantem Geldangebot ein Angebotsüberhang auf dem Geldmarkt. Im Punkt B besteht ein Nachfrageüberhang auf dem Geldmarkt. Bei gleichgewichtigem Nominalzins liegt das Einkommen oberhalb des Gleichgewichts. Die Geldnachfrage muss ebenfalls oberhalb der gleichgewichtigen Nachfrage liegen. Bei konstantem Geldangebot liegt in diesem Punkt ein Nachfrageüberhang am Geldmarkt vor.

10.4 Der Geld- und Gütermarkt

Ein gesamtwirtschaftliches Gleichgewicht ergibt sich, wenn die IS- und LM-Kurve kombiniert werden. Ein **IS-LM-Modell** ist in Abbildung 10.7 dargestellt. *Da jeder Punkt auf der IS-Kurve ein Gleichgewicht auf dem Gütermarkt darstellt und die LM-Kurve die Menge aller Geldmarktgleichgewichte bei unveränderten exogenen Annahmen repräsentiert, sind im Schnittpunkt dieser beiden Kurven Bedingungen für ein gesamtwirtschaftliches Gleichgewicht erfüllt.*

Was verändert die Lage der beiden Kurven in einem i-Y-Diagramm? Eine Verschiebung der Kurven kann nur durch eine exogene Variable verursacht werden. Man spricht hier auch von exogenen Einwirkungen oder exogenen Schocks. Ein auftretender Impuls führt zu einer Verschiebung der einen oder der anderen Kurve. Wo kann ein solcher Schock herrühren? Die gemachten Annahmen zur Herleitung der IS-Kurve machen deutlich, welche Einflüsse hier zu einer Verschiebung der Kurve beitragen. Drei wesentliche Gründe können ausgemacht werden.

Erstens können sich die Erwartungen der Marktteilnehmer bezüglich ih-

[15]vgl. Horst Siebert 1996, S. 301

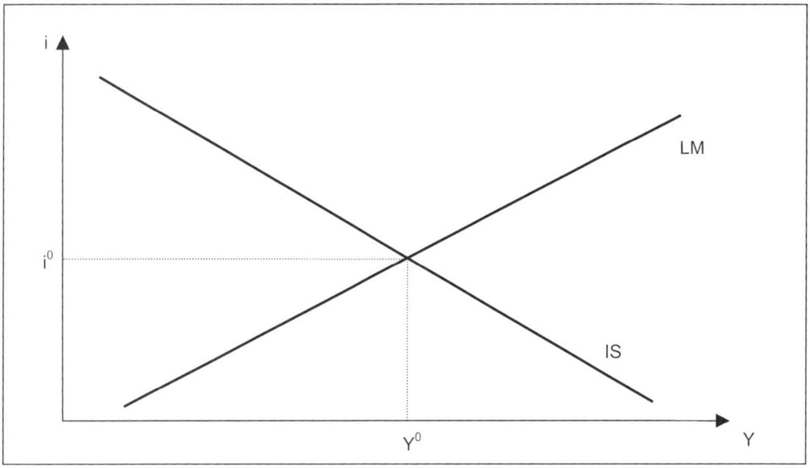

Abbildung 10.7: Das IS-LM-Modell

rer zukünftigen Aussichten verändern. Ein Grund können stark steigende Vermögenspreise sein, sofern der betroffene Vermögensgegenstand der Kapitalanlage dient. Alan Greenspan, der frühere Chairman der amerikanischen Notenbank, hat zu Beginn des Jahres 2000 von der Gefahr einer Asset-Price-Inflation[16] gesprochen. Durch gestiegene Aktienmärkte oder Immobilienpreise steigen die Beleihungsmöglichkeiten bei den Banken und die Menschen können sich höher verschulden. Werden die aufgenommenen Kredite in Nachfrage umgewandelt, führt dies zunächst bei einem gleichbleibenden Angebot zu allgemeinen Preissteigerungen, d.h. Inflation. Hiervon einmal abgesehen, erhöhen die Kurssteigerungen und Immobilienpreiszunahmen aber auch den Wohlstand der betroffenen Marktteilnehmer. Dies führt zu höherem Konsum und die IS-Kurve verschiebt sich nach oben. Genau dieses Phänomen konnte vor 2007, d.h. im Vorfeld der Finanzmarktkrise, beobachtet werden.

Zweitens kann der Staat seine Ausgaben erhöhen. Die Staatsausgaben wurden bisher als gegeben angenommen. Diese Annahme soll jetzt aufgegeben werden, womit die Staatsausgaben dann einen Einfluss auf die Veränderung der Lage der IS-Kurve haben. Entscheidet sich der Staat, beispielsweise aufgrund einer allgemein nachlassenden Nachfrage in der Baubranche, eigene Staatsaufträge für öffentliche Bauten in höherem als

[16] vgl. Kap. 9.4

geplantem Maße zu vergeben, steigen die Ausgaben. Dies erhöht gleichzeitig die Nachfrage und die IS-Kurve verschiebt sich nach oben. Gibt man die Annahme einer geschlossenen Volkswirtschaft auf, so kann der dritte Grund für die Verschiebung der IS-Kurve in der Zunahme der Auslandsnachfrage liegen.

Für die Lage der LM-Kurve ist im Wesentlichen das Geldangebot verantwortlich. Eine Ausweitung des Angebots führt zu einer Verschiebung der LM-Kurve nach unten. Zu jedem Zinssatz kann die Geldnachfrage bei einer Ausweitung des Geldangebots höher sein, weshalb zu jedem Zinssatz auch der gesamtwirtschaftliche Output höher sein kann.

Bisher wurden nur expansive Veränderungen der exogenen Variablen angesprochen. Sie führten jeweils zu einer Verschiebung der IS-Kurve nach oben und der LM-Kurve nach unten. Restriktive Variationen der exogenen Variablen führen hingegen zu gegensätzlichen Bewegungen.

10.5 Die Verbindung zum Arbeitsmarkt

Im vorherigen Kapitel wurde bewusst davon gesprochen, dass im Schnittpunkt der IS- und LM-Kurven Bedingungen für ein gesamtwirtschaftliches Gleichgewicht erfüllt sind. Ob ein tatsächliches gesamtwirtschaftliches Gleichgewicht vorliegt, lässt sich nicht alleine durch ein IS-LM-Modell bestimmen. Neben dem Güter- und Geldmarkt ist noch der Arbeitsmarkt zu berücksichtigen. Erst wenn auch hier Gewissheit über ein Gleichgewicht besteht, kann man in diesem vereinfachten Modell von einem tatsächlichen gesamtwirtschaftlichen Gleichgewicht sprechen.

Die Verbindung zwischen IS-LM-Modell und dem Arbeitsmarkt ist leicht zu ziehen. Im Schnittpunkt der beiden Kurven wird ein bestimmter gesamtwirtschaftlicher Output erzeugt. Setzt man diesen Output in die Gleichung einer Produktionsfunktion ein, die bei gegebenen Größen nur vom Produktionsfaktor Arbeit abhängen soll, kann man die Beschäftigung in einer Volkswirtschaft ermitteln:

$$Y = f(L, \overline{B}, \overline{K}, \overline{W}, \overline{Sc}).$$

Bei konstanten Werten für alle Produktionsfaktoren außer dem Faktor Arbeit kann dieser durch Auflösen der Gleichung nach L in Abhängigkeit vom bereits durch das IS-LM-Modell bekannten Y^0 ermittelt werden:

$$L = f^*(Y^0).$$

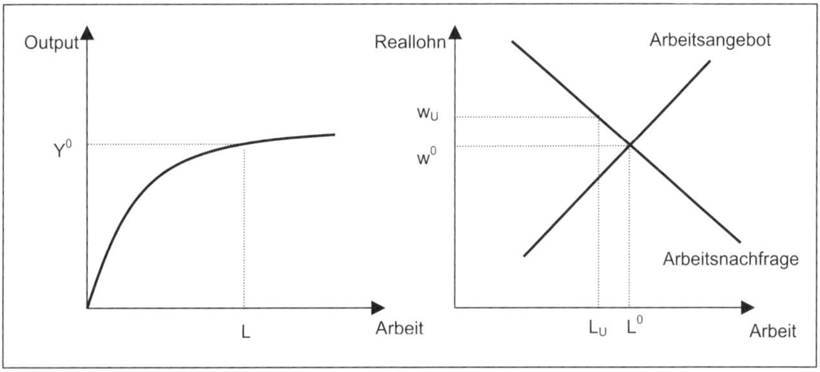

Abbildung 10.8: Das Gleichgewicht auf dem Arbeitsmarkt

Veranschaulicht wird dies in der linken Grafik der Abbildung 10.8. Die rechte Grafik der gleichen Abbildung zeigt den Arbeitsmarkt mit der Arbeitsangebotskurve und der Arbeitsnachfragekurve. Die Beschäftigung wird hier in Abhängigkeit vom Reallohn w dargestellt. Die Neigung der Kurven stellt sich wie bereits mehrfach erläutert dar und unterscheidet sich auch hier nicht von anderen Märkten.

Das in der linken Grafik gefundene L wird in die rechte Grafik eingetragen. Ob es sich jedoch um eine gleichgewichtige Beschäftigung handelt oder nicht, ist vom Lohnsatz abhängig. Angenommen der Lohn ist vollkommen flexibel, dann wird er wie der Preismechanismus auf einem Gütermarkt dafür sorgen, dass ein Gleichgewicht entsteht. Sollte kurzfristig zum Beispiel ein Überangebot an Arbeitskräften herrschen, fiele der Reallohn soweit, bis die Nachfrage genauso groß wäre wie das Angebot. Auf der anderen Seite würde der Preis der Arbeit, der Reallohn, bei zu großer Nachfrage steigen und zwar so lange bis das Angebot genauso groß ist wie die Nachfrage. In beiden beschriebenen Situationen entsteht ein Gleichgewicht auf dem Arbeitsmarkt. In der obigen Abbildung ergibt sich in diesem Fall der Punkt (L_0, w_0).

Ist der Reallohn hingegen nicht vollkommen flexibel, sondern befindet sich, durch exogene Einflüsse vorgegeben, auf dem Niveau w_U, so liegt eine **Unterbeschäftigung** L_U vor. Eine solche Situation kann beispielsweise durch Tarifverhandlungen auftreten. Die Tarifpartner bestimmen einen Lohnsatz, der je nach Dauer der Vertragslaufzeit ein bis zwei Jahre gültig ist. Erhöht sich während der Vertragslaufzeit das Angebot an Arbeitskräften, so kann der Lohnsatz nicht sinken. Die Nachfrage würde aber unter sonst gleichen Bedingungen nur bei fallendem Lohn zunehmen. In dieser Situation muss Arbeitslosigkeit oder Unterbeschäftigung entstehen.

In diesem Kapitel soll ein vollkommen flexibler Reallohn angenommen werden. Unter dieser Voraussetzung stellt sich in diesem einfachen Modell ein gesamtwirtschaftliches Gleichgewicht wie folgt dar:

$$Y^0 = f(i^0, L^0).$$

Die Erfüllung dieser Gleichung zeigt nicht nur ein gleichzeitiges Gleichgewicht auf allen drei Teilmärkten, sondern beschreibt unter den in diesem Kapitel gemachten Annahmen die Situation der größtmöglichen Wohlfahrt einer Volkswirtschaft.

11

Die Konjunktur

Lernziele:

- Ein Konjunkturzyklus setzt sich zusammen aus einem Abschwung, einer Krise, einem Aufschwung und einem Boom.
- Der Konjunkturzyklus ist nicht konsistent zu erklären; weshalb die Forschung sich fasst ausschließlich mit der Verstetigung der Wirtschaft und nicht so sehr mit dem Zyklus selbst beschäftigt.
- Die Hauptaufgabe der Wirtschaftspolitik sollte die Förderung von technischem Wissen und die Möglichkeit der Einführung neuer Produkte in einer angemessenen Zeit sein.
- Der Laffer-Effekt besagt, dass die Reduzierung des Steuersatzes zu einem steigenden Steueraufkommen führt.

11.1 Die Phasen eines Konjunkturzyklus

Rufen wir uns noch einmal die Abbildung 6.4 ins Gedächtnis. Bis auf drei Ausnahmejahre, insbesondere 2009, hat die Volkswirtschaft, bezogen auf das Bruttoinlandsprodukt, ihre Wirtschaftskraft ständig verbessert. Man kann allerdings auch erkennen, dass die Verbesserungen Schwankungen unterworfen sind. In einem Jahr beträgt die Zunahme 2,2%, in einem anderen 2,7% und in einem weiteren nur 1,8%. Stellt man die Daten über das BIP für einen längeren Zeitraum zusammen, zeigt sich ein Verlauf wie in Abbildung 11.1 schematisch dargestellt.[1]

Dieses wellenförmige Auf und Ab um einen langfristigen Wachstumstrend herum nennen Ökonomen **Konjunkturzyklus**. Die einzelne Situation, die man sich aus diesem Zyklus zu einer näheren Untersuchung her-

[1]Diese Darstellung des Konjunkturverlaufs folgt der traditionellen Sichtweise, dass das Wachstum nach einer Rezession letztlich wieder so stark ist wie vorher. Dies ist möglicherweise stark vereinfacht. Realwirtschaftliche Krisen haben wahrscheinlich einen permanenten Effekt auf die Produktion, d.h. das Wachstum wird regelmäßig dauerhaft geringer sein als vor der Rezession (vgl. Nelson, Plosser 1982).

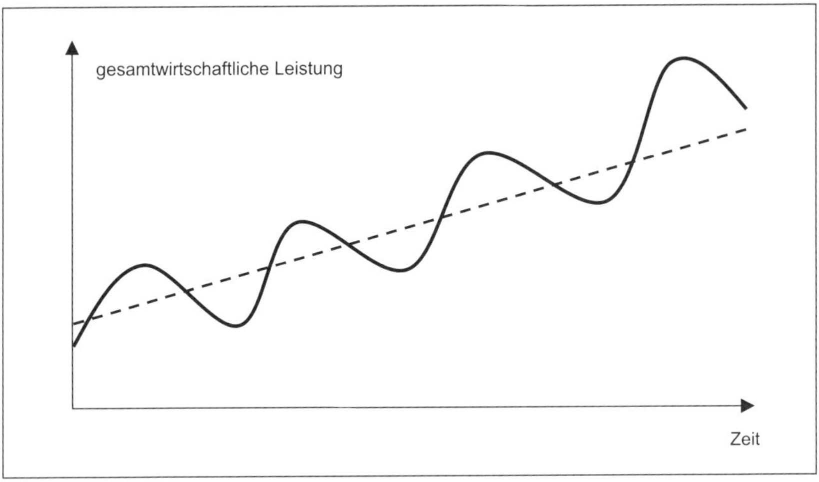

Abbildung 11.1: Das Schema des Konjunkturverlaufs über einen langen Zeitraum

ausnehmen kann, nennt man **Konjunktur**. Die Konjunktur ist demnach die wirtschaftliche Lage einer Volkswirtschaft als Gesamtheit betrachtet.

Grundsätzlich wird der Konjunkturzyklus in verschiedene Phasen unterteilt, wobei jede ihren eigenen Namen hat und eine eigene Lage der wirtschaftlichen Dinge widerspiegelt. Es gibt unterschiedliche Ansätze zur Beschreibung des Konjunkturzyklus. Wir werden im nächsten Kapitel auch noch auf die verschiedenen Arten der Konjunktur eingehen. Zunächst soll es aber genügen, die einzelnen Phasen zu beschreiben. Im Allgemeinen unterscheidet man im Konjunkturzyklus vier verschiedene Phasen. Sehen wir uns hierzu die Abbildung 11.2 an. Anschließend sollen die einzelnen Phasen kurz beschrieben und anhand einiger Indikatoren näher charakterisiert werden. Ähnlich wie bei der Beschreibung der Situation für eine expansive oder restriktive Geldpolitik wollen wir uns mittels logischer Ansätze den Verlauf der Phasen erklären. Es sollen hierbei die Indikatoren *Auslastungsgrad der Produktionskapazitäten*, *Preissteigerung*, *Löhne*, *Gewinnerwartung*, *Zinsniveau* und die *Beschäftigungslage* zu Hilfe genommen werden.

1. Phase
   Die erste Phase ist der Aufschwung nach einem Tief in der wirtschaftlichen Entwicklung. Welcher Name passt besser für diese Phase als **Aufschwung**? Gelegentlich findet sich für diese Phase auch der Name **Expansion**. Was zeichnet diese Phase aus?

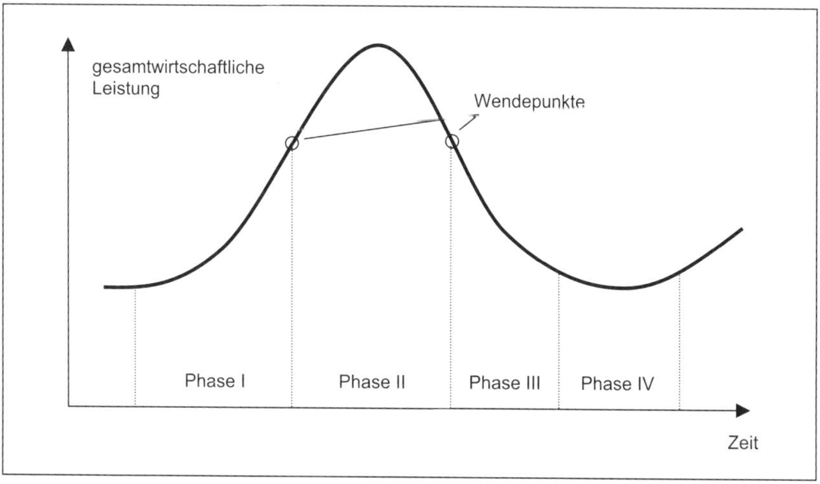

Abbildung 11.2: Die Phasen des Konjunkturzyklus

Zu Beginn, die Wirtschaft erholt sich gerade aus einer Talsohle, wird die Kapazitätsauslastung der Produktionsmittel nur gering sein. Mit zunehmender Verstärkung des Aufschwungs wird sie jedoch steigen. Aufgrund der stärkeren Nachfrage steigen auch die Preise. Zunächst langsamer, je näher die Unternehmen an ihre Kapazitätsgrenzen kommen, desto schneller. Mit einiger Verzögerung, da die Tarifverhandlungen nur in gewissen Abständen stattfinden und die Lohnerhöhungen nicht laufend verhandelt werden, steigen auch die Löhne. Die Gewinnerwartungen der Wirtschaft sind äußerst positiv.
Zur Messung der allgemeinen "Gefühlslage" erstellt das ifo-Institut den sogenannten **ifo-Geschäftsklimaindex**. Dieser Index wird in den einschlägigen Tages- und Wochenzeitungen sowie in den Nachrichtenmagazinen regelmäßig veröffentlicht. Der Index spiegelt die Geschäftserwartungen der gesamten Wirtschaft wider und zeigt sich immer wieder als zuverlässig im Hinblick auf eine allgemeine Prognose der Wirtschaftsentwicklung.
Aufgrund der steigenden Preise wird die Notenbank einen restriktiven Kurs einschlagen und die Zinsen erhöhen. Durch das Erreichen der Kapazitätsgrenzen und die immer noch steigenden Gewinnerwartungen werden auch die Investitionen zunehmen. Im gleichen Zuge wird sich die Beschäftigungslage verbessern.

2. Phase
   Nachdem der Anstieg seinen Höhepunkt erreicht hat, geht die Wirtschaft in die **Hochkonjunktur** über. Die Phase wird auch **Boom** genannt. Die im Aufschwung bereits erweiterten Kapazitäten sind gut ausgelastet. Die Preissteigerungen sind anfangs noch recht stark, konsolidieren sich jedoch während des Booms und gehen zum Ende hin auf ein geringeres Maß zurück. Die Löhne wie auch die Gewinnerwartungen stagnieren. Das Zinsniveau hat ebenso wie die Beschäftigung seine Höchstgrenze erreicht.

3. Phase
   Die Wirtschaft hat bereits ein wenig an Kraft verloren und gerät nun in den **Abschwung** oder auch die **Rezession**. Die Auslastungsgrade der Produktionsmittel gehen zurück. Die Preissteigerungen halten sich höchstens auf einem sehr niedrigen Niveau und gehen vielleicht sogar auf null zurück. Entlassungen bleiben nicht aus, daher sinken die Löhne. Wenn sie nicht nominal sinken, weil die Tarifpartner, vielmehr die Gewerkschaften eine solche Entwicklung verhindern, sinken sie zumindest real. Die Gewinnerwartungen gehen nun deutlich zurück und die Notenbank wird versuchen, stimulierend auf die Wirtschaft einzuwirken, indem sie die Zinsen senkt. Die Beschäftigung geht zurück.

4. Phase
   Die Wirtschaft hat ein neues Tal erreicht. Diese Phase heißt **Tiefststand** oder **Krise**. Gelegentlich heißt sie auch **Depression**. Diese Namensgebung rührt vor allem aus der großen **Weltwirtschaftkrise** im Jahre 1929. Die damalige Krise wird meistens als **The Great Depression**[2] bezeichnet. Daher ist das Wort Depression für die meisten Tiefststände wohl zu negativ belegt. Zum Glück ist nicht jede Krise gleich eine Krise in dem damaligen Ausmaß.
   Die Kapazitäten liegen zum Teil brach, vereinzelt werden sie abgebaut. Die Preise stagnieren bzw. fallen oder werden von einzelnen Produkten, wie 1999 und auch 2011 durch die Energiepreise, gehalten. Die Löhne gehen weiter zurück. Die Gewinnerwartungen konvergieren gegen null, kurzfristig werden vielleicht sogar Verluste erwartet. Das Zinsniveau verharrt auf sehr niedrigem Niveau und die Beschäftigung hat auch ihren Tiefststand erreicht.

[2]Zur Erinnerung der Erläuterung aus der Einführung dieses Buches: die Finanzmarktkrise seit 2007 und die weitere Evolution wird als globale Wirtschaftskrise bzw. als Weltwirtschaftskrise bezeichnet. Nicht aber als Great Depression.

Diese Aufteilung der einzelnen Phasen ist nur eine Möglichkeit, um den Konjunkturzyklus zu schematisieren. Es gibt andere Möglichkeiten, die jedoch oft eine Einteilung in vier Phasen vornehmen. Wann eine Phase beginnt und wann sie endet, kann allerdings nicht genau bestimmt werden, da die Übergänge fließend sind und die Definitionen je nach Darstellung leicht abweichen. Ein alter Witz geht zum Beispiel so: Wenn dein Nachbar seinen Job verliert, wird dies Abschwung genannt. Wenn du selbst deinen Job verlierst, wird dies Rezession genannt. Wenn ein Ökonom seinen Job verliert, wird dies Depression genannt. Dies ist vielleicht etwas populärwissenschaftlich, enthält aber ein Körnchen Wahrheit. Eine Rezession wird oft definiert als zwei aufeinanderfolgende Quartale negativen Wachstums des BIP.[3] Das National Bureau of Economic Research, das Pendant des Statistischen Bundesamtes in den USA, definiert eine Rezession hingegen als eine signifikante Reduzierung der wirtschaftlichen Aktivitäten über die gesamte Volkswirtschaft, die mehr als nur ein paar Monate anhält.[4] Das die Grenzen zwischen den einzelnen Konjunkturphasen bei so uneinheitlichen Definitionen verwischen ist klar. Eine Phase wirklich beim Namen zu nennen ist recht schwer.

Tabelle 11.1: Merkmale von Konjunkturphasen

	Aufschwung (Expansinon)	**Hochkonjunktur (Boom)**	**Abschwung (Rezession)**	**Tiefststand (Krise)**
Auslastungsgrad der Produktionskapazitäten	↑[5]	→	↘	→
Preissteigerung	↗	→	↘	→
Löhne	↗	↗	→	↘
Gewinnerwartungen	↑	→	↘	→
Zinsniveau	↑	↗	↘	→
Beschäftigung	↗	→	↘	→

Tabelle 11.1 soll die Phasen noch einmal im Überblick darstellen. Die Entwicklung der einzelnen Indikatoren ist hierbei durch die Pfeile dargestellt, wobei hier nur die Tendenz bezeichnet wird.

Insgesamt erhielt das Thema "Konjunkturzyklus" über viele Jahre keine große Aufmerksamkeit in der Volkswirtschaftslehre. Die Prognostiker

[3] Aus theoretischer Sicht ist der Begriff "Rezession" nicht eindeutig geklärt, sondern abhängig vom zugrundeliegenden Konjunktur Konzept. Die hier verwendete Definition ist die sog. **technische Rezession** oder auch **Shiskin-Regel** (vgl. Erich Oltmanns 2009).

[4] Quelle: NBER

[5] Anmerkung: ↑ stark steigend; ↗ steigend; → gleichbleibend; ↘ sinkend

unter den Ökonomen sind während der Finanzmarktkrise kritisch behandelt worden. Grund hierfür war, dass mit wenigen Ausnahmen praktisch kein Ökonom vor der Finanzmarktkrise gewarnt hat. Was noch schwerer wiegt: obwohl die Krise dann 2008 sehr offenbar wurde hat nahezu kein Ökonom den verheerenden Wirtschaftseinbruch des Jahres 2009 kommen sehen. Zwar wurden Mitte bis Ende 2008 der Ausblick für 2009 düsterer gezeichnet als zuvor. Aber einen Rückgang des Inlandsproduktes um knapp 5% wurde praktisch nicht zitiert. In Bezug auf diesen Punkt sind tiefergehende Erkenntnisse über den Verlauf von Krisen notwendig. Insbesondere, um zu verstehen, warum und wodurch Kriesen entstehen. Außerdem kann eine Refokussierung der Prognosen weg von exakten Prognosen hin zu Prognosen von Wendepunkten und Umschwüngen im Konjunkturverlauf wertvoll sein. Bisher zeichneten sich Prognosen meist dadurch aus, dass exakte Wachstumszahlen inklusive Nachkommastellen berechnet wurden. Bedeutender könnte es sein sich darauf zu konzentrieren wann eine schlechte Konjunktur in eine gute umschlägt und umgekehrt.

11.2 Die unterschiedlichen Konjunkturzyklen

Eine große Aufgabe der Ökonomie ist es immer noch, den Konjunkturzyklus zu erklären. Es ist im Allgemeinen eine anerkannte Tatsache, dass er existiert.[6] Diese Schlussfolgerung kann man aus der Empirie ziehen. Ein großer Streitpunkt ist jedoch immer noch die Frage nach dem "Warum". Wieso kann die Wirtschaft nicht ohne Zyklus wachsen? Die Antworten hierauf sind vielfältig. Knut Wicksell[7] suchte die Ursachen des Konjunkturzyklus im Zinsverlauf. Steigende Zinsen würden dazu führen, dass Investitionen zurückgehen, die Spartätigkeit nähme zu, damit fällt die Wirtschaft mindestens real zurück. Der Aufschwung ergibt sich somit aus fallenden Zinsen. Die einzelnen Auswirkungen auf die unterschiedlichsten Marktteilnehmer zu untersuchen, ist zu diesem Zeitpunkt jedoch noch nicht ratsam.

[6] Im Allgemeinen deshalb, da die sog. *Freiburger ordoliberale Schule* (Hauptverfechter Walter Eucken) die These aufstellt: Es gebe keine Konjunkturzyklen und es habe diese auch nie gegeben. Vertreter einer anderen Schule, der sog. *Ordnungspolitik* bestreiten die reale Existenz eines Konjunkturzyklusses zwar nicht direkt, behaupten aber: Es könne ihn eigentlich nicht geben.
Diese schon historisch unterschiedlichen Standpunkte zur Konjunkturtheorie sollen aber im weiteren nicht genauer untersucht oder erwähnt werden.

[7] Knut Wicksell war ein schwedischer Ökonom der von 1851 - 1926 lebte. Er ist ein Anhänger der sogenannten Grenznutzenschule und hier speziell der Österreichischen oder Wiener Schule. In seinem Werk "Geldzins und Güterpreise", Jena 1898, hat er einen Ansatz für eine monetäre Konjunkturtheorie entwickelt.

Fangen wir lieber etwas grundsätzlicher an. Die Konjunktur kann sowohl von der Nachfrageseite als auch von der Angebotsseite ausgelöst werden. Eine zunehmende gesamtwirtschaftliche Nachfrage wird die Wirtschaft ankurbeln. Reagiert schließlich das gesamtwirtschaftliche Angebot auf diese Nachfrage, verstärken sich die beiden Effekte und münden schließlich in einem Boom. Andererseits kann aber auch die Angebotsseite den Konjunkturverlauf verändern. Denken wir an die zwei Ölpreisschocks in den 70er und 80er Jahren. Durch den Rückgang des Angebots sind die Preise so enorm gestiegen, dass das gesamtwirtschaftliche Angebot unter diesem Preisdruck zurückgegangen ist, da die Preissteigerungen nicht vollständig auf die Nachfrage übergewälzt werden konnten. Ein solcher Preisdruck wird sich auch in der Zukunft ähnlich bemerkbar machen. Wieso das? Wir wissen bereits, dass die Überwälzung von Kostensteigerungen auf eine Marktseite nur dann vollständig möglich ist, wenn diese vollkommen unelastisch oder die andere Marktseite vollkommen elastisch ist. Dies wird in der Praxis kaum vorzufinden sein, daher werden kurzfristig immer beide Marktseiten teile der Kostensteigerungen tragen müssen.

Unter diesen grundsätzlichen Aspekten können viele Ursachen für einen Konjunkturzyklus gefunden werden. Er kann, wie schon erwähnt, monetären oder auch fiskalpolitischen Ursprungs sein. Er kann von psychologischen Faktoren, wie Vertrauen und Zuversicht abhängen oder schlicht von der Entscheidung, die Sparquote zu erhöhen. Die Analyse eines Konjunkturzyklus ist allerdings ein eigenes weitreichendes Kapitel der Makroökonomie. Wir wollen daher die Ursachenforschung an dieser Stelle abbrechen.

Wenden wir uns wieder den Grundlagen zu. Man unterscheidet verschiedene Arten der Konjunktur. Es gibt einen kurzfristigen, einen mittelfristigen und einen langfristigen Konjunkturzyklus. Über die tatsächliche Länge eines Zyklus bestehen schon wieder unterschiedliche Ansichten, doch kann man einige Intervalle angeben, die unterschiedliche Ansichten vereinen.

- Kurzfristige Konjunkturzyklen
  Bei der **saisonalen Konjunktur** ist die Bestimmung der Dauer am einfachsten, denn es handelt sich lediglich um unterjährige Schwankungen der Konjunktur. Diese sind auf das Klima sowie Ferien und Festzeiten zurückzuführen. Klimatische Ursachen sind vor allem der Grund für die Beschäftigungsschwankungen in der Bauindustrie, in der Getränkeindustrie und bei Reiseveranstaltern. Die Weihnachtszeit beeinflusst vor allem den Einzelhandel und die Produzenten. Ähnliches geht natürlich auch vom Osterfest aus.

Insbesondere aus den Schwankungen der Zinssätze und der Großhandelspreise wurde der **Kitchin-Zyklus**[8] entwickelt. Dieser Zyklus wird auch der **40-Monats-Zyklus** genannt. Seine Länge liegt daher zwischen drei und vier Jahren. Der Kitchin-Zyklus wird in die Reihe kurzfristiger Konjunkturzyklen eingeordnet.

- Mittelfristige Konjunkturzyklen
  Mittelfristige Konjunkturzyklen beziehen sich auf einen Zeitraum von meist fünf bis sieben Jahren. Die sogenannte **Juglar-Welle**[9] hat eine Dauer von acht bis elf Jahren. Auf Deutschland ist sie in der heutigen Zeit im Allgemeinen nicht mehr zu übertragen, doch gibt es im speziellen durchaus einige Branchen, die einen längeren mittelfristigen Konjunkturzyklus haben. Ursächlich für diese mittelfristigen Schwankungen sind das Geldsystem, der Zins, Veränderungen in den Präferenzen oder die technische Entwicklung. Letzteres ist vor allen von Joseph A. Schumpeter[10] vertreten worden. Es beruht weniger auf der Tatsache neuer Erfindungen, sondern auf der Einführung solcher Erfindungen in die Wirtschaft. Tatsächlich kann man, nachdem sich ein neues Produkt am Markt durchgesetzt hat, ein exponentielles und schubartiges Wachstum feststellen, welches in der Tat zu Schwankungen in der Konjunktur führen kann. Man denke hier nur an die enormen Wachstumsraten von Internetnutzung und Telekommunikation. Der Juglar-Zyklus gilt hauptsächlich als ein Zyklus, der sich aus Investitionsschwankungen ergibt. Auch diese Auffassung wird durchaus bestritten, jedoch bestätige eine Untersuchung verschiedener empirischer Daten, dass dieser Zyklus auf Unternehmensinvestitionen zurückzuführen sei.[11]

- Langfristige Konjunkturzyklen
  Der langfristige Konjunkturzyklus ist vornehmlich weltwirtschaftlich zu beobachten und ein Phänomen, welches von einem russischen Wissenschaftler in den 20er Jahren untersucht wurde. Nach ihm ist der

[8]Mit den Schwankungen der Zinssätze hat sich im Wesentlichen W. L. Crum beschäftigt, dieser Zyklus ist in der Literatur daher auch als *Crum-Zyklus* zu finden. Joseph A. Schumpeter hat diese Parallele zwischen Kitchin und Crum beschrieben.

[9]Clément Juglar (1819 - 1905), franz. Nationalökonom. Hat sich vor allem mit dem zyklischen Charakter der Wirtschaft auseinandergesetzt. Er fand heraus, dass die Konjunktur eine Dauer von 8-11 Jahren hat.

[10]Joseph Alois Schumpeter (1883 - 1950), österreichischer Nationalökonom und 1919 kurzzeitig Finanzminister Österreichs. Er studierte und lehrte zunächst in Graz, später auch in Deutschland und den USA. Hier starb er schließlich auch. Hauptwerke sind die "Theorie der wirtschaftlichen Entwicklung" und "Kapitalismus, Sozialismus und Demokratie".

[11]vgl. Gunther Tichy 1994, S. 85ff

Zyklus als **Kondratieff-Zyklus** benannt. Die Namensgebung geht auf Schumpeter zurück, der die kurzen und die langen Zyklen miteinander verband. Nach ihm ergibt eine Reihe von fünf bis sechs Juglar-Zyklen einen Kondratieff-Zyklus. Kondratieff stellte fest, dass sich die Weltkonjunktur seit der Industrialisierung in langen ca. 50-jährigen Wellen auf und ab bewegt. Diese Konjunkturschübe sind durch revolutionäre technische Entwicklungen verursacht worden.
Grob kann man den Beginn einer solcher Welle jeweils an den Anfang und in die Mitte eines Jahrhunderts legen. 1769 entwickelte James Watt die Dampfmaschine, bis sie sich wirklich durchsetzen konnte und die Wirtschaft auch voranbrachte, hatte das 19. Jahrhundert begonnen. Gleichzeitig entstand die Spinnmaschine und der mechanische Webstuhl. Alles in Großbritannien entwickelte und erprobte Neuerungen. Diese erste Welle erlebte ihren Höhepunkt sicherlich mit den Rüstungsinvestitionen für die Befreiungskriege in Europa und dem anschließenden Wiederaufbau.
Die erste Lokomotive entstand bereit 1803/04, ihre Nutzung hing jedoch von den zur Verfügung stehenden Gleiskilometern ab. Bis 1850 entstand in Europa und Amerika ein Streckennetz von ungefähr 40.000 km Länge genug, um die Wirtschaft wieder in einen langfristigen Aufschwung zu führen. Weitere revolutionäre Neuerungen der 1850er Jahre sind die Fotografie und der Zement. Mit dem Beginn des 20. Jahrhunderts beschleunigte sich die Weltwirtschaft ein drittes Mal. Zu verdanken war diese Entwicklung der sich verbreitenden Elektrifizierung und dem Automobil. Diese dritte Konjunkturwelle erreichte ein trauriges Zwischenhoch wieder durch die Rüstungsinvestitionen für den ersten Weltkrieg. Der endgültige Höhepunkt war mit dem Beginn der Weltwirtschaftskrise 1929 erreicht. Die Konjunkturwelle wurde allerdings abrupt durch den zweiten Weltkrieg beendet.
Erst 1950 kam die Weltwirtschaft, dank der Nutzung von Kunststoffen, der Verbreitung des Fernsehens und der inzwischen mit gemischten Gefühlen zu betrachtenden Kernkraft in einen neuen Aufschwung. Ein eigentlicher Höhepunkt ist hier nicht direkt auszumachen, doch sind einige Extrema zu erkennen. So zum Beispiel die beiden Ölkrisen und die Zeit der sogenannten **Reaganomics**. Eine Wirtschaftspolitik, benannt nach dem damaligen Präsidenten der USA Ronald Reagan, die durch nachhaltige Steuersenkungen, starke strukturelle Veränderungen und hohe Budgetdefizite gekennzeichnet war. Eine Politik, wie

wir später noch sehen werden, die sich bis zum Anfang des 21. Jahrhunderts noch ausgezahlt hat. Insgesamt ist die Weltwirtschaft durch zwei schwere Krisen, zum einen in Lateinamerika und zum anderen in Russland, am Ende des Jahrtausends eher verhalten. Ein neuer Aufschwung zeichnet sich allerdings durch die Verbreitung des Internets, der Telekommunikation, der Biotechnologien und der Multimedia Entwicklung ab. Ob dieser jedoch wieder 50 Jahre anhält und was danach zu erwarten ist, kann realistischer Weise nicht vorausgesagt werden. Dieser langfristige Zyklus ist der unsicherste in der wissenschaftlichen Untersuchung, da die Datensammlung über seinen Verlauf zu gering ist. Die statistische Erhebung über einen so langen Zeitraum bereitet auch aufgrund von immer wiederkehrenden Strukturbrüchen und starken exogenen Einflüssen, insbesondere Kriege, große Probleme. Es ist daher auch fraglich, ob ein solcher Zyklus in der Zukunft mit einer stärkeren Kontinuität nachgewiesen werden kann. Die Existenz von langen Wellen in der Konjunktur ist umstritten. Zu Erkennen sei dies vor allem an den unterschiedlichen Längen der untersuchten Wellen und an den zahlreichen Erklärungsversuchen.[12]

Festzuhalten bleibt erstens, dass die in diesem Abschnitt erwähnten Zyklen bei weitem nicht die einzigen sind. Es gibt zahlreiche andere Zyklen, die nach ihren jeweiligen Entdeckern benannt sind. An dieser Stelle soll daher kein Anspruch auf Vollständigkeit erhoben werden. Die einzelnen Zyklen gleichen sich jedoch häufig in ihrer Länge und auch in ihren Ursachen, so dass die drei hier beschriebenen gute Beispiele liefern.

Zweitens, dass auch diese drei Zyklen nicht ausreichen um den Wirtschaftsverlauf zu beschreiben und schon gar nicht, um ihn vorhersagen zu können und somit Krisen eventuell zu verhindern. Schumpeter hat 1939 die Hypothese aufgestellt, dass die Weltwirtschaft in unendlich vielen Zyklen verlaufe. Er widersprach damit dem bis dahin anerkannten Einzyklusschema und stellte ein Dreizyklenschema aus den hier beschriebenen Zyklen dem gegenüber.[13]

Drittens, dass die moderne Makroökonomie es nahezu aufgegeben hat, die Schwankungen in der Wirtschaftsleistung durch Zyklen zu erklären. Vor dem Hintergrund der nur schwach vorhandenen Persistenz fast aller Zyklen,

[12] vgl. Gunther Tichy 1994, S. 57-62

[13] vgl. J.A.Schumpeter 1961, S. 171-184. Der Vollständigkeit halber sei erwähnt, dass Schumpeter in diesem Abschnitt darauf hinweist mit dem Dreizyklenschema keine Hypothese aufstellen zu wollen. Seine Hypothese, dass es sich um unendlich viele Zyklen handelt, die die Wirtschaft erklären, gibt er nur auf, um einen besseren Erklärungsansatz zu haben.

eine Ausnahme bilden lediglich die saisonalen Schwankungen, scheint die Forschung ineffizient zu sein. Statt dessen nehmen Makroökonomen an, die Wirtschaft werde mehr oder weniger zufällig durch mehr oder weniger große Schocks gestört. Diese positiven oder auch negativen Schocks verharren dann eine Zeit in der wirtschaftlichen Bewegung bis sie verarbeitet worden sind. Zu klären bleibt dann, wie diesen Schocks begegnet werden kann, d.h. wie sind sie beschaffen und welche Art der Wirtschaftspolitik scheint am geeignetsten, um sie zu heilen.

Viertens, dass die heutigen wirtschaftspolitischen Diskussionen um Konjunkturzyklen sich im Wesentlichen auf die kurz- bis mittelfristigen konzentrieren. Verschiedene Ansätze zum Ausgleich der zyklischen Wirtschaftsbewegungen werden im Folgenden aufgezeigt.

11.3 Konjunkturelle Impulse durch die Wirtschaftspolitik

11.3.1 Nachfragepolitik

Nachdem deutlich wurde, dass Wirtschaftswachstum nicht konstant nach oben geht, sondern von Höhen und Tiefen geprägt ist, werden verschiedene Möglichkeiten zur Behebung oder zumindest zur Abflachung der konjunkturellen Wellen beschrieben.

Der Konjunkturzyklus kann sowohl von der Nachfrageseite als auch von der Angebotsseite beeinflusst werden. Einwirkungen auf die Nachfrage geschehen im Rahmen einer **nachfrageorientierte Wirtschaftspolitik** oder auch die **antizyklische Fiskalpolitik**. Diese Art der Wirtschaftspolitik wird häufig unter den Begriff **Keynesianismus** gefasst. Die ökonomische Theorie dahinter geht auf den britischen Nationalökonomen John Maynard Keynes (1883 - 1946)[14] zurück.

Keynes geht bei seiner Theorie davon aus, dass der Zins keinen ausreichenden Anreiz für Investitionen bietet, weshalb die alleinige Voraussetzung eines niedrigen Zinses in der Phase geringen Wachstums nicht ausreicht, um Vollbeschäftigung herzustellen und so für ein Gleichgewicht auf dem Arbeitsmarkt zu sorgen. Er misst der Nachfrage im Konjunkturverlauf eine sehr große Bedeutung bei. In Zeiten von Abschwung und Rezession

[14] John M. Keynes entwickelte seine ökonomische Theorie in Folge der Weltwirtschaftskrise von 1929. Sie ist in seinem Hauptwerk der "Allgemeinen Theorie der Beschäftigung, des Zinses und des Geldes" aus dem Jahre 1936 dargelegt.

ist die Nachfrage zu gering, als dass die Kapazitäten ausgeschöpft werden könnten. Die hohe und noch steigende Arbeitslosigkeit führt zu einer weiteren Abnahme der Nachfrage. Die Unternehmen sehen ihre Erwartungen nicht erfüllt und halten Investitionen zurück, womit sich der Trend im Abschwung nur noch verstärkt. Die Theorie widerspricht insofern den Klassikern der Marktwirtschaft, da diese dem System des Marktes Selbstheilungskräfte zutrauen. Um den Markt wieder in ein Gleichgewicht zu bringen, verleiht Keynes dagegen dem Staat eine aktive Rolle. In Krisenzeiten soll er die Lücke in der Nachfrage schließen.

Aus diesem Umstand hat sich auch der Begriff der antizyklischen Fiskalpolitik entwickelt. Ist das Wirtschaftswachstum nur gering, sind als Folge daraus auch die Einnahmen des Staates geringer als üblich. Trotz der Einbußen bei den Einnahmen sollen die Ausgaben des Staates erhöht werden. Dies muss zu einer Staatsverschuldung führen, die unter der Annahme eines wieder erstarkten Wirtschaftswachstums und somit wieder steigender Staatseinnahmen hingenommen wird. Man nennt diese Politik auch **Deficit Spending**, der Staat erhöht seine Ausgaben mittels Krediten und wird diese mit den höheren Einnahmen während der Zeit des Aufschwungs und des Booms wieder tilgen.

Der Keynesianismus, dem in der Tat die meisten westlichen Industrienationen inklusive Deutschland in den Jahren von 1960 bis zum Ende der 70er Jahre anhingen,[15] beruht auf zwei Annahmen. Erstens kann der Staat die private Nachfrage tatsächlich ersetzen, zweitens kann er durch eine entsprechende Fiskal-, Wirtschafts- und Geldpolitik auf die Nachfrage einwirken. Welche Werkzeuge der Staat hierfür auch verwendet, die Steigerung der Nachfrage wird immer zu einem Anstieg des Preisniveaus führen. Diese Tatsache wird durch Abbildung 11.3 verdeutlicht.

Man kann gut erkennen, dass durch die Verstärkung der Nachfrage, wie gewünscht, die nachgefragte Menge gestiegen ist. Diese Entwicklung geht mit einer Preisniveausteigerung von P^0 auf P' einher. Aufgrund dieses Effektes ist der gerade begonnene Aufschwung sehr schnell wieder vorbei, da die Notenbank bei einem Ziel der Preisniveaustabilität sehr früh in den Markt eingreifen müsste. Diese Tatsache könnte dadurch abgeschwächt

[15] In den 1980er Jahren ist die Wirtschaftspolitik in den meisten Ländern auf eine angebotsorientierte Politik umgeschwenkt. Insbesondere in den USA unter Ronald Reagan aber auch in anderen Ländern waren die wesentlichen Maßnahmen angebotsseitige Steuersenkungen. Da die Hauptwirkung solcher Steuersenkungen auf das Wachstum zumindest kurzfristig über die Wirkung auf die Gesamtnachfrage und nicht auf die potentielle Produktionsmenge und das Gesamtangebot gingen, seien manche Ökonomen der Auffassung, dass die neoklassische Angebotsökonomie der achtziger Jahre einer nachfrageorientierten Politik sehr nahe komme (vgl. Giarini, Liedtke 1998, S. 57).

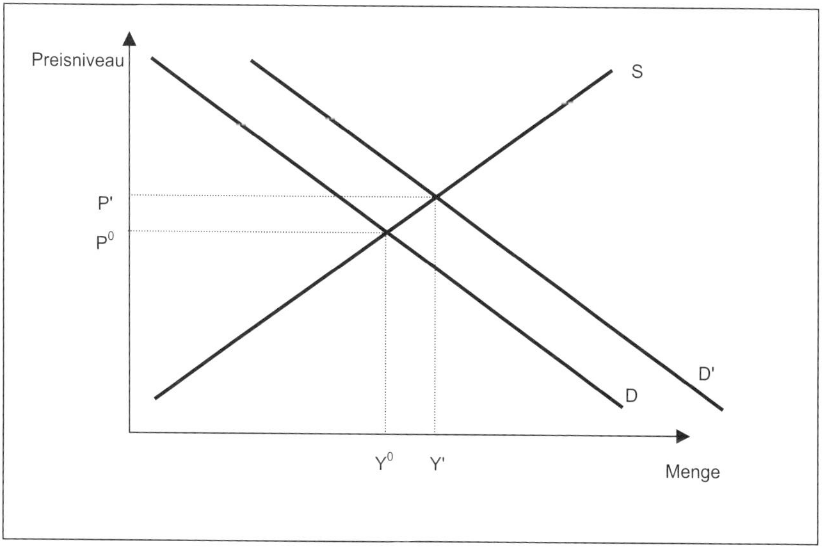

Abbildung 11.3: Auswirkung der Nachfrage auf das Preisniveau

werden, dass man das Ziel der Preisniveaustabilität als ein nachrangiges Ziel betrachtet. Aus guten, schon genannten Gründen, ist es aber ein vorrangiges Ziel in vielen Industrienationen. Vor allem dieses Argument, aber auch die folgenden führten in jüngerer Vergangenheit zu dem Schluss, dass der reine Keynesianismus nicht funktioniert.

Das Verhältnis von privater Nachfrage und Staatskonsum zum BIP wurde bereits gezeigt.[16] Der private Konsum trägt einen wesentlich höheren Anteil als der Staatskonsum. Das Verhältnis ist ungefähr 3:1. Ein Rückgang des privaten Konsums um fünf Prozent würde, sollte der Staat diese Nachfrage abfangen wollen, zu einem Anstieg der Staatsausgaben um 15 Prozent führen. Allein diese bloßen Zahlen zeigen schon die enormen Anstrengungen, die der Staat im finanziellen Bereich auf sich nehmen muss.

Abbildung 11.4 zeigt die tatsächliche Schuldenentwicklung der gesamten öffentlichen Haushalte in Deutschland. Die deutsche Wirtschaftspolitik hat sich seit den 60er Jahren immer wieder auch nachfrageorientiert gezeigt. Ein Ergebnis ist ein Schuldenstand der gesamten öffentlichen Haushalte in Deutschland von rund EUR 1,7 Billionen. Bei einer Bevölkerung von

[16]vgl. Kap. 6.2.5

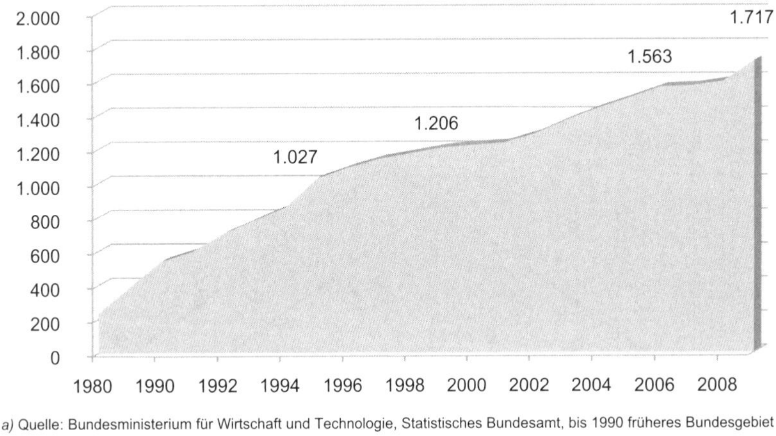

Abbildung 11.4: Entwicklung des Schuldenstandes der öffentlichen Haushalte in Deutschland [in Mrd. EUR]

ca. 82 Mio.[17] Menschen in Deutschland ergibt sich hieraus ein Schuldenstand von circa TEUR 21 pro Kopf der Bevölkerung. Dieser Schuldenstand ist allerdings auch nicht allein dem Keynesianismus der früheren Jahre zuzuschreiben. Er resultiert auch aus mangelnder Haushaltsdisziplin und enormen Investitionsausgaben des Staates im Zuge der Wiedervereinigung. Allem Anschein nach ist es nicht zu einem Schuldenabbau in den starken Wachstumsjahren gekommen. Diese Entwicklung ist auch dem leichtfertigen Umgang vieler Politiker mit den finanziellen Mitteln des Staates zuzuschreiben.[18] Die Steigerung des Schuldenstandes, den die Statistik in den kommenden Jahren 2010 zeigen wird, ist wiederum der Finanzmarktkrise zuzuordnen (siehe auch Kasten *Deutsche Konjunkturprogramme als Folge der Finanzmarktkrise*).

Ein weiteres Problem der antizyklischen Fiskalpolitik sind sogenannte **time-lags**, zeitliche Verzögerungen. Erkennen die zuständigen Stellen, dass sich die Wirtschaft auf dem Weg in eine Rezession befindet, werden wirtschaftspolitische Maßnahmen beschlossen. Bis diese umgesetzt werden, hat die Wirtschaft unter Umständen den unteren Wendepunkt des aktuellen

[17] Quelle: Statistisches Bundesamt, Bevölkerungsstand per 31.12.2009: 81,8 Mio.
[18] Siehe zum Beispiel das jährliche Schwarzbuch des Bund der Steuerzahler Deutschland e.V.

Deutsche Konjunkturprogramme als Folge der Finanzmarktkrise

2009 befand Deutschland sich in einer Rezession. Dies war Mitte 2009 durch faktische Zahlen belegt. Keine Wirtschaftspolitik hätte dies mehr verhindern können. Aber durch die schnelle Entscheidung zu konjunkturellen Maßnahmen durch die Bundesregierung, sogenannte Konjunkturpakete, sollte die Wirtschaft stabilisiert werden.

Beschreibung[a]	Mrd. Euro 2009	2010	Total
Konjunkturpaket I, Nov. 2008			
Beschleunigte Umsetzung von Verkehrsinvestitionen	1	1	
Veränderung Abschreibungsregeln	2,2	4,7	
Absetzbarkeit Handwerkerleistungen	-	1	
Sonstiges	0,7	0,5	
Zwischensumme I	4	7	11
Konjunkturpaket II, Jan. 2009			
Investitionsprogramme	9,3	9,5	
Senkung Steuern und Abgaben	13,3	12,4	
Beschäftigungssicherung	3,3	2,6	
Kredit- und Bürgschaftsprogramm	0,3	0,7	
Zwischensumme II	26	25	51
Weitere Maßnahmen (inkl. Wachstumsbeschleunigungsgesetz, Nov. 2009)	12,5	25,3	38
Summe	43	57	100

Insgesamt haben Bund und Länder durch die Konjunkturpakete I und II sowie weitere Maßnahmen der Volkswirtschaft 100 Mrd. Euro zur Verfügung gestellt. Die Maßnahmen waren ein Mix aus kurzfristigen und längerfristigen Maßnahmen. Veränderungen steuerlicher Absetzbarkeit sowie direkte Eingriffe in Steuer- und Abgabensätze und Transferleistungen erhöhen kurzfristig die finanziellen Mittel von Unternehmen und Haushalten und fördern Investitionen und Konsum. Staatliche Investitionsprogramme wirken hingegen eher längerfristig.
Die Wirtschaft hat sich in Deutschland ab dem zweiten Quartal 2009 langsam stabilisiert. Die Rezession war zwar nicht vorbei, aber das zweite Quartal 2009 wies nach vier negativen Quartalen erstmals wieder eine positive Wachstumsrate auf. Gegenüber dem Vorjahr sank das BIP allerdings nochmal stärker als im ersten Quartal aber auch dies änderte sich im dritten Quartal.
Es kann davon ausgegangen werden, dass die Konjunkturpakete einen positiven Einfluss auf die Volkswirtschaft hatte. Wie immer in der Volkswirtschaftslehre ist es aber auch hier unmöglich die genauen Effekte feststellen zu können. Aufgrund der fehlenden Laborbedingungen kann die gleiche Situation nicht nachgestellt werden, um zum Beispiel andere Maßnahmen zu implementieren.

a Quelle: Bundesministerium für Wirtschaft und Technologie

Zyklusses erreicht. Zum Zeitpunkt, da die beschlossenen und durchgeführten Maßnahmen ihre Wirkung in der Wirtschaft entfalten, befindet sich die Wirtschaft schon wieder im Aufschwung, der dann noch verstärkt wird, weshalb es zu einem erneuten Boom kommt. Der Ablauf beginnt wieder von vorne. Die politischen Stellen erkennen zwar, dass sich ein Boom abzeichnet, bis die entsprechenden Maßnahmen jedoch beschlossen, durchgeführt

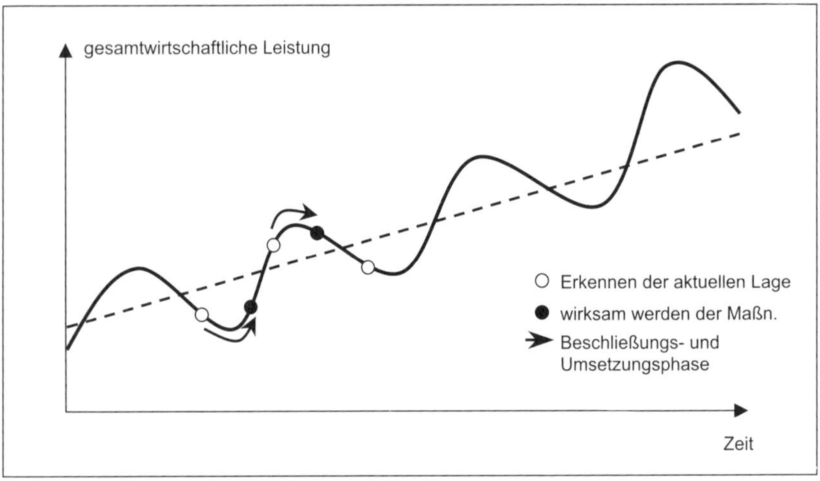

Abbildung 11.5: Time-lags in der Wirtschaftspolitik

und wirksam werden, befindet sich die Wirtschaft schon wieder im Abschwung. Dieser wird dann wiederum durch die restriktiven Maßnahmen verstärkt.

Je kürzer die Zeit zwischen dem Erkennen einer aktuellen wirtschaftlichen Lage und der Wirksamkeit von beschlossenen Maßnahmen ist, desto effektiver ist eine antizyklische Fiskalpolitik. Da umfangreiche politische Entscheidungen gewöhnlich einen längeren Entscheidungs- und Umsetzungsweg haben als vom Umfang her geringere Entscheidungen, können nur einzelne gezielte Maßnahmen getroffen werden, um die Wellen der Konjunktur zu glätten. Hat die Konjunkturbewegung eine große Amplitude, ist die Annahme eines umfassenden wirtschaftspolitischen Eingriffs naheliegend. Ein umfassender Eingriff kann allerdings nur mit einem hohen zeitlichen Aufwand gelingen, was ihn gleichzeitig unbrauchbar macht. Umgekehrt kann ein gezielter Eingriff mit wenigen schnell umzusetzenden Maßnahmen in einen Konjunkturverlauf mit nur geringen Amplituden durchaus wirkungsvoll sein. Die Anwendung einer antizyklischen Fiskalpolitik ist somit von der Art der konjunkturellen Bewegung abhängig.

Die reine nachfrageorientierte Politik wirkt den innovativen Kräften entgegen. Sie verursacht in erheblichem Maße Preisniveausteigerungen, die somit zu Zinserhöhungen führen und einem sich entwickelnden Aufschwung selbst die Stabilität nehmen.

Herrschende Meinung führender Ökonomen ist, dass eine reine nachfrageorientierte Politik dauerhaft das falsche Mittel für die Wirtschaftspolitik ist. Ebenso sind aber Staatseingriffe in vordefiniertem Rahmen zur Zeit tiefer Krisen allgemein akzeptiert. Nur noch wenige Ökonomen, akzeptieren den puren Keynesianismus und noch weniger wollen ihn aktiv anwenden. Auch wenn die Erkenntnisse Keynes in den letzten Jahrzehnten über lange zeitliche Phasen keinen Erfolg zeigten, darf die keynesianische Theorie nicht in ihrer Ganzheit dem Kapitel Geschichte zugeordnet werden. Sie ist keineswegs grundweg falsch. Die Theorie ist aus einer vollkommen anderen Situation heraus entstanden. Keynes entwickelte seine Theorie in der Folge der Weltwirtschaftskrise von 1929. Die Situation des damaligen Großbritanniens war durch extreme Arbeitslosigkeit, Deflation und absoluten Wirtschaftspessimismus gekennzeichnet. Durch die Nachfrage des Staates wurden diese drei Probleme auf einen Schlag aufgegriffen, wenn auch nicht vollends gelöst. Es entstand Zuversicht in die Zukunft. Die entstehende Inflation war gewollt, um aus dem Strudel der Deflation herauszukommen und die Arbeitslosigkeit war in hohem Maße zumindest kurzfristig konjunkturbedingt.

11.3.2 Angebotspolitik

Während beim Keynesianismus der Staat und die Fiskalpolitik im Mittelpunkt stehen, setzen die Vertreter der **angebotsorientierten Wirtschaftspolitik** den Monetarismus und die allgemeinen Wettbewerbsbedingungen in den Mittelpunkt. Der Monetarismus geht im wesentlichen auf Milton Friedman zurück. Er geht von der These aus, dass die kurzfristigen Geldmengenschwankungen durch die staatlichen Eingriffe nur zu weiteren Komplikationen führen und sich nur in höheren Inflationsraten ausdrücken. Friedman widersprach damit der keynesianischen Theorie. Er forderte hingegen ein gleichbleibendes Geldmengenwachstum, das sich in seiner Höhe dem langfristig angestrebten Wachstum des BIP anpassen sollte. Verantwortlich wäre hierfür in der EU die unabhängige EZB. Durch den transparenten und vor allem gleichbleibenden Rahmen stünden nach dem Verständnis der Monetaristen die Möglichkeiten zur Findung eines Gleichgewichts in der Marktwirtschaft wesentlich besser als durch die ständigen kurzfristigen Staatseingriffe.

Das Hauptaugenmerk der angebotsorientierten Wirtschaftspolitik liegt folglich erstens in einer stabilen Geldpolitik, um zu verhindern, dass aufkeimende Inflation das junge Wachstum erstickt. Zweitens sorgt der Staat für ein möglichst wettbewerbsfreundliches Umfeld, in dem sich die Marktteilnehmer den höchsten Gleichgewichtspunkt mit der maximalen Sozialen Wohlfahrt suchen. Hieraus folgt die Forderung von "mehr Markt, weniger Staat". Diese These wurde hauptsächlich von Say[19] und Schumpeter vertreten. In der Tat ist, wie die folgende Abbildung zeigt, die angebotsorientierte Wirtschaftspolitik eine Möglichkeit, Wachstum zu erzeugen, ohne das Preisniveau zu erhöhen.

Unter der Annahme einer gleichbleibenden Nachfrage wird sich wie zu erkennen ist, das Preisniveau sogar absenken. Diese Entwicklung enthält das Risiko einer Deflation. Um dies zu verhindern, müsste sich als Folge der Angebotsausweitung auch die Nachfrage ausweiten. Die Wirtschaftspolitik soll gerade für Wachstum sorgen, d.h. auch steigende Unternehmensgewinne, steigende Löhne und Gehälter und damit auch eine allgemein steigende Nachfrage. Die Nachfrage sollte hierdurch steigen. Erhöht sie sich im Idealfall relativ genauso stark wie das Angebot, verharrt das Preisniveau auf konstantem Niveau (in der Abbildung 11.6 durch die gestrichelte Linie bei P^0 angedeutet). Durch diesen Effekt würde sich die Gleichgewichtsmenge natürlich auch auf einem höheren Niveau einpendeln.

Wie kann nun ein solches Wirtschaftswachstum erreicht werden? Wir sollten uns hier noch einmal verinnerlichen, wodurch das Angebot determiniert wird. Es wird durch die Faktorpreise, die Preise anderer Güter, das technische Wissen und das Management eines Unternehmens beeinflusst.[20] Entscheidend für die Wirtschaftspolitik sind die Faktorpreise und das technische Wissen. Es gilt demnach für die Politik im weiteren Sinne, d.h. die Regierung, die Parteien und Wirtschaftsverbände sowie die Tarifparteien, diese Einflussfaktoren positiv zu gestalten. Es sei noch einmal verinnerlicht, dass wir die Annahme einer gleichbleibenden Nachfrage getroffen haben, um die Einflüsse auf das Angebot zu untersuchen. In der Realität ergäbe sich zumindest kurzfristig durch einen Rückgang der Löhne auch ein Rückgang der Nachfrage. Im weiteren Verlauf des Wirtschaftswachstums würden die Löhne dann allerdings auch wieder anziehen und die Nachfrage dadurch wieder erhöhen. Darüber hinaus ist es erklärtes Ziel, Beschäftigung zu schaffen. Der Rückgang der Nachfrage aufgrund von Lohnreduzierun-

[19]John Baptiste Say (1767 - 1832) Journalist, Baumwollfabrikant und Wirtschaftsprofessor in Frankreich. Er systematisierte die Lehre Smith's. Die Grundaussage seiner Theorie, das Say'sche Gesetz heißt: jedes Angebot schafft sich seine Nachfrage. Dies gelte nicht für jedes einzelne Gut wohl aber für das gesamtwirtschaftliche Angebot.

[20]vgl. Kap. 1.2.2

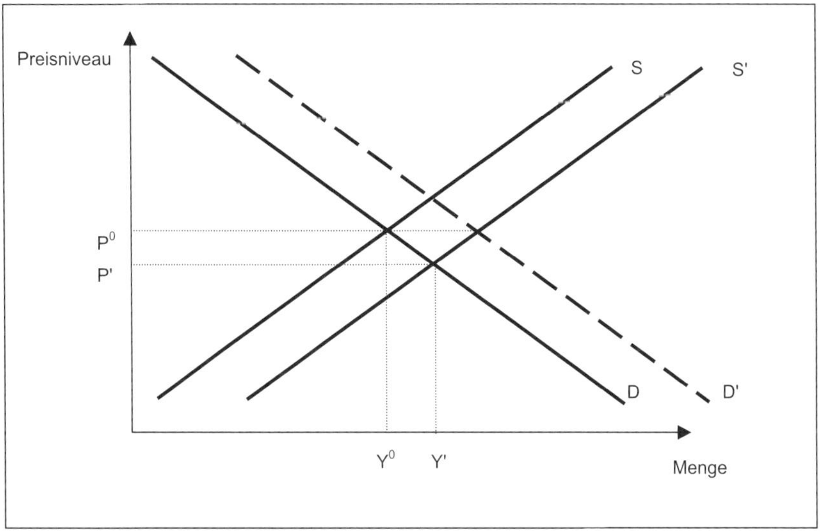

Abbildung 11.6: Auswirkungen des Angebotes auf das Preisniveau

gen kann infolgedessen, zumindest teilweise durch mehr Beschäftigte und damit mehr Lohnempfängern, ausgeglichen werden.

Besonders die Tarifparteien spielen im Hinblick auf die Faktorpreise eine entscheidende Rolle. Die vergangenen Jahrzehnte waren durch die Substitution des Faktors Arbeit durch den Faktor Kapital gekennzeichnet. Arbeitskraft wurde durch Maschinenkraft ersetzt. Eigenartig an dieser Substitution ist die Produktivität. Wieso das? Die Produktivität beschreibt das Verhältnis des Outputs zu dem Input. Arbeitsproduktivität wird dargestellt durch den Bruch:

$$\text{Arbeitsproduktivität} = \frac{Y}{L}.$$

Durch die Substitution von Arbeit durch Kapital wird L immer kleiner, d.h. der Bruch insgesamt immer größer. Das ist auch logisch, denn weniger Arbeitskraft schafft immer noch den gleichen Output Y. Die Investition in Kapital, welches Arbeitskräfte ersetzt, steigert folglich die Arbeitsproduktivität. Die Unternehmen streben letztlich Gewinnmaximierung an. Sie werden die Produktionsfaktoren beschäftigen, mit denen sie ihre Produktion am günstigsten herstellen können. Soll das Wirtschaftswachstum jedoch stabil sein, müssen die Tarifparteien langfristig auch dafür sorgen, dass der Anteil der Arbeitskräfte, die am Wirtschaftswachstum partizipieren, möglichst hoch ist.

Ein weiterer Einflussfaktor des Angebots ist das technische Wissen. **Innovation** ist eine Folge des technischen Wissens. Innovation bedeutet, etwas Neues zu entwickeln. Eine solche Entwicklung ist jedoch für ein Unternehmen nur dann von Nutzen, wenn es sich Gewinnsteigerungen davon erwartet. *Die Förderung von technischem Wissen und die Möglichkeit der Einführung neuer Produkte in einer angemessenen Zeit sind eine wesentliche Komponente der Wirtschaftspolitik.*

Vor diesem Hintergrund bedarf es einer wissbegierigen, motivierten und intelligenten jungen Generation. Bildung muss gefördert werden. Sie sollte allerdings auch leistungsorientiert stattfinden. Langzeit-StudentInnen, die dem Arbeitsmarkt und somit auch der Gesellschaft vielleicht nur noch für wenige Jahre zur Verfügung stehen, sind in der Regel nicht das Ziel, auf das eine effiziente Bildungspolitik hinarbeiten sollte. Eine Verzahnung von Bildung, d.h. Wissenschaft und Praxis sollte verstärkt werden, um die Zeiten zwischen der Einführung neuer praxisorientierter Lehrmethoden zu verkürzen. Das Bildungssystem muss neben jungen motivierten technisch orientierten Ingenieuren auch motivierende und dynamische Führungskräfte hervorbringen.

Es gibt zahlreiche Diskussionsgrundlagen zur Verbesserung von Bildungssystemen. Es verwundert nicht, dass eines die freie Konkurrenz von Bildungseinrichtungen ist. Ein Modell, das vielleicht vorrangig von Ökonomen vertreten wird. Die Ökonomie lehrt uns, dass die Konkurrenz ein leistungsförderndes und höchsteffizientes System ist, das noch dazu gute oder gar hervorragende Qualität hervorbringt. Eine qualitativ hochwertige Bildung ist Inhalt einer angebotsorientierten Wirtschaftspolitik.

Neue innovative Produkte müssen allerdings auch in einer angemessenen Zeit eingeführt werden können. Aufgabe der Wirtschaftspolitik ist es hier, für gute Wettbewerbsbedingungen zu sorgen. Von der Anmeldung eines Patentes bis zu seinem Schutz vergehen in Deutschland zur Zeit in einigen Bereichen durchschnittlich drei Jahre. Der Lebenszyklus eines Produktes kann wesentlich geringer sein. Betrachtet man die enorme Innovationskraft der Computer- und Telekommunikationsindustrie, so nützt ein Patent nach drei Jahren so gut wie nichts mehr, da das geschützte Produkt bereits überholt ist. Dieser hohen Geschwindigkeit in den Innovationsprozessen gilt es Rechnung zu tragen. Die zahlreichen Genehmigungen von der Zulassung über eine Baugenehmigung für die Produktionsanlagen bis hin zu den vielleicht marginalen Beschränkungen im Vertrieb neuer Produkte durch gesetzlich vorgeschriebene Ladenöffnungszeiten, müssen beschleunigt erteilt bzw. dereguliert werden.

In vielen Bereichen müssen Regulierungen ganz wegfallen. Veraltete Strukturen, die dem wirtschaftlichen und damit gesellschaftlichen Wandel im Wege stehen, müssen aufgebrochen und dereguliert werden. Hierzu gehören die traditionellen Mitbestimmungsrechte der Arbeitnehmer aus den Montanunion Zeiten genauso, wie die Möglichkeit zur Kapitalbeschaffung für junge Unternehmen jenseits von Bankkrediten. Gerade im Punkt der Finanzierung hat sich in den vergangenen Jahren schon einiges bewegt.[21]

Ebenso muss eine Risikobereitschaft gegenüber Neuerungen bestehen. Werden Innovationen nicht akzeptiert, werden sich die Produkte am Markt nicht durchsetzen. Hierzu gehört die Aufgeschlossenheit der Gesellschaft gegenüber den Biotechnologien, den neuen Medien und auch der Globalisierung. Die Gefahren, die hierbei von neuen Technologien ausgehen können, gilt es mit effizienten Systemen zu beherrschen. Stellt sich eine Technologie letztlich als untragbar für die Gesellschaft heraus, weil die von ihr ausgehenden Gefahren größer sind als ihr Nutzen, muss ein schnell handelndes System dazu führen, diese Technologien zu eliminieren. Nur dürfen neue Errungenschaften, solange sie noch in der Forschungsabteilung stecken, nicht aus Angst im Keim erstickt werden.

All diese nur angedeuteten Möglichkeiten gehören zu den Deregulierungsaufgaben einer angebotsorientierten Wirtschaftspolitik. Ein Feld, das bisher noch nicht erwähnt wurde, welches jedoch einen großen Einfluss hat, sind die Steuern.

11.3.3 Das Laffer-Theorem

Der Einfluss der Steuern ist sowohl ein Instrument einer nachfrageorientierten als auch einer angebotsorientierten Wirtschaftspolitik, je nachdem auf welcher Marktseite es seine Wirkung entfaltet. Steuersenkungen bedeuten für die Nachfrageseite eine Erhöhung des Einkommens. Für die Angebotsseite bedeuten sie eine Erhöhung der aktuellen Gewinne und vor allem eine Erhöhung der erwarteten Gewinne. Steuererhöhungen haben jeweils einen

[21] Für viele Start-ups gerade im Bereich des Internets und der Medien kommt die traditionelle Finanzierung über Darlehen aufgrund des enormen Kapitalbedarfs und der hohen Wachstumsgeschwindigkeit nicht in Frage. Auch in Deutschland hat sich in den vergangenen Jahren ein Markt für Beteiligungs- und Venture-Capital-Gesellschaften etabliert.

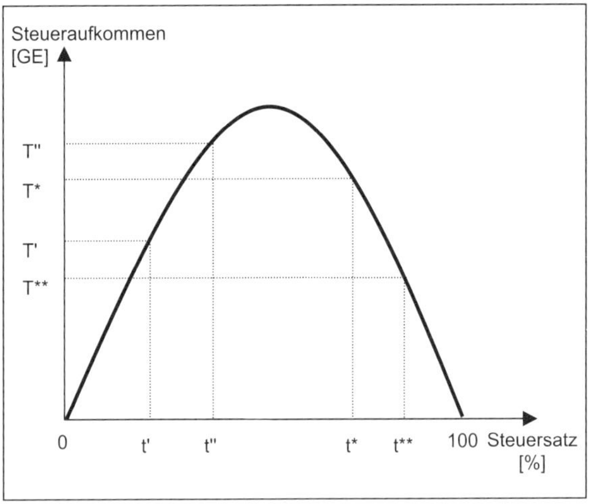

Abbildung 11.7: Die Laffer-Kurve

entgegengesetzten Effekt.

In den 70er Jahren hat sich der Ökonom Arthur Laffer[22] näher mit diesem Phänomen beschäftigt.[23] Aus seinen Untersuchungen ist die nach ihm benannte **Laffer-Kurve** entstanden. Die Laffer-Kurve beschreibt den Verlauf der Steuereinnahmen bei der Veränderung des Steuersatzes. Man kann die Kurve leicht mit ein paar Annahmen herleiten. Bei einem Steuersatz von 0% werden die Steuereinnahmen des Staates Null betragen. Bei einem Steuersatz von 100% werden die Steuereinnahmen ebenfalls, zumindest annähernd, Null betragen. Wenn jeder verdiente Euro mit 100% besteuert wird, hat kein Bürger den Anreiz, überhaupt etwas zu verdienen. Er hätte von dem Verdienten keinen direkten Nutzen.[24] Die Steuereinnahmen sind im Allgemeinen jedoch positiv, daher muss irgendwo in der Mitte zwischen einem Steuersatz von 0% und 100% ein Maximum liegen. Die Laffer-Kurve hat demnach den in Abbildung 11.7 dargestellten Verlauf.

*Der **Laffer-Effekt** besagt, wenn der Steuersatz nur hoch genug ist, führt ein Senken des Steuersatzes zu einem erhöhten Steueraufkommen.* Arbeit-

[22]Arthur Laffer, Professor für Volkswirtschaftslehre, war von 1981 bis 1989 ökonomischer Berater von Präsident R. Reagan in den USA. Er war Mitglied des späteren Finanzberatungsteams um George Bush.

[23]Die Geschichte hinter der sogenannten Laffer-Kurve kann unter www.laffercenter.com, zuletzt geprüft am 24.05.2011, nachgelesen werden.

[24]Die Steuereinnahmen sind nur annähernd Null, weil es wenige Bürger geben mag, die es als ihre staatsbürgerliche Pflicht ansehen, trotzdem arbeiten zu gehen, um ihre Steuern zu zahlen oder auch einfach in der Arbeit ihren Nutzen finden.

nehmer haben mit dem niedrigeren Steuersatz einen größeren Anreiz zu arbeiten. Daher steigt ihr Einkommen. Der Laffer-Effekt besagt nun, das Einkommen steigt mehr als der Steuersatz fällt. Insgesamt nimmt das Steueraufkommen daher zu. In der Tat kann man diesen Effekt aus der Laffer-Kurve erkennen. Liegt der Steuersatz rechts vom maximalen Steueraufkommen bei t^{**}, so ist das Steueraufkommen T^{**}. Reduzieren wir nun den Steuersatz auf t^{*}, so erhöht sich das Steueraufkommen auf T^{*}. Der Laffer-Effekt tritt nicht auf, wenn sich der Steuersatz noch vor dem Aufkommensmaximum bei t'' befindet. In diesem Fall beträgt das Steueraufkommen T''. Reduziert der Staat nun den Steuersatz auf t', fällt das Steueraufkommen auf T'.

Die Erkenntnis der Laffer-Kurve an sich ist trivial. Es stellt sich demnach die Frage nach ihrem praktischen Nutzen. Es wurde oben nur sehr wage ausgedrückt, dass der Laffer-Effekt dann eintritt, wenn der Steuersatz *nur hoch genug ist.* Wann ist der Steuersatz aber hoch genug? Die intuitive Antwort hierauf ist häufig 50%, daher wurde das Maximum der oben gezeichneten Kurve auch in etwa dort festgesetzt, doch ist das ein willkürlich gewählter Wert. Um den genauen Punkt zu kennen, muss die Frage beantwortet werden, ab wann die Erhöhung des Steuersatzes um ein Prozent zu einer Reduzierung der Arbeitseinkommen bzw. der Gewinnerzielung um mehr als ein Prozent führt.

Angenommen eine Familie sieht sich einer Steuerbelastung von 50% gegenüber. Sie hat sich mit ihrem Lebensstandard so eingerichtet, dass dieser Satz akzeptiert wird. Nun hebt der Staat den Steuersatz auf 60%. Bei gleichem Arbeitsaufwand bedeutet das für die Familie ein geringeres Einkommen. D.h. auch ein geringerer Lebensstandard. Aber würde die Familie nicht versuchen ihren Lebensstandard zu halten? Tut sie das, muss sie ihren Arbeitsaufwand genau so stark erhöhen, dass die erhöhte Steuer kompensiert wird. Infolgedessen erhält der Staat ein höheres Steueraufkommen. Der Laffer-Effekt ist nicht eingetreten. Vielleicht gibt es aber auch eine Familie, die angesichts dieser erhöhten Steuer auf ihren Status Quo verzichtet und lieber mit einem geringeren Einkommen zufrieden ist, um nicht noch mehr arbeiten zu müssen.

Man sieht schon anhand dieses einfachen Beispiels wie schwer es ist, eine eventuelle Gesetzmäßigkeit zu entdecken. Es dreht sich hierbei letztlich um die Frage der **Elastizität der Leistungsbereitschaft**. Ab welcher Steuersatzhöhe sind die Steuerzahler nicht mehr bereit, die Steuererhöhung durch Beibehaltung oder durch Reduzierung ihrer Leistung in geringerem Ausmaß als die Steuererhöhung mitzutragen? Die Frage mag zunächst verwirren, aber der Zusammenhang kann durch die Elastizität deutlich gemacht werden. Angenommen die Elastizität ist bei einem vorhandenen Steuersatz elastisch ($|\varepsilon| > 1$). Eine Erhöhung des Steuersatzes um ein Prozent würde dazu führen, dass die Steuerzahler ihre Leistung um mehr als ein Prozent reduzieren. Das Steueraufkommen sinkt. Eine Reduzierung des Steuersatzes führt hingegen zu relativ mehr Leistung und damit zu einem Anstieg des Steueraufkommens. Nach dem gleichen Muster kann man argumentieren, wenn die Elastizität der Leistungsbereitschaft unelastisch ($|\varepsilon| < 1$) ist. Ist die Elastizität gleich eins, führt eine Veränderung des Steuersatzes zu einer gleichstarken Veränderung der Leistung. Der gefundene Steuersatz kennzeichnet das maximale Steueraufkommen.

Eine Antwort auf die Frage, wo dieser Steuersatz liegt, kann man mit Hilfe der Ökonometrie versuchen zu finden. Die Ergebnisse werden immer nur Annäherungen sein und letztlich keine befriedigende Antwort ergeben. Studien aus den USA haben ergeben, dass selbst ein Steuersatz von 80% noch nicht 'hoch genug ist'. Aber es handelt sich hier nur um statistische Abschätzungen, die empirisch nicht zu belegen sind. Sie bewegen sich in Bereichen, die es in der Realität in Form von Steuersätzen und Abgaben bisher nicht gegeben hat. Eine neuere Analyse[25] kommt zu dem Schluß, dass sich die wesentlichen Industrienationen, d.h. die EU Länder und die USA, alle auf der linken Seite der Laffer-Kurve befinden. Die USA könnten den Einkommensteuersatz noch gut 30% erhöhen, bevor die Spitze der Laffer-Kurve erreicht wäre. In den EU-15-Ländern bestünde noch ein Spielraum von circa 15% und in Deutschland von gut 10%. Allerdings ist es für gewöhnlich nicht das erklärte Ziel der Staaten, die Steuersätze beliebig zu ändern, um die Reaktion der Leistungsbereitschaft der Bevölkerung zu ergründen. Vielmehr findet man eine relative Kontinuität in der Höhe der Steuersätze, die ein Abschätzen der Reaktionen innerhalb der Gesellschaft erschweren.

Laffer war als ein Mitglied des Beraterstabes von US-Präsident Reagan mit dafür verantwortlich, dass die Steuern während der Regierungsjahre Reagans stark gesunken sind. Reagan glaubte an den Laffer-Effekt. Es ist jedoch ebenso eine Tatsache, dass die USA während dieser Zeit Rekord Budgetdefizite hatte. Böse Zungen behaupten, Reagan hätte leider Pech gehabt, der Steuersatz habe zu seiner Zeit noch vor dem Maximum gelegen. Damit habe ein Sinken des Steuersatzes auch ein Sinken des Steuer-

[25] vgl. Trabandt, Uhlig 2006

aufkommens zur Folge gehabt. Dies kann die Wahrheit sein, muss es aber nicht. Wie wir wissen, kann ein Budgetdefizit auf zweierlei Art und Weise entstehen. Entweder gehen die Einnahmen zurück oder die Ausgaben steigen. Kein Politiker lässt sich gern nachsagen, dass während seiner Zeit in der Regierung die sozialen Transferleistungen des Staates an seine Bürger zurückgegangen sind. Angenommen die Steuereinnahmen wären nach der Senkung des Steuersatzes durch die Reagan Administration tatsächlich gestiegen, die Transferzahlungen wären aber stärker gestiegen, dann würde sich ebenfalls ein Budgetdefizit einstellen. Die Laffer-Kurve hätte dies dann aber nicht zu verantworten. Andererseits war der Spitzensteuersatz in Amerika damals mit rund 70% zwar hoch, aber immer noch geringer als die vorher erwähnten 80%, was eine Reduzierung des Steueraufkommens bei einer Reduzierung des Steuersatzes nach sich ziehen würde. Auch hier würde ein Budgetdefizit entstehen. Betrachtet man den enormen Anstieg der Rüstungsausgaben während der Regierungsjahre von Reagan, die vor allem durch sein sogenanntes "Star-Wars-Programm"[26] geprägt waren, kann man auch hier einen Grund für ein Budgetdefizit finden. Im Jahr 2006 war der Laffer-Effekt gewünscht wie damals. Auch Präsident George W. Bush erklärte, dass keine Wahl zwischen Steuersenkungen und Defizitsenkung notwendig ist. Seine Politik, Bushonomics, würde funktionieren.[27]

Die Laffer-Kurve an sich mag trivial sein, da die grundlegende Erkenntnis dahinter nicht bahnbrechend ist. Es zielt auf Steuersenkungen ab, schon deshalb ist sie einen Gedanken wert. Die Frage nach der Grenze eines Steuersatzes, ist nicht genau zu beantworten. Die Empfindungen vieler Bürger durch die Steuern und Abgaben erdrückt zu werden, sind allerdings deutlich zu spüren. Ohne mit Laffer zu argumentieren, ist eine Senkung der Steuersätze auch vor dem Hintergrund der Globalisierung und dem damit zunehmenden Steuerwettbewerb in Betracht zu ziehen. Darüber hinaus fördert eine hohe Abgabenquote die Entstehung einer Schattenwirtschaft, da immer mehr Menschen versuchen werden, ihr Einkommen am Staat vorbei zu erwirtschaften. Eine Reduzierung der Steuersätze würde folglich auch der Bekämpfung zunehmender Schwarzarbeit zuträglich sein.

Ein leider trauriger Nebeneffekt des Laffer-Theorems ist die Tatsache, dass die Nationalstaaten auf die Idee kommen könnten, ihr Steueraufkom-

[26]Das sogenannte Star-Wars-Programm beinhaltete die Stationierung eines kompletten Raketenabwehrsystems im Weltall. Es sollte dem Schutz der Amerikaner und der westlichen Welt vor dem Feind im Osten dienen. Hier wurde die ursprüngliche Fiktion vom Epos "Krieg der Sterne" fast erschreckende Wirklichkeit.

[27]Economist (Hg.) 15.-21.07.2006

men zu maximieren, obwohl die möglichst effiziente Nutzung der Steuermittel und damit die Minimierung des Steueraufkommens, bei gegebenen Aufgaben, das Ziel sein sollte.

12 Wachstum

Lernziele:

- Wirtschaftswachstum ist im Allgemeinen die Zunahme des wirtschaftlichen Outputs einer Volkswirtschaft.
- Zuerst klein erscheinende Unterschiede in den jährlichen Wachstumsraten sind langfristig von großer Bedeutung.
- Einige Länder sind reicher pro Kopf als andere, weil sie einen höheren Kapitalstock pro Arbeiter besitzen. Die vergangene Kapitalakkumulation ist höher gewesen.
- In einem einfachen Wachstumsmodell hat ein armes Land mit einem geringeren Kapitalstock pro Arbeiter ein höheres Grenzprodukt und folglich eine höhere Wachstumsrate.
- Langfristig müsste sich der Wohlstand international angleichen.

12.1 Wohlstand für alle

In den vorangegangenen Kapiteln wurde schon häufig das Wort **Wachstum** benutzt. In diesem Zusammenhang und zur Erklärung von Wachstum wurde ebenso oft auf dieses Kapitel verwiesen. Nun soll endlich das Wachstum, d.h. **Wirtschaftswachstum** in den Mittelpunkt rücken. Zunächst einmal die begriffliche Definition: *Wirtschaftswachstum ist im Allgemeinen die Zunahme des wirtschaftlichen Outputs einer Volkswirtschaft.* Die Steigerung des BIP (früher das BSP) ist die klassische Messziffer des Wirtschaftswachstums. Das BIP zeigt im Zeitverlauf auch die konjunkturellen Schwankungen, diese werden bei der Betrachtung des Wachstums ausgeblendet. In diesem Sinne ist Wachstum als ein Trend bzw. ein langfristiger Durchschnitt über mehrere Wirtschaftsjahre zu betrachten. Es zeigt die Zunahme des Produktionspotentials einer Volkswirtschaft, lässt die Schwankungen im Auslastungsgrad allerdings unberücksichtigt. Schematisch ist das Wachstum einer Volkswirtschaft in Abbildung 12.1 dargestellt.

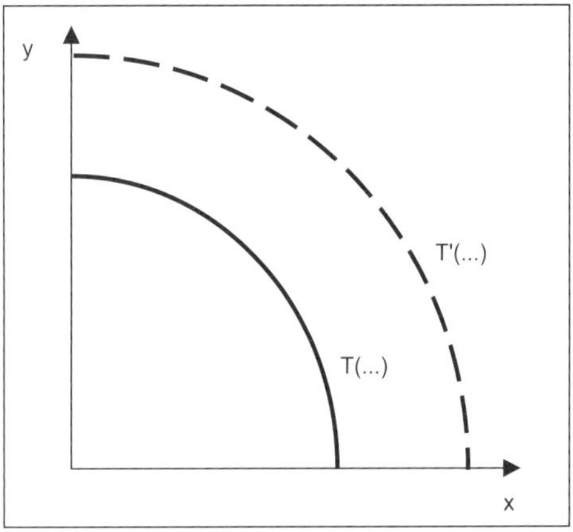

Abbildung 12.1: Wirtschaftswachstum anhand der Transformationskurve

Die Transformationskurve stellt die Menge aller möglichen maximalen Güterbündel in einer Volkswirtschaft dar.[1] Erhöht sich die Kapazität der Produktionsfaktoren, verschiebt sich die Kurve nach außen. Folglich sind die Achsenabschnitte der Transformationskurve in einem zweidimensionalen Diagramm desto größer, je stärker das Wachstum war.

Es ist nahezu unmöglich, die Bedeutung von Wirtschaftswachstum zu überschätzen. Zu Beginn des 21. Jahrhunderts leben einerseits immer noch unzählige Menschen in absoluter Armut, andererseits hat der Lebensstandard in den entwickelten Ländern ein Niveau erreicht, das am Anfang des 20. Jahrhunderts noch unvorstellbar erschien. Wirtschaftswachstum ist ein explizites Ziel der Wirtschaftspolitik der meisten Staaten.

Wie bereits erwähnt ist die Steigerungsrate des BIP der regelmäßige Wachstumsindikator. Dabei richtet sich das Interesse oftmals auf das BIP pro Kopf, da beispielsweise eine Zunahme der Produktion, die lediglich auf eine höhere Bevölkerungszahl zurückzuführen ist, nicht gleichbedeutend mit einer Steigerung des Produktionspotentials einer Volkswirtschaft ist. Darüber hinaus kann nur durch Pro-Kopf-Größen das Wirtschaftswachstum von unterschiedlich bevölkerungsreichen Ländern verglichen werden. Der Ländervergleich zeigt große Unterschiede im BIP pro Kopf. Abbildung 12.2 zeigt für 2004 ein BIP pro Kopf von über 36.000 US-Dollar in den Vereinigten Staaten. Hong Kong und Süd Korea weisen mit 30.000 US-Dollar

[1] vgl. Kap. 2.2

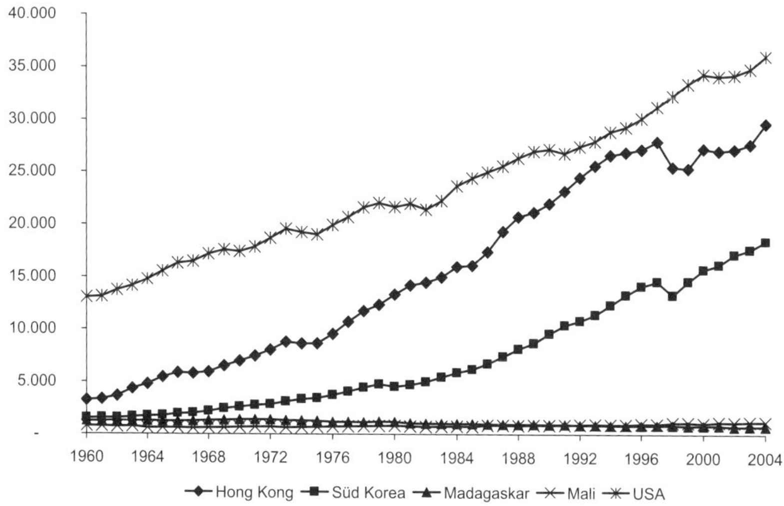

a) Quelle: Heston, Summers, Aten 2006, in Preisen von 2000

Abbildung 12.2: Wachstumsunterschiede - BIP in USD pro Kopf in 5 Ländern

bzw. 18.000 US-Dollar beide ein geringeres aber dennoch hohes BIP pro Kopf aus. Hingegen leben die Menschen in Mali bzw. Madagaskar mit nur 1.200 US-Dollar bzw. 750 US-Dollar BIP pro Kopf in bitterer Armut.

Die Abbildung zeigt nicht nur den Unterschied in einem bestimmten Jahr, sondern auch teilweise die Annäherung des BIP pro Kopf. Es ist in den Vereinigten Staaten seit 1960 stark gewachsen. In Hong Kong und Süd Korea hat das BIP pro Kopf allerdings noch stärker zugenommen. Hingegen scheinen sich Mali und Madagaskar kaum vom Fleck bewegt zu haben. Die Wirtschaftsleistung in Madagaskar ist in dem dargestellten Zeitraum sogar rückläufig. 1960 betrug das BIP pro Kopf in Madagaskar 1.260 US-Dollar und hat sich bis 2004 auf 750 US-Dollar reduziert. In der gleichen Zeit stieg die Produktion in Südkorea von knapp 1.544 US-Dollar auf mehr als 18.000 US-Dollar an. Zunächst klein erscheinende Unterschiede in den jährlichen Wachstumsraten sind langfristig von großer Bedeutung. Wächst ein Land von Jahr zu Jahr um vier Prozent, so verdoppelt es seine Wirtschaftsleistung etwa alle 17,5 Jahre. Ein Land mit einem durchschnittlichen Wachstum von zwei Prozent benötigt dagegen circa 35 Jahre für eine Verdoppelung der gesamtwirtschaftlichen Produktion. Der exponentielle Effekt von Wachstumsraten wird häufig unterschätzt. Eine einfache

Fausformel ist:

$$\text{Verdoppelung einer Größe in x-Jahren} = \frac{70}{\text{Wachstumsrate in }\%}.$$

Aufgrund der Problematik können zwei zentrale Fragen gestellt werden:

1. Warum sind einige Länder reicher als andere?
2. Warum wachsen einige Länder schneller als andere?

Diese zwei Fragen sollen in den nächsten Abschnitten beantwortet werden.

12.2 Eine einfache Erklärung von Wachstum

12.2.1 Eine makroökonomische Produktionsfunktion

Wachstum ist eine Größe, die sowohl von der Angebots- als auch von der Nachfrageseite beeinflusst werden kann. Auf der einen Seite kann eine höhere gesamtwirtschaftliche Nachfrage zu einer relativen Verknappung des Angebots führen, die Preise steigen und der Anreiz zu einer erhöhten Produktion steigt. Auf der anderen Seite kann die Ausweitung des Angebots die Preise bei zunächst gleichbleibender Nachfrage reduzieren. Die Nachfrage wird dann mindestens mittelfristig zunehmen. In Kapitel 6.1 ist bereits eine gesamtwirtschaftliche Produktionsfunktion beschrieben worden. Danach ist der gesamtwirtschaftliche Output Y abhängig vom Preisniveau P und den Produktionsfaktoren Arbeit L, Boden B, Kapital K, technisches Wissen W und soziales System Sc, d.h. $Y = f(P, L, B, K, W, Sc)$. Wichtig für die Erklärung von Wohlstand eines Landes ist der reale Wohlstand. Die Produktionsfunktion vereinfacht sich dann auf: $Y = f(L, B, K, W, Sc)$. Wachstum lässt sich somit erreichen durch zwei wesentliche Dinge:

1. Ausweitung eines oder mehrerer Inputs;
2. Erhöhung der Produktivität eines oder mehrerer Inputs.

Die Steigerung des Produktionsfaktors Boden auch im weiteren Sinne, d.h. inklusive Bodenschätzen, bzw. die Intensivierung der Nutzung ist mindestens in den Industrienationen nur noch in begrenztem Maße möglich. Die Ausweitung von technischem Wissen bzw. die Erhöhung der Produktivität dieses Produktionsfaktors sowie die Verbesserung des Sozialen Systems soll zunächst ausgeblendet werden. Es verbleiben die zwei wichtigsten Produktionsfaktoren Arbeit und Kapital. Die Ausweitung des Produktionsfaktors Arbeit lässt sich einerseits durch die Reduzierung von Arbeitslosigkeit andererseits durch Bevölkerungswachstum (entweder durch Erhöhung der Geburtenraten oder durch Zuwanderung) darstellen. Vor dem Hintergrund der hohen Arbeitslosigkeit, unter anderen in Deutschland, ist deren Verringerung eine der wichtigsten wirtschaftspolitischen Variablen, der sich ein späterer Abschnitt noch ausführlich widmet. Zunächst wird die Arbeitsproduktivität als Wachstumsfaktor des realen BIP pro Kopf betrachtet. Die inzwischen vereinfachte gesamtwirtschaftliche Produktionsfunktion wird durch Arbeit geteilt. Seien die Skalenerträge[2] in diesem einfachen Modell konstant ergibt sich:[3]

$$
\begin{aligned}
Y &= f(L, K) \qquad | \div L \\
\Leftrightarrow \frac{Y}{L} &= f\left(\frac{K}{L}\right) \\
\Leftrightarrow \text{Arbeitsproduktivität} &= f\left(\frac{K}{L}\right).
\end{aligned}
$$

Demnach ist die Arbeitsproduktivität abhängig von der Zunahme des Kapitals pro Arbeiter. Steigt K pro Arbeiter steigt der Output pro Arbeiter, d.h. die Arbeitsproduktivität. Die wesentliche Wachstumsdeterminante ist somit Kapital.

12.2.2 Kapital als wesentliche Voraussetzung für Wachstum

Eine einfache Produktionsfunktion kann lauten:

$$
\begin{aligned}
\frac{Y}{L} &= \left(\frac{K}{L}\right)^{0,5} \\
\Leftrightarrow y &= k^{0,5}.
\end{aligned}
$$

Hier symbolisiert y den Output pro Arbeiter und k den Kapitaleinsatz pro Arbeiter. Abbildung 12.3 zeigt die Produktionsfunktion. Die Produktion weist wie auch die Produktionsfunktion eines Gutes die zwei klassischen Annahmen auf. Das Grenzprodukt ist zwar positiv aber abnehmend. Somit wird auch gleich eine Antwort auf die vorher gestellten Fragen gegeben: 1. Warum sind einige Länder reicher als andere? 2. Warum wachsen einige Länder schneller als andere? Das reiche Land hat bereits einen höheren

[2] Konstante Skalenerträge bedeuten, dass beispielsweise eine Verdopplung des Einsatzes an Produktionsfaktoren auch zu einer Verdopplung der Produktion führt.

[3] Die folgende Gleichung ist eine von zwei zentralen Gleichungen des Solow Wachstumsmodells (vgl. Robert M. Solow 1956). Das Modell wird hier nur in Ansätzen beschrieben. Für eine detaillierte Darstellung und Diskussion vgl. Braun, Paschke 2005.

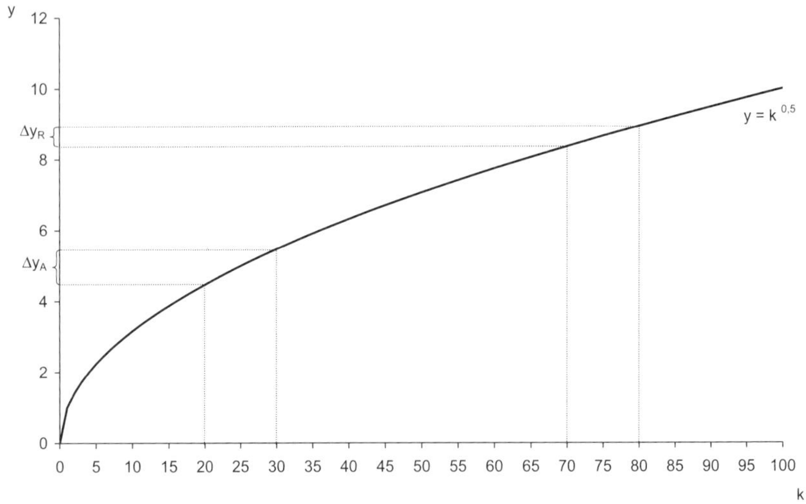

Abbildung 12.3: Eine gesamtwirtschaftliche Produktionsfunktion

Kapitalstock, d.h. einen höheren Kapitaleinsatz pro Arbeiter. In der Grafik soll dieser 70 Einheiten betragen. Das arme Land soll nur einen Kapitaleinsatz von 20 Einheiten pro Arbeiter haben. Einerseits sind einige Länder folglich reicher pro Kopf als andere, weil sie einen höheren Kapitalstock pro Arbeiter besitzen. Die vergangene Kapitalakkumulation ist höher gewesen. Andererseits hat ein armes Land aber ein höheres Grenzprodukt, d.h. eine höhere Wachstumsrate. Erhöht das reiche Land den Kapitaleinsatz pro Arbeiter um 10 Einheiten wächst der Output pro Arbeiter um Δy_R. Erhöht hingegen das arme Land seinen Kapitaleinsatz pro Arbeiter um 10 Einheit auf 30 Einheiten wächst der Output pro Arbeiter um Δy_A. Es ist deutlich zu erkennen, dass gilt: $\Delta y_A > \Delta y_R$.

Langfristig müsste daher international eine Wohlstandsangleichung stattfinden. Abbildung 12.2 lässt bereits erahnen und Tabelle 12.1 macht endgültig deutlich, das eine internationale Wohlstandskonvergenz nicht unbedingt gegeben ist. Hong Kong, Südkorea, Madagaskar und Mali sind im Vergleich zu den Vereinigten Staaten 1960 arm gewesen (siehe auch Abbildung 12.2). Nach der Theorie hätten alle vier Länder erheblich höhere Wachstumsraten als die Vereinigten Staaten haben müssen. Hong Kong und Südkorea bestätigen die Theorie. Madagaskar und Mali hingegen nicht.

Fakt ist, dass die Kapitalakkumulation in Hong Kong und Süd Korea wesentlich größer gewesen ist in den betrachteten Jahren als in den Vereinigten Staaten. Die Kapitalakkumulation in Madagasgar und Mali ist hingegen weit hinter der der anderen Länder zurückgeblieben. Was haben die zwei afrikanischen Länder möglicherweise falsch gemacht?

Tabelle 12.1: Durchschnittliche jährliche Wachstumsraten in 5 Ländern

	1961-1970	1971-1980	1981-1990	1991-2000	2001-2004	1961-2004
Hong Kong	8,0	6,8	5,2	2,3	2,2	5,3
Süd Korea	5,5	5,8	7,7	5,2	4,1	5,9
Madagaskar	1,0	-1,5	-2,4	-1,0	-2,0	-1,1
Mali	-1,3	2,1	0,8	2,1	3,2	1,1
USA	3,0	2,2	2,3	2,4	1,3	2,4

Kapitalakkumulation lässt sich im Wesentlichen nur durch Ersparnisse oder ausländische Direktinvestitionen erreichen. Ersparnisse kommen aus den privaten Haushalten und bedeuten Konsumverzicht. Voraussetzung für die Akkumulation von Kapital ist daher zunächst die Möglichkeit der privaten Haushalte überhaupt sparen zu können. Sind die Haushalte so arm, dass Konsumverzicht überhaupt nicht mehr möglich ist, findet Sparen gar nicht erst statt.

Vorausgesetzt Ersparnisse können gebildet werden, dann findet Kapitalakkumulation erst statt, wenn Unternehmen die Ersparnisse einer Gesellschaft in Investitionen umsetzen. Hierzu muss das Vertrauen in die grundlegende Wirtschaftsordnung groß genug sein. Wesentliche wirtschaftliche Grundrechte sind die freie Berufswahl bzw. die unternehmerische Freiheit sowie die Garantie des Eigentums. Ersteres bietet die Freiheit überhaupt wirtschaftlich tätig zu werden. Letzteres garantiert, dass erwirtschaftete Einkommen bzw. Gewinne dem eigenen Wohl zugute kommen. Kontra produktiv sind ständige politische und wirtschaftliche Unruhen, Rechtsunsicherheit und Korruption. Ein kurzer Blick in die Geschichte der hier aufgeführten Länder bietet viele Begründungen für die signifikant unterschiedlichen wirtschaftlichen Erfolge seit 1960. Die Vereinigten Staaten, Hong Kong und Korea leben alle seit 1960 in mehr oder weniger friedlichen Zeiten und bieten eine hohe Rechtssicherheit mit einer stabilen Regierung. Der Koreakrieg fällt in die Zeit vor 1960. Selbst die Übernahme Hong Kongs von den Briten durch die Volksrepublik China am 01. Juli 1997 hat, wenn überhaupt, nur vorübergehend zu Wachstumseinbußen geführt.

1998 ist die Wirtschaft in Hong Kong zwar um 8,7% gegenüber 1997 geschrumpft, wesentliche Ursache dürfte hier jedoch die Asienkrise und nicht die politische Eingliederung in die Volksrepublik China gewesen sein. Dies wird durch einen Blick auf Süd Korea bestätigt. Auch die südkoreanische Wirtschaft ist von 1997 auf 1998 um fast 9% geschrumpft. Die Wirtschaftsordnungen, Wirtschaftsgesetze und allgemeine wirtschaftliche Regelungen unterscheiden sich in allen drei Ländern, bieten aber grundsätzlich Stabilität und erzeugen somit langfristiges Vertrauen für Investitionen. Schaut man in die Geschichte von Madagaskar und Mali sieht man alles andere als Stabilität. Madagaskar wurde 1958 zur Republik. 1971 fanden Bauernunruhen statt. 1972 bis 1975 herrschte eine Militätdiktatur und dann bis Anfang der 1990er Jahre eine sozialistische Regierung. Es folgten präsidiale Machtausnutzung, bürgerkriegsähnliche Zustände und Putschversuche. Nicht gerade der vertrauenserweckende Hafen für mittel- bis langfristige Investitionen. Auch Mali ist seit 1960 betroffen gewesen von Misswirtschaft, erfolgreichen oder nicht erfolgreichen Putschversuchen, Krieg und Bürgerkrieg. Hinzu kommt im Falle Mali noch die Wüsten- bzw. Wüstenrandlage. So war Mali in den 1970er Jahren von einer Dürrekatastrophe betroffen. Die Entwicklung von Mali und Madagaskar können nicht für Afrika insgesamt verallgemeinert werden. Gemäß einer Studie fällt die Armut in Afrika insgesamt seit 1995 und sie fällt schnell.[4]

Es klingt so einfach Wirtschaftswachstum zu schaffen. Volkswirtschaften sind aber so komplex, dass es immer eine Herausforderung sein wird. Grundvoraussetzungen sind aber Investitionen und hierfür muss es wirtschaftliche Grundrechte geben, politische Stabilität und möglichst Transparenz. Mit einfachen Worten: das Investitionsklima muss langfristig stabil sein.

12.2.3 Weitere wesentliche Voraussetzung für Wachstum

Aus der vorher aufgezeigten gesamtwirtschaftlichen Produktionsfunktion sind einige Einflussfaktoren bis hierher ausgeblendet worden. Weitere wesentliche Determinanten des wirtschaftlichen Wachstums sind Boden, Humankapital, technisches Wissen und das Soziale System.

Der originäre Produktionsfaktor Boden, d.h. landwirtschaftlicher Boden, Rohstoffe sowie Grundstücke sind hinsichtlich des Wirtschaftswachstums in den heutigen Industriestaaten eher von untergeordneter Bedeutung. Selbst-

[4]vgl. Sala-i-Martin, Pinkovskiy 2010

verständlich ist Boden in diesem Sinne von entscheidender Bedeutung hinsichtlich des Kapitalstocks aber nicht notwendiger Weise für das langfristige Wachstum. Ein gutes Beispiel ist die überaus glückliche Situation einiger Länder unter ihrem Land Ölquellen zu haben. So lange das Öl gefördert werden kann beeinflusst es den Wohlstand und sicher auch das Wachstum. Es wird sich allerdings erst noch herausstellen müssen, vielleicht in 50 Jahren, ob die heutigen Ölförderländer den aktuellen Reichtum sinnvoll für ihre Wirtschaft nutzen konnten und auch langfristiges Wachstum erreichen können. Wesentlicher für das Wirtschaftswachstum ist der Produktionsfaktor Boden in der moderneren Ausprägung in der Theorie, d.h. der Umwelt im Allgemeinen. Wie bereits in Kapitel 7.1.2.3 erläutert gibt es einen Zielkonflikt zwischen Wirtschaftswachstum gemäß BIP und dem Erhalt einer lebenswerten Umwelt. Dieser Konflikt ist mit unterschiedlichsten Maßnahmen wie Umweltauflagen, Verboten oder der Einführung eines qualitativen Maßes zu lösen, welche im Einzelfall zu prüfen sind. So kann auf der einen Seite ein erhaltenes Naherholungsgebiet bzw. die Renaturierung einer Region einen sehr positiven Effekt zum Beispiel auf den regionalen Tourismus haben. Auf der anderen Seite kann Umweltschutz zur Reduzierung des Outputs und damit zu einer Wachstumsbeeinträchtigung führen.

Humankapital ist die Bildung im weiteren Sinne. Dieser Produktionsfaktor kann in diesem Zusammenhang unter den Begriff Kapital subsumiert werden. Arbeit wird auch durch Fortbildung produktiver. Vor diesem Hintergrund soll Humankapital an dieser Stelle nicht weiter betrachtet werden. Bildung im Allgemeinen sowie Aus-, Fort- und Weiterbildung sind aber eine wesentliche Determinante von Wirtschaftswachstum.

Technisches Wissen kann vereinfacht mit Innovation gleichgesetzt werden. Je mehr technische Verfahren und Methodiken zur Produktion von Gütern in einer Gesellschaft bekannt sind und beherrscht werden, desto größer wird tendenziell das Wachstum sein. Hier gibt es einen starken Link zum Humankapital. Dieses ist Grundvoraussetzung für die Schaffung von technischem Wissen. Technisches Wissen wiederum garantiert technischen Fortschritt, der wiederum die Produktivität erhöht.

Das Soziale System als die Summe aller öffentlichen und privaten Institutionen, die gesetzliche, politische und gesellschaftliche Struktur bietet die Grundordnung auf der Wirtschaftswachstum entstehen kann. Hierauf wurde bereits im Rahmen der Schaffung von guten Investitionsbedingungen im vorherigen Abschnitt eingegangen.

Kurz um, Wirtschaftswachstum hängt ebenso wie die Outputsteigerung eines einzelnen Unternehmens von den genannten Faktoren im Wesentlichen positiv ab. Dabei können Defizite in einem Bereich durch die relative Stärke in einem anderen Bereich durchaus kurz- bis mittelfristig ausgeglichen werden. Defizite in der Bildung von Humankapital können zum Beispiel durch einen schon vorhandenen Kapitalstock zunächst aufgefangen werden. Früher oder später wird dieser Kapitalstock, zum Beispiel das Humankapital erfahrener Arbeitskräfte, aber nicht mehr zur Verfügung stehen und die nachgewachsene, nicht ausreichend ausgebildete Generation wird Schwierigkeiten haben die Wachstumsraten vergangener Jahre zu erhalten. Langfristig darf keiner der Produktionsfaktoren vernachlässigt werden.

12.3 Eines der größten Probleme - Arbeitslosigkeit

Arbeitslosigkeit ist in vielen Ländern eines der größten wirtschaftspolitischen Probleme. Arbeit ist ein Statussymbol in einer Leistungsgesellschaft. Wer Arbeit hat, der hat auch viele Chancen. Hat man hingegen keinen Arbeitsplatz, gehört man viel weniger zur Gesellschaft. Nur Arbeit und der damit verbundene Verdienst sichern einem einen bestimmten Lebensstandard. Arbeit ist demnach ein sehr wichtiger Bestandteil unseres Lebens. Arbeitslosigkeit ist ein unerwünschtes Übel und führt in hohem Maße zu sozialem Unfrieden bis hin zu einer Spaltung der Gesellschaft. Die Bekämpfung der Arbeitslosigkeit zählt zu einem der obersten Ziele der nationalen Wirtschaftspolitik. Aber auch im Rahmen der EU steht die Beschäftigungssicherung und -förderung im Mittelpunkt der wirtschaftlichen Entwicklung. Die jeweils gewählte Bundesregierung kann es nicht verhindern, dass ihr Erfolg nicht alleine, aber im großen Maße an der Reduzierung der Arbeitslosigkeit gemessen wird.

Neben der gesellschaftlichen Tragweite mit sozialem Charakter ist die Ausweitung des Produktionsfaktors Arbeit aber auch eine wesentliche Determinante für das Wirtschaftswachstum in einer Gesellschaft. Der Ausbau des Produktionsfaktors Arbeit kann auf unterschiedlichem Wege geschehen:

- Beschäftigung aller Arbeitswilligen, d.h. Reduzierung der Arbeitslosigkeit;
- Bevölkerungswachstum durch Erhöhung der Geburtenrate;
- Bevölkerungswachstum durch Nettozuwanderung.

An dieser Stelle wird ausschließlich das bedeutendste Thema Arbeitslosigkeit aufgegriffen. Per Mai 2007 erfasst die Arbeitslosenstatistik in

Deutschland 3,8 Millionen Arbeitslose und 2010 waren es noch 3,2 Millionen[5]. Nicht erfasst werden in der Arbeitslosenstatistik die Personen, die sich in sogenannten Arbeitsmarktpolitischenmaßnahmen befinden. Hierzu zählen Arbeitsbeschaffungs-, Strukturanpassungs- und Weiterbildungsmaßnahmen. Außerdem werden Empfänger von Überbrückungsgeld, Beschäftigte in Personal-Service-Agenturen, Altersteilzeitler in der Ruhephase, Kurzarbeiter und andere Personen nicht erfasst. Ebenfalls nicht erfasst werden Personen, die zwar unter bestimmten Voraussetzungen arbeiten würden, sich aber nicht als Arbeitslose registrieren lassen. Klassisches Beispiel sind Selbstständige, die eine Anstellung suchen und Partner in Haushalten, die derzeit noch keiner Beschäftigung nachgehen. Diese sogenannte **stille Reserve** wird von Forschungsinstituten und vom Sachverständigenrat geschätzt. Sie hatte in Deutschland Ende 2006 eine Größenordnung von ca. 1,5 Millionen Menschen[6] und ist bis 2010 auf knapp unter 1 Million gefallen[7]. Dieser Trend könnte sich weiter fortsetzen. Welche Lösungsansätze führten zur Reduzierung der Arbeitslosigkeit?

12.3.1 Lösungsansätze zur Reduzierung der Arbeitslosigkeit

12.3.1.1 Überblick

Von 1970 bis 2005 kletterte die Arbeitslosigkeit in Deutschland von Gipfel zu Gipfel (siehe Abbildung 8.3). Selbst bei Wachstumsraten von fast 2% steigt die Arbeitslosigkeit noch an. Beispielhaft ist dies zuletzt in den Jahren 1995, 1996 und 1997 zu beobachten. Trotz Wachstumsraten von 1,9%, 1% und 1,8% ist die Arbeitslosenquote von 10,4% 1995 auf 12,7% 1997 gestiegen. Nach Einschätzung von Arbeitsmarktexperten verläuft ein Wirtschaftswachstum von bis zu 2% in Deutschland beschäftigungsneutral. Um einen spürbaren Rückgang der Arbeitslosigkeit verzeichnen zu können, bedarf es bei sonst gleichen Bedingungen eines Wirtschaftswachstums von 3% und mehr. Dies wird durch die Jahre 2006 bzw. 2007 gestützt. In diesen Jahren ist das BIP um 3,4% bzw. 2,7% gewachsen und die Arbeitslosenquote hat sich von 2006 bis 2008 von 12% auf 8,7% verringert. Der geringe Einfluss niedriger Wachstumsraten auf die Arbeitslosigkeit spiegelt die Form der Arbeitslosigkeit wieder. Eine ausschließlich konjunkturelle Arbeitslosigkeit würde viel stärker auf die Konjunktur reagieren. Tut sie

[5]Quelle: Bundesagentur für Arbeit
[6]Sachverständigenrat 2006
[7]Sachverständigenrat 2010

es nicht, ist dies ein Zeichen für die strukturellen Fehlentwicklungen im Hinblick auf eine hohe Beschäftigung.

In Kapitel 8.4 wurden die unterschiedlichen Arten von Arbeitslosigkeit und ihre Ursachen bereits ausführlich erläutert. Sind die Ursachen eines Problems bekannt, kann das Problem theoretisch leicht behoben werden. In der Praxis gestaltet sich dies unweigerlich schwieriger. Häufig wird die Lösung ein komplexer Mix aus unterschiedlichen Maßnahmen sein. Zwei wesentliche Ursachen sind für Arbeitslosigkeit erläutert worden:

- natürliche Arbeitslosigkeit wegen hoher Jobverlustrate und/oder niedriger Jobeinstellungsrate
- strukturelle Arbeitslosigkeit wegen Lohnstarrheit

Die natürliche Arbeitslosigkeit könnte verringert werden, wenn entweder die Jobverlustrate gesenkt oder die Jobeinstellungsrate erhöht wird oder beides geschieht. Die Jobverlustrate ist von der Arbeitsmarktpolitik nur sehr wenig zu beeinflussen, da der Jobverlust die Entscheidung eines Unternehmens ist. Theoretisch könnte der Jobverlust durch Gesetze verhindert werden. Die Jobeinstellungsrate kann hingegen durch die Fokussierung auf die Jobvermittlung der staatlichen Stellen gefördert werden. Mit der Umstrukturierung der früheren **Bundesanstalt für Arbeit** zur **Bundesagentur für Arbeit** ist ganz wesentlich auch dieses Ziel verfolgt worden. Im Gegensatz zur Bundesanstalt soll die Bundesagentur stärker ein Dienstleister am Arbeitsmarkt sein. Der Fokus liegt auf Arbeitsvermittlung und Beratung. Um dieses Ziel zu erreichen, hat eine Dezentralisierung stattgefunden. Auf diese Weise können die Leistungsabnehmer schneller erreicht werden.

Zur Reduzierung der Lohnstarrheit sind wiederum deren Ursachen zu bekämpfen.

(a) **Lohnverhandlungsmonopole**
Die Forderung vieler Ökonomen ist, die Löhne in Europa dezentraler zu bestimmen und zentrale Lohnvereinbarungen flexibler zu gestalten. Insbesondere müsse das Lohnniveau die individuelle Situation in den Betrieben widerspiegeln. In Deutschland wurde dieser Forderung in den letzten Jahren beispielsweise durch die Einbeziehung von Öffnungsklauseln in Tarifverträgen Rechnung getragen. Zum Beispiel enthält der Bankentarif mehrere arbeitszeitliche Flexibilisierungen sowie eine Beschäftigungssicherungsklausel, die es Betrieben in wirtschaftlichen Härtezeiten ermöglicht, das Tarifvolumen um bis zu 8%

zu reduzieren. Auch der Tarifabschluss in der Metall- und Elektroindustrie enthält in 2007 wieder eine Öffnungsklausel. Sie ermöglicht es Betrieben die Tarifvereinbarungen zu differenzieren. Tarifverträge für gesamt Branchen haben ihre Vorteile, zum Beispiel geringe Regelungskosten, größere Planungssicherheit, da die Bedingungen in der ganzen Branche gelten und ein besseres Betriebsklima, da die Verhandlungen auf einer übergeordneten Ebene stattfinden. Dennoch müssen sogenannte Flächentarifverträge, die weitgehende Bindung besitzen, durch die Einführung weiterer Öffnungsklauseln stärker flexibilisiert werden und durch Ergänzungstarifverträge zur Standortsicherung betriebsnäher gestaltet werden. Neben den Flächentarifverträgen sollten auch andere Regelungsoptionen vor allem auf Einzelbetriebsebene stärker genutzt werden, zum Beispiel der Firmentarifvertrag.

(b) **Kündigungsschutz**

Die europäischen Kündigungsschutzgesetze meist aus den 1960er und 1970er Jahren erhöhen die Kosten für Entlassungen für Firmen. Dies verringert die Anreize, neue Arbeitnehmer einzustellen. Stattdessen werden bei steigender Nachfrage verstärkt Überstunden zur Produktion genutzt. Kündigungsschutzgesetze vermindern insgesamt die Chancen von Arbeitssuchenden auf den (Wieder)Einstieg in den Arbeitsmarkt und führen tendenziell zu Reallöhnen oberhalb des Gleichgewichtslohns. Dieser Analyse folgend führt eine Verringerung des Kündigungsschutzes zur Schaffung neuer Arbeitsplätze. Dies trifft allerdings nur dann zu, wenn die Lockerung des Kündigungsschutzes auch Auslöser einer wirtschaftlichen Belebung ist. Alles andere gleichbleibend macht es für die Inhaber von Arbeitsplätzen und Unternehmen sonst keinen Unterschied. Die Lockerung des Kündigungsschutzes per se ist aber sicher nicht die magische Einzelmaßnahme zur Belebung der Gesamtwirtschaft. Daher darf diese Maßnahme nur als ein Teil eines Gesamtmaßnahmenkataloges betrachtet werden. Die Belebung der Gesamtwirtschaft durch flankierende Maßnahmen vorausgesetzt, sollte die Lockerung des Kündigungsschutzes zu einem überproportionalen Abbau der Arbeitslosigkeit führen. In Deutschland ist 2004 der Kündigungsschutz insofern gelockert worden als dass der Geltungsbereich des Kündigungsschutzgesetzes verändert wurde.[8]

(c) **hohe Reservationslöhne**

[8]vgl. Kündigungsschutzgesetz (KSchG) §23

Ein hoher Reservationslohn bestimmt durch die Regelungen der Arbeitslosen- und Sozialversicherung reduziert den Anreiz für Arbeitslose, Arbeit im Niedriglohnsektor zu suchen bzw. anzunehmen. Liegt der Reservationslohn oberhalb des Gleichgewichtslohns auf dem Markt für weniger Qualifizierte, reagieren Firmen mit Entlassungen. Die Reduzierung staatlicher Leistungen für Arbeitslose sowie die Abschaffung oder Senkung von Mindestlöhnen kann die Arbeitslosigkeit verringern. Hierbei ist insbesondere auf das Leistungsprinzip zu achten. Wer leisten kann, sollte dies tun und gegebenenfalls hierzu auch von der Gesellschaft durch die Schaffung von Anreizen mehr oder weniger gezwungen werden. Wer hingegen nicht (ausreichend) leisten kann, zum Beispiel aus gesundheitlichen Gründen, darf hierfür von der Gesellschaft nicht bestraft werden, sondern muss von ihr ausreichend unterstützt werden. Die sogenannten Hartz-Gesetze, welche in Deutschland zwischen 2003 und 2005 in Kraft traten, könnten den Reservationslohn in Deutschland gesenkt haben.[9] Die tatsächlichen Auswirkungen der Hartz-Gesetze sind unter Ökonomen aber umstritten.

12.3.1.2 Das Arbeitsmarktgleichgewicht und Lohnstückkosten

Der Arbeitsmarkt ist wie jeder andere Markt von Angebot und Nachfrage bestimmt. Die Nachfrage der Unternehmen nach Arbeit wird mit sinkendem Preis zunehmen, während das Angebot durch die Arbeitnehmer mit steigendem Preis zunehmen wird. Es liegt demzufolge eine gewöhnliche negativ geneigte Nachfrage- und eine positiv geneigte Angebotskurve vor. Der Preis für die Arbeit wird volkswirtschaftlich meist als **Lohnstückkosten** (LSK) bezeichnet. *Diese geben die Lohnkosten, inklusive Lohnnebenkosten, im Verhältnis zur Arbeitsproduktivität wieder.* Das Gleichgewicht bildet sich am Arbeitsmarkt ebenfalls im Schnittpunkt der beiden Kurven. Demnach stellt sich die Veränderung der Beschäftigungslage in Abhängigkeit von den LSK wie in Abbildung 12.4 dar.

Die Veränderung einer endogenen Variablen erfolgt immer entlang der Kurven in einem Diagramm. Im Punkt (L'; LSK') liegt ein Ungleichge-

[9] Die Hartz-Gesetze haben die Vorschläge der nach ihrem Vorsitzenden benannten Hartz-Kommission in ihren Grundzügen umgesetzt. Im politischen Prozess sind dabei einige Veränderungen gegenüber dem ursprünglichen Konzept vorgenommen worden. Seit Einführung der Gesetze bis 2005 sind auch bereits einige Instrumente und Maßnahmen wieder zurückgenommen worden. Insgesamt sind die Hartz-Gesetze unter Ökonomen hinsichtlich ihrer Auswirkungen - positiv wie negativ - umstritten. Eine endgültige Beurteilung bleibt abzuwarten.

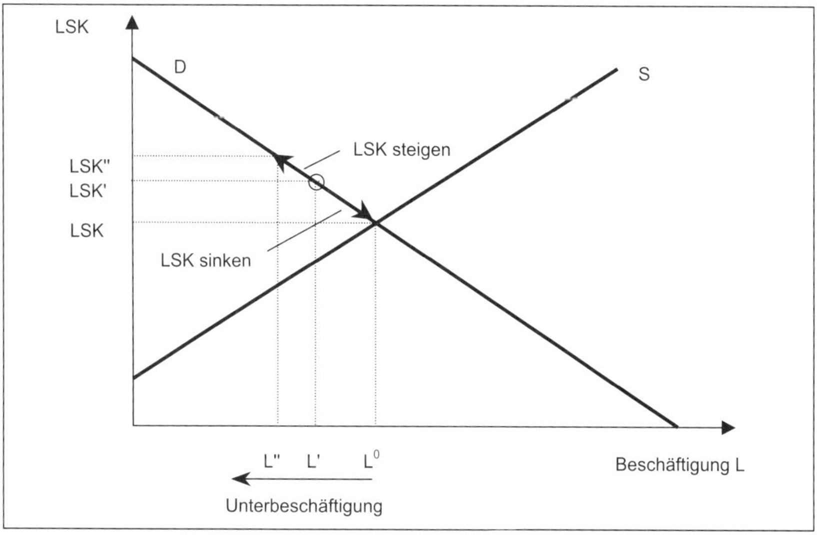

Abbildung 12.4: Das Arbeitsmarktgleichgewicht und Lohnstückkosten

wicht bei Unterbeschäftigung vor. Die Erhöhung der LSK auf LSK" führt zu einem Rückgang der Beschäftigung von L' auf L" und damit zu noch mehr Arbeitslosigkeit. Die Gesellschaft würde sich in einem solchen Fall immer weiter von einem Gleichgewicht entfernen. Eine Reduzierung der Lohnstückkosten auf LSK führt hingegen zu einer Erhöhung der Beschäftigung auf L^0. In diesem Fall läge sogar ein Gleichgewicht vor.

Ein entscheidender Beschäftigungseffekt liegt infolgedessen in den LSK. Sie enthalten sowohl die Löhne als auch die Lohnnebenkosten, wie zum Beispiel die Sozialversicherungen, die betriebliche Altersversorgung, vermögenswirksame Leistungen und sonstige Extrazahlungen. Aufgrund dessen sind für Steigerungen der LSK sowohl der Staat als auch die Tarifparteien verantwortlich. Welche Möglichkeiten gibt es nun, nachhaltig für den Aufbau von Arbeitsplätzen zu sorgen unter der Annahme, dass der Ausgangspunkt wieder vorliegt und möglichst ein Gleichgewicht erreicht werden soll?

- **Reduzierung der Lohnnebenkosten**
  Die meisten Lohnnebenkosten sind staatlich festgelegt. So zum Beispiel die Sozialbeiträge. Die nachhaltige Reduzierung der Beiträge würde zu mehr Beschäftigung führen. Zur Reduzierung der Beiträge

ist es allerdings nötig, dass die Gesellschaft sich nicht länger auf dem gewohnten "der Staat wird es schon machen" ausruht. Dabei ist zu beachten, dass eine Reduzierung der Sozialversicherungsbeiträge nur mit der Reduzierung der Sozialleistungen zu ermöglichen ist. Entsprechend muss jede Gesellschaft abwägen zwischen individueller Verantwortung für die Vorsorge und allgemeiner sozialer Absicherung.

- **Eine langfristige, unterhalb des Produktivitätswachstums orientierte Lohnpolitik der Tarifparteien**
  Was heißt das eigentlich? Die Forderung nach Lohnzuwächsen unterhalb des Produktivitätswachstum ist in den Wirtschaftsteilen der einschlägigen Tageszeitung häufig als Argument zu finden aber was steckt dahinter? Die Arbeitsproduktivität errechnet sich wie folgt:[10]

$$\text{Arbeitsproduktivität} = \frac{\text{Output}}{\text{Arbeitsinput [Std., Anzahl Beschäftigte, ...]}} = \frac{\text{Y}}{\text{L}}$$

  Aufgrund dieser Gesetzmäßigkeit wird jedes Unternehmen versuchen, bei gegebenem Output, der sich aus den Absatzplanungen ergibt, die möglichst für ihn günstigste Inputkombination zu wählen. Steigen die Kosten eines Produktionsfaktors stärker als seine Produktivität, wird er durch andere Produktionsfaktoren, meist durch Kapital ersetzt. Hieraus können wir den Schluss ziehen, dass die Grenze für Lohnzuwächse die Steigerungsrate der Arbeitsproduktivität ist.

  Ist der Lohnzuwachs genauso groß wie die Steigerung der Arbeitsproduktivität, wird sich die Beschäftigung gesamtgesellschaftlich nicht verändern. Liegt der Lohnzuwachs darunter, wird die Beschäftigung steigen, da der Produktionsfaktor Arbeit relativ gesehen günstiger geworden ist. Befand sich das Unternehmen vorher in der Situation einer optimalen Inputkombination, so kann es jetzt den gleichen Output durch die Substitution der anderen Produktionsfaktoren mit dem Produktionsfaktor Arbeit kostengünstiger herstellen. Wenn der Output aber gleich bleibt und die Kosten sinken, muss der Gewinn steigen. Der gewinnmaximierende Unternehmer wird die Anzahl der Arbeitskräfte demnach erhöhen.
  Die zumindest teilweise Verantwortung der Tarifparteien dafür, dass ein möglichst großer Teil der Erwerbspersonen am Wohlstandswachstum der Gesellschaft teilhaben sollte, wird bei überhöhten Lohnforde-

[10] vgl. Kap. 11.3.2

rungen und -Abschlüssen nicht immer ernst genommen. Hohe Lohnforderungen und überhöhte Tarifabschlüsse sind nur für diejenigen Erwerbspersonen eine frohe Botschaft, die erwerbstätig sind und es auch bleiben werden. Für die Arbeitslosen hat sich die Chance auf einen Arbeitsplatz mit einem solchen Abschluss noch weiter entfernt.

12.3.1.3 Weitere Ansätze zur Reduzierung der Arbeitslosigkeit

Die Lohnpolitik der Tarifpartner verbindet häufig eine prozentuale Gehaltserhöhung mit einer pauschalen Einmalzahlung. Eine solche Politik bedeutet stärkere Lohnsteigerungen im unteren Bereich, da hier die Einmalzahlung eine prozentual viel stärkere Erhöhung der Löhne verursacht, während die Gehaltserhöhungen im mittleren und oberen Bereich kleiner ausfallen. Ziel einer solchen Entwicklung ist einerseits die Angleichung des Lohnniveaus innerhalb eines Tarifbereichs und andererseits das Verhindern einer zukünftigen Lohnsteigerung. Die Verhandlungsbasis in der folgenden Tarifrunde bezieht sich nicht auf die Einmalzahlung.

Abbildung 12.5 zeigt die Möglichkeit der **Lohnspreizung** in einem Tarifbereich. Die schraffierten Säulen stellen die individuelle Produktivität eines Angestellten ausgedrückt in Geldeinheiten dar. Die Gesetzmäßigkeit des Grenzertrags besagt, dass ein Arbeiter solange beschäftigt, wie er dem Unternehmen mehr bringt als er kostet. Die schwarze Linie stellt das allgemeine, durch Flächentarifverträge und Allgemeingültigkeitserklärungen festgelegte Lohnniveau dar. Unter diesen Voraussetzungen erhalten die Lohnempfänger 1 bis 5 einen Arbeitsplatz. Während die restlichen aufgrund von Unproduktivität in der Arbeitslosigkeit verharren. Durch Spreizung der Löhne, zum Beispiel durch Schaffung eines **Niedriglohnsektors** (weiße Säulen), erhalten die Lohnempfänger 6 bis 9 auch einen Arbeitsplatz. Die Arbeitslosigkeit könnte so erheblich reduziert werden.

Eine solche Lohnspreizung bringt allerdings auch Probleme mit sich, denn der Lohn ist womöglich nach der gesellschaftlichen Definition des Existenzminimums nicht groß genug, um dieses zu sichern. Ausgleichszahlungen vom Staat wären dann von Nöten. Solche Lohnzuschüsse waren im Sozialsystem der Bundesrepublik lange nicht vorgesehen. Die frühere Sozialhilfe[11] wurde ab einer gewissen Grenze des Einkommens ersatzlos

[11] Hiermit soll nur die eigentliche Sozialhilfe angesprochen werden. Es wird nicht beachtet, dass andere soziale Leistungen (z.B. Wohngeld) auch bei höheren Einkommensgrenzen noch gezahlt wurden. I.d.R. lagen aber auch hier keine degressiven Zahlungsreduzierungen zugrunde, sondern es bestand vielmehr eine Kappungsgrenze, ab der die Zahlung ersatzlos eingestellt wurde.

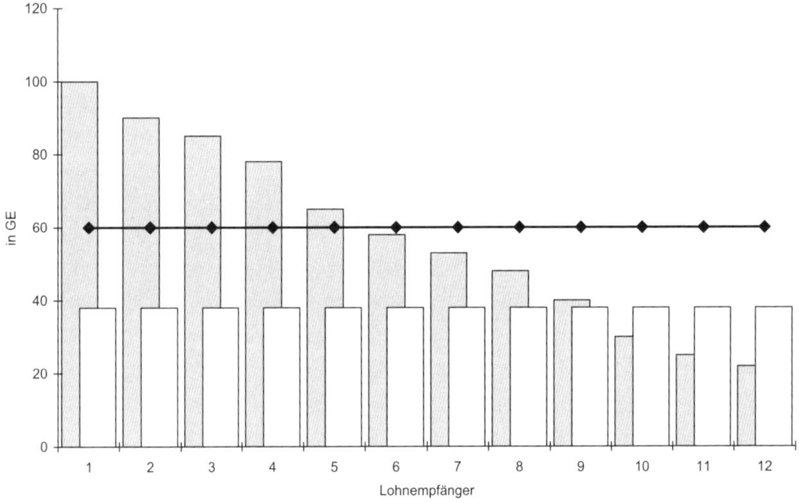

Abbildung 12.5: Die Lohnspreizung und das allgemeine Lohnniveau

gestrichen. Die Sozialhilfe war somit eine Lohnersatzleistung. Ein solches System bietet kaum Anreize, das Einkommen aus Sozialhilfe durch eigene Leistungen aufzubessern. Es gibt verschiedene Modelle, um diesen Mangel zu beheben. Eines ist die Fortführung des Einkommensteuertarifes in den negativen Bereich. Es entstünde so eine **negative Einkommensteuer**.[12] Weitere Möglichkeiten sind eine **aktivierende Sozialhilfe** und die Neugestaltung einer flexiblen **Altersteilzeit**.

Negative Einkommensteuer bedeutet, dass bei einem bestimmten Einkommen der Steuersatz Null ist. Erhöht sich das Einkommen geringfügig, wird auf diesen erhöhten Betrag ein geringer Steuersatz gezahlt. Sinkt das Einkommen hingegen unter diese Grenze, erhält die betroffene Person Transferzahlungen vom Staat. Je tiefer das Einkommen fällt, desto größer werden die Zahlungen. Erhöht sich das Einkommen in der Zukunft wieder, werden die Zahlungen sukzessive abgebaut, bis sie schließlich beim Erreichen der vorher genannten Einkommensgrenze Null werden. Die Arbeitskräfte können so den psychologischen Vorteil einer Beschäftigung nutzen, d.h. sie sind in die Gesellschaft integriert. Die Chance auf einen dauerhaften sozialen Frieden wäre gewahrt. Horst Siebert, früheres Mitglied des Sach-

[12]Die Idee einer negativen Einkommensteuer geht auf Milton Friedman zurück (vgl. Giarini, Liedtke 1998, S. 179).

verständigenrates zur Begutachtung der wirtschaftlichen Lage der Bundesrepublik Deutschland, bezweifelt die Möglichkeit der Finanzierung eines solchen Konzepts der negativen Einkommenssteuer. Das Anspruchsniveau einer sozialen Absicherung würde noch erhöht werden und die Anreize der Tarifpartner zur Verringerung der Arbeitslosigkeit würden kleiner.[13] Siebert stellte bereits früher fest, dass der Pfad der Vollbeschäftigung nur durch eine langfristig maßvolle Lohnpolitik der Tarifpartner eingeschlagen werden könne.[14]

Eine ähnliche aber neuformulierte Idee ist die Aktivierende Sozialhilfe[15], d.h. die Sozialhilfe bzw. das Arbeitslosengeld II wird in ein Lohnzuschusssystem umgewandelt. Jeder Arbeitssuchende, der eine gering bezahlte Tätigkeit aufnimmt erhält vom Staat einen Zuschuss.

Mit den sogenannten Hartz-Gesetzen[16] sind in Deutschland die genannten Modelle in Ansätzen verwirklicht worden. Das Arbeitslosengeld II ist eine Lohnzuschuss- und keine Lohnersatzleistung.

Auch die Gestaltung von Altersteilzeitmodellen kann einen Beitrag für mehr Beschäftigung liefern. Wenn Altersteilzeit subventioniert ist durch den Staat, vereinfacht ausgedrückt durch Rentenabschläge, die nicht so hoch sind wie es der Anzahl von Arbeitsjahren entsprechen müsste, sind ältere Arbeitskräfte relativ teurer unter Berücksichtigung der tendenziell geringeren Leistung. Vorausgesetzt die Abschläge werden versicherungsmathematisch richtig berechnet, kann ein flexibles Altersteilzeitmodell ein sinnvolles System sein, um auf diese Art und Weise ältere Arbeitnehmer auch bei geringerer Leistung im Arbeitsleben zu halten.

Die Liste ist nicht abgeschlossen und beschränkt sich auch lediglich darauf, einige Beispiele für die langfristige Verbesserung der Beschäftigungslage der abhängig Erwerbstätigen zu nennen. Neben vielen weiteren Punkten, die hier genannt werden könnten,[17] ist natürlich auch die Förderung der Selbstständigkeit ein eminent wichtiges Thema der Zukunft. Zum Schluss sei noch vermerkt, dass gerade auch in Deutschland viele Veränderungen ein positives Wachstumsklima geschaffen haben. Insbesondere seit Beginn

[13]vgl. Horst Siebert 2001

[14]vgl. Horst Siebert 1999. Horst Siebert war von 1990-2003 eines der fünf Mitglieder des Sachverständigenrates zur Begutachtung der gesamtwirtschaftlichen Entwicklung zugleich von 1989-2003 ordentlicher Professor und Präsident des Instituts für Weltwirtschaft an der Universität Kiel.

[15]vgl. Sinn, Holzner et al. 2002

[16]vgl. 12.3.1.1

[17]Der OECD Employment Outlook 2006 ist der OECD Job Strategy gewidmet und führt weitere wesentliche Maßnahmen auf (vgl. OECD 2006).

des neuen Jahrtausends. Ein Bericht der Weltbankgruppe[18] vergleicht die (De-)Regulierungen in 183 Ländern in 2011. Deutschland rangiert hier insgesamt auf Platz 22 (Platz 21 in 2007[19]). Seit dem ersten Bericht 2004[20] haben Bürokratieabbau bei der Unternehmensgründung und auch leichte Deregulierungen auf dem Arbeitsmarkt stattgefunden.[21] Der Weg an die Spitze oder mindestens näher heran erscheint allerdings entweder weit oder lang. Der nächste Bericht kann mit Spannung erwartet werden.

[18]The International Bank for Reconstruction and Development, The World Bank (Hg.) 2010

[19]The International Bank for Reconstruction and Development, The World Bank (Hg.) 2006

[20]The International Bank for Reconstruction and Development, The World Bank (Hg.) 2004

[21]Unter Berücksichtigung, dass 2007 nur 175 Länder statt 183 in 2011 in der Analyse waren, hat sich das Ranking Deutschlands verbessert.

Literaturverzeichnis

Alessi, Lucia; Detken, Carsten: "Real Time" Early Warning Indicators for Costly Asset Price Boom/Bust Cycles. A Role for Global Liquidity, in: ECB Working Paper. Nr. 1039, März 2009.

Artis, Michael J.; Lewis, Mervyn K.: Money in Britain. Monetary policy, innovation and Europe. New York 1995.

Ashauer, Günter: Grundwissen Wirtschaft. 1. Aufl., Stuttgart 1990.

Barr, Nicholas: The Welfare State as piggy bank : information, risk, uncertainty, and the role of the state. 1. Aufl. Oxford, New York 2001.

Baßeler, Ullrich: Grundsystematik der Volkswirtschaftlichen Gesamtrechnung: Die einzelwirtschaftliche Perspektive, in: WISU. Jahrgang 4/91, S. 313-322.

Ders.: Grundsystematik der Volkswirtschaftlichen Gesamtrechnung: Die gesamtwirtschaftliche Perspektive, in: WISU. Jahrgang 5/91, S. 390-395.

Baßeler, Ullrich, Heinrich, Jürgen und Koch, Walter A.S.: Grundlagen und Probleme der Volkswirtschaft. 13., überarb. Aufl., Köln 1991 und 15., vollst. überarb. und erw. Aufl., Köln 1999.

Black, Adam; Tait, William; Tait, Charles (Hg.): The Philosopical Works of David Hume. Including all the essays, and exhibiting the more important alterations and corrections in the successive editions published by the author. Edinburgh 1826.

Blanchard, Olivier; Dell'Ariccia, Giovanni; Mauro, Paolo: Rethinking Macroeconomic Policy. In: IMF Staff Position Note, 12. Februar 2010.

Boss, Alfred, Rosenschon, Astrid: Subventionen in Deutschland: Quantifizierung und finanzpolitische Bewertung. In: Kieler Diskussionsbeiträge, Nr. 392/393, 2002.

Braun, Sebastian; Paschke, Dennis: Makroökonomie anschaulich dargestellt. 1. Aufl., Heidenau 2005.

Brundtland, Gro Harlem, Khalid, Mansour, Agnelli, Susanna, Al-Athel, Sale A., Chidzero, Bernard, Fadika, Lamine Mohammed, Hauff, Volker, Lang, Istvan, Shijun, Ma, De Boetro, Margarita Marino, Singh, Nagendra: Our Common Future. 1. Aufl. Oxford, New York 1987.

Bundesministerium für Finanzen (Hg.): Monatsbericht des BMF 2007. Februar. Berlin. Online verfügbar unter http://www.bundesfinanzministerium.de/cln_03/nn_17844/DE/Aktuelles/Monatsbericht__des__BMF/2007/02/070221ag mb009,templateId=raw,property=publicationFile.pdf, zuletzt geprüft am 18.07.2007.

Ders.: Entwicklung der Staatsquote. Online verfügbar unter http://www. bundesfinanzministerium.de/cln_04/nn_3790/DE/Aktuelles/009e,templateId=raw, property=publicationFile.pdf, zuletzt aktualisiert 22.02.2007, zuletzt geprüft am 05.07.2007.

Ders.: Finanzplan des Bundes 2010 bis 2014. Berlin. Online verfügbar unter http://www.bundesfinanzministerium.de/nn_105826/DE/Wirtschaft__und__Verwaltung/Finanz__und__Wirtschaftspolitik/Bundeshaushalt/Bundeshaushalt__2011/Finanzplan-des-Bundes-2010-2014,templateId=raw,property=publicationFile.pdf, zuletzt geprüft am 17.12.2010.

Bundesministerium für Wirtschaft und Technologie (Hg.): Wirtschaft in Zahlen 1998. Bonn, Berlin.

Bundesnetzagentur: Marktbeobachtung. Sprachtelefondienst. Online verfügbar unter http://www.bundesnetzagentur.de/enid/778a945ee4700a51e82a3a2fa6403590,0/Marktbeobachtung/Sprachtelefondienst_vp.html#preisentwicklung, zuletzt aktualisiert am 22.06.2007, zuletzt geprüft am 25.06.2007.

Ders.; Boll, Rudolf (Verant.): Jahresbericht 2006. Unter Mitarbeit von Renate Hickert, Linda Sydow und Ulrike Weller. Herausgegeben von Gas Telekommunikation Post und Eisenbahn Bundesnetzagentur für Elektrizität. Bonn 2007. Online verfügbar unter http://www.bundesnetzagentur.de/media/archive/9009.pdf, zuletzt geprüft am 26.07.2007.

Ders.: Tätigkeitsbericht 2008/2009 Telekommunikation. Bonn 2009. Online verfügbar unter http://www.bundesnetzagentur.de/cae/servlet/contentblob/143490/publicationFile/1111/TaetigkeitsberichtTK20082009_Id17897pdf.pdf, zuletzt geprüft am 02.04.2011.

Burda, Michael; Wyplosz, Charles: Macroenonomics a European Text. 2. Aufl., New York 1997.

Bureau of Labor Statistics: International Comparisons of Hourly Compensation Costs for Production Workers in Manufacturing, 2005. Herausgegeben von United States Department of Labor. Washington D.C. 2006.

Coenen, Günter; Orphanides, Athanasios; Wieland, Volker: Price Stability and Monetary Policy Effectiveness when Nominal Interest Rates are Bounded at Zero. In: Advances in Macroeconomics, Jg. 4, H. 1, 2004. Online verfügbar unter http://www.wiwi.uni-frankfurt.de/professoren/wieland/volker/docs/coenen-orphanides-wieland.pdf, zuletzt geprüft am 05.07.2007.

The Conference Board: Global Economic Outlook 2011. Online verfügbar unter http://www.conference-board.org/data/globaloutlook.cfm, zuletzt geprüft am 19.03.2011.

Conrad, Christian A.: Entwicklung der Konjunkturtheorie seit Keynes und ihr Beitrag zur Konjunkturpolitik: eine vergleichende kritische Bewertung, in: Konjunkturpolitik, Bd. 45 Berlin 1999, S. 188-220.

Constâncio, Vitor: The ECB?s experience with unconventional measures. Auf: US Monetary Policy Forum, New York 25 February 2011. Online verfügbar unter: http://www.ecb.int/press/key/date/2011/html/sp110225.en.pdf?9ed76ca1546ca8976ed159e3d49d9723, zuletzt geprüft am 17.05.2011.

Daly, Herman E. und Cobb, John B, Jr.: For the Common Good. Redirecting the Economy toward Community, the Environment, and a Sustainable Future. 2., überarb. und erw. Aufl., Boston 1993.

Deutsche Bundesbank (Hg.): Monatsberichte. Frankfurt am Main. Online verfügbar unter www.bundesbank.de, zuletzt geprüft am 18.07.2007.

Ders.: Zum Zusammenhang zwischen Kreditzinsen deutscher Banken und Marktzinsen. In: Monatsbericht März 2002. Frankfurt am Main 2002, Internetausgabe unter www.bundesbank.de.

Disney, Richard: Crises in Public Pension Programmes in OECD: What are the Reform Options? 1. Aufl., Oxford, Malden 2000.

Dörsam, Peter: Mathematik anschaulich dargestellt für Studierende der Wirtschaftswissenschaften. 13., überarb. Aufl., Heidenau 2006.

Dries, Folker; Fehr, Benedikt: "Den Euro wird es sehr, sehr lange geben.". Otmar Issing, der Chefsvolkswirt der Europäischen Zentralbank, zu den Aufgaben der Geldpolitik, den Risiken für das Wirtschaftswachstum und seinen persönlichen Zukunftsplänen. In: Frankfurter Allgemeine Zeitung, Ausgabe 34, 09.02.2006, S. 13.

Economist (Hg.): And the money comes pouring in. In: Economist, Jg. 380, Ausgabe 8486, 15.-21.07.2006, S. 41-42. Online verfügbar unter http://www.economist.com/world/na/PrinterFriendly.cfm?story_id=7169526, zuletzt geprüft am 13.07.2007.

Engelkamp, Paul; Sell, Friedrich L.: Einführung in die Volkswirtschaftslehre. Berlin, Heidelberg, New York, Barcelona, Budapest, Hongkong, London, Mailand, Paris, Santa Clara, Singapur, Tokio 1998.

Europäische Union: Gesamtbericht über die Tätigkeit der Europäischen Union 2010. Brüssel 2011. Online verfügbar unter http://europa.eu/generalreport/pdf/rg2010_de.pdf, zuletzt geprüft am 08.05.2011.

Europäische Zentralbank: Die geldpolitische Strategie der EZB. Pressemitteilung vom 8. Mai 2003. Frankfurt am Main. Online verfügbar unter http://www.ecb.int/press/pr/date/2003/html/pr030508_2.de.html, zuletzt geprüft am 05.07.2007.

Fourçans, André: Die Welt der Wirtschaft, enträtselt von André Fourçans. 3. Aufl., Frankfurt am Main, New York 1999.

Frankfurter Allgemeine Zeitung: Die Insolvenzzahlen müssen steigen. In der Ausgabe vom 02.09.2002. Frankfurt am Main 2002.

Freidank, Carl-Christian: Kostenrechnung. 6., vollst. überarb. und erg. Aufl., München, Wien 1997.

Friedman, Milton: The Role of Monetary Policy. In: American Economic Review, Jg. 58, H. 1, 1968, S. 1-17.

Giarini, Orio und Liedtke, Patrick M.: Wie wir arbeiten werden. Der neue Bericht an den Club of Rome. 3. Aufl., Hamburg 1998.

Goldman Sachs Global Economics Group: The World and the BRICs Dream. diverse Städte 2006.

Gomez-Salvador, Ramon; Musso, Alberto; Stocker, Ralph; Turunen, Jarkko: Labour Productivity Developments in the Euro Area. In: EZB Occacional Paper Series, H. 53, 2006. Online verfügbar unter http://ssrn.com/abstract_id=923369, zuletzt geprüft am 14.07.2007.

Grossekettler, Heinz: Öffentliche Finanzen, in: Bender, Dieter (Hg.): Vahlens Kompendium der Wirtschaftstheorie und Wirtschaftspolitik. Band 1. 6., überarb. und erw. Aufl. München 1995, S. 483-628.

Hahlen, Johann: Entwicklungen des deutschen Sozialstaates - Daten der amtlichen Statistik. In: WiSt, H. 12, 2002, S. 1044-1055. Online verfügbar unter http://www.destatis.de/jetspeed/portal/cms/Sites/destatis/Internet/DE/Content/Publikationen/Querschnittsveroeffentlichungen/WirtschaftStatistik/Sozialleistungen/EntwicklungSozialstaat,property=file.pdf, zuletzt geprüft am 05.07.2007.

Hanley, Nick; Shogren, Jason F.; White, Ben: Introduction to Environmental Economics. Oxford 2001.

Henzler, Herbert A., Späth, Lothar: Jenseits von Brüssel. Warum wir uns für die europäische Idee neu begeistern müssen. 1. Aufl., München 2001.

The International Bank for Reconstruction and Development (Hg.); The

World Bank (Hg.): Doing business in 2004. Understanding Regulation. Washington D.C. 2004.

The International Bank for Reconstruction and Development (Hg.); The World Bank (Hg.): Doing Business 2007. How to reform. Washington D.C. 2006.

The International Bank for Reconstruction and Development (Hg.); The World Bank (Hg.): Doing business 2011. Making a Difference for Entrepreneurs. Washington D.C. 2010.

Internationaler Währungsfonds (IWF) (Hg.): Global Financial Stability Report. Navigating the Financial Challenges Ahead. Washington D.C. 2009.

Jacobs, Michael: The Green Economy. Environment, Sustainable Development and the Politics of the Future. 1. Aufl., London, Boulder 1991.

Keynes, John M.: Alfred Marshall, 1842-1924, in Pigou, Arthur C. (Hg.): Memorials of Alfred Marshall, London 1925, Reprint New York 1966, S. 1-65.

Kono, Daniel Y.: Optimal Obfuscation: Democracy and Trade Policy Transparency. In: American Political Science Review, Jg. 100, H. 3, 2006, S. 369-384. Online verfügbar unter http://journals.cambridge.org/action/displayAbstract?fromPage=online&aid=464866#, zuletzt geprüft am 28.06.2007.

Leroy-Beaulieu, Pierre Paul: Traití de la Science des Finances. Paris 1888.

Malthus, Thomas R.: Principles of Political Economy. In: Diehl, Karl; Mombert, Paul (Hg.): Ausgewählte Lesestücke zum Studium der politischen Ökonomie. Siebenter Band, Karlsruhe 1913, S. 33-54.

Musgrave, Richard A.: Finanztheorie. Tübingen 1969.

Nagel, Thomas: Umweltgerechte Gestaltung des deutschen Steuersystems. Theoretische und empirische Analyse der Aufkommens- und Verteilungseffekte. Frankfurt am Main 1993.

Nelson, Charles R.; Plosser, Charles I.: Trends and Random Walk in Macroeconomic Time Series. Some Evidence and Implications. In: Journal of Monetary Economics, Jg. 10, 1982, S. 139-162.

Nordhaus, William D.: The Political Business Cycle. In: The Review of Economic Studies, Jg. 42, H. 2, 1975, S. 169-190.

OECD (Hg.): OECD Employment Outlook. Boosting Jobs and Incomes. Paris 2006.

Oltmann, Erich: Das Bruttoinlandsprodukt im Konjunkturzyklus. In: Wirtschaft und Statistik 10.2009. Wiesbaden 2009.

Paschke, Dennis: Mikroökonomie anschaulich dargestellt. 2. überarb. Aufl., Heidenau 2005.

Paulson, Henry (Hank): On the Brink. Inside the race to stop the collapse of the global financial system. London 2010.

Pfähler, Wilhelm: Reader, VWL I - Grundstudium. Einführung in die Volkswirtschaftslehre. Sommersemester 1999. Hamburg 1999.

Phillips, Alban W.: The Relationship Between Unemployment and the Rate of Change of Money Wage Rates in the United Kingdom 1861-1957. In: Economica, Jg. 25, H. 100, 1958, S. 283-299. Online verfügbar unter http://www.blackwell-synergy.com/doi/full/10.1111/j.1468-0335.1958.tb00003.x, zuletzt geprüft am 27.05.2007.

Reding, Kurt; Müller, Walter: Einführung in die Allgemeine Steuerlehre. München 1999.

Regnard, Pierre: Mindestlöhne 2007. Beträge zwischen 92 EUR und 1.570 EUR brutto pro Monat. In: Statistik kurz gefasst, H. 71, 2007, S. 1-8. Online verfügbar unter http://epp.eurostat.ec.europa.eu/cache/ITY_OFFPUB/KS-SF-07-071/DE/KS-SF-07-071-DE.PDF, zuletzt geprüft am 05.07.2007.

Regulierungsbehörde für Telekommunikation und Post (Hg.); Dörr, Harald (Verant.): Jahresbericht 2000. Marktbeobachtungsdaten der Regulierungsbehorde für Telekommunikation und Post. Bonn 2000. Internetausgabe unter www.regtp.de.

Reinhart, Carmen M.; Rogoff, Kenneth S.: This Time is Different. Eight Centuries of Financial Folly. Princeton 2009.

Ricardo, David: On the Principles of Political Economy and Taxation. In: Sraffa, Piero (Hg.): The Works and Correspondence of David Ricardo. Cambridge 1951.

Roubini, Nouriel; Mihm, Stephen: Das Ende der Weltwirtschaft und ihre Zukunft. Crisis Economics. Frankfurt, New York 2010.

Sachverständigenrat zur Begutachtung der gesamtwirtschaftlichen Entwicklung: Widerstreitende Interessen - ungenutzte Chancen. Jahresgutachten 2006/07. Wiesbaden 2006.

Ders.: Chancen für einen stabilen Aufschwung. Jahresgutachten 2010/11. Wiesbaden 2010.

Sala-i-Martin, Xavier; Pinkovskiy, Maxim: African Poverty is falling. Much Faster than You Think! In: NBER Working Paper, H. 15775, 2010.

Samuelson, Paul A.: The pure theory of public expenditures. In: Review of Economics and Statistics, Jg. 36, H. 11, 1954, S. 387-389.

Schirmacher, Albrecht F. (Hg.): Hoher Wettbewerbsdruck würde den Preisanstieg abbremsen. In: Der Platow Brief, 10.04.2006, S. 3.

Schumpeter, Joseph A.: Business Cycles. A Theoretical, Historical, and Statistical Analysis of the Capitalist Process. New York, London 1939. Herausgegeben in zwei Bänden von Reinhard Schaeder (Begründer): Grundriss der Sozialwissenschaft. Göttingen 1961.

Shiller, Robert J.: The Subprime Solution. How today's global financial crisis happened, and what to do about it. Princeton, Cambridge 2008.

Siebert, Horst: Einführung in die Volkswirtschaftslehre. 12., überarb. und erw. Aufl., Stuttgart, Berlin, Köln 1996.

Ders.: Der Pfad zur Vollbeschäftigung. Die Fortschrittsrate der Arbeitsproduktivität der nächsten Jahre realistisch einschätzen, in: Frankfurter Allgemeine Zeitung. Ausgabe 08.12.1999, Rubrik 'Standpunkte'. Frankfurt am Main 1999.

Ders.: Der Kobra-Effekt. Wie man Irrwege der Wirtschaftspolitik vermeidet. 1. Aufl., Stuttgart, München 2001.

Sinn, Hans-Werner; Holzner, Christian; Meister, Wolfgang; Ochel, Wolfgang; Werding, Martin: Aktivierende Sozialhilfe. Ein Weg zu mehr Beschäftigung und Wachstum. In: ifo Schnelldienst, Jg. 55, H. 9, 2002, S. 3-52.

Sinn, Hans-Werner: Die Basar-Ökonomie. Deutschland Exportweltmeister oder Schlusslicht? Berlin 2005.

Ders.: Kasino Kapitalismus. Wie es zur Finanzkrise kam, und was jetzt zu tun ist. Berlin 2010.

Smith, Adam: Der Wohlstand der Nationen. Eine Untersuchung seiner Natur und seiner Ursachen. Herausgegeben von Claus Recktenwald nach der vollständigen Ausgabe nach der 5. Aufl. (letzter Hand), London 1789. 7. Aufl., München 1996.

Solow, Robert M.: A Contribution to the Theory of Economic Growth. In: The Quarterly Journal of Economics, Jg. 70, H. 1, 1956, S. 65-94.

Spiegel Online: Das Ei kam vor dem Huhn. Unter Mitarbeit von cis/AFP. Online verfügbar unter http://www.spiegel.de/wissenschaft/natur/

0,1518,418233,00.html, zuletzt aktualisiert am 26.05.2006, zuletzt geprüft am 25.06.2007.

Statistisches Bundesamt (Hg.): Statistisches Jahrbuch [diverse Jahre] für die Bundesrepublik Deutschland. Wiesbaden diverse Jahre.

Ders.: Wirtschaftsrechnungen. Einkommens- und Verbrauchsstichprobe Einnahmen und Ausgaben privater Haushalte. In: Fachserie 15, H. 4, 2010. Online verfügbar unter https://www-ec.destatis.de/csp/shop/sfg/bpm.html.cms.cBroker.cls?cmspath=struktur,vollanzeige.csp&ID=1026223, zuletzt geprüft am 12.02.2011.

Stiglitz, Joseph: Die Chancen der Globalisierung. In: Bundeszentrale für politische Bildung: Schriftenreihe Band 594, Bonn 2006.

Ders.: Freefall. America, free markets, and the sinking of the world economy. New York, London 2010.

Sturgeon, Robert: The Laffer Curve. Ohne Ortsangabe 2000, unter www.vistech.net/users/rsturge/laffercu.html. **Tanzi, Vito; Schuknecht, Ludger:** Public Spending in the 20th Century. A Global Perspective. Cambridge 2000.

Tichy, Gunther: Konjunktur. Stilisierte Fakten, Theorie, Prognose. 2., völlig neu bearb. Aufl., Berlin, Heidelberg 1994.

Trabandt, Mathias; Uhlig, Harald: How Far Are We From The Slippery Slope? The Laffer Curve Revisited. In: NBER Working Paper, H. 15343, 2009.

Varian, Hal R.: Grundzüge der Mikroökonomik. 4., überarb. und erw. Aufl., München, Wien 1999.

Zentralverband des Deutschen Baugewerbes: Baumarkt 2002. Ergebnisse, Entwicklungen, Tendenzen. Berlin 2003; unter www.zdb.de.

Vertiefende Darstellung der Volkswirtschaftslehre:

Dennis Paschke:

Mikroökonomie

anschaulich dargestellt

3. Aufl., 478 S., ISBN 978-3-86707-483-4

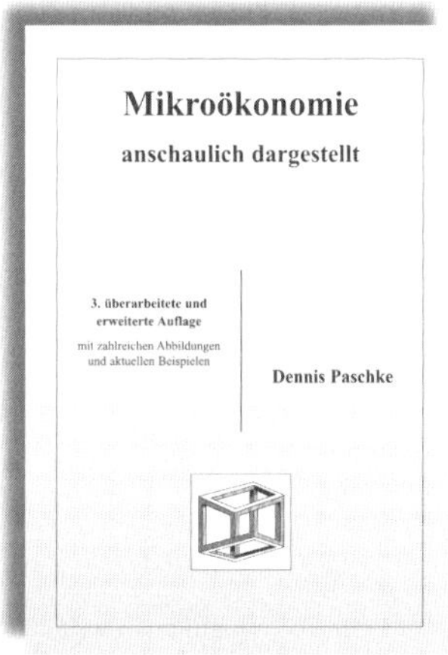

Das Buch bietet einen umfangreichen Einblick in die Theorien der Mikroökonomie. Der Inhalt orientiert sich an den Anforderungen einer Mikro-Vorlesung in einem wirtschaftswissenschaftlichen Bachelor- bzw. Diplomstudiengang, stellt aber auch eine fundierte Grundlage in weiterführenden Vorlesungen dar. Die angeführten Modelle und Theorien werden ausführlich erklärt und miteinander in Zusammenhang gebracht. Auf einen einführenden Teil zu fortgeschrittenen Themen wurde absichtlich verzichtet und stattdessen der anschaulichen Darstellung mit zahlreichen Grafiken der Vorzug gegeben. Um einen Praxisbezug herzustellen, werden beispielhaft aktuelle Themen aufgegriffen. Die Theorien werden so mit Leben gefüllt und mögen Interesse an einem vertiefenden Selbststudium nach Interessenlage wecken.

Sebastian Braun / Dennis Paschke:

Makroökonomie

anschaulich dargestellt

2. Aufl., 443 S., ISBN 978-3-86707-492-6

Dieses Lehrbuch bietet eine systematische Einführung in alle relevanten Gebiete der Makroökonomie. Es eignet sich dabei insbesondere in einführenden Makro-Vorlesungen im wirtschaftswissenschaftlichen Bachelor- bzw. Diplomstudiengang sowie als Nachschlagewerk in vertiefenden Vorlesungen. Zunächst wird der Leser in übersichtlicher Form in Probleme und grundlegende Methodik der Makroökonomie eingeführt. Daran schließt sich eine umfassende und durch eine Vielzahl von Abbildungen besonders anschaulich gestaltete Darstellung der makroökonomischen Theorien an. Diese werden dann auf zentrale wirtschaftspolitische Zielsetzungen - wie Vollbeschäftigung oder stetiges wirtschaftliches Wachstum - angewendet. Abgerundet wird das Buch durch eine kompakte Einführung in einige wichtige fortgeschrittene Themen.

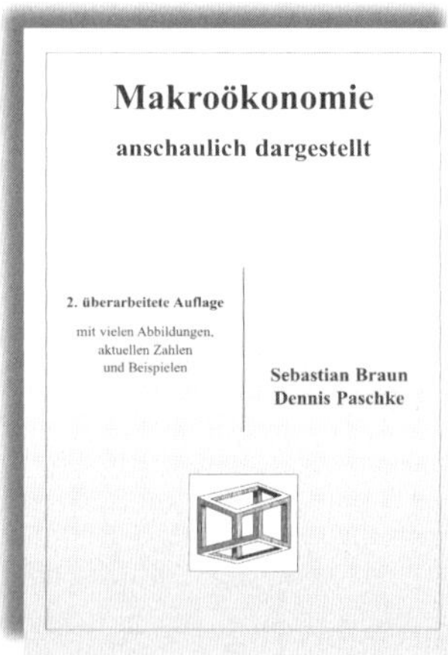

Aktuelle Informationen, auch über unser weiteres Buchprogramm, finden Sie im Internet: www.pd-verlag.de

Stichwortverzeichnis

Z